工业和信息化高职高专"十三五"
规划教材立项项目

国际市场营销
理论与实务
（第2版）

The Theory and Practice of
International Marketing

陈文汉 甄冰 ◎ 主编
李小光 李文杰 ◎ 副主编

世纪高等职业教育财经类规划教材

市场营销类

Marketing

人民邮电出版社
北 京

图书在版编目（CIP）数据

国际市场营销理论与实务 / 陈文汉，甄冰主编. --
2版. -- 北京：人民邮电出版社，2017.1
21世纪高等职业教育财经类规划教材. 市场营销类
ISBN 978-7-115-44294-9

Ⅰ. ①国… Ⅱ. ①陈… ②甄… Ⅲ. ①国际营销－高
等职业教育－教材 Ⅳ. ①F740.2

中国版本图书馆CIP数据核字(2016)第300290号

内 容 提 要

　　本书从国际市场分析、国际市场营销战略、国际市场营销策略 3 个层面对国际市场营销的理论和实务问题进行了系统而深入的阐述，系统地介绍了国际市场营销的基本概念、国际市场营销环境分析、国际市场营销调研、国际目标市场选择、国际市场营销战略、国际市场营销组合策略和国际市场营销管理，并配有国际市场营销典型案例，展示了国际市场营销的研究成果和发展方向。此外，本书还对国际市场营销最新理论和发展实践进行了归纳和探讨，增加了国际市场营销的报告和演示内容，以期进一步扩大营销者的视野。

　　本书可作为高等职业院校电子商务、市场营销、国际经济与贸易、工商管理、商务英语、商务管理等专业的教材，也可作为各类企业经理和营销管理人员的培训教材。

◆ 主　　编　陈文汉　甄　冰
　　副主编　李小光　李文杰
　　责任编辑　刘　琦
　　执行编辑　古显义
　　责任印制　焦志炜

◆ 人民邮电出版社出版发行　　北京市丰台区成寿寺路 11 号
　　邮编　100164　电子邮件　315@ptpress.com.cn
　　网址　http://www.ptpress.com.cn
　　北京捷迅佳彩印刷有限公司印刷

◆ 开本：787×1092　1/16
　　印张：16　　　　　　　　2017 年 1 月第 2 版
　　字数：395 千字　　　　　2024 年 7 月北京第 11 次印刷

定价：42.00 元

读者服务热线：(010)81055256　印装质量热线：(010)81055316
反盗版热线：(010)81055315
广告经营许可证：京东市监广登字 20170147 号

近 30 年来，改革开放带来了我国经济的腾飞和社会的巨大进步，这使得财经类学科一时成为显学，财经类专业也成了大中专院校的热门专业。

当前，企业对财经类人才的需求又开始呈现增长态势，对财经类人才的要求与以往相比也越来越高。因此，能否培养出数量充足，素质和技能较高，能够充分适应和满足企业需求的财经类人才，已成为未来高职高专院校亟待探索和解决的问题。

何谓高层次的财经人才，首先，应该有科学、完整、深厚、扎实的专业知识，现在市场细分导致了岗位进一步细分，越是细分，就对人才的要求越综合，就越需要具备综合知识，以做好细分后的工作；其次，需要有较强的实践能力，能够高质量地承担第一线工作，并且能够在实践中不断地发展自己。要培养出这样一支高素质、高技能的应用型、技术性人才队伍，就要摸索出一套有效的人才培养模式，做好高校人才培养工作。

教材建设在高校人才培养中占有重要的地位。基于这一点，人民邮电出版社在广泛征求全国高职高专财经类专家、学者和教师意见的基础上，组建了 21 世纪高等职业教育财经类规划教材编写委员会，以课题研究的形式，组织全国多所知名财经院校教师，召开了多次教材建设研讨会，从而确立了系列规划教材的编写思路和编写体例，并对系列规划教材的大纲和内容进行了深入研讨和论证，几易其稿，终能付梓。

本系列规划教材涉及财务会计、财政金融、市场营销、工商管理、经济贸易、物流管理、电子商务等多个方向，其内容既体现教育部相关文件精神，又与高职高专院校教学实践相结合，具有鲜明的编写特色。

1. 整体策划，项目推进。本系列规划教材注重专业整体规划，从分析专业工作岗位入手，获得专业核心技能和岗位核心技能，进而来组织教材选题，安排教材结构和内容。同时，本系列教材采用项目研究、整体推进的形式，可以有效保证各专业教材内部之间的衔接性和系统性。

2. 定位准确，紧扣改革。本系列规划教材紧扣教学改革的最新趋势，体现教育部相关文件精神，专业核心课程以应用知识为主，重点是培养学生解决实际问题的能力，满足培养应用型人才的教学需求。

3. 理论够用，突出技能。本系列规划教材遵循"以就业为导向，工学结合"的原则，以实用为基础，根据企业的岗位需求进行课程体系设置和教材内容选取，理论知识以"够用"为度，突出工作过程导向和技能的培养。在编写体例上将案例教学方式和项目教学方式与不同的课程合理结合，以期能够更贴近教学实际。

为了提升教学效果和满足学生的学习需求，本系列规划教材大部分还配套了立体化教学辅助资源，包括多媒体课件、电子教案、实训资料、习题及答案、生动的教学案例及案例分析，部分教材还配有图片、动画和视频等教学资源。

期望通过本系列规划教材的推出，能够为推动财经类专业职业教育教学模式、课程体系和教学方法的改革贡献一份力量。同时，我们也希望能有更多的专家和老师参与到本系列规划教材的建设中来，对教材提出宝贵的意见和建议。

本书自第 1 版出版以来，很多高等院校将其作为教材或指定参考书，同时也受到了社会各界的关注、肯定和鼓励。大家在使用过程中，提出了很多宝贵的建议。为了使本教材常用常新，不断完善和提高，便于教学，我们对本书进行了修订。本次修订仍然保持了原有的框架和大部分主体内容，主要变动如下。

（1）删除了部分章节，调整了部分章节的内容顺序，并对部分章节的内容进行重新编排和补充。

（2）更新每章引导案例以及文中的部分案例，更新了综合练习的相关内容。

（3）对 2013 年以来国际市场营销理论的最新发展，在教材修订时做了相应的修改与补充。

（4）采纳了一些师生的建议，增加了多项选择题和实验题，更加学练结合。

（5）对第一版中已经发现的错误做了更正。

本书由广东海洋大学陈文汉和德州职业技术学院甄冰担任主编，长春大学旅游学院李小光和河南质量工程职业学院李文杰担任副主编。陈文汉编写第 1 章、第 2 章和第 3 章，甄冰编写第 4 章、第 5 章和第 11 章，李小光编写第 6 章、第 8 章和第 10 章，李文杰编写第 7 章和第 9 章，最后由陈文汉统稿定稿。

此次修订听取了部分高等院校师生的建议，参考和借鉴了其他学者的论著、教材和论文等文献，在此对他们表示诚挚的谢意。

编者

2016 年 9 月

　　国际市场营销学是市场营销的高级形态,于 20 世纪 60 年代从基础市场营销学中分离出来,成为市场营销学的分支。国际市场营销学是市场营销学的延伸与扩展,它研究的是如何将自己的产品或劳务引导到一国以上的消费者或用户那里的营销活动。

　　本书阐述了国际市场营销的基本理论、基本知识和操作方法,重点阐述了普遍适用于各国各地区的国际市场营销分析框架。通过学习使读者系统了解国际市场营销的含义;帮助读者全面了解国际市场营销的理论体系,把握国际市场营销所面临的环境,并运用适当的方法加以分析;了解世界市场的格局,掌握分析世界市场的基本方法;掌握国际市场营销战略,懂得如何开展国际市场预测和评估,进行国际市场细分和定位,采取正确的方式进入国际市场,实施国际市场的业务战略和竞争战略;掌握国际市场营销的策略,正确使用国际市场产品策略、国际市场定价策略、国际市场营销渠道策略等方法和技术,实现国际营销目标。本书还对国际市场营销的最新理论发展和实践进行了归纳和探讨,尤其是关于国际市场营销调研报告准备的研究,对于帮助读者将所学的营销理论转化为实际的应用极具价值。总之,本书的设计匠心独具,使读者既能牢固树立国际市场营销的意识,同时又具有相应的知识和能力。

　　本书旨在帮助读者形成国际市场营销的基本分析框架及思维路径,其特色体现在以下几个方面。

　　(1)每章均设置能力目标和知识目标,使读者明确学习的目的。

　　(2)每章均通过设置"引导案例"引出正文,引导案例的讨论不仅引导学生运用所学知识探讨现实问题,而且提供了分析方法与思路。

　　(3)各章都有一个"推荐研究网站",为读者学习国际市场营销知识提供了一个新平台,拓宽了视野。

　　(4)每章都有与本章内容紧密结合的模拟实训,读者通过演练,可以把所学理论与实际结合起来,学以致用。

　　(5)拓展了原有的国际市场营销的研究领域,提出了国际市场营销新思维,归纳和探讨了新的国际市场营销研究成果。

　　本书参阅了大量的国内外教材、著作、报刊及各类媒体报道资料,遗漏而未列出的文献敬请作者谅解,在此一并表示感谢!对于多年来给予我支持和帮助的老师、同学、朋友、同事们表示感谢!

　　由于学识和教学经验有限,书中难免有疏漏与不妥之处,敬请广大读者指正!

作者于湖光岩寒舍

2010 年 10 月

目 录

第1章 国际市场营销概述 ···········1

  1.1 国际市场营销的概念 ·······2

    1.1.1 国际市场营销与国际市场营销学 ···2

    1.1.2 国际市场营销与市场营销 ···4

    1.1.3 国际市场营销与国际贸易 ···6

  1.2 企业国际化经营与国际市场营销 ···8

    1.2.1 企业国际化经营的动因 ···8

    1.2.2 企业国际市场营销的发展阶段 ···10

    1.2.3 我国企业国际化经营的主要方式 ···10

  模拟实训 ···········13

  关键概念 ···········14

  综合练习 ···········14

第2章 国际市场营销环境 ···········17

  2.1 市场营销环境概述 ···········18

    2.1.1 国际市场营销环境的含义 ···18

    2.1.2 国际市场营销环境的分析思路 ···18

    2.1.3 国际市场营销环境分析方法 ···19

    2.1.4 企业对策 ···········20

  2.2 国际市场营销的经济环境 ···········21

    2.2.1 全球经济环境 ···········21

    2.2.2 区域经济环境 ···········25

    2.2.3 本国经济环境 ···········29

  2.3 国际营销的政治环境 ···········31

    2.3.1 国际政治风险的概念及类型 ···31

    2.3.2 政治风险的主要表现 ···········31

    2.3.3 国际政治风险的预测评价方法 ···32

    2.3.4 国际政治风险的控制 ···········32

  2.4 国际市场的社会文化环境 ···········34

    2.4.1 文化的含义和特征 ···········34

    2.4.2 国际营销中应考虑的主要文化因素 ···35

    2.4.3 文化的适应与变迁 ···········35

  2.5 国际市场的法律环境 ···········36

    2.5.1 母国的法律环境 ···········37

    2.5.2 东道国的法律环境 ···········37

    2.5.3 国际法与国际市场营销 ···········39

    2.5.4 解决法律事务争端的途径 ···········39

  2.6 国际市场营销的科技环境 ···········40

    2.6.1 技术革命与国际市场营销 ···········40

    2.6.2 因特网与国际市场营销 ···········41

  模拟实训 ···········41

  关键概念 ···········42

  综合练习 ···········42

第3章 国际市场营销调研 ···········45

  3.1 国际市场营销调研概述 ···········46

    3.1.1 国际市场营销调研的概念 ···········46

    3.1.2 国际市场营销调研的主要内容 ···········47

  3.2 国际市场营销调研的程序与方法 ···········48

    3.2.1 国际市场营销调研的程序 ···········48

    3.2.2 国际市场营销调研的基本方法 ···········49

  3.3 国际市场营销调研信息系统 ···········51

    3.3.1 国际市场营销信息系统的组成 ···········51

    3.3.2 国际市场营销信息系统的作用 ···········52

    3.3.3 国际市场信息的来源和收集渠道 ···········52

  模拟实训 ···········55

  关键概念 ···········57

  综合练习 ···········57

第4章 国际目标市场选择与国际市场进入
方式 ···········59

  4.1 国际市场细分 ···········60

    4.1.1 国际市场细分的基本理论 ···········60

    4.1.2 国际市场细分的原则与步骤 ···········62

    4.1.3 国际市场宏观细分 ···········63

    4.1.4 国际市场微观细分 ···········65

  4.2 国际目标市场选择 ···········68

    4.2.1 国际目标市场的含义 ···········68

    4.2.2 评估国际目标市场的标准 ···········69

    4.2.3 选择国际目标市场的过程 ···········70

    4.2.4 国际目标市场战略及其影响因素 ···········71

4.2.5　国际目标市场的拓展 ………… 74

4.3　国际目标市场定位 ………………… 75

　　4.3.1　市场定位的含义 …………… 76

　　4.3.2　国际市场定位策略 ………… 78

4.4　国际市场进入方式 ………………… 79

　　4.4.1　国际市场进入的障碍 ……… 79

　　4.4.2　出口进入方式 ……………… 80

　　4.4.3　投资进入方式 ……………… 81

　　4.4.4　契约进入方式 ……………… 81

模拟实训 ……………………………… 82

关键概念 ……………………………… 84

综合练习 ……………………………… 84

第5章　国际市场营销战略 ……………… 87

5.1　国际市场竞争环境分析 …………… 89

　　5.1.1　行业竞争结构分析 ………… 89

　　5.1.2　竞争对手的分析 …………… 91

5.2　国际市场营销竞争战略的选择 …… 94

　　5.2.1　市场领导者战略 …………… 94

　　5.2.2　市场挑战者战略 …………… 97

　　5.2.3　市场追随者战略 …………… 98

　　5.2.4　市场补缺者战略 …………… 99

　　5.2.5　处于不同行业生命周期企业的

　　　　　竞争战略 ………………… 100

　　5.2.6　进入封闭国际市场的营销战略 … 101

5.3　国际战略联盟 …………………… 103

　　5.3.1　国际战略联盟的含义 ……… 103

　　5.3.2　国际战略联盟的主要形式 … 103

　　5.3.3　国际战略联盟的优势 ……… 104

　　5.3.4　国际战略联盟的建立 ……… 105

　　5.3.5　国际战略联盟的控制和管理 … 106

模拟实训 ……………………………… 107

关键概念 ……………………………… 108

综合练习 ……………………………… 108

第6章　国际市场营销的产品策略 ……… 110

6.1　产品及产品整体概念 …………… 111

　　6.1.1　产品整体概念 ……………… 111

　　6.1.2　产品整体概念的意义 ……… 112

6.2　国际产品市场生命周期 ………… 113

6.2.1　产品生命周期及其营销策略 … 113

6.2.2　国际市场产品生命周期 …… 117

6.3　国际市场新产品开发 …………… 118

　　6.3.1　新产品的概念 ……………… 118

　　6.3.2　国际市场新产品开发方向 … 119

　　6.3.3　新产品的开发程序 ………… 119

6.4　国际市场产品的标准化和差异化

　　策略 ………………………………… 122

　　6.4.1　国际市场产品标准化策略 … 122

　　6.4.2　国际市场产品差异化策略 … 123

　　6.4.3　国际市场产品标准化与差异化

　　　　　策略的选择 ……………… 124

6.5　国际产品调整与修正政策 ……… 124

　　6.5.1　产品系列的调整 …………… 124

　　6.5.2　国际产品的适应策略 ……… 125

6.6　国际市场产品品牌、包装及服务

　　策略 ………………………………… 127

　　6.6.1　品牌与商标策略 …………… 127

　　6.6.2　包装及包装策略 …………… 131

　　6.6.3　服务及服务策略 …………… 131

模拟实训 ……………………………… 132

关键概念 ……………………………… 133

综合练习 ……………………………… 133

第7章　国际市场价格策略 ……………… 137

7.1　国际市场定价依据和定价目标 … 138

　　7.1.1　国际市场定价依据 ………… 138

　　7.1.2　国际市场定价目标 ………… 141

7.2　国际市场定价方法 ……………… 142

　　7.2.1　成本导向定价法 …………… 142

　　7.2.2　需求导向定价法 …………… 143

　　7.2.3　竞争导向定价法 …………… 144

7.3　国际市场定价策略 ……………… 144

　　7.3.1　新产品定价策略 …………… 144

　　7.3.2　心理定价策略 ……………… 146

　　7.3.3　差别定价策略 ……………… 147

　　7.3.4　折扣定价策略 ……………… 148

　　7.3.5　产品组合定价策略 ………… 148

　　7.3.6　国际转移定价策略 ………… 149

7.4　国际市场价格的管理和控制 ······· 151
　　7.4.1　外销产品的报价控制 ······· 151
　　7.4.2　价格扬升的控制 ······· 151
　　7.4.3　平行输入的控制 ······· 152
　　7.4.4　租赁和相对贸易的价格控制 ······· 152
7.5　国际市场定价应注意的问题 ······· 153
　　7.5.1　统一定价与差别定价 ······· 153
　　7.5.2　总部定价与子公司定价 ······· 154
　　7.5.3　倾销与反倾销 ······· 154
模拟实训 ······· 156
关键概念 ······· 156
综合练习 ······· 156

第8章　国际市场分销渠道策略 ······· 158

8.1　国际市场分销策略概述 ······· 159
　　8.1.1　国际市场分销渠道基本结构 ······· 159
　　8.1.2　国际市场分销渠道的发展趋势 ······· 159
　　8.1.3　影响国际市场分销渠道设计与
　　　　　选择的基本要素 ······· 160
8.2　国际市场营销渠道成员 ······· 162
　　8.2.1　国际市场营销渠道成员（中间商）的
　　　　　基本类型 ······· 162
　　8.2.2　国际市场营销渠道成员（中间商）的
　　　　　选择 ······· 165
8.3　国际市场营销渠道决策 ······· 166
　　8.3.1　营销渠道的长度和宽度决策 ······· 166
　　8.3.2　营销渠道的标准化和差异化决策 ······· 167
　　8.3.3　新建渠道与利用现有渠道的决策 ······· 168
8.4　国际市场营销渠道管理 ······· 170
模拟实训 ······· 172
关键概念 ······· 173
综合练习 ······· 174

第9章　国际市场促销策略 ······· 176

9.1　国际市场促销的含义和促销组合
　　策略 ······· 177
　　9.1.1　国际市场促销 ······· 177
　　9.1.2　国际市场促销组合策略 ······· 178
9.2　国际市场人员促销策略 ······· 178
　　9.2.1　国际市场人员促销的特点与类型 ······· 178

9.2.2　国际市场人员促销的组织模式 ······· 180
9.2.3　国际市场人员促销的管理 ······· 180
9.3　国际市场广告策略 ······· 184
　　9.3.1　国际广告的含义和特点 ······· 184
　　9.3.2　国际广告的限制性因素 ······· 184
　　9.3.3　国际广告决策 ······· 186
　　9.3.4　国际广告代理机构选择 ······· 189
9.4　国际市场营业推广策略 ······· 191
　　9.4.1　国际市场营业推广的含义 ······· 191
　　9.4.2　国际市场营业推广方式 ······· 191
　　9.4.3　国际市场营业推广策略的制定 ······· 193
9.5　国际市场公共关系策略 ······· 196
　　9.5.1　国际市场公共关系的含义和对象 ······· 196
　　9.5.2　国际市场公共关系的任务 ······· 196
　　9.5.3　国际市场公共关系策划 ······· 197
　　9.5.4　企业危机公关 ······· 199
模拟实训 ······· 204
关键概念 ······· 204
综合练习 ······· 204

第10章　国际市场营销管理 ······· 207

10.1　国际市场营销计划 ······· 208
　　10.1.1　国际市场营销计划的含义 ······· 208
　　10.1.2　国际市场营销计划的制订 ······· 208
　　10.1.3　国际市场营销计划的协调 ······· 209
10.2　全球营销的组织结构 ······· 211
　　10.2.1　影响组织结构的主要因素 ······· 211
　　10.2.2　国际企业组织形式 ······· 212
　　10.2.3　国际企业组织结构形式 ······· 213
10.3　国际市场营销控制 ······· 217
　　10.3.1　国际市场营销控制的程序 ······· 217
　　10.3.2　国际市场营销控制的方法 ······· 218
　　10.3.3　国际市场营销控制的内容 ······· 220
模拟实训 ······· 221
关键概念 ······· 222
综合练习 ······· 222

第11章　国际市场营销新发展 ······· 224

11.1　整合营销传播理论 ······· 225
　　11.1.1　整合营销传播理论概述 ······· 225

11.1.2 国际整合营销传播的特点 ……… 225
11.1.3 整合营销传播的5步流程 ……… 226
11.1.4 国际整合营销传播策略 ……… 227

11.2 绿色营销 ……… 229
11.2.1 绿色营销的兴起 ……… 229
11.2.2 绿色营销策略 ……… 229

11.3 文化营销 ……… 231
11.3.1 文化营销的概念 ……… 231
11.3.2 企业文化营销的意义 ……… 231
11.3.3 现代企业文化营销管理中存在的
问题 ……… 232

11.3.4 企业怎样开展有效的文化营销 …… 233

11.4 网络营销 ……… 235
11.4.1 网络营销的概念 ……… 235
11.4.2 网络营销的基本职能 ……… 236
11.4.3 网上调研 ……… 237
11.4.4 企业网上经营的方式和内容 …… 238
11.4.5 网络营销绩效的提高 ……… 243

模拟实训 ……… 243
关键概念 ……… 244
综合练习 ……… 244

参考文献 ……… 246

第1章

国际市场营销概述

【知识目标】

- 理解市场、市场营销、国际市场营销的相关概念及其演化过程
- 明确国际市场营销与国内市场营销的关系
- 明确国际市场营销与国际贸易的关系
- 掌握企业走向国际市场的主要动因

【能力目标】

- 能解释国际市场营销的主要思想
- 初步形成国际市场营销的概念
- 能简单地应用国际市场营销思想分析实际问题

→ 案例导入

小米出走新加坡

2014 年 2 月 19 日，中国手机制造商"小米"终于正式进军新加坡市场。该公司确认将于 2 月 21 日在当地推出售价 169 新元（约合 134 美元）的 Redmi（红米海外版），旗舰手机 Mi-3（小米 M3 海外版）也将以 419 新元（约合 332 美元）的价格于 3 月 7 日上市。

小米此前在中国已经卖出了 1 900 万台手机，此番登陆新加坡则是该公司进军大中华区以外市场的第一步。

　　思考：你了解小米手机吗？请通过网上搜索，了解小米目前在那些国家市场有销售？想一想小米手机为何要走出国门呢？走出去的小米营销情况如何呢？

1.1　国际市场营销的概念

　　经济一体化的趋势不可阻挡，企业面对迅猛变化的客观经济环境只有主动地适应和变革，才能在不断加剧的市场竞争中求得生存和发展的空间。互联网、航空、电话与传真以及世界卫星电视的发展，都使这个星球上每一个角落在地理和文化上的距离大大地缩小，这在客观上为国际市场营销创造了条件，促进了经济和文化的交流，使生产与交换日趋国际化，市场的范围大大拓宽。越来越多的企业跻身世界舞台，无论是著名的跨国公司还是名不见经传的中小企业，它们的决策层都在思考如何在激烈竞争的国际市场上赢得竞争、求得发展。

1.1.1　国际市场营销与国际市场营销学

（一）市场营销

　　按照美国著名市场营销专家菲利普·科特勒的定义，市场营销是个人或群体通过创造并同他人交换产品和价值以满足需求和欲望的一种社会的、管理的过程。基于这一定义，我们可以对市场营销作以下理解。

　　1. 人类的各种需要和欲望是市场营销的出发点。营销者并不创造需要，但是要探明消费者的不同的物质文化和精神生活需要，估计并确定需求量的大小，从而选择本企业能更好地为其服务的目标市场，以适当的产品品种、适当的价格、适当的信息沟通和促销手段，在适当的地方，通过市场变潜在交换为现实交换的活动。所以通俗地讲，营销管理就是需求管理，市场营销学就是一门企业将人类需求转化为公司盈利机会的学科。企业的市场营销活动都是以满足消费者的需求和欲望展开的。

　　2. 交换是市场营销职能的核心。商品交换一般应具备以下条件：存在独立的买卖双方，有可供交换的商品并具备买卖双方都能接受的交易条件。只有具备了上述条件，观念上的市场才能变为现实的市场。在现实市场交换中，市场营销履行着重要职能。它能克服商品生产和商品交换中的一系列障碍，如空间障碍（地理位置使生产者与消费者分离）、时间障碍（生产产品的时间与人们需要商品的时间不吻合）、信息障碍（商品需求关系信息的阻塞）、商品使用价值和价值差异障碍（不同消费者对商品有不同的需求）、商品所有权（使用权）让渡的障碍等。企业的市场营销活动就是分析交易双方希望给予对方什么和从对方得到什么，在此基础上以最佳质量的产品、符合价值的公平价格、双方满意的交易条件、适当的信息沟通和促销手段，实现市场商品交换。

　　3. 市场营销的交换职能不断发展变化。随着商品经济的发展，在社会再生产过程中，市场营销的交换职能的地位不断发生变化。在商品经济发展的自由竞争时期，市场商品供求关系处于供不应求的卖方市场，生产创造消费，交换当然也就当作生产的要素包含在生产之内，商品交换在社会再生产过程中居于从属的地位，生产导向观念的产生就是具体表现。第二次世界大战后，商品经济高速发展，商品交换的地位与作用发生了明显的变化，商品供求关系发生"有效供给大于有支付能力及需求的买方市场"的情况，企业的任务是发现和抓住顾客，因此必须实现从产品推销向市场营销的转变，以商品交换为核心，组织企业的生产经营活动，这样，市场导向观念的形成就是必然的了。

商品经济在本质上就是市场经济。20 世纪 80 年代以来，市场主体空前扩大，商品经济范围日益全球化，消费行为趋同化与民族化并存，使商品交换在社会再生产过程中的地位和作用发生巨大的变化，消费既是生产的终点，更是生产的起点，生产更加依赖于消费和交换了；市场经济活动空间空前扩大，商品从一地、一国流向全世界，商品交换成功与否成为企业经营成败的关键；市场交换信息支配社会再生产信息。在工业社会时期战略资源是资本，即使商品信息滞后，只要有资本扩大生产规模，"产品不愁卖不出去"。当今时代我们正在向信息化社会过渡，信息成为社会生产的战略资源，信息资源的收集和利用围绕商品的交换展开，生产信息居于从属地位。因此，面向 21 世纪，我们可以说，商品交换职能在社会再生产过程中居于核心地位，企业市场营销职能也成为覆盖企业生产经营活动全过程的基本职能了。

（二）国际市场营销

国际市场营销是 "国内市场营销" 的延伸与扩展，泛指企业在一国以上从事经营与销售活动。美国著名营销学家菲利普·R·凯特奥拉在《国际市场营销学》一书中指出，"国际市场营销是指在一国以上把企业生产的商品或劳务引导到消费者或用户中去的经营活动"。随着经济全球化的发展，各国企业经营活动同国际市场发生日益紧密的联系，许多企业从过去考虑 "应该在国内什么地方建立新厂或开辟市场" 发展到现在考虑 "应该在世界什么地方制造或销售新产品"。也就是说，企业跨国经营不仅把国内生产的产品销售到国际市场，而且在海外投资建厂生产及在国外销售产品，如美国通用汽车公司、国际商用机器公司（IBM）、可口可乐、麦当劳等都是典型的跨国公司。国际市场营销活动的舞台是世界市场，由于世界各国的政治经济制度不同，经济发展水平悬殊，社会文化和语言环境差异较大，法律制度各具特点，加之参与国际市场经济活动的既有企业，又有政府行政干预甚至包括社会公众和政治力量，因而显得纷繁复杂。研究国际市场经营的实质不仅是采用什么营销技巧，而是分析和掌握国际市场多种多样的市场营销环境，并在此基础上采取有针对性的各种经营战略。国际市场营销学在一定意义上可以认为是国际市场营销环境的 "适应学"。

（三）国际市场营销学的形成与发展

国际市场营销学是研究以国外顾客需求为中心，从事国际市场营销活动的国际企业经营管理的科学。具体地说，国际市场营销学是研究企业如何从国际市场顾客需求出发，依据国内外不可控的环境因素（经济、政治法律、人口、社会文化及竞争环境等），运用企业可控因素（产品、定价、分销及促销）制定、执行及控制国际市场营销计划，实现企业经营目标。

国际市场营销学在 20 世纪 60 年代开始形成，70 年代后逐步趋于完善，并于 80 年代初奠定了其国际地位。20 世纪 70 年代后期，美国的全美商学院大会要求各商学院增加以国际经济为导向的课程，从而开始了对该学科的研究。随着研究的不断深入，国际市场营销学的理论体系逐渐形成。

国际市场营销学形成的标志主要表现在以下两个方面。1959 年，克莱默率先提出了 "国际市场营销学" 的术语。20 世纪 60 年代以后，国际市场营销学的基本内容和理论体系得以逐步完善，其标志之一是 1965 年费耶威泽所著的《国际市场营销学》，该书系统地阐述了国际市场营销观念、国际市场营销调研和营销组合。其标志之二是 1966 年美国科罗拉多州大学教授菲利浦·卡特奥拉和约翰·麦斯合著的《国际市场学》，该书建立了国际市场营销的系统框架，被誉为本学科的代表之作。

1982 年后，国际市场营销开始在世界范围内受到重视。1982 年 6 月，当时北美及欧洲的著名国际市场营销学者们聚集在荷兰商学院，对国际市场营销学所面临的一些理论和实际问题进行了深入和广泛的探讨，从而打下了国际市场营销学的全球性基础。

美国在国际市场营销学的研究和实践中居于领先的地位。随着研究的不断深入，国际市场营销的理论体系逐渐形成，并被成功地运用到了美国企业的营销实践中，使美国企业迅速占领了国际市场中的许多领域。反过来，美国企业在国际市场上的营销活动的成功经验的总结又推动了国际市场营销学理论研究的进一步深化。

接着，日本和西欧一些国际的企业也纷纷消化、吸收、效仿和引进美国创立的国际市场营销的思想、理论和技术，并迅速应用于本国企业的国际市场营销实践中，并称在国际市场上很快形成了对美国企业的较大威胁，成为美国企业在国际市场上强有力的竞争对手。

随后，包括我国在内的发展中国家，在发展民族经济的过程中相继引入了国际市场营销的思想，并结合本国特点加以完善和发展，也取得了良好的效果。

1.1.2　国际市场营销与市场营销

国际市场营销学是市场营销学原理的延伸和应用，市场营销学原理中用于指导国内企业营销的基本原理、策略和方法，诸如市场营销调研、市场细分、选择目标市场、市场营销组合策略等，对国际市场营销都是适用的。但由于国际市场营销是一种跨越国界的经营活动，因此它同国内市场营销相比较，又有许多不同之处。

（一）国际市场营销与市场营销的联系

国际市场营销与市场营销的联系主要表现在以下 3 个方面。

1. 基本原理相同。国际市场营销学与市场营销学都以经济学的基本原理作为理论基础，融合现代管理学、统计学、数学、会计学、社会学、心理学等诸多学科的内容，这些原理既可以应用于国内的市场营销活动，又广泛应用于国际市场营销之中。

2. 都要以消费者的需求为中心。国际市场营销与国内市场营销都经历了一个由"生产观念"到"市场观念"，从以生产者为中心到以消费者和用户的需求为中心的发展过程。现在的企业更加认识到不仅要满足消费者和用户对商品或服务在使用价值上的需求，还要满足消费者和用户在心理观念上的需求。因此，不管是在国内市场还是在国际市场，企业首先要给自己生产、销售的产品和服务进行一个合理的市场定位，积极开拓自己的目标市场，建立特定用户群；其次，企业提供的产品和服务不仅要能在物质功能上满足目标市场的需求，而且要符合目标市场的价值观念，此外，还要具有挖掘潜在市场需求的能力；再次，企业销售产品和服务的时间、地点、方式、价格等方面都必须符合顾客的购买习惯和承受能力；最后，还要为顾客提供相应的信息和满意的售后服务，以满足顾客和潜在顾客对商品与服务的多种需要，从中找到产品更新换代的方向，增强产品的竞争能力。

3. 国际市场营销是国内市场营销的延伸。一般来说，企业都是先从事国内市场，再逐渐发展到国际市场营销，换句话说，企业发展从国内市场营销走向国际市场营销一般都有一个渐进的过程，即企业最初可能只面向国内市场，企业的经营范围、发展战略和营销组合策略都以国内市场需求为导向，仅有部分产品由于某些偶然因素销往国际市场。随后由于国内市场疲软，企业被迫向国外市场寻找销路，伺机进入国际市场，但仍以国内市场为主。随着企业在国际目标市场上的逐步深入，对国际市场信息越来越敏感，对国际市场的需求变化的反应越来越敏捷，企业开始为国际市场需求安排生产、组织销售，将越来越多的产品投入到国际市场。随着生产的发展、先进技术的采用、企业规模的扩大、经济实力的增强和国际营销经验的积累，企业有条件主要面向国际市场，然后进行全球跨国营销，实行国际化营销活动。从上述过程可以看出，企业一般先从国内经营开始，然后逐渐向国际市场扩展，并不断扩大国际市场的范围。

（二）国际市场营销与市场营销的区别

1．市场营销环境和背景不同。这是国际市场营销同国内市场营销的最主要差异。国际市场营销环境和背景与国内市场营销的不同主要体现在文化背景的差异上，不同国家的社会文化背景不同，风俗习惯、教育水平、语言文字、宗教信仰和价值观念差异也很大，各种社会力量的影响程度也有差别，不同国家的法律和政策也有很大的区别。受环境的影响，不同国家的消费者的消费方式和需求的侧重点不同，因此，对同一产品或信息的理解也就不同，这就直接影响到产品的设计、产品被接受的程度、信息传递的方法、分销和推广的措施等。

国内市场营销是在一个国家的疆界范围内进行的，虽然一个国家内部的不同地区也存在环境上的差异，但是与国际市场营销比较，这种环境差异要小得多，特别是法律和政策环境在一个国家内部应该是基本相同的。而国际市场营销则必须跨越国家的界限，不同国家政府机构的工作方法和政策会有很大的差别，这种差别必然会对企业的营销活动产生重大的影响。

扩展阅读：阅读《东风风度 SUV "走出国门"，主打硬派路线》，请思考：东风汽车出口新西兰做了哪些准备？

环境与背景的差异要求国际市场营销比国内市场营销更注重市场环境的调研和分析，在产品的功能设计、外观设计、质量和品种、规格、包装等方面，都应以目标市场国的消费者的需要、价值观、效用观为标准，而不是想当然地以本国人的标准代替他国人的标准。

因此，当一个企业进入两个以上国家市场时，其市场营销的战略、方式、方法也要因环境的变化而调整，显然这会增加管理的难度和成本。国际市场营销的环境差异很大，企业只有对各种国际环境加以细致的考虑和分析，才能找到切实可行的方法，从而有针对性地开展国际市场营销活动。所以，分析国际市场营销中出现的问题，并找到解决的方法必然需要比国内营销有更广泛、更全面的技能、阅历和洞察力。

2．市场营销组合策略有所区别。国内市场营销只面对国内不可控的环境因素，市场营销组合策略相对简单、容易。国际市场营销活动受双重环境，尤其是各国环境的影响，从而使营销组合策略复杂得多，难度也大得多。

（1）在产品策略方面，国际市场营销面临产品标准化与差异化策略的选择，在大多数情况下，差异化产品策略是主要的，因为各个国家和地区的市场需求存在着巨大差异，所以企业的产品只有适应当地市场的需要，才可能会满足当地顾客的需求。只有在市场需求相同或相近时，才能选择标准化产品策略。如果忽略了国际市场需求的复杂性和多样化，企业国际营销将会陷入困境。

（2）在定价策略方面，国际市场定价比国内市场定价复杂得多。国内市场定价除考虑成本外，还考虑市场供求状况及竞争状况，营销策划人员较易于把握国内市场价格的变化。国际市场定价不仅考虑成本，还要考虑不同国家市场的需求及竞争状况，而且其成本还可能涉及运输费、关税、外汇汇率、保险费等。此外，还要考虑各国政府对价格调控的法规。因此，国际市场定价较为复杂，营销策划人员更难以把握价格的变化。

（3）在分销策略方面，国内企业的营销人员对国内分销渠道比较熟悉，比较容易作出选择分销渠道的决策，对国内分销渠道也较易于控制和管理。国际营销企业不仅要面临对国内出口商的选择，还要对国外中间商进行选择。由于各国营销环境的差异，形成了不同的分销系统与分销渠道，因此各国分销机构的形式和规模不同，分销渠道的长短也不同。例如，日本分销渠道很长，消费品从生产者到消费者手中需要五六个环节，从而增加了企业产品进入日本市场的难度。

（4）在促销策略方面，由于各国文化、政治、法律、语言、媒体、行业生产成本及产业政策不同，企业选择广告策略更复杂，难度更大。

3. 国际营销战略及营销管理过程更复杂。由于各国营销环境差异很大，各国消费者需求又存在着巨大差别，因此国际营销战略规划要有很多种，营销管理过程更加复杂和困难。例如，制定国际营销战略规划及进行营销管理时，既要考虑国际市场需求，又要考虑市场竞争状况，还要考虑本公司的情况。如果是多国企业，需要考虑企业的决策中心对计划和控制承担的责任应当达到什么程度，其分支机构对计划和控制承担的责任又应达到什么程度等。

4. 利用资源，获得比较优势的程度不同。企业从事国内市场营销通常是利用本国资源，在本国生产，并在国内市场销售。国际市场营销一般是在国内市场营销的基础上发展起来的，国内市场营销往往是国际市场营销的先导。在国际市场营销中，由于资本、资源、技术服务等的广泛流动性，生产一种产品可以是第一国的资源、第二国的资本、第三国的技术、第四国的劳动力等。国际市场营销使资源在两个或两个以上的国家进行配置，强调发挥不同国家的特长，组合成一个有竞争力的综合产品。这种国际上各种要素的组合可以提高效益、降低成本，获得比国内市场营销中更大的优势。

5. 市场营销过程的风险性程度不同。环境的差异性和系统的复杂性必然给国际市场营销过程带来许多不确定因素，从而使之更具风险性。国际市场营销的不确定性几乎在每一个环节中都明显地表现出来，如环境的差异使各国消费者的需求有很大的差异，系统的复杂性也可能改变企业市场营销活动对目标市场国的影响力。此外，国际市场营销中的产品设计、汇率变化等导致产品设计的弹性空间加大，价格影响因素增加，不确定性加大。因此，国际市场营销的风险程度远远超过国内市场营销的风险程度。

1.1.3 国际市场营销与国际贸易

国际市场营销与国际贸易都是以获得利润收入为目的而进行的跨越国境的经济活动，但它们之间又存在着明显的差异，这些差异主要表现在市场主体、理论基础、生产经营特征、商品交换范围、利益机制等方面。美国经济学家费恩·特普斯特拉（Vem Terpstra）对此进行了详细比较（见表 1.1）。

表 1.1　　　　　　　国际市场营销与国际贸易特点的比较

内　　容	国　际　贸　易	国际市场营销
1. 行为主体	国家	公司或企业
2. 产品是否跨越国界	是	不一定
3. 动机	比较利益	利润动机
4. 信息来源	国际收支表	公司账户

续表

内　　容	国 际 贸 易	国际市场营销
5. 市场活动		
① 购销	是	是
② 仓储、运输	是	是
③ 定价	是	是
④ 市场研究	一般没有	有
⑤ 产品开发	一般没有	有
⑥ 促销	一般没有	有
⑦ 渠道管理	没有	有

由表 1.1 可以看出，国际营销与国际贸易的区别主要表现在以下几个方面。

1. 所依据的理论点不同。应该说，英国的古典政治经济学家亚当·斯密（Adam Smith）首创的"绝对优势说"以及英国另一位古典政治经济学家大卫·李嘉图（David Ricardo）所创立的"比较成本说"奠定了现代国际贸易的理论基础，这些理论都诞生在 200 多年前。与此不同的是，市场营销理论的问世仅仅是 20 世纪初的事，而把国际市场营销学作为一门学科从市场营销学中分离出来专门讨论，只是近二三十年的事。国际贸易所立足的理论是比较利益，只要存在着比较利益，就可将货物从一国运到另一国，从一个地方运到另一个地方。但国际市场营销则是站在企业的角度，所考虑的问题是如何使企业利润最大化。当然比较利润与利润最大化之间也存在着内在的联系，但并不存在着绝对的必然的联系。

2. 商品（劳务）交换的行为主体不同。国际贸易是两个国家之间产品或劳务的交换，从总体上讲国家是国际贸易的组织者，国家是交换行为的主体；而国际营销是在企业与企业之间进行的，企业是国际营销活动的组织者，企业是交换行为的主体。也就是说，产品或劳务的卖主是企业，买主可能是国家，也可能是这个国家的企业或个人，还可能是本企业的海外子公司或附属机构。

3. 强调重点不同。国际贸易是由世界各国的对外贸易构成的，而每一个国家的对外贸易又包括进口贸易和出口贸易两个方面，即国际贸易包括购进和售出两个方面。而国际市场营销虽然也涉及购进与售出这两个方面，但它更强调售出这一方面，即根据国际市场要求提供适销对路的产品。

4. 商品（劳务）转移的形态不同。就国际贸易而言，产品或劳务的交换必须是超越国界的，真正从一个国家转移到另一个国家。而国际市场营销作为跨越国界的市场营销活动，是指它的活动超越国界，产品或劳务既可以超越国界，也可能无需超越国界。例如，某公司在几个国家分别设有分公司，生产出的产品在国外销售，这样尽管企业的产品并未发生超越国界的转移，而是在当地生产、当地销售，但企业所进行的市场营销活动则是超越国界的。国际贸易与国际市场营销的这一差异反映到西方国家的统计数据上是，海外企业的营业额载入本公司的营销记录中，但不计入国际贸易额中。因此，各企业国际市场营销的售出额的总和往往大于国际贸易额中的出口额。

5. 国际市场营销涉及企业整体发展战略问题。国际贸易尽管也涉及产品购销、实体分配、产品定价等市场营销活动，但缺乏整体营销计划、组织和控制；而国际市场营销活动不仅涉及产品购销、实体分配、产品定价，而且涉及市场营销调研，产品开发，市场营销计划的制订、执行与控制，也就是说，注重企业整体营销活动的管理。

6. 评价绩效的信息来源不同。评价国际贸易绩效的信息来源是一国的国际收支状况，从而可以看出一个国家的进出口贸易状况；而评价国际市场营销绩效的信息来源是企业的国际市场营销记录。

因此，国际市场营销活动比国际贸易更富有主动性及创造性，是集生产、交换和消费于一身的综合性企业活动，而不仅仅是单纯的贸易活动。

1.2 企业国际化经营与国际市场营销

1.2.1 企业国际化经营的动因

伴随着经济全球化及国内市场经济的发展，各国经济、技术及文化日益交融。当今，各国大部分企业经营的活动已不可避免地纳入全球经济范围，每个企业必须作的准备在全球市场中参加竞争，无论企业是否走出国门，都受到国际市场的影响。

同时，近年来各国通信事业的发展、交通运输设施的发达、进口关税的降低，导致了世界贸易与投资的迅猛发展。在这种情况下，本国市场不再是本国企业的专有市场，而是充斥着大量国外企业的资金、技术和产品的市场。由于企业的自身条件和具体目标不同，决定了跨国营销的原因也会有所不同。

1. 国际营销的市场动因。企业开展国际市场营销活动的首要动机是获得更大的市场，具体来说，主要表现在以下4个方面。

（1）顺利进入国外市场。各国政府为了保护本国市场，扶持本国企业的生产和经营，往往采取一系列贸易保护措施，因此，企业需要通过技术转让和对外直接投资等方式，将产品生产转移至市场国或不受贸易壁垒限制的第三国，以避开关税和非关税壁垒，使产品顺利进入该国市场。

（2）市场拓展化。由于一个国家的市场容量总是有限的，为了扩大市场，获得更大的生存和发展空间，企业需要通过国际市场营销活动来开拓市场。

（3）市场多元化。一般来说，企业通过国际市场营销将产品从已经饱和的国内市场销往尚未饱和的国外市场，可以维持经营稳定，降低销售波动带来的经营风险。当企业在各地设有分支机构从事生产经营活动时，经营活动的灵活性就会加大，对整个市场的适应性也会增大。因此，通过市场多元化降低企业的经营风险是企业开展国际市场营销活动的又一个动因。

（4）市场内部化。通过国际市场营销活动，特别是国际企业分散在世界各国市场的子（分）公司之间的交易活动，可以将原来外部化的市场交易尽可能地内部化，并纳入到企业的管理体系中，实现对市场的支配和控制。所以，将国际市场内部化并发挥其优势是国际市场营销的深层次动因。

2. 国际营销的竞争动因。企业开拓国际市场的另一个重要原因是市场竞争的需要，这里又有4个层次动因，其竞争目的的不断深化反映了企业的竞争动机更为理性和成熟。

（1）避开竞争锋芒。目前，许多产品的国内市场需求日趋饱和，竞争十分激烈，为了避开竞争锋芒，企业开始走出国门，寻找更大的市场空间。

（2）追逐竞争对手。如果企业的竞争对手已经进军国际市场，而企业若不追随竞争对手进入国际市场，就会产生一种市场失落感或竞争失败感。这实际上是一种"寡占反应"，它是指在寡占市场结构中只有少数大厂商，它们互相警惕地关注着对方的行为，如果有一家率先投资海外，其他竞争对手就会相继仿效，追逐带头的企业去海外投资，这里固然有海外投资利润诱人的原因，但更重要的是为了保持竞争关系的平衡。

（3）锻炼竞争能力。除了以上原因之外，许多企业跨出国门，开拓国际市场也是为了锻炼国际市场营销团队，提高其在国际市场的竞争能力。因为国际市场的竞争水平一般超过国内市场，企业进入国际市场，就有机会参与较高水平的市场竞争，从而可以借助竞争的动力和压力来推动企业技术创新及提高管理效率。

（4）延长产品生命周期，发挥竞争优势。由于各国的经济发展阶段和技术进步水平不同，同一产品在不同国家处于生命周期的不同阶段，在一个国家市场上已不具备优势的产品，可能在另一个国家的市场上仍具有显著的竞争优势。某些在国内市场上供大于求、市场竞争力逐渐衰退的产品，可能在另一个国家的市场上正处于成长期，产品供不应求。因此，企业可将国内市场上已不具备优势的产品转移到国外市场，从而延长产品的生命周期，发挥其竞争优势。

3. 国际营销的资源动因。各国都有自己的资源优势，国际企业可以通过国际营销充分利用这些资源优势，取得全球利益最大化。

（1）开发自然资源。由于各国的自然资源条件不同，企业通过国际直接投资开发国外的自然资源，可以弥补本国资源的不足，因此，对于资源贫乏的国家来说，利用国外资源成为重要的投资目的。此外，开发国外资源可能比开发国内资源成本更低，收效更大。

（2）利用劳动力资源。不少发达国家的企业纷纷来中国投资，直接从事生产经营活动，除了看中中国巨大的市场外，注重人口红利降低问题。

（3）获取技术资源。国际营销活动还可以使企业获得通过其他途径无法获得的先进技术，这对于尽快缩小发展中国家企业与发达国家企业的技术差距有着十分积极的意义。

（4）赢取信息资源。一方面，企业直接面对国际市场，有利于更及时地了解国际市场的有关信息，为企业把握机会、科学决策提供条件；另一方面，企业走出国门，走向世界，也可以更直接地向海外市场传递信息，加强与国外消费者的沟通。

扩展阅读：请阅读《中国农企是海外租地还是买地种粮？》，你认为中国农企走出的动因何在？

4. 国际营销的利润动因。企业开展国际营销活动的根本目的是实现全球利益最大化。国际企业可以通过开拓市场、利用国外的资源优势等取得更大的收益。

（1）通过规模效应获得更大利润。当企业的产品销量增加时，可以使单个产品分摊的成本降低，从而实现规模经济效益。通过国际营销活动，企业可以将产品销往国外市场，从而实现扩大销量、取得规模经济效益的目的。目前，我国大部分产品的国内市场已基本饱和，要扩大市场就应该积极开拓国际市场。

（2）利用资源优势获得更大利润。国际企业通过利用东道国的资源优势，包括上述自然资源、劳动力资源及信息资源等可以降低成本，从而取得更大的收益。

（3）利用优惠政策获得更大利润。各国政府为了鼓励本国企业走向海外，实施一些鼓励与支持企业出口的政策，这是驱动企业走向国际市场的巨大推动力。一般说来，政府主要通过税收政策（如减税、退税）和金融货币政策（如低息贷款、担保贷款、出口价格补贴）为企业提供诸多服务，如提供外贸咨询、国际市场信息等，所有这些支持均有利于加强企业的国际市场竞争实力。

同时，一些国家为了吸引外商投资，在税收等方面采取了一系列优惠政策。国际企业也可以通过东道国政府的优惠政策获得更大的收益。

1.2.2 企业国际市场营销的发展阶段

企业国际市场营销的发展同世界经济一体化及本国市场经济的发展也是紧密相连的，其发展演变经历了一个过程，即"国内营销—出口营销—国际市场营销—多国营销—全球营销"。从目前现实来看，众多国家仍处于国际市场营销阶段，少数经济发达国家的跨国公司已进入全球营销阶段。

1. 国内营销（Domestic Marketing）。在第二次世界大战以前，即使是产品具有出口潜力的企业，也会在其成长过程中经历一段"纯国内营销"时期。国内营销是指国内市场为企业唯一的经营范围，企业经营的目光、焦点、导向及经营活动集中于国内消费者、国内供应商和国内竞争者。其公司在国内从事营销活动可能是有意识的、自觉的战略选择，或者是无意识地、不自觉地想躲避国外竞争者的挑战，有时甚至由于对外界环境的无知而造成"出口恐惧症"，对出口销售持消极态度。

2. 出口营销（Exporting Marketing）。出口营销时期一般是指20世纪第二次世界大战后至60年代。这是企业进入国际市场的第一阶段。此阶段仍以出口产品为主组织国际市场营销活动，对国际市场调研、产品开发的自觉性还不够。其目标市场是国外市场，企业在国内生产产品到国外销售，满足国外市场需求。在这一阶段产品与经验成为发展出口营销的关键。同时，国际营销者还要研究国际目标市场，使产品适应每个国家的特殊要求。

3. 国际市场营销（International Marketing）。这是企业进入国际市场的第二阶段，国际市场营销把国内营销策略和计划扩大到世界范围。在这一阶段，企业往往将重点集中于国内市场，实行本国导向，即公司"不自觉地"把本国的方法、途径、人员、实践和价值采用于国际市场。此时，国内营销始终是第一位的，产品出口只是国内剩余产品向国外的延伸，大多数的营销计划制定权集中于国内总公司。国外经营所采取的政策与国内相同。随着企业从事国际营销的经验日益丰富，国际营销者日益重视研究国际市场，实行产品从国内发展到国外的战略。

4. 多国营销（Multinational Marketing）。这是企业进入国际市场的第三阶段。在这一阶段，企业的导向是多中心主义。多中心主义是假设世界市场是不同和独特的，企业要获得营销的成功，必须对差异化和独特化的市场实行相应的战略。这一阶段产品的战略是适应各国市场的战略。

5. 全球营销（Global Marketing）。全球营销一般是指20世纪80年代以后。这一时期科技革命使产业结构发生深刻变化，这是企业跨国经营的更高阶段。它以全球为目标市场，将公司的资产、经验及产品集中于全球市场。全球营销是以全球文化的共同性及差异性为前提的，主要侧重于文化的共同性，实行统一的营销战略，同时也注意各国需求的差异性而实行地方化营销策略。全球营销实行以地理为中心导向，其产品战略是扩展、适应及创新的混合体。

必须注意，全球营销并不意味着进入世界上的每个国家，进入世界上多少个国家主要取决于公司资源、面临的机会及外部威胁的性质。

扩展阅读： 阅读《中国企业全球化进程初期阶段国际市场营销策略研究》，了解相关知识。

1.2.3 我国企业国际化经营的主要方式

我国企业国际化是中国企业逐步融入国际经济的渐进过程，它主要是通过吸收和利用外资、国际贸易和对外直接投资这几种方式发展起来的，认真讨论并总结这方面的经验，有利于促进我国越来越多的企业加快国际化经营的步伐。

1. 吸收和利用外资。一是在 2015 年，全国设立外商投资企业 26 575 家，同比增长 11.8%；实际使用外资金额 7 813.5 亿元人民币（折 1 262.7 亿美元），同比增长 6.4%（未含银行、证券、保险领域资料），吸收外资规模再创新高。主要国家/地区对华投资总体保持稳定。1-12 月，实际使用前十位国家/地区的外资金额达 7 339.7 亿元人民币（折 1 186.3 亿美元），同比增长 6.2%，占全国实际使用外资金额的 94%。来自东盟、欧盟、一带一路相关国家和中国香港、澳门地区投资分别增长 22.1%、4.6%、25.3%、8.8%和 53.4%；来自日本、美国和中国台湾地区投资分别下降 25.2%、2%和 14.1%。外资品质持续提升，产业结构进一步优化。外资产业结构进一步优化。服务业实际使用外资 4 770.5 亿元人民币（折 771.8 亿美元），同比增长 17.3%，在全国总量中的占比为 61.1%。制造业实际使用外资 2 452.3 亿元人民币（折 395.4 亿美元），与上年基本持平，在全国总量中的占比为 31.4%。其中，高技术制造业继续增长，实际使用外资 583.5 亿元人民币（折 94.1 亿美元），同比增长 9.5%，占制造业实际使用外资总量的 23.8%。东部地区引资保持良好势头。1-12 月，东部地区实际使用外资金额 6 551.6 亿元人民币，同比增长 8.9%。长江经济带区域新设立外商投资企业 11 974 家，同比增长 7.8%，占全国新设企业总数的 45.1%。中部地区实际使用外资金额 644.9 亿元人民币，同比下降 3.3%；西部地区实际使用外资金额 617 亿元人民币，同比下降 6.8%。中西部地区在全国吸收外资总量中占比为 16.2%。这种情况也有其必然性，因为吸收和利用外资应具备一定的条件。

（1）吸引和利用外资与国内经济发展之间存在着内在的联系。如果一个国家和地区的收入水平极低，国民收入少于 400 美元，则对跨国公司没有吸引力。因此当前对我国中西部地区实行"东部沿海地区支持带动中西部地区"的经济发展政策，逐步缩小东部地区和中西部地区的差距，是我国经济全面实现与国际接轨的重要条件。

（2）良好的投资环境是吸引和利用外资的重要条件。在吸引和利用外资方面，我国中西部与东部地区最大的差距就是投资环境，中西部地区生产区位优势较差，没有吸引力。越是经济落后的地区，投资环境越差，外商投资也越少，经济发展也越慢，与经济发达地区的差距也越来越大，形成恶性循环。因此，努力改善我国中西部地区的投资环境，充分挖掘和利用中西部地区的区位优势，对我国企业国际化经营具有重要意义。主要措施应包括：提高国民素质，培养高素质的劳动力；国家、地区和企业共同努力，多方筹资，进行基础设施建设；实行科技扶贫，培养和吸引各种专业技术人才，增加产品科技含量，合理开发和利用当地自然资源，保护生态环境，防止和治理环境污染；制定相应的外资优惠政策，吸引外资合作，使企业在国际化经营中具备较好的条件。

2. 对外商品贸易。不同国家和地区的经济实体之间进行的跨边界商品交换活动是国际化经营过程中的初级，也是重要的市场进入方式。一个国家通过对具有较大比较利益的商品或服务的进出口，可以获得可观的经济利益。

商品出口可分为直接出口、间接出口和易货贸易。直接出口投资较多，风险较大，潜在报酬也较高。但是要求出口的生产企业享有自营进/出口权，并有自己的国际营销渠道，有专人负责出口营销管理工作，如设驻办事处、建立国外销售子公司或国内出口部等，从而以竞争者的身份与对手进行人员、财务、销售渠道、市场等方面的竞争。间接出口投资少，风险小，灵活性较大，对一些刚刚开展国际市场业务的企业或绝大部分中小企业是一个捷径。但缺点是出口企业不能迅速、准确地掌握国际市场信息，无法获得在国际市场的经营经验，市场份额和价格无法控制，企业的信誉难以提高。易货贸易形式互补性很强，是一种进/出口结合的交易方式，这种形式交货速度快，不用现汇支付，适用于国内企业与周边国家进行。在对方急需我方出口商品的情况下，可以以出带进，争取到我方急需而又不易买到的重要物资进口；或是在对方急于推销其过剩商品的条件下，可以通过易货以进带出，扩大出口。在买方资金不足的情况下，设备出口方可采用补偿贸易方式出口设备和技术，并利用对方廉价劳动力、原材料或返销产品获利。

3. 许可证贸易。许可证贸易方式是技术贸易最重要、最基本的形式，其贸易的标的内容包括专利技术、商标和专有技术三方面。从我国情况看，一些具有高新技术的大型企业和高科技企业掌握了一定的专利技术和专有技术，具备了出口技术的条件，技术出口即可成为新的利润增长点。但是与国外企业相比，我国较多的企业产品生产技术落后，产品开发能力较差，与世界科学技术的飞速发展和产品升级换代步伐不相适应，亟需引进并消化一些必要的和关键性的生产技术，节省较大的产品技术开发投资，尽量用较短的时间达到世界一流的生产技术水平，增强企业国际化经营的竞争实力。

许可证贸易给技术出口企业提供了一种低成本、低风险进入国际市场的形式，特别是在目标国货币贬值，实行进口限制或投资限制时，许可证贸易可能是进入国际市场最有效的甚至是唯一的方式。它能迅速扩大企业及其产品的声誉和市场占用率，并使自己的无形资产迅速增加。运用技术投资还有利于扩大企业知识资产的开发效益。当企业不愿意或不可能在国外设立企业开发已有技术的情况下，特许授权的许可证贸易则成为较好的选择。如果一家企业开发的新产品多，限于企业资源的关系而无力全部批量生产时，可将其中某些批量生产的产品授权给外国企业生产，以使新产品得以在竞争力量形成之前就在世界范围内先行开发出来。在跨国经营中，对外授权与有控制权的直接投资协同进行会给母公司带来更多的产权收益，并有利于对子公司进行更为有效的控制。

对于进口技术的企业，许可证贸易为企业获得拓展所必需的业务提供了一条有效途径。一些企业往往利用特许授权所得到的关键技术和知识，顺利地完成了生产效益和产品质量的突破，也有的企业通过这一途径在新的经营领域完成了经营多样化。

对外授权进行技术贸易也存在技术泄漏、培植潜在市场竞争对手、授权人的名誉存在风险、对外授权收益有限等缺点。

4. 对外直接投资。对外直接投资主要有国际间企业购并、合资经营和独资新建企业几种形式。企业购并已成为当前国际直接投资的主要形式，通常是一家占优势的公司吸收另一家或更多的公司来扩大自己的经营规模和经营领域。一般可以根据以下有利条件，选择企业购并方式：为竞争和占领国际市场，在国外组织生产和销售，绕过国际贸易的关税和非关税壁垒；能够提高企业的规模经济，降低生产成本，有利于企业组织专业化生产，先进的管理方法和科研开发能力等资源也可以得到充分共享；可以使企业以较低的成本进入新的行业；可以使企业获得某些竞争优势并有利于实现经营"当地化"；被购并企业有发展前景和获利能力；能获取技术信息、管理知识、经营经验等公开市场不易获得的稀缺资源。

合资经营适应范围较广，既为绝大多数大型跨国公司采用，也为众多的中小型跨国公司和刚跨出国门的企业采用。其适用条件如下。由于世界上许多国家对于外资企业的所有权形式存在不同程度的限制，在法规有限制要求的行业或领域设立企业时，就得选择合资经营；为长期取得当地的重要原料与资源，又避免与东道国发生利益冲突；需要当地企业的协助来进入和扩大当地市场；企业在资本与经营能力不足的情况下，想要进入更大的海外市场，选择以专利和技术投资入股，则不需投入货币资本或只需要投入少量的货币资本，即可取得较多股权。

国外独资经营是企业国外生产的最高阶段，意味着企业在国外市场上单独控制着一个企业的生产和营销。独资经营可以使企业获得全部的所有权和利润，可以使国外子公司的营销战略与企业的总体战略融为一体，但企业投入的资金最多，风险也最大。

改革开放以来，我国在引进外资和对外直接投资方面都取得了很大成绩，但在引进外资与对外直接投资之间不大协调，平均比率为 1:0.1，这不仅远远落后于发达国家的平均水平，而且也与我国现阶段的经济发展水平不相适应。从对外直接投资的项目规模看，项目规模较小，单个项目超过百万美元的不多，多数项目只有几十万美元，甚至只有几万美元，这说明我国企业海外投资的竞争能力有限。究其原因，一是我国缺少大公司，投资实力较差；二是参加跨国投资的多是中小企业且初次涉足国际市场，对利用国际资本市场的多种资金来源既无经验又无手段，只能靠自有资金，从而限制了投资规模。因此，以资本为纽带，积极组建具备现代企业制度和经营机制的大规模、有竞争实力的企业集团是解决中国企业国际化的重要措施。其次是努力学习和积累企业国际化经营的经验，充分利用国外各种资源，包括国际资本市场的多种资金，利用国际经济组织的重要作用进行跨国投资和经营，促进中国企业国际化的发展。

13

模拟实训

【实训主题】

　　国际市场营销概述

【实训地点】

　　教室

【实训目的】

　　加深学生对国际市场营销相关概念的理解。

【背景材料】

海尔在美国成功的奥秘

　　目前，海尔在美国最受欢迎的产品是学生宿舍和办公场所使用的小型电冰箱，其市场占有率可望由原来的25%上升到40%。海尔冷柜市场前景看好，已在美国同类产品中占据了1/3的市场份额；海尔的窗式空调机也具有广阔的市场空间。对于美国的家电企业来说，海尔的出现绝对是"狼来了"。

　　一个产品能否被市场接受，最核心的环节在于设计。担当海尔国际化战略重任的先头部队是成千上万台专为美国市场设计的"储酒冰柜"。目前，这种产品在美国市场占有率高达90%以上。"储酒冰柜"的创意来自于在美国卖了 20 年冰箱的海尔贸易公司总裁麦克·贾迈尔（Michael Jemal）。贾迈尔认为，美国人喜欢在家里储酒，但一般放在地窖里，存取不大方便，所以专业储酒的冰箱应该有市场。当时也有一些厂商生产酒柜，但往往只是把小冰箱内部略做改装，把塑料门卸下。而海尔在美国销售的产品大多不是海尔原有的产品，而是专门针对美国市场设计和生产的。美国市场各类饮品消费很高，海尔美国洛杉矶设计中心的技术人员从中看到了商机，啤酒要冰镇才好喝，那么葡萄酒、白酒呢？什么条件下这些酒冰镇的口感最好、营养最佳呢？他们迅速投入研制开发中。2001 年 7 月，一种采用磨砂玻璃门、曲线造型、柔和的内部灯光、滑动式镀铬食品架的产品投放市场。凭借其雍容典雅的外观和体贴入微的功能，该产品一炮打响，成为包括 B&B 在内的美国各大商场争相经销的家电产品。该产品从构思、设计到投放市场，相隔不到一年的时间。

海尔是从 1995 年开始向美国出口冰箱的，起初是以 OEM 方式（即海尔出口到美国的产品都以美国公司的品牌销售），然后才开始打自己的品牌。而在美国设立海尔美国贸易有限责任公司并投资建立海尔美国生产中心则是在 5 年之后，这时海尔已积累了较多的关于美国市场的知识。海尔首席执行官张瑞敏先生不止一次强调，国际化的海尔是有原则的，那就是"先有市场，后有工厂"。在海外设厂，首先要开发当地市场，使品牌出口达到在当地设厂的盈亏平衡点，即市场的竞争力是海外建厂的前提。海尔进入美国市场前就认真地调查并测算过，在美国建一个冰箱厂的盈亏平衡点的年产量是 30 万台，而海尔 1998 年出口美国的冰箱已达到 40 多万台，远远超过盈亏平衡点。

1999 年 4 月，在美国南卡罗来纳州中部的卡姆登市（Camden），由海尔投资 3 000 万美元建造的海尔美国生产中心举行了奠基仪式。一年以后，第一台带有"美国制造"标签的海尔冰箱从生产线上下来，海尔从此开始了在美国制造冰箱的历史，成为中国第一家在美国制造和销售产品的公司。

随着"海尔-美国造"的叫响，许多美国人已开始为自己拥有一台海尔产品而骄傲了。毫不夸张地说，海尔正在美国掀起一股强劲的"蓝色旋风"。

【实训过程设计】

（1）按教学班级和学生人数确定若干小组，每一小组人数以 5～8 人为宜。

（2）在图书馆、报刊、互联网上查找感兴趣的相关国际营销资料，并以每组为一课题，谈谈自己的认识，然后进行全班讨论和交流，最后指导教师进行归纳总结。

（3）全班分组讨论"背景材料"，分析海尔在美国取得成功的原因。

（4）谈谈海尔在美国取得成功对你有何启示，通过海尔的案例分析谈谈你对国际市场营销的认识。

（5）结合中国市场的特点，分析国内市场营销与国际市场营销的主要区别。

（6）今日的海尔在海外市场如何营销？

关键概念

国际市场营销　国际贸易　国内营销　出口营销　多国营销　全球营销

综合练习

一、单项选择题

1. 市场营销学的核心概念是（　　）。

A. 交换　　　　　　B. 需要　　　　　　C. 需求　　　　　　D. 市场

2. 在现代营销中，市场是指（　　）。

A. 商品交换的场所

B. 商品交换和流通的领域

C. 商品供求关系的总和

D. 对某种产品有需要和有购买能力的人们

3. 市场的三要素是指（　　　）。

A. 买卖双方、可供交换的商品、交易条件

B. 消费者、购买力、购买欲望

C. 消费者、购买力、交易条件

D. 购买者、可供交换的商品、购买力

4. 商品国际化有两方面的含义，一个是（　　　），另一个是商品国际化在经济国际化中的地位。

A. 商品生产国际化　　　　　　　　　　　B. 商品市场国际化

C. 商品生产与市场国际化　　　　　　　　D. 商品经济国际化

5. 国际市场营销与国际贸易的共同点是（　　　）。

A. 国家之间的商品生产要素的交换经济活动　　　B. 利益

C. 理论基础　　　　　　　　　　　　　　D. 主体

二、多项选择题

1. 市场营销组合是指企业为满足目标市场的需要加以组合的可控因素，这些可控因素可概括为（　　　）。

A. 产品　　　　　　　B. 价格　　　　　　　C. 公共关系

D. 地点　　　　　　　E. 促销

2. 国际市场营销与国际贸易的区别在于（　　　）。

A. 主体　　　　　　　B. 理论基础　　　　　C. 生产经营

D. 商品交换　　　　　E. 利益

3. 国际市场营销的形成与发展大体经历了（　　　）。

A. 出口营销阶段　　　B. 进口营销阶段　　　C. 国际化营销阶段

D. 跨国营销阶段　　　E. 全球营销阶段

三、简答题

1. 简述市场营销学的基础理论。

2. 简述国际市场营销和国际贸易的异同。

3. 简述企业走向国际市场的主要动因。

4. 试区别国内营销、出口营销、国际营销、多国营销和全球营销。

四、案例分析

海尔在美国成功的奥秘

目前，海尔在美国最受欢迎的产品——学生宿舍和办公场所使用的小型电冰箱的市场占有率可望由原来的 25% 上升到 40%。海尔冷柜市场前景看好，已在美国同类产品中占据了 1/3 的市场份额。海尔的窗式空调机也具有广阔的市场空间。对于美国的家电企业来说，海尔的出现绝对是"狼来了"。

一个产品能否被市场接受，最核心的环节在于设计。担当海尔国际化战略重任的先头部队是成千上万台专为美国市场设计的"储酒冰柜"。目前，这种产品在美国市场占有率高达如 90% 以上。"储酒冰柜"的创意来自于在美国卖了 20 年冰箱的海尔贸易公司总裁麦克·贾迈尔（Michael

15

Jemal）。贾迈尔认为，美国人喜欢在家里存酒，但一般放在地窖里，存取不大方便，所以专业储酒的冰箱应该有市场。当时，也有一些厂商生产酒柜，但往往只是把小冰箱内部略做改装，把塑料门卸下。而海尔在美国销售的产品大多不是海尔原有的产品，而是专门针对美国市场设计和生产的。美国市场各类饮品消费很高，海尔美国洛杉矶设计中心的技术人员从中看到了商机：啤酒要冰镇才好喝，那么葡萄酒、白酒呢？什么条件下这些酒冰镇的口感最好、营养最佳呢？他们迅速投入研制开发，2001年7月，一种采用磨砂玻璃门、曲线造型、柔和的内部灯光、滑动式镀铬食品架的产品投放市场。凭借其体贴入微的功能和雍容典雅的外观，该产品一炮打响，成为包括B&B在内的美国各大商场争相经销的家电产品。该产品从构思、设计到投放市场，相隔不到一年的时间。

海尔是从1995年开始向美国出口冰箱的。起初是以OEM方式（即海尔出口到美国的产品都以美国公司的品牌销售），然后才开始打自己的品牌。而在美国设立海尔美国贸易有限责任公司并投资建立海尔美国生产中心则是在5年之后，这时海尔已积累了较多的有关美国市场的知识。海尔首席执行官张瑞敏先生不止一次强调，国际化的海尔是有原则的，那就是"先有市场，后有工厂"。在海外设厂，首先要开发当地市场，使品牌出口达到在当地设厂的盈亏平衡点，即"市场的竞争力是海外建厂的前提"。海尔进入美国市场前就认真调查、测算过，在美国建一个冰箱厂的盈亏平衡点的年产量是30万台，而海尔1998年出口美国的冰箱已达到40多万台，远远超过盈亏平衡点。

1999年4月，在美国南卡罗莱纳州中部的坎姆登市（Camden），由海尔投资3 000万美元的海尔美国生产中心举行了奠基仪式。一年步以后，第一台带有"美国制造"标签的海尔冰箱从生产线上下来，海尔从此开始了在美国制造冰箱的历史，成为中国第一家在美国制造和销售产品的公司。

随着"海尔—美国造"的叫响，许多美国人已开始为自己拥有一台海尔产品而骄傲了。毫不夸张地说，海尔正在美国刮起一股强劲的"蓝色旋风"。

分析：
1. 海尔在美国取得成功的原因。
2. 谈谈海尔在美国取得成功的原因对你有何启示？
3. 通过海尔的案例分析谈谈你对国际市场营销的认识。
4. 结合中国市场特点，分析把握国内市场营销与国际市场营销的主要区别。
5. 今日的海尔在海外市场如何营销？

第2章

国际市场营销环境

 学习目标

【知识目标】

- 了解分析国际市场营销环境的意义
- 掌握分析国际市场营销环境的方法
- 理解国际市场营销环境的构成要素
- 理解分析国际市场营销环境各构成要素形成的原因

【能力目标】

- 能应用国际营销环境的相关理论分析实践中遇到的问题
- 能按照国际营销环境的相关理论写出一份环境分析报告

 案例导入

睡衣风波

1997 年，美国和加拿大之间围绕"古巴睡衣"问题产生了一场政治纷争，而夹在两者之间的是一家百货业的跨国公司——沃尔·马特公司。当时沃尔加拿大分公司采购了一批古巴生产的睡衣，这样做违反了赫尔姆斯－伯顿法。这一法律禁止美国的子公司与古巴通商。而加拿大则是由于美国法律对其主权的侵犯而恼怒，他们认为加拿大人有权决定是否购买古巴生产的睡衣。这样，沃尔公司便成了加拿大和美国对外政策冲突的牺牲品。沃尔·马特在加拿大的公司如果继续销售那些睡衣，则会因违反美国法律而被处以 100 万美元的罚款，还可能会因此而判刑。但是，如果只是将加拿大商店中的睡衣撤回，按照加拿大法律，会被处以 120 万美元的罚款。

沃尔•马特公司这下子可犯难了，左右都不行，卖或者不卖都要被罚。看来企业国际化经营必须关心母国、东道国及产品原产地所在国之间的关系。

在评价跨国公司所处的经营环境时，有关东道国与母国的政治、法律及对外政策问题是至关重要的。

2.1　市场营销环境概述

据有关资料显示，早在 20 世纪 50 年代评选出来的世界 500 强企业，到目前已有 2/3 破产倒闭。为什么有的企业寿命长，有些企业的寿命如此短暂？从事国际市场营销的企业经常面临着陌生的国外市场环境。现代营销学认为，成功的国际市场营销关键在于适应一种不断变化的、难以控制的、没有经历过而又与营销企业密切相关的环境。要适应环境，首先就要了解环境，并且知道环境的重要性以及如何去适应环境，然后科学地设计其国际市场营销策略。企业在制定出正确的国际市场营销策略之前，必须首先了解并掌握经济、政治、文化等对企业国际化策略有较大影响的环境要素。

2.1.1　国际市场营销环境的含义

国际市场营销环境是指影响企业营销活动及其目标实现的各种力量和因素，国际市场营销环境包括经济环境、政治法律环境、技术环境、人口环境、自然环境以及社会文化环境。企业与营销环境之间的关系如图 2.1 所示。

国际市场营销环境通过对企业构成威胁或提供机会影响营销活动。环境威胁是指环境中不利于企业营销的因素及其发展趋势，对企业形成挑战，对企业的国际市场地位构成威胁。市场机会是指由环境变化造成的对企业国际营销活动富有吸引力和利益空间的领域。

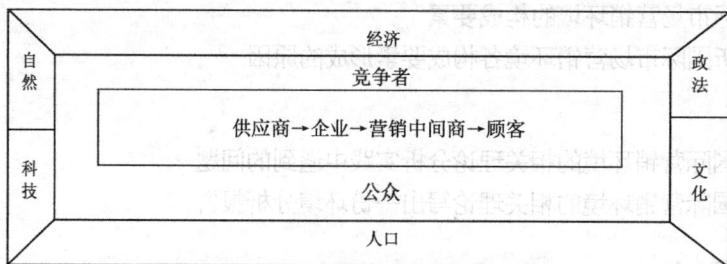

图 2.1　企业与营销环境之间的关系

2.1.2　国际市场营销环境的分析思路

在营销实践中，营销人员可以使用表 2.1 所示的营销环境分析思路进行分析判断。具体做法是，对表中所列内容由大类到小类，再由小类到因素逐个分析，并对相关重要的因素进行深入分析可以根据个人理解增加或减少有关因素。

表 2.1 营销环境分析思路

大类	小类	分析内容
国际市场营销环境因素	政治	社会制度、政治局势、相关政策、政治体制、政务效率、政治团体、社会治安、执政党、政务清廉状况、东道国与母国的关系
	法律	立法情况（专用法规、相关法规）、执法状况、司法制度、国际法及国际惯例、东道国与母国的法律交流等
	人口	人口规模、性别结构、年龄结构、地理分布、家庭规模、城乡结构、流动率、民族结构、受教育程度、职业、出生率、死亡率、增长率、家庭生命周期
	经济	经济发展阶段、产业结构、地区发展状况、国民收入、市场利率、通货膨胀率、国内生产总值、消费者收入、人均可支配收入、消费结构、国民经济运行状况、对外依赖度等
	文化	风俗习惯、文化禁忌、价值观念、语言文字、消费观念、民族亚文化、地理亚文化、宗教亚文化、思维方式、社会阶层、饮食习惯等
	技术	新材料、新工艺、新设备、新技术、新兴销售方式、换代产品技术、替代产品技术、新营销手段、物流技术、新型支付手段、新型媒体技术等
	自然	气候、生态环境、资源、能源、污染、环保、地形地貌、地理位置、交通状况等

2.1.3 国际市场营销环境分析方法

随着经济、社会、科技等诸多方面的迅速发展，特别是世界经济全球化、一体化过程的加快，全球信息网络的建立和消费需求的多样化，企业所处的环境更为开放和动荡。这种变化几乎对所有企业都产生了深刻的影响。正因为如此，环境分析成为一种日益重要的企业职能。下面介绍一个常用的环境分析方法——SWOT 分析法。

（一）SWOT 的含义

SWOT 这 4 个英文字母代表 Strength（优势）、Weakness（劣势）、Opportunity（机会）和 Threat（威胁）。

SWOT 分析企业（单位）的优势、劣势、机会和威胁。从整体上看，SWOT 可以分为两部分。第一部分为 SW，主要用来分析内部条件；第二部分为 OT，主要用来分析外部条件。因此，SWOT 分析实际上是对企业内/外部条件各方面内容进行综合和概括，进而分析组织的优/劣势、面临的机会和威胁的一种方法。其中，优/劣势分析主要着眼于企业自身的实力及其与竞争对手的比较，而机会和威胁分析将注意力放在外部环境的变化及对企业的可能影响上。但同时，外部环境的同一变化给具有不同资源和能力的企业带来的机会与威胁可能完全不同，因此，两者之间又有紧密的联系。

在发达国家，许多公司、医院、政府机构、工厂、学校，不管是营利单位还是非营利单位，都非常关注本单位的发展。所以，他们经常用 SWOT 方法进行分析和研究，有的一季度一次，有的一年一次，有的甚至一两个月一次，因为他们已经习惯了对目前的情况、存在的问题、条件和环境的变化经常进行了解，以期得到较清晰、连续的跟踪并根据自己的发展目标，做出一套相适应的计划和规范来保证达到目的。他们非常希望知道本单位的市场、产品、顾客、服务等的定位情况。在运用 SWOT 分析问题时，一定要考虑到我国的国情和企业（单位）的具体情况。只有将 SWOT 分析法同本单位的实际结合起来，并考虑到国家的文化、经济、政治、人文等因素，才能得出较正确的结论。

（二）SWOT 分析流程

1. 分析环境因素。用各种调查研究方法分析出公司所处的各种环境因素，即外部环境因素和内部能力因素。外部环境因素包括机会因素和威胁因素，它们是外部环境对公司的发展直接有影响的有利和不利因素，属于客观因素，一般归属为经济的、政治的、社会的、人口的、产品和服务的、技术的、市场的、竞争的等不同范畴。内部环境因素包括优势因素和弱点因素，它们是公司在其发展中自身存在的积极和消极因素，属于主动因素，一般归类为组织的、经营的、财务的、销售的、人力资源的等不同范畴。在调查分析这些因素时，不仅要考虑到公司的历史与现状，更要考虑公司的未来发展。

2. 构造SWOT矩阵。将调查得出的各种因素根据轻重缓急或影响程度等排序方式构造SWOT矩阵。在此过程中，将那些对公司发展有直接的、重要的、大量的、迫切的、久远的影响因素优先排列出来，而将那些间接的、次要的、少许的、不急的、短暂的影响因素排列在后面。

3. 根据SWOT分析，选择竞争战略。通过以上对企业内部和外部的综合分析，至少就可以展现一个比较简明的企业的总体态势，发现企业处在一个什么样的地位，可以采取哪些相应的措施来加以改进、防御或发展，这对企业发展战略的制定、执行和检验可以起到重要的参考作用。SWOT短阵分析如图2.2所示。

内部 外部	优势（S）	劣势（W）
机会（O）	SO战略	WO战略
威胁（T）	ST战略	WT战略

图2.2　SWOT矩阵分析

2.1.4　企业对策

分析国际营销环境的目的在于寻求营销机会和避免环境威胁。同一环境变化对不同行业的影响也不相同，它可能对某些行业或企业造成威胁，同时却给另一些行业或企业提供机会。营销管理者的任务就在于抓住机会，克服威胁，以有力措施迎接市场上的挑战。那么，对企业所面临的市场机会和环境威胁，市场营销管理者应该采取什么反应或什么对策呢？根据企业在机会威胁水平分析图（见图2.3）中的位置，可分别采取不同的对策。

威　胁　水　平

机 会 水 平	高 低	风险业务	理想业务
		困境业务	成熟业务

图2.3　机会威胁水平分析

1. 理想的企业。这类企业的市场营销环境处于高机会、低威胁的状况。企业应当抓住"机会"，充分发挥企业优势，密切注意威胁因素的变动情况。

2. 成熟的企业。这类企业的市场营销环境处于低机会、低威胁的状态。成熟并不表明企业经营环境处于良好状态，低机会限制了企业的发展，企业应当居安思危，努力发掘对企业有利的市场营销环境因素，提高企业营销机会。

3. 冒险的企业。这类企业的营销环境处于高机会、高威胁的状态。高机会表明企业营销环境对企业营销活动具有极强的吸引力，但高威胁又表明企业环境因素对企业营销活动构成了强大的威胁。因此，企业必须在调查研究的基础上，采取限制、减轻或者转移威胁因素或威胁水平，使企业向理想企业转化。

4. 困难的企业。这类企业的营销环境处于低机会、高威胁的状态。此时企业营销活动出现危机，企业应当因势利导，发挥主观能动性，"反抗"和"扭转"对企业的不利环境因素，或者实行"撤退"和"转移"，调整目标市场，经营对企业有利、威胁程度低的产品。

2.2　国际市场营销的经济环境

国际市场营销的经济环境是各种直接或间接影响和制约国际市场营销的经济因素的集合，是国际市场营销环境的重要组成部分，具有国际市场营销环境的各种特征。国际市场营销的经济环境分为三个不同层次，一是从全球的角度出发，考察整个世界经济的基本状况，以及其对国际市场营销产生效应的全球层面的经济环境（国际金融环境、国际贸易环境、经济周期、世界经济结构）；二是从某个具体国家角度出发，考察其经济状况及其对国际营销产生效应的国别层面的经济环境（即本地经济环境）；三是从世界区域性范围及区域性组织出发，考察某些文化背景相似、经济发展水平相当、关系往来密切的一系列国家和地区的区域性层面的经济环境。国际市场营销的经济环境具体包括本国、目标市场国和国际的经济形势，经济发展规模、速度、水平，经济制度、体制，参加国际经济组织、国际经济活动的状况，国际经济地位、经济发展阶段、经济结构类型、国家或地区的产业布局和城市（城镇）化程度，以及水利、能源、交通、通信等基础设施状况，消费者收入水平、消费水平、消费方式和消费结构，消费倾向和储蓄倾向，消费者储蓄和信贷状况，货币供应量、币值、外汇储备量、汇率、物价水平、通货膨胀率，外贸和国际收支状况等。一个国家或地区的经济发展规模和水平通常以 GDP（或 GNP）和人均 GDP（或 GNP）的统计指标来反映，经济发展速度则通常由这些指标的年增长率来反映。

一般说来，经济环境对国际营销的影响最大，它直接影响企业产品的销售去向、方式以及数量，因此，对经济环境的分析也就显得十分重要。

2.2.1　全球经济环境

全球经济环境是各种直接或间接影响和制约国际营销活动的经济因素的集合。全球经济环境是指在国际市场进行营销时，把一个国家当作一个整体市场，采取多种标准，对其进行经济环境的分类研究。这是影响国际市场营销的重要环境因素，直接关系到市场现状及其变动趋势。研究国际市场，首先必须对全球经济状况有所了解。

1. 全球经济发展概述

当今，全球经济发展主要表现为 4 个特征：国际投资与国际贸易全球化且迅速发展，各国经济相互依赖性加强，市场竞争程度的提高，各国关系的复杂性提高，这些环境特征深刻地影响着跨国公司的结构、行为和绩效，从而影响国际营销企业的行为和绩效。

（1）国际投资与国际贸易全球化且迅速发展。贸易全球化是指随着科学技术的发展和各国对外开放程度的提高，流通领域有关国际交换的范围、规模、程度得到加强。特别是新技术革命释放出来的巨大生产能力使国内市场相对狭小，开辟广阔的世界市场势不可当，世界市场的形成使各国市场逐渐融为一体，并极大地促进了全球贸易的发展。国际贸易范围不断扩大，世界市场容量越来越大，各国对世界市场的依赖程度也日益增大。

（2）各国经济之间相互依赖性提高。各国之间、跨国公司之间在产品、服务及资本之间的贸易，创造了相互依赖的全球经济。而由于国际贸易与国际投资的增长及信息产业发展等多因素推动的经济全球化的发展，使各国经济彼此之间相互依赖性日益加强。当今一国经济的高速发展是同其他国家紧密联系在一起的，任何一个国家或地区均不能脱离世界而孤立地发展。如果某国经济不景气，不仅会限制本国经济进一步发展，而且可能影响该国的对外贸易及国际投资。当某一国发生通货膨胀或汇率变动时，会影响到对外贸易效益及企业的竞争力，进而影响他国的贸易。

甚至一国的环境污染也会波及周边国家甚至全球，如2011年因日本地震引发的海啸、进而引起核辐射的事件就给周边许多国家带来影响。

（3）全球竞争加剧。由于各国实施或扩大对外开放方针，越来越多的企业跨越国界从事全球经营和销售，因而提高了国际市场竞争程度，如在汽车产业方面，过去，美国、日本和德国是国际汽车市场的主要角色；如今，韩国已加入这一竞争行列，马来西亚也进入国际汽车市场，从而使国际汽车市场竞争日趋激烈。在其他产业诸如计算机、医疗设备、化学仪器、农机具等国际市场也存在着激烈的竞争。全球竞争的提高驱使企业寻求更好的方式去满足国际目标市场的需求，企业主要集中采用产品、价格、分销、促销及售后服务等营销策略，以提高竞争优势。

（4）全球经济更加复杂化。由于国际贸易与国际投资的提高，各国经济相互依赖的加强，全球竞争的加强，从而使全球经济变得更加复杂，并相互交错在一起。

当前，世界经济正面临重大挑战，主权债务风险、通胀问题、政策冲突、贸易保护主义，让世界经济复苏显得更加艰难曲折和复杂多变。主权债务风险及通货膨胀，是影响当前世界经济走势的一个核心问题。随着各国政府应对国际金融危机的超常规财务货币政策负面影响的显现，危机和风险开始从私营部门转向公共部门，主权债务风险及通胀问题凸显。主权债务危机特别是欧元区主权债务危机，没有任何明显缓解迹象，并且可能进一步恶化，向核心国家蔓延，这给世界经济蒙上了一层厚厚的阴影。尽管有关方面近期出台了一揽子救援方案，但还只是停留在纸面上的协议，距离落实还有非常艰难的路要走。其他国家更多担心的是，把钱借给这些国家可能面临债务无法清偿的问题。

全球主要经济体的政策选择和协调难度不断加大，是世界经济面临的另一个重大挑战。一方面，有相当多国家的政策选择处在保增长与"调结构、抑通胀"的两难境地，经济结构调整与短期目标冲突。另一方面，由于各国经济发展面临的形势不同，利益诉求差异加大，矛盾和摩擦增多，导致各国经济政策效果出现相互抵消的现象。

与此同时，贸易保护主义抬头，也给世界经济尤其是新兴经济体发展带来了新的威胁。为了应对本国经济的不景气，各国政府的干预都在加大，一些国家维持自由贸易的意愿降低，贸易保护主义抬头，技术性贸易壁垒等贸易保护手段不断更新、趋于隐蔽，贸易摩擦范围逐步从传统产业向高新技术产业蔓延。如果控制不好，很可能让以出口为主导的很多发展中国家陷入危机。

最近的数据也显示出，主权债务风险及通胀问题、政策冲突、贸易保护主义这些重大挑战，正在让世界经济复苏显得更加艰难曲折和复杂多变。从发达经济体看，美国经济受失业率居高不下、消费需求不足、房地产市场停滞等因素的制约，继续低速徘徊。欧元区的失业率长期徘徊在高位，CPI已经突破了传统警戒线。日本经济颓势继续哪年。就新兴经济体而言，欧美债务问题溢出效应日渐显现，波及资本市场和实体经济，出口因外部需求急剧减少而下降，同时还面临通货膨胀等方面的问题。

扩展阅读：阅读《G20杭州峰会：为世界经济复苏提供强有力动力》，讨论目前全球经济具有哪些特征。

2. 全球性国际经济组织

（1）世界贸易组织（WTO）。世界贸易组织成立于1995年1月1日，其总部设在瑞士日内瓦。世界贸易组织是由1947年成立的关税与贸易总协定组织（GATT，简称关贸总协定组织）演变而成的。关贸总协定组织成立以来，共主持了 8 个回合的多边贸易谈。最近，持续时间最长的一轮是乌拉圭回合谈判，该回合从 1986 年开始，前后长达 7 年半之久，其重要成果之一就是创立了"世界贸易组织"，简称"世贸组织"。世界贸易组织制定了一整套国际贸易的游戏规则，促进了第二次世界大战后国际贸易的发展。该游戏规则坚持的基本原则是：成员国之间的贸易实行非歧视贸易（含最惠国待遇和国民待遇原则）、贸易自由化原则、可预见的和不断增长的市场准入程度、促进公平竞争、鼓励发展和经济改革。在关贸总协定和世贸组织的作用下，成员国的关税率在下降。"乌拉圭回合关税减让谈判"的成果是：发达国家成员对工业品的关税擎削减幅度达 40%，加权平均税率从 6.3%降至 3.8%；发展中国家成员承诺总体关税削减幅度在 24%左右。工业品的关税削减水平低于发达成员，加权平均税率由 20.5%降至 14.4%。这无疑促进了世界贸易的发展。

世界贸易组织的基本职能是：制定和规范国际多边贸易规则；组织多边贸易谈判；解决成员国之间的贸易争端。世界贸易组织是全球最大的多边贸易组织，截至 2016 年 7 月 29 日，阿富汗成为世界贸易组织的 164 个成员国，其成员之间的贸易额占到世界贸易总额的 95%以上。中国于 2001 年 12 月 11 日加入世贸组织，"入世"十几年来，国际舆论和世贸组织的官员都认为中国履行了入世时的承诺，交了一份令人满意的答卷，这体现了中国经济已与国际市场接轨。

世界贸易组织对跨国企业有重要意义。例如，如果营销主体的所在国或者目标市场国是世贸组织成员国，那么它就必须按照"游戏规则"处理贸易争端及农产品、纺织品、服务贸易和知识产权等问题，否则可能造成经济甚至政治上的重大损失；同时，WTO 的官员对服务业也给予很大关注，尤其是银行、保险、电信等行业的市场进入壁垒问题。服务业中的跨国企业将从关税减让甚至完全减免中进一步获取竞争优势。总体来说，世界贸易组织的基本规则对开展国际营销活动是有利的。

（2）国际货币基金组织（IMF）。国际货币基金组织成立于 1946 年 3 月，其主要职能是：就有关汇率政策、与国际收支经常项目有关的支付及货币的可兑换性等问题建立一套行为准则，从而抑制通货膨胀，增加世界贸易环境中的稳定因素；向纠正或避免国际收支不平衡发生的会员国融通资金；为会员国提供就国际货币问题进行磋商并达成协作的一个论坛。国际货币基金组织在稳定世界货币体系及促进全球经济健康发展等方面发挥了重要作用。例如，1997 年爆发的东南亚金融危机，国际货币基金组织的大力支持使得这场危机得到了相对有效的控制。

（3）世界银行《WB》。国际复兴开发银行简称"世界银行"，它成立于 1945 年 12 月，总部设在美国华盛顿，其最高权力机构是理事会，主要宗旨是：为生产性投资提供便利，协助会员国的复兴与开发；通过保证私人贷款和投资收益的方式，促进私人对外投资，以支持农业、教育、人口控制和城市发展；为了保持国际贸易的长期平衡发展，维持国际收支的平衡，采取鼓励国外投资、开发会员国生产资源等措施；在提供贷款保证时，应同其他方面的国际贷款相配合。世界银行将资本金及发行债券所得的资金，分别通过直接或间接长期贷款的方式来满足会员国对长期资本的需求，其主要贷款对象是中等收入国家，主要投向各种基础设施和能源开发项目，如发电站项目、公路建设等项目。世界银行的贷款促进了落后国家的基础设施建设，对改善国际经济环境有重要影响作用。

世界贸易组织、国际货币基金组织与世界银行被并称为当今世界经济体制的"三大支柱"。

那么，这些国际经济组织的法律地位如何呢？国际经济组织的法律地位是指国际经济组织的法律人格，没有法律人格就不能成为国际经济活动的参加者，不能直接承担国际经济法上的义务

23

以及享有国际经济法上的权利。国际经济组织的法律地位由其成员方在其章程性文件中授予。多数国际经济组织都在其章程性文件中规定，该组织具有国际法律人格或法律人格，即缔约或签约权、取得与处置财产权、进行法律诉讼权，有的还规定具有特权和豁免权。政府间国际经济组织尽管由主权国家组成，但是其法律地位及权力并不凌驾于主权国家之上，也不是"超国家"实体，其法律地位仍受其章程性文件约束。此外，政府间国际经济组织更不能等同于国家，它不具有国家主权，不拥有领土和居民。

扩展阅读：通过亚投行网，了解亚洲投资发展银行的成立和发展情况。
http://www.aiibw.cn/

3. 全球经济体制与经济周期

（1）经济体制。经济体制是一国宏观经济环境最基本的特征。从理论上讲，世界各国的经济体制以资源配置手段的不同分成两大类：一类是市场经济体制，依靠市场调节配置资源；另一类是计划经济体制，以行政指令进行资源调配。但在现实生活中，这两种极端形式，即单纯的市场经济体制或单纯的计划经济体制是不存在的。绝大多数国家处于这两种形式之间，采取混合的经济体制，即在某些行业可以竞争，而在其他行业则全部或部分地受到控制。

不同的经济体制对企业的国际营销提供宽严程度不同的全球经济环境，从而使企业所面临的国际市场营销环境的复杂程度也不相同。

（2）经济周期。经济周期描述的是市场经济生产和再生产过程中周期性的经济现象，一般是经济扩张与经济紧缩交替更迭、循环往复。经济周期按照时间长短可分为短周期、中周期和长周期，每个周期又可以分为繁荣、萧条、危机和复苏等阶段。

在现实经济生活中，经济周期的发展阶段会发生比较复杂的变化，不可能完全与经济学家的分析一致。但是，经济呈周期性规律变化的客观现象是存在的，全球经济的发展过程中总会有相对的上升和下降阶段。

经济周期对国际营销的影响主要表现在：在繁荣和复苏阶段，经济活动频繁，投资和消费旺盛，经济呈现快速增长，政府的宏观政策也比较宽松。因此，就一般情况而言，企业从事国际市场营销的机会较多。当然，经济繁荣和复苏阶段又分别有各自的特点。比如，复苏阶段的市场机会较多，而随着市场的发展和竞争加剧，繁荣阶段的市场机会明显少于复苏阶段。

4. 国际收支

国际收支是指在一定时期内，一国居民与非本国居民之间经济交易的系统记录。因此，国际收支是一个国家在一定时期由对外经济往来和对外债权债务清算而引起的所有货币收支，是一国对外政治经济等关系的缩影，同时也是一国在经济中所处地位及升降的反映。

国际收支通常用国际收支平衡表来表示。它是系统记录一定时期内一国国际收支项目及金额的统计表。国际收支平衡表主要包括经常项目、资本项目、现金项目、错误与遗漏。该表是全面掌握一国对外经济往来的基本资料，是政府制定对外经济政策的依据，同样也是国际营销决策制定者所要考虑的经济因素。

从理论上说，如果国际收支的自主性交易所产生的借方金额和贷方金额相等或基本相等，就表明国际收支平衡；如果自主性交易所产生的借方金额与贷方金额不相等，就表明国际收支不平衡或失衡。国际收支不平衡的一般成因主要有：经济周期因素（周期性不平衡）、国民收入因素（收入性不平衡）、经济结构因素（结构性不平衡）、货币价值因素（货币性不平衡）、偶发性因素

（偶发性不平衡）。就上述各个因素来说，经济结构因素和经济增长率变化所引起的国际收支不平衡，具有长期性，这被称为持久性不平衡；其他因素引起的不平衡仅具有临时性，被称为暂时性不平衡。

国际收支不平衡对国际市场营销而言，有些是有利于其发展的，有些是不利的，因而要特别注意鉴别和把握。

（1）国际收支状况是影响汇率升降。一国国际收支处于逆差状态，以致对外债务增加，或国际储备日趋减少，则该国货币的对外价值就会降低，在外汇市场上对外币的需求就会增多，本国货币的汇率就会疲软，从而使该国货币在国际市场上成为弱势货币或软通货；反之亦然。

（2）国际收支影响商品价格变化和通货膨胀的程度。一国国际收支保持经常顺差，汇率较少波动，物价稳定，通货供应量正常，则有利于国民经济和对外贸易的发展。

（3）国际收支状况对本国的货币金融政策措施具有直接影响。保持国际收支的基本平衡，是各国政府的基本目标之一。西方国家总是根据其国际收支状况来调整其货币金融政策，特别是在国际收支处于逆差状态时，在对外举债或运用储备以弥补其逆差的同时，经常采取必要的政策措施，以防止其国际收支状况不平衡或缓和其国际收支危机。

国际营销企业应注意到，一些市场虽然潜力很大，对各类消费品和资本品都有很大的需求，但是由于国际收支状况逐年恶化，通货膨胀严重，其货币又是不可自由兑换的，所以国际营销在这样的市场中就有很大的风险性。

2.2.2　区域经济环境

区域经济环境是指由一定地理区域范围而结成某一特定经济联盟的国家或地区的经济环境，它是从事国际市场营销企业所必须面对，并会受直接影响的重要经济环境。

1. 区域经济一体化的含义

区域经济一体化是指区域内两个或两个以上国家或地区，在一个由政府授权组成并具有超国家性的共同机构下，通过制定统一的对内对外经济、财政与金融政策等，消除国别之间阻碍经济贸易发展的障碍，实现区域内互利互惠、协调发展和资源优化配置，最终形成一个政治、经济高度协调统一的有机体的过程。

2. 区域经济一体化的具体类型及主要特征

区域经济一体化按经济联系程度，可以分为自由贸易区、关税联盟、共同市场及经济联盟4种类型。

（1）自由贸易区。自由贸易区指由签订自由贸易协定的两个或两个以上的国家或地区组成的贸易区，如欧洲自由贸易联盟与北美自由贸易区等。在成员国之间逐渐减免甚至废除关税与数量限制，使区域内各成员国间的商品可以完全自由流动，但每个成员国仍保持对非成员国的贸易壁垒。

（2）关税同盟。关税同盟指两个或两个以上的国家通过签订条约或协定取消区域内关税或其他壁垒，而且对非同盟国家采取统一的关税税率，如非洲的东非共同市场。它在一体化程度上比自由贸易区进了一步，不仅包括自由贸易区的基本内容，而且使成员国对同盟外的国家建立了共同、统一的关税税率，开始带有超国家的性质。

（3）共同市场。共同市场指共同市场成员国间完全废除关税与数量限制，建立对非成员国的共同关税；同时，劳动力与资本等生产要素可以在成员国之间自由流动。除了建立对外统一关税外，有协调间接税制度、产品标准化制度，还相互承认劳动力的学历和技术等级制度。

（4）经济同盟。经济同盟指成员国之间不但商品和生产要素可以完全自由流动，建立共同的关税，而且成员国制定和执行某些共同的经济政策和社会政策，包括货币、财政、经济发展和社会福利政策，以及有关贸易和生产要素的流动政策，逐步废除政策的差异，并拥有一个制定这些政策的"超国家的"共同机构。它是共同市场和经济共同体向超国家一体化的宏观协调机制发展的一种中间形式，是一种较高层次的区域经济一体化组织形式。目前的欧洲联盟属此类型。

自由贸易区、关税同盟、共同市场及经济同盟的特征如表2.2所示。

表2.2　　　　　　　　　区域经济一体化的主要特征

	内部关税的撤销	统一的外部关税	劳动力与资本的自由流动	经济政策的和谐
自由贸易区	√			
关税同盟	√	√		
共同市场	√	√	√	
经济同盟	√	√	√	√

3. 区域经济一体化对国际市场营销的影响

区域经济一体化涉及的国家和地区越来越广泛，对国际市场营销活动的影响也越来越大。成员国和非成员国主要有3个方面的效应。

（1）增长效应

增长效应即区域经济一体化使成员国可以吸引更多其他国家的直接投资，从而获得更多的技术、营销和管理方面的知识和经验。外国的直接投资不仅可以为成员国带来资金，也可以为新产品、生产技术与资源开发能力缺乏的成员国带来技术，通过对成员国有关人员进行培训，使其掌握各种技能和先进的管理经验，并将此扩大和传播，产生外延的增长效应。区域经济一体化意味着各成员国间研发和生产的结合，相互贸易与投资的扩大，因而可使各成员国的经济得到快速增长。

此外，统一市场的创立可以提供相当多的机会，使原本受保护的市场放开对外来竞争的限制，降低成本，从而促进成员国经济的增长和非成员国的跨国营销企业的利润。比如，美国3M公司一直在巩固其在欧洲的生产和分销基地以及充分发掘规模经济效益。现在，英国的一家工厂为整个欧盟市场生产3M的印刷产品，而德国的一家工厂生产该公司的某种控制材料。3M公司的最终目标是摒弃国家差别，而在欧盟一个国家的总部对每一个产品类别的研究与开发、制造、分销和营销进行指导。

（2）排他效应

排他效应即区域经济一体化存在着不同程度的排他性和保护性，对非成员国的国际营销产生了极大的障碍。若区域经济一体化成员中某一个国家或者地区因其经济实力较弱而无法和其他成员国进行竞争，其势必会要求其所处的经济一体化组织对来自外部的竞争加以限制，从而抵消其在组织内部的损失，尽管欧盟的思想基础—"自由贸易理论"反对在欧洲建立这些限制。

任何壁垒，但其仍在某些领域设置进口和投资壁垒，如在农业和汽车两个行业。在农业领域，欧盟继续实行共同农业政策，这一政策限制了很多食品的进口。如在汽车领域，欧盟与日本达成了协议，限制日本在欧盟汽车市场上的占有率。因此，非欧盟公司可通过在欧盟成员国内建立自己的生产基地，从而绕开壁垒。

（3）竞争效应

竞争效应即区域经济一体化所带来的地区内部竞争的加剧和为外部企业提供的竞争机会。国家间贸易和投资壁垒的降低会使一体化地区的价格竞争更加激烈。比如，在区域一体化之前，大众公司生产的高尔夫汽车在英国的售价比在丹麦高55%，在爱尔兰的售价比在希腊高29%，在统一市场上这种价格差异会消失，这对成员国的公司来讲是一种威胁。为了在竞争中取得生存，商业公司必须利用统一市场带来的机会，实现合理生产，降低成本，否则在竞争中将处于不利地位。

此外，统一市场的创立为非成员国提供了相当多的机会，使原本受保护的市场放开了对外来竞争的限制。法国和意大利曾是欧洲保护程度最高的市场，而区域一体化的出现使得这些市场在出口和直接投资方面对外来竞争的开放程度比以前大多了。

当今世界上各类区域性协定的不断增多说明全球经济正在朝着区域经济一体化的方向飞速发展。在区域经济一体化的过程中，不管是对成员国还是对非成员国，都是有利也有弊。从国际市场营销的角度来看，将一个区域视为一个单一的市场是极具风险的，因为在经济一体化区域内仍然存在着大量的市场细分。此外，早已形成的不同国家和地区的文化、政治、法律、社会等方面的环境并不会随着区域经济一体化而发生根本性的改变，有关市场活动的经济运行、收入分配等制度由各国价值观念所决定的政策因素及社会经济控制手段也很难因此产生根本性的变化。

4. 区域经济一体化的组织形式

区域经济一体化是由于世界政治与经济发展不平衡现象的存在及发展中国家的涌现而产生的。自1958年欧洲经济共同体成立以来，世界其他区域相继模仿，如雨后春笋般组成各类经济集团。到目前为止，主要的区域经济集团有下述几个。

（1）欧洲联盟

欧洲联盟（European Union, EU）（以下简称欧盟）现有28个成员国，人口约5亿人，GDP 16.106万亿美元。欧盟的宗旨是"通过建立无内部边界的空间，加强经济、社会的协调发展，建立最终实行统一货币的经济货币联盟，促进成员国经济和社会的均衡发展……通过实行共同外交和安全政策，在国际舞台上弘扬联盟的个性"。

欧盟已经制定了一个统一市场，通过一个标准化的法律制度，适用于所有会员国、保证人、货物、服务和资本的流动自由，并保持一个共同的贸易政策，包括农业、渔业政策和区域发展政策。17 会员国已通过了一个共同的货币——欧元。在对外政策上，欧盟代表其成员在世界贸易组织、在八国集团首脑会议和在联合国的会议上发言，维护其成员国利益。

2001年，欧盟在司法和内政事务方面发挥了较大的作用，包括许多会员国根据《申根协定》取消之间的护照管制。在某些领域取决于会员国之间的协议，有时也由超国家机构作出决定，而不涉及协议的成员。欧盟重要的机构和组织，包括欧洲委员会、欧洲议会、欧洲联盟理事会、欧洲理事会、欧洲法院的司法和欧洲中央银行。

欧盟是目前区域经济一体化合作水平最高的一个组织，其市场规模大，消费水平高且需求多样，对产品进入市场的限制较多。同时，欧盟为了自身发展的需要，对周边国家和地区采取了较为优惠的贸易政策，从而使欧盟在周边乃至全球范围的影响不断扩大。

"欧洲壁垒"这个术语，被用来表示许多企业，尤其是美国企业对欧洲统一的担心。即虽然欧洲取消了内部壁垒，但他将提升外部壁垒，这会使得欧洲以外包括美国的企业进入欧洲变得十分困难。表2.3给出了公司应对欧洲一体化的建议。

表 2.3　　　　　　　　　　　　公司应对欧洲一体化的建议

公司情况	机会或挑战	应对建议
已建立跨国市场、多元化市场的公司	提高生产率的机会 来自竞争者的挑战 同等对待欧洲各国的消费者和中间商	泛欧洲战略
有一家欧洲子公司的企业	竞争 失去小市场	扩张 战略联盟 理性化 放弃
向欧洲出口的公司	竞争 接近市场	设欧洲分部 选择性获得 战略联盟
没有关注欧洲的公司	国内竞争 失去机会	进入

（2）北美自由贸易区

北美自由贸易区（North American Free Trade Area）由美国、加拿大和墨西哥三国组成，于1992年12月17日正式签署（北美自由贸易协定）。1994年1月1日，协定正式生效，北美自由贸易区宣布成立。成员国彼此必须遵守协定规定的原则，通过如国民待遇、最惠国待遇及程序上的透明化等来实现其宗旨，借以消除贸易障碍。自由贸易区内的国家货物可以互相流通并减免关税，在农业、汽车、纺织、服装等行业还给予了各种优惠措施，建立关于环境调查及劳动者不公平待遇处理的相关机构，而贸易区以外的国家则仍然维持原关税及壁垒。

相对于欧盟等经济一体化组织或日本等国家，北美自由贸易区市场是相对开放的市场。目前，北美自由贸易区的市场竞争主要集中在农产品、钢铁、汽车、纺织等传统部门；同时，计算机、信息网络、生物工程等高新技术领域也在不断涉及。除了墨西哥外，美国和加拿大的贸易保护主义相对较低，市场开放度高。

1994年11月15日，通过《亚太经合组织经济领导人共同决心宣言》，又称《茂物宣言》，确立了"在亚太地区实现自由、开放的贸易与投资"的目标。根据不同国家和地区的发展水平，提出了"工业化经济实现自由和开放贸易与投资目标不迟于2010年，发展中经济实现这个目标不迟于2020年"。从此，茂物目标便成为亚太经济合作组织推进地区经济一体化工作的努力方向。2010年的《横滨宣言》就继续推进地区经济一体化进程、切实推动亚太自由贸易区建设达成一致。2011年11月12日至13日在美国夏威夷举行的第19次领导人非正式会议上提出2011年的核心任务是加强经济一体化，并致力于规范、制定和商议21世纪区域贸易协定中的各种贸易和投资的新议题。

（3）东盟

东南亚国家联盟（ASEAN），简称东盟。东盟的前身是马来亚（现马来西亚）、菲律宾和泰国于1961年7月31日在曼谷成立的东南亚联盟。1967年8月，印度尼西亚、泰国、新加坡、菲律宾四国外长和马来西亚副总理在曼谷举行会议，发表了《曼谷宣言》，正式宣告东南亚国家联盟成立。1967年8月28日至29日，马、泰、菲三国在吉隆坡举行部长级会议，决定由东南亚国家联盟取代东南亚联盟。截至2011年8月，东盟成员国达到了10个，包括文莱（1984年）、柬埔寨（1999 年）、印度尼西亚、老挝（1997 年）、马来西亚、缅甸（1997 年）、菲律宾、新加坡、泰国和越南（1995 年）。美国与俄罗斯于 2011 年参加东盟领导的东亚峰会，其目标是逐步将区域内各成员国之间的关税税率降为零并逐步取消关税壁垒，以推动区域内部贸易的增长和经济的发展。中国、日本和韩国作为东盟的对话国，参与了东盟贸易的自由化进程。

（4）中国-东盟自由贸易区

中国-东盟自由贸易区（China and ASEAN Free Trade Area, CAFTA），是中国与东盟 10 国组建的自由贸易区，是世界三大区域经济合作区，2001 年 11 月，文莱举行的第五次中国一东盟领导人会议上正式宣布组建中国-东盟自由贸易区。目前，中国已成为东盟第一大贸易伙伴，东盟成为中国第三大贸易伙伴。自由贸易区建成后，东盟和中国的贸易占到了世界贸易的 13%，成为一个涵盖 11 个国家、19 亿人口、GDP 达 6 万亿美元的巨大经济体，是目前世界人口最多的自由贸易区，也是发展中国家间最大的自由贸易区。

2.2.3　本国经济环境

本国经济环境是指企业所在国的经济环境，它对企业的行为及顾客的消费行为发生直接的影响。分析本国的经济环境可以从以下 5 个方面入手。

1．经济发展水平

企业的市场营销活动要受到一个国家或地区的整体经济发展水平的制约。经济发展阶段不同，居民的收入不同，顾客对产品的需求也不一样，从而会在一定程度上影响企业的营销。以消费者市场来说，在市场营销方面，经济发展水平比较高的地区，强调产品款式、性能及特色，品质竞争多于价格竞争；而在经济发展水平低的地区，则较侧重于产品的功能及实用性，价格因素比产品品质更为重要。在生产者市场方面，经济发展水平高的地区着重投资较大而能节省劳动力的先进、精密、自动化程度高、性能好的生产设备。因此，对于不同经济发展水平的地区，企业应采取不同的市场营销策略。

美国学者罗斯顿（W.W.Rostow）提出"经济成长阶段"理论，将世界各国的经济发展归纳为以下 5 个阶段。

第一阶段：传统社会。处于该阶段的国家生产力水平低，未能采用现代科技方法从事生产，识字率低，没有能力进行建设。

第二阶段：起飞前夕。该阶段是经济起飞阶段的过渡时期。在此阶段，现代科学技术开始运用于工农业生产。运输、通信、电力、教育、保健等公共事业已开始发展，只是规模还小，不能普遍实行。

第三阶段：起飞阶段。这一阶段大致已形成了经济成长的雏形，各种社会设施及人力资源的运用已能维持经济的稳定发展，农业及各项产业逐渐现代化。

第四阶段：趋于成熟。处于该阶段的国家不但能维持经济的长期发展，将更现代化的科技应用于各种活动中，而且能多方面参加国际营销活动。

第五阶段：高度消费阶段。在这一阶段，主要经济部门开始转向生产耐用消费品和服务，实际人均收入达到较高水平，大量居民拥有相当规模的可自由支配的收入。

例如，像兰博基尼这种汽车要寻找市场在处于第一阶段和第二阶段的国家里市场是极小的，其最大出口市场是葡萄牙（属于第三个阶段的国家）。虽然葡萄牙比较贫穷，但那里有足够富裕的家庭买得起这种汽车。

2. 经济结构

经济结构是一个内涵非常广泛的概念，它一方面反映的是各种经济成分、要素互相连接、互相作用的方式及其运动变化规律，另一方面也是各类经济行为体在各个不同的经济领域按照一定的方式活动、构造具得不同效能的经济侧面，进而介入经济生活的直接体现。任何一个社会的经济结构都是在多方面因素共同作用下的结果。就经济结构的组成而言，它会涉及产业结构、分配结构、就业结构、供给结构、需求结构等。

经济结构（Economic Structure）有两种含义。一是社会经济结构的简称，即由反映一定社会生产关系的社会经济成分组合而成的有机整体，是决定其余社会关系的经济基础。二是指某地区国民经济各部门、各系统和社会经济各环节的构成及其相互联系、相互制约的比例关系。地区经济结构是经济在社会、经济、地理条件影响下长期发展的结果。

经济结构的种类和层次很多，主要有以下几种。

① 产业结构，如按三大产业的各部门、行业、产品等进行多层次的分类。

② 技术结构，按各行业的技术水平和层次分类。

③ 规模结构，按企业和产业经济规模大小分类。

④ 经济成分结构，按所有制形式分类。

除此之外，还可以按经济活动的环节和方面进行划分，如出口和进口商品结构、就业结构、地区结构、价格结构、投资结构、交换结构、消费结构等。

总之，经济结构是一个由许多系统构成的多层次、多因素的复合体。一个国家的经济结构是否合理，主要看它是否建立在合理的经济可能性之上。结构合理就能充分发挥经济优势，有利于国民经济各部门的协调发展。经济结构状况是衡量国家和地区经济发展水平的重要尺度。不同经济体制、不同经济发展趋向的国家和地区，经济结构状况差异甚大。

3. 经济特征

经济特征是国际营销中以较重要的经济环境指标。衡量各国经济特征的指标有人口、收入、消费者储蓄和信贷水平、消费结构、城市化程度等。

人口状况可以反映市场的规模和结构状况。人口是构成需求的基本因素，市场是由有购买欲望和购买能力的人构成的，人口越多，市场规模也就越大。当前，发展中国家人口增长加快，美国等发达国家人口增长率下降，许多国家人口趋于老龄化。科技的进步和经济的发展使得现代人的平均寿命延长，死亡率下降，因此保健品市场、旅游、娱乐市场将大有可为。许多国家人口流动性大，形成人口城市化、城镇化的浪潮。人口流动促使人口的密度和分布发生变化，这对消费结构、消费规模、消费水平、商业网点和服务方式均会产生重大的影响。

分析和评估国际市场的经济环境时，要特别重视目标市场的市场购买力。而市场购买力主要受该国或该地区的消费收入水平、消费支出结构、储蓄信贷水平和城市化程度等因素的影响。收入水平是影响市场购买力最重要的因素。因素之一是国民生产总值，它反映了一国或地区的国民经济发展水平，反映该国或该地区的总体市场规模。因素之二是人均收入，它可用来衡量和比较一国的消费者的平均购买力，并可以根据一般规律推测消费水平和消费结构。因素之三是个人收入，它可以衡量当地消费者市场的容量和购买力的高低。因素之四是个人可支配收入，它可以反映消费者用于消费支出和储蓄的能力。因素之五是家庭收入，对一些以家庭为购买单位的商品而言，家庭收入的高低决定购买力水平和消费结构。发达国家目前的消费结构特点是恩格尔系数显著下降，大都降到20%以下，衣着消费比重下降，住宅消费比重增加，劳务消费支出比重上升，消费开支占国民生产总值和国民收入的比重上升；而一些贫困国家的恩格尔系数在 60%以上，吃穿成为最大的需求。

2.3　国际营销的政治环境

政府对环境的影响是通过政府政策、法令规定以及其他限制性措施而起作用的。政府对外商的政策和态度反映出其改善国家利益的根本想法，因此，企业在进入一个国家之前，必须尽可能评估该国的政治环境和法律环境。一国的政治环境主要包括政府与政党体制、政府政策、民族主义、政治风险等。国际营销人员要注意了解当前政府的构成及其对经营和外商的主要政策，还要考虑执政党的主张，并且尽可能考虑其政治发展的长远方向。政府政策的稳定性直接影响企业经营战略的长期性。尽管政府政策始终处于某种渐变状态，但企业首要关注的是一国对外政策的根本性变化，这种根本变化可以定义为不稳定性。尽管政党和政府的更替可能会引起政府和企业关系的不稳定变化，但当今世界影响国际营销最关键的政治因素应属经济民族主义。经济民族主义对外国企业的影响，无论在发达国家还是发展中国家都是一样的，只是激烈程度不同而已，东道国一般会在其国内控制外商对本国公司的冲击，控制外资对本国企业的投资规模等。

2.3.1　国际政治风险的概念及类型

政治风险是一国发生的政治事件或一国与其他国家的政治关系发生的变化对公司造成不利影响的可能性。政治风险是企业在跨国经营中经常遇到的一种风险，这种风险不仅发生在广大的发展中国家，而且在发达国家也时常发生。例如，1980 年，加拿大采取新的能源政策，将外国在能源方面的参与率从 75%降到 50%，从而急剧改变了它在石油工业中欢迎外国投资的传统做法，使外国投资者的利益受到损害。政治风险之所以产生，主要有两方面的原因。一是企业与东道国的目标冲突。企业实行国际化经营追求的是经济利益的最大化，并力图使自己的股东、供货商、用户和债权人满意，而东道国政府不仅关心本国经济的发展，还有政治的、社会的、文化的、意识形态的目标，因此双方经常发生目标冲突，如所有权与控制权问题，外资的流入与东道国资本的流出等。二是企业运营与东道国政府的规定冲突。为了达到国家的预定目标，东道国政府经常颁布一些法律和行政制度以限制其辖区内的企业运营。这些措施的实施常给外资企业带来风险。从其产生的原因可以看出，政治风险与东道国政治制度、经济政策及文化法律有着密切的关系，是企业投资者无法控制的风险。

政治风险来自于东道国未来政治变化的不确定性和东道国政府对外国企业未来利益损害的不确定性，一般包括四类，分别为总体政局风险、所有权及控制风险、经营风险和转移风险。总体政局风险产生于企业对东道国政治制度前景认识的不确定性，总体政局不稳定不一定会迫使企业放弃投资项目，但肯定会干扰企业经营决策和获利水平。经营风险产生于企业对东道国政府控制性惩罚认识的不确定性，主要表现在对生产、销售、财务等经营职能方面的限制。转移风险主要产生于对东道国政府限制经营所得和资本的汇出认识的不确定性，转移风险还包括货币贬值的风险。

2.3.2　政治风险的主要表现

1. 单纯征用。这是政府针对单一的外国投资者的行为。单纯征用在以下 3 种情况下视为合法行为，一是征用是为公开的目的进行的，二是征用不是歧视性的、武断的，三是征用伴随着立即有效和足够的补偿。

2. 没收。这是一种东道国政府从项目中剥夺财产的风险，财产剥夺没有任何补偿。国有化是将整个工业项目融入国家总体重组计划的一种"没收"。

3. 报复性充公。这是政府对外国资产实施直接的控制，这是对投资者或其政府"非礼"行为的反应。在这种情况下，东道国政府不会向投资者提供任何补偿。

4. 政府禁令。东道国从多方面影响投资者的经营，不仅造成投资者对投资的失控，而且使项目失去盈利的机会，使投资者的决策完全依赖于政府的要求和政策，而不是根据市场情况。

5. 东道国政府毁约。东道国政府不履行项目协议中的有关承诺，这种承诺可能是多方面的，有的承诺建设一些基础设施，如道路、管道、出口终端等，有的包括劳工协议和取消一些政府法规和杂费等。

6. 政治动乱。包括战争、革命、颠覆、政变、内乱、破坏和恐怖活动。政治风险具有覆盖面广、辐射力强、损失大和不可抗拒等特点，所以在海外投资时，应加强对政治风险的管理。对东道国的政治风险要在认识风险的基础上对政治风险做出评估，然后根据风险的特点及大小制定防范措施。

2.3.3 国际政治风险的预测评价方法

目前，国际上的研究机构提出的对政治风险的评估方法主要有以下几种。

1. 预先报警系统评估法。该方法根据积累的历史资料，对其中易诱发、激化政治风险的诸因素加以量化并测定风险程度。例如，用偿债比率、负债比率、债务对出口比率等指标来测定资源国所面临的外债危机，从而在一定程度上体现该国经济的稳定性。

2. 分类评估法。据伦敦的控制风险集团（CRG）的做法，政治风险按照规模有 4 种分类，即可忽略的风险、低风险、中等风险和高风险。

（1）可忽略的风险：适用于政局稳定的政府。

（2）低政治风险：往往孕育在那些政治制度完善、政府的任何变化都通过宪法程序产生、缺乏政治持续性、政治分歧可能导致领导人的突然更迭的国家。

（3）中等政治风险：往往会发生在那些政府权威有保障，但政治机构仍然在演化的国家，或者存在军事干预风险的国家。

（4）高政治风险：往往发生在那些政治机构极不稳定、政府有可能被驱逐出境的国家。

上述评估机制表明，政治风险通常与政权变动和政治动荡有关系。为了正确分析政治风险，重要的是要设立未来的多种方案，熟悉一国的政治人物和政策，并掌握该国的基本经济问题。

2.3.4 国际政治风险的控制

1. 政治风险准保险。国外投资抵御政治风险的方法很多，例如，尽量减少投资者风险性的资产，增大投资者对可能引发财产没收事件的控制能力，减少东道国政府进行没收和充公的机会，或者减少对东道国直接投资的价值。这些方案尽管在理论上有很大的吸引力，事实上却很难实现，因为这些措施与东道国的利益都是对立的，而东道国法律的存在降低了这些措施的有效性。

然而，抵御政治风险还有其他更加微妙的方式，目的是不让政府参与项目，这种方式在西方被称为"软性政治风险保险"。其具体方法包括与当地公司成立合资企业，争取多边机构参与项目，确保项目的"辛迪加贷款者"来自更多的国家以及东道国银行。

安全问题也是政治风险防范所考虑的重要内容，如果东道国不能保证项目工作人员的人身安全，那么东道国就不能说服投资者相信其政治环境可靠。尽管项目在前景和合同条款上很具诱惑力，但整个投资要重新评估。

2. 国家间条约。如果东道国政府和投资者的母国政府签订某种国家间条约，那么政治风险将会大大降低。国际上比较流行的签约方式有两种，即双边投资条约（BIT）和商业经济条约。双边投资条约可以向投资者保证东道国政府给予它们非歧视性待遇（国民待遇），没有公平的市场价值补偿；东道国政府不会没收其财产，并同意将纠纷送交中立仲裁场所解决。商业经济条约也保证给予投资者非歧视性待遇并保证其财产不被没收，但同时还保证货币的可兑换性和利润的汇出。

这些条约是东道国政府履行其义务的有效机制。实际上，一旦侵犯了条约中投资者获得保证的权力，其行为不仅违反了通行的国际法标准，而且违反了与投资者母国签订的条约。换言之，如果东道国政府企图侵犯投资者的权力，条约的存在就增强了东道国政府对利害关系的平衡能力。然而，上述条约并不能保证万无一失，投资者的权力还要由其他形式的保护措施来保证。

3. 政治风险保险。投资者获得政治风险保险的途径比较多，他们可以从出口信贷机构、多边机构、私营保险公司等处获得保险。

（1）出口信贷机构的政治风险保险。我们以美国的海外私人投资公司（OPIC）为代表探讨一下出口信贷机构的政治风险保险业务开展的情况。OPIC 是美国政府下属的独立机构，用于支持美国的投资和出口，它为美国海外的项目提供政治风险保险、贷款、贷款担保、咨询等服务。OPIC 的保险业务依靠政府的信贷和自身的储备支持。

OPIC 的征用险包括"简单征用"和"爬行征用"，但是不包括由投资者的原因引起、由政府采取的合法行为而造成的损失。对于股权投资，征用发生日期的账面价值决定赔偿金额；对于贷款，赔偿只涉及未偿还的本金和贷款的累计利。

OPIC 的保险有一套合法性方面的标准。一是投资者必须是美国的公民和团体，或者是由美国公民或团体拥有95%以上股权的外国企业；二是投资项目必须是新的项目、扩建项目或者现有项目的私有化；三是在投保日期上，必须在实际投资或投资承诺之前进行；四是 OPIC 的政治风险保险可能不适用于没有和美国签订投资协议的国家。另外，东道国政府必须批准 OPIC 对项目的保险。

（2）多边机构的政治风险保险。世界银行于 1988 年成立的多边投资担保机构（MIGA）就是通过提供投资担保来防范战争内乱、财产征用、货币转移、东道国违约等风险，从而鼓励外资流入发展中国家。

MIGA 的条款内容主要包括有效期长达 15 年，对股权资本和贷款都进行担保。对于股权，MIGA 的担保范围是 90%的投资和 180%的投资收入；对于贷款，MIGA 负责 90%的贷款本金和贷款期内的累计利息。担保费用因部门、项目和业务种类的不同而有所不同。

扩展阅读：阅读《2016 年影响海外投资的十大政治风险》，谈谈你对当前企业开展国际市场营销有哪些建议，你认为哪些国家或地区政治风险最大。

33

2.4 国际市场的社会文化环境

随着经济全球化进程的加快，企业必须积极开拓国际市场，全方位地参与国际商务活动。这种跨国界的商务活动与国内营销的最大区别是，要与不同文化环境的人打交道。处于不同文化环境的人，在语言、宗教信仰、价值观念、思维方式、风俗习惯等方面都存在着差异，因此不仅对商品和服务的需求不同，而且对同一句话、同一个动作、同一件事往往有着不同甚至相反的理解。也就是说，在某个特定的文化环境中有效的营销方法在另一个文化里可能就没有效果，甚至产生误解、摩擦和冲突。在进行国际市场营销活动中，企业必须重视各种文化环境因素的影响，分析并适应这些不同的文化环境。

2.4.1 文化的含义和特征

1. 文化的含义。"文化"这个概念极为抽象和复杂，国外的学者已先后对它下过近两百种定义，但至今尚未取得一致的意见。目前，学术界公认的观点是，被称为人类学之父的英国人类学家E·B·泰勒是第一个在文化定义上具有重大影响的人。泰勒对文化所下的定义是经典性的，他在《原始文化》"关于文化的科学"一章中说："文化或文明，就其广泛的民族学意义来讲，是一个复合整体，包括知识、信仰、艺术、道德、法律、习俗以及作为一个社会成员的人所习得的其他一切能力和习惯。"

2. 文化的特征。文化的特征表现在以下几个方面。

（1）社会的历史性。文化就其本质而言，它不是单个人创造的，而是处于复杂的社会关系之中的人们共同创造的社会财富。文化就其存在状态而言，不是"凝固"不变的，它将随着社会的变迁而变化。在阶级社会中，它具有鲜明的阶级性，随着不同社会、不同阶级的变化而具有不同的阶级性。随着民族的产生和发展，文化还具有民族性。

（2）继承性。文化虽然具有随社会的变化而变化的历史性，因此文化的这种历史性的特点并没有使其发展脱离人类文明发展史的大道，任何后来的文化都包含着对以往文化的继承。尽管社会历史不断地发生变化，新文化也不断产生，但新文化总是在吸取以往文化的营养成分基础上产生的。

中国的文化与西欧的文化存在着显著的不同，这是因为中国的文化继承了先秦以来的文化传统，而西欧的文化则继承了古希腊、罗马以来的文化传统。

（3）抽象性。文化并非指某一种具体的文化表现形态，而是指体现在这个具体表现形态之中的心智文明程度，是人们对具体文化现象进行的抽象和概括，由此而形成的关于文化的概念。例如，物质文化虽然包括工具，但不是指某一个具体的工具，而是对所有工具能体现人类文明程度的、共同本质的抽象和概括。

（4）模式性。文化就其动态而言，是指社会的生活方式，体现为人们的风俗、习惯、行为、价值观念等。它是人类群体（包括家庭、民族、社会）共同享有的一种生活方式，而不是某一个人独享的生活方式。

（5）功能性。由于文化归根结底是人们的生活方式，集中地表现为人们的行为规范，因此，文化对人们改造客观世界具有很大的能动作用。有怎样的文化就有怎样的行为规范，就会有怎样的文化功能和文化效用。

扩展阅读：阅读《里约奥运开幕式关键词：绿色、性感、桑巴……》，谈谈你对巴西文化的体会。

2.4.2　国际营销中应考虑的主要文化因素

曾经有机构就"什么是全球市场上做生意的最大障碍"问题对营销人员进行调查，其调查结果显示，这些障碍包括文化差异、法律法规、价格竞争、信息、语言、交通、外汇、时差，其中文化差异居首，可见文化差异对国际市场营销活动的影响之深远。文化对国际市场营销的影响遍及整个营销活动，包括定价、促销、分销、产品、包装、款式等各个环节，在国际市场营销中，企业应考虑的文化环境因素大致有以下 5 种。

1. 语言。据语言学家声称，目前世界上起码有三千多种语言。其实，某种语言就是其所在文化的代表，依此类推，当今世界可能有三千多种文化。语言文化的多样性给国际市场营销工作带来了更大的困难。目前比较流行的语言有英语、日语、德语、法语、西班牙语、阿拉伯语等。企业要进行跨国界经营活动，就必须与外国的政府、顾客、中间商、雇员等各方面进行沟通，了解顾客的需求，向顾客介绍企业及产品，说服顾客购买，在文化理解与运用上稍有不慎就可能犯错误。

2. 宗教信仰。宗教信仰是文化的一个重要方面，对国际市场营销的影响不可低估。因为宗教信仰与社会价值观念的形成密切相关，所以对人们的生活习惯、生活态度、需求偏好、购物方式等都有重要影响。在拉丁美洲的一些国家，宗教已经渗透到个人、家庭、社会群体的各个方面，甚至对某种食物、衣物的接受，对于某种消费行为的认可，都会受到宗教的影响。这种影响甚至决定了产品促销的成败与否，如在一些国家如果广告过多地涉及人体表演，就被认为是不道德的，这种产品自然也会被拒之门外。

3. 价值观念。价值观念是一种信仰，它阐明什么是正确的，什么是错误的，或表明一种总的偏爱。不同的国家、不同的民族，在价值观念上常常存在着较大的差异。例如，在时间观上，美国人崇尚"时间就是金钱""今天能做的事不要推到明天"，因而他们谈生意时安排得很紧，常常是一见面就谈。掌握世界各国的时间观念有利于国际市场营销决策的制定，从而把时间观念和办事效率结合在一起。美学观念是一种文化中的审美观，世界各国在美学观念上有很大的差异。例如，在产品的款式、颜色等方面，西方一些国家把新奇、独特、表现个性作为他们的审美观，而东方人讲究端庄、典雅。企业在国际市场营销过程中，尤其在产品设计、制作、包装决策等方面应准确理解和把握各国的美学观。

4. 家庭。家庭是社会的基本单位。国外家庭对国际市场营销具有重要的作用，很多产品都是以家庭为单位购买的。因此，企业在进行跨国经营时，应根据国外家庭的状况适当地调整营销策略。

5. 社会阶层。一个社会在等级制度基础上分成若干个社会阶层。每个人一出生即处于一个特定的阶层，成为其父母所属社会范畴中的一员。不同社会阶层的人有不同的市场需求，从而形成特定的市场。确定社会阶层有很多标准，一般包括教育、收入和职业，在国际市场营销中应根据不同社会阶层有差异地进行产品定位和市场定位。

国际营销中应考虑的主要文化因素还有很多，以上只是选择了冰山一角进行分析，企业要有针对性地研究目标市场国家的文化环境，从而采取不同的国际市场营销策略，迎接日益激烈的国际竞争。

2.4.3　文化的适应与变迁

市场营销活动是否适应当地文化决定着市场营销活动的成败，因此，国际市场营销人员必须认真学习与本国文化截然不同的异国文化，切记要克服自我参照准则（Self-Reference Criterion,

SRC）。所谓 SRC 是指国际营销人员一旦碰到经营中的具体状况，就不由自主地用自己的价值体系作为理解和处理这种状况的尺度与标准。在国际市场营销活动中应始终牢记，文化没有对与错、好与坏之分，有的只是差异。所以，在国际市场营销中企业应当积极地分析和适应不同的文化环境。

国际市场营销中的文化适应（Culture Adaptation）是指企业在制定国际市场营销决策时，应充分考虑目标市场国的文化特点，使决策在实施过程中不但不触犯当地的文化传统、生活习俗、宗教信仰等，而且能比竞争对手更好地满足当地消费者的需求，从而取得竞争优势。文化适应一般可分为产品适应、机构适应和个人适应。

文化具有一定的稳定性，一般来说，人们不会心愿放弃原有的价值标准、风俗和信仰，即文化变革是有阻力的。但是任何文化都不可能是一潭死水，随着环境的变化，文化总是会改变的，这就是文化变迁。文化变迁要求国际营销者必须适时地改变营销策略，以适应文化变迁后的新特点。

【小资料】

在过去，我国长白山人参出口时，一直用木箱装运，每箱重达 20 千克，并且包装十分简陋。但这种贵重山珍的出口价因此一直被外商压得很低，后来经过多方研究才恍然大悟。原来在西方人的观念中，越是贵重的东西，其包装就越要讲究，只有廉价品包装才比较简陋。后来，长白山人参改为一支装，并配以精美的工艺盒，其价格就成 10 倍地上升了。从这一个例子中我们可以看出，要想克服 SRC 现象，必须学会站在对方的立场上思考与分析问题。

了解和把握目标国的文化，应做好以下几个方面的工作。

1. 对目标市场国的文化进行市场调研。企业进行跨国调研的费用是十分高昂的，但如果企业不进行调研，有可能付出更高的代价。没有充分、完整和准确的市场信息，跨国经营的决策便无从谈起，可能会给企业带来巨大的损失。企业进行国际市场的文化调研时，要尽可能找到一个在目标市场国长时间生活过的本地人，或者是在本国找到一个目标市场国的外来人来参与这项工作。也就是说必须要有一个受到双重文化影响的人，这样调研起来才省时、省力而且相对准确和完整。

2. 加强国际营销人才的培养。在企业开展国际市场营销的活动中必须有自己的专门人才，这种人才不仅要具备经济学、市场营销学、消费者行为学、人类学、心理学、语言学等基本理论知识，更重要的是应熟悉他国文化背景，掌握商务惯例。

3. 按照目标市场国的文化进行产品的设计。文化对人的影响最终是通过行为流露出来的，这就是说不同国家和地区的消费者往往是通过购买行为的差异表现出其所属的群体文化的。因此，在进行国际市场营销时，一定要把他们所属文化的个性设计到产品中去。

4. 按照目标市场国的文化特点进行企业管理。不同国家文化上的差异性还要求企业在管理制度的制定和执行上做到适应性，尤其要做到企业文化和当地文化的兼容，使企业文化扎根在民族文化的土壤上。例如，1982 年设在美国的本田汽车制造厂的日本经理曾试图让美国工人也像日本本田制造厂的工人一样穿厂服、戴厂徽并在上班前唱厂歌，但却遭到美国工人的拒绝，他们马上认识到在日本行之有效的企业管理办法在美国不一定适用，因为他们强调个性的价值观，和日本强调集体的价值观不同。

2.5 国际市场的法律环境

法律环境是指企业和外部发生经济关系时应遵守的各种法律、法规和规章。它们是企业营销活动的准则，企业只有依法进行各种营销活动，才能受到国家法律的有效保护。

世界各国的法律限制对于国际市场营销的影响程度差异甚大。例如，广告和标签方面的法律就因国而异。意大利政府禁止出售美国生产的瓶装可口可乐，他们认为应把饮料成分标在瓶子上，而不应标在瓶盖上；加拿大要求产品标签用英、法两种文字标明；而法国只使用法文产品标签；许多国家禁止播放电视广告或限制广告播放时间和广告内容。商标法也尤为重要，中国企业在打入国际市场时，可能会发现某个外国的竞争对手已经在该市场内使用本企业的产品品牌，或者这一市场没有商标保护方面的措施。因此，企业从事国际营销活动时，既要遵守本国的法律制度，还要了解并遵守市场国的法律制度和有关的国际法规、国际惯例及准则。

2.5.1 母国的法律环境

母国的法律环境是指营销企业所在国本身有关从事国际市场营销的一些法律法规。各国制定的与国际市场营销关系较密切的国内法主要有产品质量法、标准法、商标法、包装法、直销法、反不正当竞争法、广告法、工业产权保护法、关于绿色营销的规定等。

许多国家为了保护国内市场，增加国内就业机会，并且更好地与国际惯例接轨，都制定了明确的法律规定，其内容大体包括出口控制、进口控制、外汇管理等。

2.5.2 东道国的法律环境

影响国际市场营销活动直接的因素是东道国有关外国企业在该国活动的法律规范。

1. 法律制度的两大体系。目前，世界上大多数国家现行的法律制度大致可分为两大体系，即大陆法系和英美法系。法国、德国和其他一些欧洲大陆国家，以及南美洲各国、日本、土耳其、中国等，世界上大多数国家的法律制度都属于大陆法体系。大陆法系最重要的特点是以法典为第一法律渊源，在实行大陆法的国家，明确的法律条文非常重要。实行大陆法系国家的司法不是依据法院以前的裁决，同样的条文可能产生解释上的偏差，这样就使国际营销人员面临一个不确定的法律环境。英美法系最重要的特点是以传统导向为主，重视习惯和案例，过去案例的判决理由对以后的案件有约束力，即所谓的先例原则。近年来英国、美国等国家制定了大量的大陆法，作为对习惯法的补充，但是合同法与侵权行为法仍为英美法。

不同的法律制度对同一事物可能有不同的解释。因此，国际市场营销者在进行国际市场营销时，必须对国外市场的法律环境进行慎重而明确的分析。

2. 东道国法律对营销的影响。由于各国的法律体系极其复杂，因此这里只讨论它们直接对国际营销组合的影响。

（1）产品。由于产品的物理和化学特性事关消费者的安全问题，因此各国都对产品的纯度和安全性能有详细的法律规定。各国法律对包装也有不同的规定，如比利时规定只能用八边形的褐黄色玻璃瓶盛装药剂，以其他容器盛装的药剂不得进入该国市场。有关标签的法律要求更严格，一般来说，标签上须注明的项目包括产品的名字、生产商或分销商的名字、产品的成分或使用说明、重量（净重或毛重）以及产地等。各国对保修单的要求也不相同，英美法系国家一般对此要求较严格，而大陆法系国家对此要求却相对宽松。各国对品牌名称和商标的法律要求也不一致，世界许多主要大国都是"巴黎同盟"或其他国际商标公约的成员，因此这方面的要求比较统一；可是，大陆法系国家与英美法系国家关于品牌或商标所有权的法律处理截然不同，前者实行"注册在先"，而后者则实行"使用在先"。因此，必须了解在什么地方和什么情况下会发生侵权问题。

（2）定价。如何控制定价是世界各国普遍遇到的问题。许多国家对"维持再售价格"（Resale Price

Maintenance，RPM）都有法律规定，但是"维持再售价格"的范围和方式因国而异。

许多国家通过政府价格控制部门来制定法律规定。其中有的对所有产品都实行价格控制，而有的只对极个别产品实行价格控制，如法国政府冻结若干个产品的价格，而日本只对一种消费品——大米实行价格控制。

（3）分销。各国法律关于分销的规定比较少，所以企业在选择东道国分销渠道时自由度比较大。当然，某些分销渠道时有些东道国也并不一定适用，如法国法律特别禁止挨门挨户推销。事实上各国最强硬的法律限制也不会根本影响国际企业在东道国的分销，但是通过分销商或代理商销售的出口企业不能不受到东道国有关法律的限制。出口企业必须知晓东道国关于分销商合同的法律条文，以避免造成损失。

（4）促销。在国际营销中关于广告的争议最多，而且广告也最容易受到控制。世界上大多数国家都制定有关于广告的法律规定，许多国家的广告组织也有自己的约束准则，如新西兰关于广告的法律条令不少于33个。世界各国的广告规则有如下几种形式：一是关于"广告词"的可信度，如德国不允许使用比较性广告和"较好""最好"之类的广告词；二是限制为某些产品做广告，如英国不允许在电视上做烟草或酒类广告；三是限制促销技巧，如佣金的规模、价值和种类也被许多国家明确限定，即佣金只能占产品销售额的有限部分,佣金的使用也只能与该项产品有关，也就是说，手表的广告佣金不能用来做肥皂的广告等。

【小资料】　马来西亚政府加强管制电子烟

烟草在线据诗华资讯报道：马来西亚卫生部长拿督斯里苏巴玛廉披露，电子烟已确定列为卷烟种类，政府已着手草拟管制电子烟措施，预计将会在2017年初实施。

管制电子烟条例，会比现有管制卷烟的条例更多一些，政府将会在稍后作出公布，2016年已来不及，也许2017年初会实行。

他说，研究显示，目前我国共有470万名烟民，其中15岁以上的年轻烟民占了23.1%。为此，政府正采取行动减低烟民人数，希望可以在2025年之前，青少年烟民人数降低至15%；2030年达到零年轻烟民的目标。

政府已把很多地方划分为禁烟区，将来会再扩大禁烟区的范围。

苏巴玛廉9月23日在利民达为全国性的"2016世界环境健康日"主持开幕礼后，召开新闻发布会上，作出上述宣布。

他透露，这些年来，政府已把卷烟税提高40%。他呼吁中央政府，未来继续增加卷烟税。

虽然数据显示，卷烟的销售量有所下降，那是因为市场已被走私烟瓜分，以100人为例，以前100名烟民中，有30人是吸走私卷烟，现在则增加至50人，因为合法卷烟价格一直上升，走私卷烟价格则保持不变。

他请求政府各单位，尤其是关税局及警方联手合力消灭走私卷烟，尤其是来自邻国的走私卷烟。

另一方面，这场全国性的"2016世界环境健康日"，主题为"烟草的控制"，以此带出烟草危害健康的信息。

这项活动由马来西亚环境卫生组织、马来西亚环境卫生官协会及马来西亚半岛卫生检查员协会等筹办，获得全国各地的政府单位及学院响应。大会主席为郑荣旺，活动项目包括展览各种健康讯息及讲座会。

2.5.3 国际法与国际市场营销

国际法是调整交往中国家间的相互关系，并规定其权利和义务的原则与制度。国际法的主体，即权利和义务的承担者一般是国家而不是个人，其主要依据是国际条约、国际惯例、国际组织的决议、有关国际问题的判例等。这些条约或惯例可能适用于两国间的双边关系，也可能适用于许多国家间的多边关系。尽管国际上没有一个相当于各国立法机构的国际法制定机构，也没有一个国际性执行机构实施国际法，更没有实际的法官去裁判国际法，国际法依然在国际商业事务中扮演了重要的角色。例如，关税与贸易总协定（GATT）对其成员规定了若干经济实践准则。尽管这些规定并不直接对各个公司发生作用，但是它们提供了一个较为稳定的国际市场环境，从而间接地促进了公司的国际营销活动。

目前，世界上对于国际市场营销活动影响较大的国际经济法主要有以下几个方面的立法：保护消费者利益的立法，保护生产制造者和销售者的立法，保护公平竞争的立法和调整国际间经济贸易行为的立法。

2.5.4 解决法律事务争端的途径

在国际商务中要难免发生争议，一般发生法律纠纷的双方有 3 种情况，一是政府间，二是公司与政府间，三是两家公司间。政府间的争议可诉诸国际法庭，而后两种争议则必须由有关双方中的一方所属的国家法庭进行审理或仲裁。这里有几个重要的问题需要考虑。

1. 法庭和法律的选择问题。国内法律只适用于一国之内的营销。当两个不同国家的当事人之间发生商务争端时，最重要的问题是要明确诉诸哪种法律。如果交易双方没有对裁决事项有共同协议，一旦发生纠纷，国际营销人员就将面临以下两种选择。

（1）以签订合同所在地的法律作为依据。

（2）以合同履行所在地的法律作为依据。

一般来说，如果合同中没有写明以何地法律为准，多以签订合同所在地的法律为准。但是为了降低不确定性，避免不必要的矛盾，国际营销者在签订合同时应该写明裁决方式。

2. 诉讼问题。有很多原因使企业不愿在法院打官司。除了花费大、拖延时间长和使事情更加恶化外，还有以下一些原因。

（1）害怕产生不好的名声，以致影响公共关系。

（2）害怕外国法院的不公正待遇。

（3）害怕泄密。

企业在发生国际商业争端时往往愿意通过较为和平的方式（协调、调解和仲裁）解决问题。

3. 仲裁问题。仲裁一般可以避免诉讼的缺点，它裁决快、费用低。而且由于仲裁过程秘密并且不存在敌意行为，因此对商誉没有破坏性影响。正是由于仲裁具有调节的特点，因此国际商务中大约有 1/3 的案件在裁决之前就通过当事人直接对话解决了。由于仲裁者不以法官的身份出现并且经验丰富，因此仲裁结果比较公正，也易于被当事人接受。仲裁期间，允许当事双方一边争议一边继续做生意，所以避免了更大的损失。仲裁的依据不是法律条文，而是基于对事实的公道处理，争执双方也因此而不必诉诸对方的国家法庭，所以感到满意。正因如此，仲裁在解决国际商务争端中的作用越来越大，甚至在斯德哥尔摩还成立了解决东、西方贸易争端的仲裁机关。

仲裁的程序简单、直接，如果国际企业希望对未来争端通过仲裁解决，那么只需在合同中注明仲裁条款即可。

仲裁的优点及地位越来越重要，它已成为解决商业争端中广受欢迎的措施。不过，仲裁不是包治百病的灵丹妙药，在个别情况下，一项仲裁耗时数年、费资数万也时有耳闻。但是不管怎么说，仲裁仍是解决商业争端的最佳选择，据国际商会称，其裁决只有8%受到异议或得不到执行。

2.6 国际市场营销的科技环境

2.6.1 技术革命与国际市场营销

技术革命带来技术创新，改变了企业生产、经营和管理组织模式，同时改变了市场运行模式和机制。近年来的信息技术革命带来全球经济一体化，推动知识经济发展，改变了传统工业经济时代的营销模式和竞争策略。特别对于一些发达国家，它们的经济正在发生或已经发生转型，知识经济已初见端倪，因此企业在制定国际营销策略时，必须注意到技术革命特别是信息技术发展带来的变化。作为一种新型经济形式，以信息技术革命为中心的知识经济对企业开展国际营销的影响是多方面的。

1. 对顾客需求的影响。由于技术革命推动世界经济飞速发展，人民生活水平迅速提高，消费需求由低层次的生理需求向高层次满足转变，从物质需求向精神需求转变，消费需求日益趋向个性化，对服务水平和产品的品质有更高需求，信息技术革命使得一对一服务成为可能。

2. 对产品策略的影响。技术革命对产品策略的影响表现在以下几个方面。

（1）知识经济时代，知识成为经济的核心要素，产品的价值由传统上以物质价值为基础变为以知识含量为基础来进行衡量。因此利用技术革命对产品实行技术创新，提高产品的技术含量是企业的重要竞争策略。

（2）国际市场一体化和竞争激烈化使得企业要在国际市场立于不败之地，必须利用新技术不断地对产品进行创新以及不断地提高品质。

（3）技术发展日新月异，产品的设计、开发和使用周期缩短，时间成为产品策略成败的关键。

3. 对交易方式的影响。技术革命特别是信息技术革命使得全球经济呈现出网络化、数字化特征，传统的以实物交换为基础的交易方式被以数字交换为基础的无形交易所代替。网络化和数字化技术使得世界各地市场被无形地连接在一起，在不同地区的市场之间进行交换是便捷的，不受地理位置和时间的约束，信息的交换变得非常容易并且成本低廉，通过网络获取国际市场信息和开展国际营销变得异常简捷，同时国际营销中的交易活动也变得更加灵活、直接，通过网络与国外市场进行交易如同在国内市场交易一样便捷。因此，信息技术发展推动交易的全球化、直接化和便捷性，开展国际营销必须充分利用世界性网络进行信息交互和沟通，降低国际交易的费用和交易风险。

4. 对营销管理的影响。国际营销是在国际市场上进行营销活动，企业面对的国际环境和因素比国内市场要复杂得多，因而传统的国际营销管理受地理位置和时间的约束，一般采取松散型管理，而且对不同市场都必须设立相应的机构和配套组织，所以开拓国际市场成本相当高，而且控制风险相当大。而信息技术革命带来了全球通信的便捷，使得远程办公、远程会议和远程管理成为可能，而且随着信息成本不断下降，这种现代化的管理模式和方式越来越易于操作，而且可以大幅度压缩传统的旅行费用和额外开支，可见国际营销的迅猛发展与信息技术革命是紧密相连的。同时知识经济兴起，促使企业从传统的侧重机构组织等硬管理，向教育、培训和提高员工的归属感等软管理转变，而后者与企业国际营销战略是紧密相连的。

5. 对竞争战略的影响。技术革命的加速发展使企业在获取巨大利润的同时，需要大量的投入并承担巨大风险，因此采用高技术开拓国际市场的企业一般都注重与相关企业建立战略合作联盟，因而使传统的单纯竞争形式变成既是竞争对手，又是合作伙伴，相互依赖、相互竞争的形式，如美国的英特尔公司为开拓存储器市场，就与日本的富士通公司联合开发研制，共同享受成果。同时由于知识经济的发展，国际市场的竞争由传统的对资本等低层次资源占有的竞争，转变为对知识生产、占有和利用能力的竞争。

2.6.2　因特网与国际市场营销

知识经济时代要求企业的发展必须以服务为主，以顾客为中心，为顾客提供适时、适地、适情的服务，最大限度地满足顾客的需求。因特网正好克服了国际营销过程中时空的限制，可以为国际市场中所有顾客提供及时的服务，同时通过因特网的交互性可以了解不同市场顾客的特定需求并有针对性地提供服务，因此，因特网是国际营销中满足消费者需求的有效的营销工具。因特网将同 4P（产品/服务、价格、分销、促销）和以顾客为中心的 4C（顾客、成本、方便、沟通）相结合对企业的国际营销产生深刻的影响。

1. 以顾客为中心提供产品和服务。针对国际市场顾客需求的差异性大，利用因特网的互动性和引导性，企业可引导用户对产品或服务进行选择或者提出具体要求，并根据顾客的选择和要求及时进行生产，提供及时服务，同时，企业还可以及时了解顾客需求的变化，以及时满足顾客变化的需求，并提高企业的生产效益和营销效率。

2. 以顾客能接受的成本进行定价。传统的以生产成本为基准的成本导向定价在当代经济全球化、全球竞争日益激烈的市场格局下，应当转变为以市场为导向的定价方法。由于国际营销面对不同市场和地区的顾客，其消费层次和需求千差万别，因而要求价格具有很大的弹性。以需求为导向定价，除考虑顾客的价值观念外，还要考虑顾客能接受的成本，并依据该成本来组织生产和销售。企业以顾客为中心定价，必须能测定市场中顾客的需求以及对价格认同的标准，否则只根据顾客的接受成本来定价就是空中楼阁。顾客可以通过因特网提出接受的成本，企业根据顾客的成本提供柔性的产品设计和生产方案供用户选择，直到顾客认同后再组织生产和销售。

3. 产品的分销以方便顾客为主。网络营销是一对一的分销渠道，是跨时空进行销售，顾客可以随时随地利用因特网订货和购买产品。

4. 从强迫式促销转向加强与顾客直接沟通的促销方式。传统的促销是以企业为主体，通过一定的媒体或工具对顾客进行强迫式的促销，以加强顾客对公司和产品的接受度和忠诚度，顾客是被动地接受，缺乏直接的沟通，同时公司的促销成本很高。因特网上的营销是一对一和交互式的，顾客可以参与到公司的营销活动中来，因此因特网更能加强与顾客的沟通和联系，直接了解顾客的需求，得到顾客的认同。

▶ 模拟实训

【实训主题】

国际市场营销环境分析

【实训地点】

教室

【实训目的】

（1）了解国际营销环境包含的内容。

（2）了解国际营销环境分析的意义。

（3）掌握国际营销环境分析的方法。

【实训内容】

借鉴国外教育机构开拓中国市场的方法，选择欧盟国家，分析开发汉语教育的环境，看是否能建立汉语学校，实施教育出口。

【实训工具】

《环球》《国际商报》或相关报纸和杂志，因特网上的新闻和国际知识。

【实训过程设计】

因为学生不能出国调查，所以一定要详细掌握第二手资料，从媒体等间接渠道掌握的知识越多越好，从众多杂乱的消息中理出头绪。环境分析从总体环境和个体环境进行分析，在总体环境中应分析政治、经济、文化、科技、法律5个方面，个体环境分析当地竞争学校、当地汉语求学者等方面。

【实训报告】

撰写汉语教育在某国营销的环境效应分析报告（1 500字左右）。

关键概念

国际市场营销　SWOT分析　宏观环境　微观环境　文化　自我参照准则　社会公众

综合练习

一、单项选择题

1. 下列选项中属于环境中的可控因素的是（　　　）。

A. 营销组合　　　　B. 政治　　　　C. 经济　　　　D. 文化

2. 国际商业纠纷的解决途径有（　　　）。

A. 友好协商、谈判和诉讼　　　　　　B. 友好协商、诉讼、调节和仲裁

C. 友好协商、谈判和仲裁　　　　　　D. 诉讼、审判、仲裁

二、多项选择题

1. 国际营销的法律环境包括（　　　）。

A. 企业所在国的法律　　　　　　　　B. 东道国的法律

C. 企业内部规章制度　　　　　　　　D. 国际协议和国际组织

2. 企业国际市场营销前要进行（　　　）分析。

A. 经济环境　　　　　　　　　　　　B. 政治环境

C. 法律环境　　　　　　　　　　　　D. 文化环境

3. 影响国际市场营销的主要政治因素有（　　　）。

A. 社会性质　　　　　B. 政治体制　　　　　C. 政治稳定性　　　　D. 政党

4. 影响国际市场营销的主要文化因素有（　　　）。

A. 价值观念　　　　　B. 风俗习惯　　　　　C. 民族宗教文化　　　D. 教育水平

三、判断题

1. 一个企业进入国际市场开始营销时，应该首先进行经济环境、政治环境、法律环境、文化环境分析，提出有强烈针对性的营销战略。（　　　）

2. 在进行经济环境分析时，企业只要考虑当地市场消费者的经济收入即可，其他并不重要。（　　　）

3. 在进行政治环境分析时，企业只要同当地政府官员搞好关系，就可以进入营销环节。（　　　）

4. 在进行文化环境分析时，企业应该放弃母国文化在产品上的反映，只要适应当地文化特点，就能够进入当地市场进行营销。（　　　）

四、简答题

1. 试述国际市场营销环境的分析思路？

2. 经济的发展经历了哪几个阶段？

3. 影响国际市场营销的社会文化环境因素有哪些？

4. 试述因特网对国际市场营销的影响。

五、案例分析

雷利自行车公司的衰落

英国雷利自行车公司是成立于 1887 年的世界老字号自行车生产商，自公司成立以来，由于生产的自行车质量好而享誉世界。以前人们若能有幸拥有一辆雷利自行车，就如获至宝。不少买了雷利自行车的顾客，即使用了六七十年，车子仍十分灵巧。有这样一个事例，某位顾客在 1927 年以 9 英镑买下一辆雷利自行车，直到 1986 年每天还在骑，仍舍不得把它以古董的高价卖出去。雷利自行车成为高质量的代名词，它行销世界各地，尤其在欧美更是抢手货。

然而随着时间的推移，市场需求却在悄悄地变化，而此时的雷利公司仍固守原来的经营理念，没有什么创新。自行车是作为一种方便、灵活的交通工具流行起来的，但到了 20 世纪六七十年代，比自行车更理想的交通工具——轿车在一些经济发达的国家开始普及。自行车与轿车相比，就显得速度慢、活动半径小。所以消费者纷纷选购轿车作为自己便利的交通工具，自行车消费陷入低潮，雷利自行车也难逃此厄运。

另一方面，在新技术的冲击下，在发达国家里自行车的主要消费者青少年的消费偏好也发生了很大的变化。以往，16 岁以下青少年购买雷利自行车的人数约占英国国内自行车消费量的 70%，而现在，青少年感兴趣的已是电子游戏机了。在欧美工业化国家里，自行车即使免费赠送给青少年，也未必受欢迎。青少年消费偏好的这一变化给雷利自行车带来了很大的打击。

面对着变化了的市场，许多精明的企业家或进行多角度经营，分散经营风险，或根据市场的新情况研制、开发新产品，增强企业的生存能力与发展能力。在自行车行业，一些富于开拓精神的企业家很快设计并生产出新型的自行车，使它集游玩、体育锻炼、比赛于一体。这样一来，自行车很快又成为盈利丰厚的"黄金商品"。例如，美国的青少年迷上这种多功能自行车的比比皆是，购买一辆这种新车需200～300美元，一顶头盔约150美元，各种配套用品约250美元，更换零件平均约100美元，这种连带消费使那些应变能力强、率先开发出新式自行车的厂商财源滚滚。

然而，雷利公司却一直坚持"坚固适用"的生产经营理念。直到1977年，雷利公司实在很难再维持下去，才投资筹建成千上万个自行车比赛队，想让雷利自行车在体育用品市场上大显身手。1980年，雷利自行车终于成为自行车大赛的冠军车，雷利自行车因此名声大振，当年在法国销售达4万辆。雷利公司尝到甜头后，便集中力量发展作为体育运动器械用的自行车，想借此重振雄风。谁料天公不作美，1986年夏天，北欧各国一直是阴雨绵绵、寒冷潮湿的气候，自行车运动无法进行，购买自行车的人锐减，造成雷利自行车积压严重，公司周转资金严重不足。

亚洲一些国家和地区的自行车业的崛起与低价销售也使雷利自行车不得不退出传统的利润丰厚的美国等市场，从而加快了它衰落的步伐。雷利自行车原来有30%是出口外销的，其出口目标主要是欧美国家，特别是美国市场。但20世纪80年代以后，亚洲一些国家和地区的厂商以低廉的价格及灵活多样的行销方式，相继夺走了雷利自行车在欧美的市场份额。例如，一度风行美国的花式自行车每年都可销售几百万辆，这本来是雷利自行车公司的传统市场，但在中国台湾厂商与美国经销商的默契合作下，这笔生意却被中国台湾厂商抢走了。他们采取了中国台湾生产的商品挂上美国商标的推销方法。中国台湾的自行车厂家由于对美国市场不太了解，不想为自己的商标花重金进行广告宣传，于是决定将自行车直接以出厂价供给美国的经销商，美国经销商再将这些自行车运回美国，打上自己的商标然后出售。这种自行车销价低且质量可靠，很快在市场上打开了销路。到1986年，这种自行车在美国的销售量达580万辆。

雷利自行车公司不仅失去了欧美的自行车市场，而且也失去了一些非洲国家的自行车市场。以往，尼日利亚年平均进口雷利自行车都达数万辆，1986年以后，英国与尼日利亚两国关系日渐恶化，尼日利亚政府对英国设置贸易壁垒，从而使雷利自行车无法进入这一市场。祸不单行，两伊战争爆发，昔日雷利自行车的另一大买主——伊朗出于战争原因，几乎全部停止了雷利自行车的进口，此外，往日的财政困难、产品积压、人员过剩等一系列问题日趋严重，使得雷利自行车出口日趋困难。

问题：

（1）分析环境对雷利自行车的影响，并根据你对未来环境发展变化趋势的判断，提出对自行车行业发展的建议。

（2）雷利自行车衰落的原因是什么？它给我们哪些启示？

第3章

国际市场营销调研

学习目标

【知识目标】

- 理解国际市场营销调研的概念
- 把握国际市场营销调研的内容
- 掌握国际市场营销调研的程序和方法
- 了解国际市场营销信息系统的构成
- 理解建立国际市场营销信息系统的作用
- 明确国际市场信息的主要来源和收集渠道

【能力目标】

- 具备收集第一手资料和第二手资料的能力
- 能够根据相关资料或市场状况制定调查表
- 具备资料整理和分析的能力，并能够根据资料分析撰写营销调研报告
- 具有正确运用国际市场信息的能力

案例导入

"花王"如何捕捉真正的需求

日本市场已经进入饱和状态，各种类型的产品一应俱全，研制畅销商品是一件极难的事情，多数企业的市场战略是对现有产品进行更新换代和市场促销。然而，"花王"却采取了另

一种市场战略。他们认为，市场永远存在机会，消费者的需求在不断变化，现在企业之间的竞争就看谁能发现需求的新趋势和新特点。为此，"花王"专门成立了"生活科学研究所"，从企业各处调来上百名经济专家和市场调研的能手，总经理常对他们说："你们的工作就是挖掘和发现新的需求，你们要为整个企业的发展迈出关键的第一步。"

研究所每年都要定期根据不同的年龄层发放调查问卷，问答项目达几百个，而且十分具体。他们把回收的各种答案存入计算机，用于新产品的开发。现在，研究所每个月要增加近一万个来自消费者的信息。另一层次的调查是邀请消费者担当"商品顾问"，让他们试用"花王"的新产品，然后"鸡蛋里挑骨头"，从他们那里收集各种改进的意见。

"花王"担心"商品顾问"有时也会提供不真实的信息，于是，研究所的市场调查人员经常亲自逛市场，"偷听"消费者购买"花王"商品时的对话，或者干脆装扮成消费者，四处探听店员和顾客对"花王"的意见。他们的目的只有一个，那就是一定要收集到真正准确的信息，而不是虚假的赞誉。

来自消费者的信息成千上万，针对如何分析研究，取其精华，"花王"有其独特的方法。他们把所有信息分为两类，一类是期望值高的信息，即希望商品达到某种程度或希望某种新产品，另一类是具体的改进建议。"花王"十分重视前者，这类信息虽然没有具体意见，甚至很模糊，却反映了消费者的期望，这是新产品开发的重要启示，而具体的改进意见一旦和高期望值信息结合起来，则能起到锦上添花的作用。

在日本市场最畅销的产品——"多角度清扫器"就是这两类信息结合的产物。清扫用具市场迄今一直是笤帚和吸尘器的天下，但"花王"在调查中发现，消费者不仅对笤帚早已不满意，而且对吸尘器也颇有微词，比如后盖喷气使灰尘扬起，电线妨碍其不能自由移动，最麻烦的是一些角落、缝隙、床底很难清扫，消费者多次反映希望有一种能伸到任何地方清扫的用具。"花王"研究所集中了上百条有关信息，经过研究分析，提出了新产品的基本概念，即多角度、无电线、不喷气、轻便等。几个月以后，新型的"多角度清扫器"终于问世，其销售量突飞猛进，成为今年消费市场上最"火"的话题。

思考："花王"科学的调研方法以及贴近消费者的精神使他们总能捕捉住真正的需求。国际营销企业应该如何进行市场调研呢？

3.1　国际市场营销调研概述

随着各国国内市场的饱和以及经济全球化趋势的日益增强，企业越来越有必要立足全球市场开展商务活动。而在开展此类活动之前，实施正确的国际市场调研显得十分重要。由于在文化、民族、经济、政治、法律、社会和环境等方面存在巨大差异，因此在国际市场上执行调研任务比在国内市场要复杂得多。因此，对于当今的商业社会而言，让人们了解实施国际营销调研活动的过程和方法就显得非常迫切。

3.1.1　国际市场营销调研的概念

所谓国际市场营销调研，就是指运用科学的方法，有目的地、系统地收集、记录和分析国际市场信息，以使开展国际营销的企业能正确认识市场环境，评价企业自身行为，为其制定国际营销决策提供充分依据的活动。

国际市场营销调研的概念可以从以下方面把握。

（1）国际市场营销调研本身是营销管理的一种辅助工具，目的是为了提高营销活动的效率；同时，作为营销管理的辅助工具，全球营销调研必须依附于具体营销管理问题而存在，必须针对所需解决的营销管理问题的需要去设计和实施。

（2）国际市场营销调研是一项复杂且技术性较强的实践活动，它综合运用了经济学、管理学、统计学、社会学、市场营销学等多门类学科知识，采用现代科技手段，对市场状况进行研究和分析。

（3）国际市场营销调研是调查与研究的紧密结合，调查是手段，为研究提供资料和依据；研究是调查的延伸和提炼。两者互为表里，缺一不可。

3.1.2　国际市场营销调研的主要内容

根据国际市场营销活动的需要，国际市场营销调研活动的内容应依据国际营销活动的规律，包括市场需求容量调研、可控因素调研、不可控因素调研等。

1. 市场需求容量（The Market Needs）调研。市场需求容量调研主要包括市场最大和最小需求容量、现有和潜在的需求容量、不同商品的需求特点和需求规模、不同市场空间的营销机会以及企业和竞争对手的现有市场占有率等情况的调查分析。

2. 可控因素（The Controllable Factor）调研。可控因素调研主要包括对产品、价格、销售渠道和促销方式等因素的调研。

（1）产品调研。它包括有关产品性能、特征和顾客对产品的意见与要求的调研；产品寿命周期调研，以了解产品所处的生命周期的阶段；产品的包装、名牌、外观等给顾客的印象的调研，以了解这些形式是否与消费者或用户的习俗相适应。

（2）价格调研。它包括产品价格的需求弹性调研，新产品价格制定或老产品价格调整所产生的效果调研，竞争对手价格变化情况调研，选择实施价格优惠策略的时机和实施这一策略的效果调研。

（3）销售渠道调研。它包括企业现有产品分销渠道状况，中间商在分销渠道中的作用及各自实力，用户对中间商尤其是代理商、零售商的印象等内容的调研。

（4）促销方式调研。它主要是对人员推销、广告宣传、公共关系等促销方式的实施效果进行分析和对比。

3. 不可控制因素（The Uncontrollable Factor）调研。它主要包括以下几个方面。

（1）政治环境调研。它包括对企业产品的主要用户所在国家或地区的政府现行政策、法令及政治形势的稳定程度等方面的调研。

（2）经济发展状况调研。它主要调查企业所面对的市场在宏观经济发展中将产生何种变化，调研的内容包括各种综合经济指标所达水平和变动程度。

（3）社会文化因素调研。它调查一些对市场需求变动产生影响的社会文化因素，如文化程度、职业、民族、宗教信仰、风俗习惯、社会道德与审美意识等。

（4）技术发展状况与趋势调研。它主要是了解与本企业生产有关的技术水平状况及趋势，同时还应把握社会同类产品生产企业的技术水平的提高情况。

（5）竞争对手调研。要想在竞争中保持企业的优势，就必须随时掌握竞争对手的各种动向，在这方面主要是关于竞争对手数量、竞争对手的市场占有率及变动趋势、竞争对手已经并将要采用的营销策略、潜在竞争对手情况等方面的调研。

3.2 国际市场营销调研的程序与方法

3.2.1 国际市场营销调研的程序

营销调研是一项有序的活动，它包括准备阶段、实施阶段和总结阶段3个部分。

（一）调研准备阶段

这一阶段主要是确定调研目的、要求及范围，并据此制定调研方案，在这种阶段中包括3个步骤。

1. 调研问题的提出。营销调研人员根据决策者的要求或由市场营销调研活动中所发现的新情况和新问题，提出需要调研的课题。

2. 初步情况分析。根据调研课题，收集有关资料并作初步分析研究。许多情况下，营销调研人员对所需调研的问题尚不清楚，或者对调研问题的关键和范围不能有效把握而无法确定调研的内容，这就需要先收集一些有关资料进行分析，找出症结，为进一步调研打下基础，通常把这种调研方式称为探测性调研（Exploratory Research）。探测性调研所收集的资料来源包括现有的资料、向专家或有关人员作调查所取得的资料。

3. 制定调研方案。调研方案中确定调研目的、具体的调研对象、调研的步骤与时间等，在这个方案中还必须明确规定调查单位的选择方法、调研资料的收集方式和处理方法等问题。

（二）调研实施阶段

在这一阶段的主要任务是根据调研方案组织调查人员深入实际收集资料，它又包括两个工作步骤。

1. 组织并培训调研人员。企业往往缺乏有经验的调研人员，要开展营销调研，首先必须对调研人员进行一定的培训，目的是使他们对调研方案、调研技术、调研目标及与此项调研有关的经济、法律等知识有一个明确的了解。

2. 收集资料。首先收集的是第二手资料（Secondary Data），也称为次级资料。其来源通常为国家机关、金融服务部门、行业机构、市场调研与信息咨询机构等发表的统计数据，也有些资料发表于科研机构的研究报告或著作、论文上。这些资料的收集方法比较容易实现，而且花费也较少，我们一般将利用第二手资料来进行的调研称为案头调研（Desk Research）。其次是通过实地调查来收集第一手资料，即原始资料，这时就应根据调研方案中已确定的调查方法和调查方式，确定好选择调查单位的方法，先一一确定每一个被调查者，再利用设计好的调查方法与方式来取得所需的资料。我们将取得第一手资料并利用第一手资料开展的调研工作称为实地调研（Field Research），这类调研活动与前一种调研活动相比，虽然花费较大，但是它是调研所需资料的主要提供者。本章所讲的营销调研方法、技术等都是针对收集第一手资料而言的，也就是介绍如何进行实地调研。

（三）调研总结阶段

营销调研的作用能否充分发挥，与做好调研总结的两项具体工作密切相关。

1. 资料的整理和分析。通过营销调研取得的资料往往相当零乱，有些只是反映问题的某个侧面，带有很大的片面性或虚假性，所以对这些资料必须进行审核、分类、制表工作。审核就是去伪存真，不仅要审核资料的正确性，还要审核资料的全面性和可比性。分类是为了便于资料的进一步利用。制表的目的是使各种具有相关关系或因果关系的经济因素更为清晰地显示出来，便于进行深入的分析研究。

2．编写调研报告。它是调研活动的结论性意见的书面报告。编写原则应该是客观、公正、全面地反映事实，以求最大限度地减少营销活动管理者在决策中的不确定性。调研报告包括的内容有调研对象的基本情况、对所调研问题的事实所作的分析和说明、调研者的结论和建议。

3.2.2　国际市场营销调研的基本方法

（一）案头调研

1．案头调研的过程。案头调研又称为间接调研、办公室调研、文献调研，是对现有的，由他人搜集、记录、整理和积累的资料，即二手资料、间接资料，进行再搜集、整理和分析，从而间接地获得对自己有用的信息并加以利用的活动。其主要过程有：制定调研课题，明确调研目的；具体化信息需求；详细陈述调研设计并确定资料来源；调研内部二手资料；调研外部二手资料；整理和编辑二手资料；统计和分析二手资料；撰写调研报告。

2．案头调研的优、缺点分析。案头调研具有节省费用，缩短调研时间，不受时空限制，搜集信息方便、自由、迅速。

案头调研也具有一定的局限性，比如时效性差，某些市场资料匮乏，可靠性不稳定等。

（二）实地调研

实地调研是指市场调研信息资料直接来源于国际市场，从而取得第一手资料的调研方式。

实地调研与案头调研的主要区别在于，一个是直接资料，另一个是间接资料。实地调研所得到的直接资料来源于两种方式，一种方式是调研人员亲自到现场进行调查从而收集到资料，另外一种方式是通过调查问卷方式等直接从被调查者处获得资料。

1．调查方法。调查方法一般分为 3 类，即访问法、观察法和实验法。

（1）访问法。访问法是营销调研中使用最普遍的一种调查方法。它把研究人员事先拟订的调查项目或问题以某种方式向被调查者提出，然后要求给予答复，由此获取被调查者或消费者的动机、意向、态度等方面的信息。按照调查人员与被调查者接触方式的不同，访问法又分为个人访谈、电话访问和邮寄访问。

（2）观察法。观察法是由调查员直接或通过仪器在现场观察调查对象的行为动态并加以记录而获取信息的一种方法。观察法分为人工观察和非人工观察，在市场调研中用途很广。比如研究人员可以通过观察消费者的行为来测定品牌偏好和促销的效果。随着现代科学技术的发展，人们设计了一些专门的仪器来观察消费者的行为。使用观察法可以观察到消费者的真实行为特征，但是只能观察到外部现象，无法观察到调查对象的一些动机、意向及态度等内在因素。

（3）实验法。实验法是指在控制的条件下对所研究的现象的一个或多个因素进行操作，以测定这些因素之间的关系，它是因果关系调研中经常使用的一种行之有效的方法。实验法来源于自然科学的实验求证，现在广泛应用于营销调研，是市场营销学走向科学化的标志。现场实验法的优点是能够获得较真实的资料。但是，大规模的现场实验往往很难控制市场变量，影响实验结果的内部有效性。实验室实验正好与现场实验相反，其内部有效度易于保持但难于维持外部有效度。此外，实验法实验周期较长，研究费用昂贵，严重影响了实验法的广泛使用。

2．问卷设计。调查问卷是市场营销调研的重要工具之一。在大多数市场调研中，研究者都要依据研究的目的设计某种形式的问卷。问卷设计没有统一的、固定的格式和程序，一般说来设计问卷时有以下几个步骤。

（1）确定需要的信息。在问卷设计之初，研究者首先要考虑的是要达到研究目的、检验研究假设所需要的信息，从而在问卷中提出一些必要的问题以获取这些信息。

（2）确定问题的内容。确定了需要的信息之后，就要确定在问卷中要提出哪些问题或包含哪些调查项目。在保证能够获取所需信息的前提下，要尽量减少问题的数量，降低回答问题的难度。

（3）确定问题的类型。问题的类型一般分为以下 3 类。

① 自由问题。这种回答问题的方式可以获得较多的、较真实的信息，但是被调查人员因受不同因素的影响各抒己见，使资料难以整理。

② 多项选择题。这种问题回答起来简单，资料和结果也便于整理。需要注意的问题是选择题既要包含所有可能的答案，又要避免过多和重复。

③ 两项选择。两项选择题回答起来简单也易于整理，但有时可能不能完全表达出应答者的意见。

（4）确定问题的词句。问题的词句或字眼对应答者的影响很大，有些表面上看起来差异不大的问题，由于字眼不同，应答者就会作出不同的反应。因此问题的字眼或词句必须斟酌使用，以免引起不正确的回答。

（5）确定问题的顺序。问题的顺序会对应答者产生影响，因此在问卷设计时问题的顺序也必须加以考虑。原则上开始的问题应该容易回答并具有趣味性，以提高应答者的兴趣，涉及应答者个人的资料则应最后提出。

（6）问卷的试答。一般在正式调查之前，设计好的问卷应该选择小样本进行预试，其目的是发现问卷的缺点，提高问卷的质量。

3. 抽样方法。大多数的市场调查是抽样调查，即从调查对象总体中选取具有代表性的部分个体或样本进行调查，并根据样本的调查结果去推断总体。抽样方法按照是否遵循随机原则分为随机抽样和非随机抽样。

（1）随机抽样方法。随机抽样是按照随机原则进行抽样，即调查总体中每一个个体被抽到的可能性都是一样的，是一种客观的抽样方法。随机抽样方法主要有简单随机抽样、等距抽样、分层抽样和分群抽样。

（2）非随机抽样方法。常用的非随机抽样主要有以下几种方法。

① 任意抽样。任意抽样也称为便利抽样，这是纯粹以便利为基础的一种抽样方法。街头访问是这种抽样最普遍的应用。这种抽样方法偏差很大，结果极不可靠，一般用于准备性调查，在正式调查阶段很少采用。

② 判断抽样。判断抽样是根据要求样本设计者的判断进行抽样的一种方法，它要求设计者对总体有关特征有相当的了解。在利用判断抽样选取样本时应避免抽取"极端"类型，而应选择"普通型"或"平均型"的个体作为样本，以增加样本的代表性。

③ 配额抽样。配额抽样与分层抽样法类似，要先把总体按特征分类，根据每一类的大小规定样本的配额，然后由调查人员在每一类中进行非随机的抽样。这种方法既简单，又可以保证各类样本的比例，它比任意抽样和判断抽样样本的代表性都强，因此实际中应用较多。

（三）委托调研

1. 委托调研的含义。在国际市场营销中，委托调研又称为国际市场营销调研代理业务，是指企业通过委托有关国际市场调研机构进行情报收集与分析而开展的市场调研活动。

委托调研与企业自行开展国际市场调研相比较，具有以下优点。

（1）具有调研方面的特长。

（2）熟悉当地的市场，在语言等方面沟通障碍小。

（3）由调研机构承办的调研项目所提出的调研结论往往比较客观、中立，有利于进行科学的决策。

（4）与企业组织现场调研相比，委托调研成本低。

但是，委托调研也存在着一定的不足之处，比如在委托调研之前首先要对调研机构进行调查。

2. 国际市场营销调研的组织机构及其职责。目前市场营销调研机构可以分为两类。一类是企业内部的市场调研机构，一类是专业的市场调研机构。专业的市场调研机构通常包括市场调研公司、广告公司的调研部门和咨询公司 3 类。

另外，还有一些国家政府机构设立的调研部门。调研机构的职责包括针对企业发展目标广泛收集有关市场信息，开展专项研究，监测和评估市场计划进行的进度与效果，对市场调研过程进行控制和管理。

3. 委托调研实务。委托调研主要有以下工作。

（1）调研代理的选择。在指定调研代理公司时，面对众多的市场调研代理公司，必须进行慎重的选择。一般来说先要认真研究调研代理公司的技术能力和资信状况，必要时请其提供以往所做的调研项目，以便于从其客户处了解该企业的技术能力和资信状况，另外还可以通过调研项目建议书的形式请其设计出调研计划草案，然后进行严格审核。

（2）调研代理合同。通常一份调研代理合同应包括市场调研范围和调研方法条款、支付条款、调研项目预算条款、参与调研人员条款、最后期限条款和调研报告条款。

（3）与调研代理的合作。选定调研代理后双方必须本着平等互惠、相互信任的原则开展工作。委托方必须提供的合作一般包括说明调研目标，提供本企业的各种必需的情况，与调研代理共同制定调研方案等。

委托方对调研活动全过程都要进行必要的监督。调研过程中应及时了解工作进度和调研成果，并与标准相对照，如有出入应及时与调研代理分析和查找原因，协商对策，及时纠正偏差。调研结束后应要求调研代理及时提交调研报告，以便及时为企业决策提供信息支持。

3.3　国际市场营销调研信息系统

企业的管理信息系统通常可以分为营销信息系统、生产信息系统、财务信息系统、人力资源信息系统等子系统。营销信息系统是企业管理信息系统的重要组成部分。

3.3.1　国际市场营销信息系统的组成

营销信息系统是指人、机（以计算机为核心）和程序 3 个方面的有机组合，对与营销相关的内部信息进行系统地收集、整理、分析、评价，目的是为营销决策提供可靠的依据。

从信息开发的角度，一般可以将营销信息系统分为以下几个部分。

（1）内部报告系统。内部报告系统用于为管理人员提供结果数据。

（2）国际市场营销情报系统。国际市场营销情报系统是使公司管理层获得日常的关于国际市场营销环境发展的恰当信息的一整套程序和来源。

（3）国际市场营销调研系统。内部报告系统和国际市场营销情报系统的信息一般属于常规性的。国际市场营销调研系统的信息收集，则是企业营销人员主动去收集关于特殊问题的信息，如通过特定的渠道和方式开展消费者购买行为调查、产品偏好测验等。该系统主要收集和反映国际市场营销客观结果的信息，有时也搜集导致上述结果的原因的信息。

（4）国际市场营销决策支持系统。国际市场营销决策支持系统通过软件与硬件的支持，协调数据收集、系统、工具和技术，解释企业内部和外部环境的有关信息，并把它转换为国际市场营销活动的基础。

3.3.2 国际市场营销信息系统的作用

国际市场营销信息系统的作用有如下几个。

（1）可以满足营销人员对国际市场营销信息的日益增加的需求。

（2）可以适应顾客的要求越来越高的需要。

（3）可以适应国际市场营销活动地域范围不断扩大的需要。

（4）可以适应国际市场营销活动内容不断丰富的需要。

3.3.3 国际市场信息的来源和收集渠道

1. 国际市场直接信息的来源。国际市场信息的来源分为两大类：一类是企业信息人员亲自搜集、整理、加工的各种原始信息，即主要靠实地考察得来的直接信息；另一类是他人搜集并通过整理、加工的各种间接信息资料，即第二手信息资料。

直接信息主要是靠实地考察得来的。许多发达国家都有比较严密的直接信息搜集网络，通过这些信息网，许多企业对国际市场有关产品的生产、销售、财务、技术价格等行情几乎了如指掌。国际市场直接信息主要有以下 6 种来源。

（1）企业派技术人员、信息人员或推销人员等到确定的国际市场进行实地考察并搜集市场信息。

（2）委托本国驻外经济贸易机构进行调查，获取信息。

（3）委托本国出国人员（特别是经济、技术访问团）对有关国际市场进行专门的调查或附带调查。

（4）企业在世界各地的销售网点不断从市场上反馈得到的信息资料。

（5）委托方所在国的代理商、零售商、进口商、批发商或其他的中间商帮助搜集有关的市场信息。

（6）利用网络收集信息。利用因特网收集信息，不仅便宜，且不受地理位置及时间的约束。这样既可以保证信息的正确性和直接性，还可以保证信息的时效性，比如通过因特网可以同时了解世界网上公布的实时金融、商品、价格等市场信息。

2. 国际市场间接信息的来源。间接信息的来源包括企业内部信息源和企业外部信息源两个方面。

与国际市场有关的企业内部信息源主要是企业自己搜集并整理的国际市场信息、企业产品在国际市场销售的各种记录、档案材料和历史资料，如客户名称表，购货/销货记录，推销员报告，客户和中间商的通信、信件等。

企业外部的国际市场信息源包括的范围极广，主要是国内外有关的公共信息机构。

（1）本国政府机构。政府有关部门、国际贸易研究机构以及设在各国的办事机构通常较全面地搜集世界或所在国的市场信息资料。本国的对外贸易公司、外贸咨询公司等也可以提供较为详细、系统、专门化的国际市场信息资料。

（2）外国政府机构。世界各国政府都有相应的部门搜集国际市场资料，很多发达国家专设贸易资料服务机构，用于向发展中国家的出口企业提供部分或全部的市场营销信息资料，例如，世界各国进/出口贸易统计资料，销售机会，各国进口要求和手续，各国市场销售方法和营销惯例，经营各类具体产品的进口商、批发商和代理商的名称表，求购具体数量的具体产品的买主名称等。此外，每个国家的统计机关都定期发布各种系统的统计数字，一些国家或地区的海关甚至可以提供比公布的数字更为详尽的市场贸易和营销方面的资料。

（3）图书馆。每个国家都有图书馆，它们都可以提供有关市场贸易方面的资料。公共图书馆和大学图书馆至少可以提供市场背景资料的文件和研究报告，有关具体课题的大量资料一般从专业图书馆和资料室索取，这种图书馆在发达国家有很多。最有价值的信息往往来自附属于对外贸易部门的图书馆，这种图书馆起码能提供各种贸易统计数字、有关市场的产品、价格情况，以及国际市场分销渠道和中间商的基本的市场信息资料。

（4）国际组织。这类组织有很多，目前大多数组织在因特网上设有网址，要查最新信息时，可以通过网站直接查询。与国际市场信息有关的主要国际组织有以下几个。

① 联合国（United Nations）：出版有关国际的和国别的贸易、工业和其他经济方面的统计资料，以及与市场发展问题有关的资料。

② 联合国粮食及农业组织（United Nations Food and Agricultural Organization）：出版农业以及与农业有关的统计资料，包括国际的和地区的农业市场发展资料。

③ 联合国贸易和发展会议（United Nations Conference on Trade and Development）：出版有关国际贸易方面的会议公报、专业文件和各种国际贸易、国际市场经营方面的资料，如贸易壁垒、普遍优惠制等。

④ 联合国工业发展组织（United Nations Industrial Development Organization）：可以提供有关工业发展、工业化、工业生产率、技术转让等方面的资料和信息。

⑤ 国际贸易中心（International Trade Center）：提供特种产品的研究和各国市场介绍资料，还设有答复咨询的服务机构，专门提供由电子计算机处理的国际市场贸易方面的全面、完整、系统的资料。

⑥ 国际货币基金组织（International Monetary Fund）：出版有关各国和国际市场的外汇管理、贸易关系、贸易壁垒、各国对外贸易和财政经济发展情况等资料。

⑦ 世界银行（World Bank）：出版有关世界银行及成员方银行业务的年度报告以及国际开发协会、国际金融公司的各项政策和业务，以及成员方经济贸易、投资、货币、外汇、汇率的变化发展状况等信息资料。

⑧ 世界贸易组织（World Trade Organization）：世界贸易组织是从关税及贸易总协定（General Agreement on Tariffs and Trade，GATT）发展而来的，在 1996 年开始正式代替关税及贸易总协定职能，而且组织机构更规范，职能更广泛，可以提供有关国际贸易进/出口许可证、关税和非关税贸易壁垒、互惠原则、国际收支、倾销、海关、产品督察、政府采购、条例契约和新闻公报等信息资料。

此外，一些国际性和地方性组织提供的信息资料对了解特定地区或国际经济集团和经济贸易、市场发展、国际市场营销环境也是非常有用的，如西方发达国家的经济与合作发展组织，欧盟，亚太经济与合作发展组织（APEC），石油输出国组织，七国集团，拉丁美洲经济体系，欧洲自由贸易联盟，东南亚国家联盟，非洲、加勒比和太平洋地区国家集团等搜集并出版的资料信息。

（5）商会。商会分为若干级，具体如下。

① 国际商会（International Chamber of Commerce）。总部设在巴黎，会员是各国和全国性商会。国际商会可以提供有关国际商业、国际贸易、国际市场营销方面的信息资料，其信息面广，综合性强，具有权威性。

② 第二级是双边或多边商会，会员大多从事国际贸易和国际市场营销工作。这种商会能提供开展贸易和营销业务的客户、两国或多国之间的贸易情况，以及其他的市场营销信息。

③ 第三级是各国和全国性商会以及地方商会。这些商会可以提供有关本国或本地的贸易状况、需求特点、产品结构、价格行情、商业机构、营销政策、经济法规、中间商及销售渠道等信息。

（6）同业公会或行业协会。它们是特定工业行业或贸易行业中各企业的联合体，如化工、机电、采矿、进/出口等行业。很多同业公会或行业协会出版有关行业的生产、销售定期统计资料和会员名录，以及发布行业现状、供给结构、需求结构、未来发展、营销规划等方面的信息。

（7）各国外交使团和贸易机构。各国驻在国外的大使馆常常能够提供驻在国的大量信息资料，包括贸易统计数字、关税、进/出口额、进/出口产品品种、市场价格、生产企业、贸易企业和进/出口企业名录，以及该国能够提供帮助的官方和非官方组织名称等。

（8）银行。银行往往是经济信息的丰富源泉，企业开户银行对客户比对其他人可以提供更多的信息和帮助，特别是国际银行总行或在各地的分行和代理行，能提供极为详尽、准确的贸易资料。通常情况下，国际性的大银行可以提供以下信息资料和帮助。

① 有关世界大多数国家的定期的或特定的市场报告，内容包括市场动态、贸易政策和未来展望等。

② 各家公司的商业信誉和信用程度。

③ 有关国家的信贷期限、支付方式、利率、汇率的最新资料。

④ 向外国商人作介绍并安排约会，提供贸易洽谈机会等。许多国际性大银行都发行期刊，而且通常是一经索取就可以免费得到。这些期刊上一般有全国性的经济调查、商品评论以及上面提及的有关资料，这些资料有利于把握国际市场和各细分市场的营销环境。

（9）商情调研机构。这些机构除了为委托人完成研究和咨询工作外，还定期发表市场报告和专题研究论文。比较具有代表性的机构有英国的经济学家情报所（The Economist Intelligence Unit）、美国的斯坦福研究院（Stanford Refearch Institute）和国际商业情报中心（International Business Intelligence Center），其信息有时不完全符合企业对市场信息的要求，但至少它们能够提供大部分所需信息的背景材料，从而使信息调研省去大量的工作。例如，《欧洲工业品市场资料汇编》《英国销售信息资料集》等对企业搜集和分析国际市场信息极为有用。

（10）消费组织或协会。现在在许多国家，尤其是在发达国家，有一些以保护消费者利益和社会利益为目的的组织。这种组织多参加检验在它们国家出售的产品，并且在其定期出版物里报告检验结果。它们还能系统报道市场行情的各个方面，并进行消费者调查。此外，消费组织还向有关部门索取资料。

（11）相关竞争企业。参与市场经营的各类企业是市场信息的重要来源之一。市场信息人员只要写信给这些企业的外联部门索取商品目录、产品资料、价目表、经销商、代理商、批发商和经纪人一览表、年度报告等，就可以得到有关竞争者的大量资料，了解竞争者的全貌和竞争环境。

（12）出版物。它包括报纸、贸易杂志、专业杂志、统计专刊、年鉴、专著、手册等，以及上述各类机构发行之外的一切出版物。国内有《国际商报》《外贸调研》《海外市场剪辑》《国际经贸消息》《国内国际市场动态》《中国对外经济贸易年鉴》等；国外主要有美国的《商业周刊》《经济影响》《幸福》《美国经济评论》等杂志，美国财政部编制的《对美出口》《美国进口商号和出口商号名录》《世界贸易手册》，美国统计局编制的《进口与出口重点介绍》《依商品分类的进口商品》。在日本，有东南亚贸易投资和旅游促进中心出版的《日本贸易机会》，日本关税税则协会出版的《日本海关税则》《进口统计册》，日本贸易振兴会出版的《日本的进口和销售规则》，日本经济新闻出版社出版的《日本经济年鉴》《日本工业评论》等。在英国有《经济学家》《国际商业》《贸易与工业》《金融时报》《英国商业》等。

要获得上述机构提供的资料，一般不必花费很大的人力、物力和财力，因为公共机构提供信息资料费用较低，获取也比较方便。

> **【小资料】　日本佳能公司的调研艺术**
>
> 　　日本企业经理认为唯有自己直接从分销渠道的零售商和批发商那里获得的情报，才是最可靠的，所以他们十分重视实地调查。
>
> 　　日本的市场调研侧重两种资料，"软资料"，即在访问经销商或其他渠道成员、顾客时所得到的情报；"硬资料"，即关于商品运输、存货水平以及零售额的数据记录。在日本，企业的中上层管理人员都参加软资料收集工作，他们认为这对于进入市场及其以后维持良好的市场关系都是至关重要的。

佳能公司关于在美国市场的分销战略的制定过程为如何收集软资料提供了一个很好的例子。20世纪70年代后期，佳能照相机在美国市场的销售业绩不是很理想，它的主要竞争对手——美能达照相机在美国市场的销售份额遥遥领先。于是，佳能公司派了3个管理人员组成调查小组赴美国寻找问题的根源。该调查小组在美国花了大约6个星期的时间专门访问各种照相机零售店，通过与店主交谈他们了解到，由于美国经销商推销力量有限，不可能给佳能公司很多支持。此外，他们还了解了何种照相机和促销支持是美国中间商所感兴趣的。

这种软资料的收集方法看上去似乎不如现代科学调研技术那么严谨，但是它并不是什么主观臆断的产物。事实上，这种调查结果更有意义，因为他们实地考察了消费者在商店的举止行为以及推销人员的各种反应。调查人员走进商店，像顾客那样在店里浏览，仔细观察照相机是如何陈列的，商店售货员是如何为顾客服务的，随后向售货员简单地问了一句："你们仓库里还有什么照相机？"调查人员据此判断这些商店对经销佳能照相机是否具有热情。接着，调查人员亮出自己身份，邀请商店经理共进午餐，一起讨论有关照相机的销售情况，从中了解经销商的种种想法和需要。通过这种调查所得到的收获远远超过了正规市场调研所能提供的信息，调查人员不仅获得了必要的信息，还与中间商建立了友谊，而这正是现代企业经营中一个十分必要的竞争优势。通过这次调查，该公司确定了佳能照相机在美国的分销战略，通过专业中间商独家经销佳能照相机，集中为一个高层次、高质量的细分市场服务。1976年佳能AE-1照相机在美国市场的成功充分证实了这一分销战略的正确性。

模拟实训

【实训主题】

手机市场需求调查问卷设计

【实训地点】

教室

【实训目的】

（1）帮助学生掌握调查问卷设计的基本知识。

（2）掌握调查问卷设计的规则。

【背景材料】

手机市场需求情况调查问卷

（1）您的性别：

A. 男   B. 女

（2）您对现在的手机满意吗？

A. 满意   B. 一般   C. 不满意

（3）您喜欢用手机吗？

A. 喜欢   B. 不喜欢

（4）您更换手机的原因是什么？

A. 质量出现问题   B. 样式陈旧   C. 功能少   D. 其他

（5）如果您想更换手机，预期价位是多少？

A. 500元   B. 600~800元   C. 1 000~1 300元   D. 1 500元以上

（6）您购买手机时，什么促销活动最能让您决定购买？

A. 积分积点   B. 买赠活动   C. 代金券   D. 抽奖

（7）您一般通过什么渠道了解手机的相关信息？

A. 直接去手机卖场   B. 上网查询   C. 报纸杂志   D. 其他

（8）您最喜欢的手机设计风格是什么？

A. 小巧玲珑   B. 时尚前卫   C. 高贵典雅   D. 个性张扬

（9）您喜欢什么颜色系列的手机？

A. 闪光系列   B. 黑白系列   C. 银灰系列   D. 其他

（10）您喜欢的手机外壳材质是什么？

A. 纯轻金属   B. 纯硬塑胶   C. 金属塑胶混合

（11）您喜欢什么款式的手机？

A. 滑盖   B. 翻盖   C. 直板   D. 其他

（12）您喜欢手机摄像头的设计是什么？

A. 集体前后有摄像头   B. 集体单后有摄像头   C. 扭转式摄像头

（13）除了拨打电话和发短信功能，对您最重要并常用的功能是（可多选）：

A. 拍照   B. 游戏   C. 蓝牙

D. 上网   E. 数码摄像   F. MP3

（14）请描述您最喜欢的手机的样子、功能等＿＿＿＿＿＿＿＿＿＿＿

问题：

（1）请仔细阅读以上内容，分析调查问卷是否完整。

（2）请指出调查问卷存在哪些问题并加以更正。

【实训过程设计】

请一位学生宣读调查问卷，然后分小组讨论，指出问题和修改意见。

关键概念

国际市场营销调研　案头调研　实地调研　委托调研　抽样调查　二手信息资料　第一手信息资料　询问法　观察法　实验法

综合练习

一、单项选择题

1. 国际市场营销调研是为（　　　）提供充分的依据。

A. 市场细分

B. 国际市场营销决策

C. 国际营销产品设计

D. 国际市场目标国的选择

2. 以下对案头调研表述不正确的是（　　　）。

A. 节省费用　　　　　B. 缩短调研时间　　　　C. 可靠性稳定　　　D. 时效性差

3. 以下对委托调研表述正确的是（　　　）。

A. 调研成本高

B. 调研结构带有偏向性

C. 不利于沟通

D. 熟悉当地市场

二、多项选择题

1. 以下属于国际市场营销可控因素调研的有（　　　）。

A. 经济发展状况调研

B. 产品调研

C. 价格调研

D. 销售渠道调研

E. 促销方式调研

2. 国际市场营销信息系统包括（　　　）。

A. 内部报告系统

B. 国际市场营销情报系统

C. 国际市场营销调研系统

D. 国际市场营销公关系统

E. 国际场营销决策支持系统

3. 与国际市场营销信息有关的国际组织有（　　　）。

A. 联合国

B. 联合国贸易和发展会议

C. 联合国粮食及农业组织

D. 国际货币基金组织

E. 世界贸易组织

三、简答题

1. 国际市场营销调研的主要任务是什么？

2. 国际市场营销调研主要包括哪些调研内容？

3. 一个完整的国际市场营销调研方案应包括哪些内容？

4. 实地调研常用的方法有哪些？如何进行文案调研？

5. 如何选择合适的国际市场营销调研代理机构？

6. 试举例说明如何进行抽样调查。

四、案例分析

肯德基成功营销中国：市场调研先行

20世纪80年代后期，肯德基开始考虑如何打入人口众多的中国市场，发掘这个巨大市场中蕴含的巨大潜力。虽然前景乐观，但是诸多现实问题也使得肯德基的决策者们倍感头疼，犹豫不决，因为进入中国市场前，肯德基对这个市场是完全陌生的。

在情况不明朗时，肯德基对中国市场进行了全面彻底的调查。地点是饭店经营的首要因素，餐饮连锁经营也是如此。连锁店的正确选址是实现连锁经营标准化、简单化、专业化的前提条件和基础。因此，肯德基对选址是非常重视的。选址决策一般是两级审批制。其选址成功率几乎是百分之百，是指成为肯德基的核心竞争力之一。肯德基选址按以下步骤进行。

1. 商圈的划分与选择

（1）商圈划分。肯德基计划进入某个城市，就先通过有关部门或调查公司收集这个片区的资料。有些资料是免费的，有些资料需要花钱去买。把资料备齐了，就开始规划商圈。通过打分把商圈分成好几大类。以北京为例，有高级商业型、区级商业型、定点消费性，还有社区型、社区商务两用型、旅游型等等。

（2）选择商圈。选择商圈即确定目前在那个商圈开，主要目标是哪些，在商圈选择的标准上，一方面要考虑餐馆自身的市场定位，另一方面要考虑商圈的稳定度和成熟度。餐馆的市场定位不同，吸引的顾客群不一样，决定了商圈的选择也不同。

2. 聚客点的测算与选择

（1）要确定这个商圈内，最主要的聚客点在哪儿。肯德基开店的原则是努力争取在最聚客的地方及其附近开店。肯德基选址人员采集来人流数据，使用专用的技术及软件进行分析，就可得出在某地投资额的上限，而超过这个上限，开店就将得不偿失。

（2）必须考虑人流的主动线会不会被竞争对手截住。如果急症对手的选址比肯德基好，在动线的上游截住了人流，那么这个地址就不是最好的。

（3）聚客点选择影响商圈选择。聚客点的选择也影响到商圈选择。因为一个商圈有没有主要聚客点是这个商圈成熟度的主要标志。

讨论问题：

1. 肯德基为什么要花巨资进行市场调研？

2. 肯德基在选址时需要哪些数据进行支持？

3. 选择距离你较近的两家肯德基连锁店，试分析比较其选址策略的优劣。

4. 请选择相邻的肯德基和麦当劳连锁店，试比较其选址策略的优劣。

第 4 章
国际目标市场选择与国际市场进入方式

【知识目标】

- 掌握国际市场细分的含义和作用，以及国际市场细分的原则与步骤
- 掌握国际市场宏观细分与微观细分的标准
- 掌握国际目标市场的含义和国际目标市场的选择策略
- 掌握国际市场定位的含义、步骤和市场定位的策略
- 掌握国际市场进入的 3 种方式（出口进入、投资进入和契约进入）基本内涵和各自的优

缺点

【能力目标】

- 能够对国际市场进行宏观细分与微观细分，能够区别国际消费品市场与工业品市场的细

分标准

- 能够运用所学的原理和方法进行国际市场定位
- 能够正确分析企业在进入国际市场时所面临的各种障碍

案例导入

多点开花 长安汽车细分市场销量突出

2014 年前三季度，长安汽车以 190 万辆的销量，在激烈的市场竞争中实现突围，获得了厂商销量第一名的优异成绩，在中国汽车品牌中也同样位列第一，再次反映出了长安汽车的市场号召力。

从"奔奔"到"逸动"，从悦翔到 CS35，可以说长安汽车在乘用车领域取得的巨大进步让人惊叹，几乎在每一个热门的细分领域，都能找到长安的代表车型。这和长安汽车一直以来重视在产品线上深思熟虑和排兵布阵有关。

思考：长安汽车在各细分市场销量突出，保证了厂商销量第一名的优异成绩，在中国汽车品牌中也同样位列第一。那么什么是国际市场细分呢？国际市场细分的目的何在呢？

4.1　国际市场细分

满足国际市场的顾客需求是国际营销活动的关键。然而，不同区域的消费者需求特点的差异很大。企业可能难以同时满足所有消费者需求，因此必须依照一定的标准对众多的国家和地区进行划分。企业在进行国际市场细分的基础上，还应对各个细分市场进行深入的调研与评价，从中选出能满足目标消费者需求的细分市场作为目标市场。此后，企业应对进入国际市场的战略进行选择。出口模式、契约模式和直接投资模式3种方案各有利弊，企业在进行进入模式的选择时，要对目标市场环境及自身实力进行系统、全面的分析，从而作出正确的决策，保证国际市场营销目标的实现。

4.1.1　国际市场细分的基本理论

（一）国际市场细分的含义

国际市场细分（International Market Segmentation）是在国内市场细分的基础上发展起来的，是市场细分概念在国际市场营销中的运用。

在各种市场上，由于受诸多因素（如自然条件、社会经济条件、心理条件等）的影响，消费者通常会有不同的需求。生产力水平的不断发展为满足消费者的需求提供了物质保证，但随着社会生活水平的提高，又会有新的、更高的需求不断提出。与国内市场相比，国际市场购买者更多，分布范围更广，作为企业由于自身实力的限制，往往更难满足全球范围内顾客的需要，需要对国际市场按照某种标准进行划分。

所谓国际市场细分，是指企业按照一定的细分标准，把整个国际市场细分为若干个需要不同的产品和营销组合的子市场，其中任何一个子市场中的消费者都具有相同或相似的需求特征，企业可以在这些子市场中选择一个或多个作为其目标市场。国际市场细分是企业确定国际目标市场和制定国际市场营销策略的必要前提。

（二）国际市场细分的基本方法

1．单一变量法（Simple Variable Method）。单一变量法是指根据市场营销调研结果，把选择影响消费者或用户需求最主要的因素作为细分变量，从而达到市场细分的目的。例如，玩具市场需求量的主要影响因素是年龄，可以针对不同年龄段的儿童设计适合不同需要的玩具，这早就为玩具商所重视。除此之外，性别也常作为市场细分变量而被企业所使用，"妇女用品商店""女人街"等的出现正反映出性别标准为大家所重视。由于影响消费者或用户需求的因素是多种多样的，一些因素又相互交错在一起，共同对某种需求产生影响。例如，性别与年龄、职业与收入、规模与对产品的要求等交织在一起，影响需求的增减变化。所以用单一变量法来细分市场只能是一种概括性的细分，也就是所谓"求大同，存小异"。

2．多变量法（Multiple Variable Method）。这是能弥补单一变量法的不足而采用的市场细分方法。它同时以两种或两种以上影响需求较大的因素为细分变量，以达到更为准确地细分市场的目的。以某食品进出口公司对日本冻鸡市场的细分过程为例，该公司选择了"消费者习惯"和"购买者类型"两个因素为细分变量。以"消费者习惯"为变量可将日本冻鸡市场分为净膛全鸡、分割鸡、鸡肉串等 3 类需求子市场；按"购买者类型"的不同，可将日本市场分为饮食业用户、团体（企业集团）用户和家庭用户 3 个需求子市场。两个变数交错进行细分，日本冻鸡市场就分为 9 个细分市场。在此基础上，企业可再对各细分市场的情况进行调研，最终确定自己的目标市场。

3. 多层次变量法（Multistage Variable Method）。这种方法是指从粗到细将整体市场分为几个层次，然后逐层细分，并确定该层次的样本市场，最终层次的样本市场就是企业将全力投入的目标市场。以某一铝制品公司的市场细分过程为例，公司选择 3 个变量，用 3 个层次分别对铝制品需求市场进行宏观细分。第一层以"最终用户"为细分变量，将市场分为汽车制造业、住宅建筑业、饮料容器制造业 3 个子市场。假定经过分析对比以住宅建筑业为样本市场，但该样本市场内需求仍存在差异，于是就选择"产品用途"变量进行第二层细分，得到半制成品、建筑构件和铝制活动房 3 个市场。假定该层中又确定建筑构件市场为样本市场，分析后再按"用户规模"作为第三层细分的变量，得出大、中、小 3 个子市场。最后公司选择"大量使用者"为样本市场，至此公司对整体市场的宏观细分结束。在对"大量使用者"进行调研后，再以用户的要求为变量对其进行微观细分，最终选定重视产品质量的大量使用者为目标市场。这是以工业品市场细分过程作为例子介绍的，消费品市场细分也同样可以这样进行。

（三）国际市场细分的作用

市场细分对企业的生产、营销起着极其重要的作用，尤其对于要走向国际市场、进行国际贸易的企业来说，它是市场营销活动的管理及决策者认识和研究国际市场、寻找新的市场营销机会、选择目标市场的首要依据。具体来讲，国际市场细分可以给企业带来许多利益。

1. 有利于选择目标市场和制定市场营销策略。细分的市场比较具体，企业能较确切地了解消费者的需求，从而在开发经营过程中根据本企业的经营思路及生产技术和营销力量，确定服务对象，即目标市场。选定目标市场后，企业便可以制定更加切实的营销策略，制订相应的对策，以适应市场需求的变化，提高企业的应变能力和竞争力。

2. 有利于企业发掘国际市场机会，开拓国际市场。所谓市场营销机会，是指市场上存在的各种未被满足的消费需求。这种机会的发现对企业来讲，起码有两个重要意义。其一，进入市场的成功率相对较高；其二，有较大的发展潜力。企业通过对纷繁复杂的整体市场进行细分后，对每一个细分市场的购买力、满足程度、竞争情况等进行分析比较，就能发现哪些是未被满足的需求，如能及时占领市场夺得竞争优势，将会给企业带来巨大的利益。相对于世界 500 强而言，许多中小企业的竞争能力比较弱，只有通过市场细分，才能在国际市场中找到适合自己生存、发展的营销机会，"扬长避短"是根据市场细分结果采用相应策略的具体表现。

3. 有利于企业集中人力、物力和财力投入国际目标市场，以获取局部竞争优势。在市场经济条件下，企业的生产取决于市场需求的大小。如果在某一市场上某种产品有较好的销路，不可避免地会吸引多家企业参与竞争。企业要想在国际市场竞争中取胜，只有将其有限的资源集中到特定的国际目标市场获取比较优势。

4. 有利于企业准确把握当地市场需求，调整国际市场营销策略。国际市场范围广阔，各个区域的消费者需求和竞争者状况不断变化。企业通过对国际市场进行细分，可以有针对性地观察和收集细分市场信息，对各个细分市场实行差异化的营销策略根据各个市场中的消费需求情况制定营销计划，所有的行动和手段都合乎当地的需要与偏好。当某个目标市场的需求特征和竞争态势发生变化时，企业可以及时地调整营销策略。

5. 有利于企业分配国际营销预算，提高国际营销效益。企业在对国际市场进行细分后，可以根据各细分市场的市场潜力、竞争状况来合理地分配国际营销预算，使得在每个子市场的投入都能得到相应合理的回报，从而提高企业的国际营销效益。

可以说，市场细分在企业规划和市场营销的过程中一直扮演着至关重要的角色，对于企业战略规划来说，它是判断公司专长与市场机会是否匹配的前提条件，是决定进入一个新市场或退出一个老市场的依据，是分析市场优先级与重要性的有效工具，是确切地描述竞争对手战略战术的先决条件。对于企业的市场营销运作来说，它会确定产品特征、定价、宣传、销售渠道的依据，是指引销售队伍主攻方向的有力工具，是分配人力资源、技术资源和资金的参考标准，是将市场与用户进行调查和量化，把握市场趋势的关键。可以毫不夸张地说，市场细分做好了，市场营销就成功了一半。

【案例 4.1】 日本手表打入美国

一直以来，欧洲手表称霸世界。作为一个后起之秀，日本手表制造商通过国际市场细分，成功地打进了欧洲表称霸的美国市场，从而为企业创造了巨大利益。日本钟表商首先对美国市场进行了认真的调研，按美国消费者对手表的需求不同，可以把美国市场划分为3个细分市场。第一类，要求手表能计时，价格低；第二类，要求手表计时准又耐用，价格适中；第三类，要求手表是世界名牌，产品外观高雅，计时准确。调查结果表明，3个细分市场的比例为23%、46%和31%；当时在美国手表市场占有较大份额的瑞士手表厂商一贯将第三类消费者作为目标市场，专门经营名贵的机械表；第一、第二类消费者的需求未能满足。在市场细分和调查后，日本手表制造商发现了向美国消费者提供计时准确、价格低廉的电子表的营销机会，终于大获成功。

案例分析： 日本手表打入美国市场靠的是科学的市场细分和市场定位。日本钟表商主要运用购买行为因素对美国市场进行细分，发现了美国中低档价格的钟表市场需求尚未得到满足，他们抓住了这个机会，及时攻占了美国中低档手表市场。

4.1.2 国际市场细分的原则与步骤

国际市场细分是在跨国经营活动中识别机会、发现机会的有效手段，但并不是所有的国际市场细分都是有效的。过于细分可能会影响企业的销售面，而且细分不当也可能招致营销上的失败。国际市场比国内市场竞争更加激烈，为了使企业的市场细分具有实用价值，使之能为企业选择目标市场提供重要的依据，企业在进行国际市场细分时必须遵循一定的原则，确定其细分的具体步骤，否则非但不能形成有效的细分，甚至可能是徒劳无益，得不偿失。

1. 国际市场细分的原则。

（1）可测量性。这是指国际目标市场的销售潜量及购买力的大小必须是能被测量的。企业不宜轻易地决定选择其作为国际目标市场，而是应通过各种市场调查手段和销售预测方法来测量国际目标市场现在的销售状况和未来的销售趋势。

（2）需求足量性。这是指企业所选择的国际目标市场应当有较大的市场潜量，有较强的消费需求、购买力和发展潜力，企业进入这一市场后，有望获得足够的营业额和较好的经济效益。例如，发达国家人口增长缓慢，年龄结构老化问题日趋突出，那么对企业来说，老年市场具有相当大的潜力。各类老人保健、老人医院，老人娱乐、休闲等行业都将发展成具有足量性的市场。反之，对于那些需求不足的市场，细分就不会尽如人意。

（3）可进入性。这是指企业所选择的国际目标市场是未被垄断的，企业的资源条件、营销经验以及所提供的产品和服务在所选择的目标市场上具有较强的竞争力。

（4）易反应性。这是指企业选择的国际目标市场能使企业有效地制定国际营销计划、战略和策略，并能有效地付诸实施。同时，企业在国际目标市场上还要能便利地调整其营销战略和策略，以应对各种可能的市场变化。

2. 国际市场细分的步骤。国际企业面对国外纷繁复杂的市场环境，要实现以尽可能小的风险、尽可能高的投资回报，就必须对国际市场进行正确的细分化研究和分析，寻求市场机会，找到自己的目标市场定位。国际市场细分可依据以下步骤进行。

（1）确定产品市场范围。任何一个企业都有其自身的任务和目标，单以此作为企业制定生产经营和市场开拓战略的依据。企业在进行市场细分时，必须先明确自己产品的市场范围，也就是说进入什么行业，生产什么产品。产品市场范围应以消费者的需求而不是产品特性来定，因为满足消费者的需求是企业的目标所在，消费者的需求是无限的，而企业的产品及其寿命则是有限的，一旦市场需求发生变化，整个产品的市场范围也要进行相应的调整。

（2）分析潜在顾客的需求。选定产品市场范围以后，接下来就是分析潜在的顾客有哪些基本需求，然后在此基础上挑选出不同的细分市场变量。

（3）选择市场细分标准。根据国际市场的宏观和微观细分两个层次，按地理、经济、文化等标准，可以对国际市场进行宏观细分。如果该组宏观细分市场在市场营销活动上仍存在不同的特点或要求，可以再按其特点或要求，如消费者的心理、行为等标准进行细分，从而得到微观细分市场。

（4）筛选。为了满足市场细分的需要，营销人员必须把各细分市场或各顾客群的共同需求筛选掉。这些共同需求虽然很重要，但只能作为设计市场营销组合的参考，不能作为市场细分的基础。

（5）分析、估量各个细分市场的规模和性质。要测量市场容量，不外乎 3 个因素，即购买者数量、购买力和购买动机，其中的潜在购买者数量和购买能力决定了企业未来销售的潜力。

（6）为子市场定名。在对市场进行细分后，为选出的各个子市场确定名称，以便高度概括出每个子市场的特征。

（7）选择目标市场，设计市场营销组合策略。当我们完成以上步骤后，我们已经明确了目前所处的细分市场以及将要进入的细分市场，接下来的工作将是制定什么样的营销战略来攻占这个细分市场。

营销战略的制定除了考虑到运用各种各样的战略策略以外，还应考虑到企业对每个方案的执行能力和执行程度，实际上有很多方案设计都束之高阁，就是因为没有站在企业现实情况的角度去制定可操作性强的、有用的营销战略和营销方案。

4.1.3　国际市场宏观细分

世界上有众多的国家，企业究竟进入哪个（或哪些）市场最有利，就需要根据某种标准（如经济、文化、地理等）把整个市场分为若干子市场，每一个子市场具有基本相同的营销环境，企业可以选择某一组或某几个国家作为目标市场。这种意义上的国际市场细分称为宏观细分。

国际市场宏观细分是整个国际市场细分过程中的第一步，因为只有在宏观细分的基础之上首先确定进入哪个或哪些国家，然后才能进一步进行一国之内的微观细分。

进行国际市场宏观细分主要有两个方面的问题，一是确定以何种标准来对国际市场进行细分，二是确定宏观细分的过程或基本步骤。

1. 国际市场宏观细分标准。

（1）地理标准。这是宏观细分最常用的标准，按地理标准可以把全球市场大致分为亚洲市场、欧洲市场、拉丁美洲市场和大洋洲市场。其中亚洲市场又可分为东亚市场、西亚市场、南亚市场等，欧洲市场又可分为西欧市场、北欧市场、东欧市场等。使用这种细分方法的好处是地理上接近的市场便于跨国公司进行国际业务管理，同时处于同一地理区域的各国具有相似的自然条件、文化背景、消费习惯，可以当作一个市场来开发。特别是第二次世界大战后，区域性贸易和经济上一体化发展迅速，从而使地理上接近的市场更可能具有同质性。

但是，应用地理标准也有其局限性，许多在地理上接近的国家并不一定能保证提供同样的市场机会，如北美的加拿大、美国、墨西哥3个国家地理毗邻，但经济发展水平却有较大的差距，尤其是墨西哥的经济水平与美国不可同日而语，因此这些地区难以构成一个共同的市场。

（2）文化标准。东西方文化的差异决定了中国市场与欧美市场有本质上的不同，由于生活方式密切地受到文化的影响，因此按照文化标准细分国际市场对营销决策是非常有益的。文化对国际营销决策的重要影响之一是文化的诸多因素（如语言、教育、宗教、种族、美学、价值观、社会组织等）都能构成国际市场的细分标准。然而，由于世界上文化类型很多，要把世界上所有不同国家的文化类型进行分类，并为每种文化类型制定一个策略是十分困难的。一个替代的方法是将世界上众多的文化类型按以下5种要素进行再分类，即物质文化（技术、经济）、社会制度（社会机构组织、教育、政治结构）、信仰体系（宗教、民族、种族）、美学及语言。

单纯地用文化作为细分市场标准在很多情况下是不可行的。因此，在应用文化标准进行国际市场宏观细分时，还应兼顾其他一些细分变量，才能避免以单一变量进行细分而导致的片面性。

（3）经济标准。用经济标准细分主要是根据经济发展指标将各国进行归类，如国民生产总值、人均国民收入、经济增长率、基础设施发展水平等。其中一个比较简单的方法是用人均国民生产总值（GNP）作为衡量指标，通常人们广泛接受的是世界银行按照各国人均国民生产总值把国家划分为4类（世界银行2003年标准），即低收入国家（人均GNP在745美元以下）、中下等收入国家（人均GNP为746～2 975美元）、中上等收入国家（人均GNP为2 976～9 205美元）、高收入国家（人均GNP在9 206美元以上）。

按经济标准细分国际市场的优点是使同一个子市场的国家在经济发展水平或经济环境上比较接近，并有助于按市场规模和质量来挑选目标市场及制定不同的营销策略。但处于经济发展同一水平的各国可能分布在世界各地，可供选择的目标市场可能较为分散，不利于提高营销效率和加强国际营销管理。

（4）组合细分标准。国际市场组合法是以战略技术为基础，同时从国家潜量、竞争程度和风险大小3个因素分析国际市场，从而把国际市场的各个子市场分为18类的市场细分方法。在这种组合细分中，国家潜量是指企业的产品或服务在该国市场上的销售潜量，其基础包括人口、经济增长、实际国民生产总值、人均国民收入、人口分布、工业生产和消费模式等因素。竞争程度取决于内部因素和外部因素两方面。内部因素包括企业在该国市场上所占份额、企业资源和设施以及企业适应该国特点的能力和优势；外部因素包括该行业中竞争对手的竞争力、来自替代产品行业的竞争以及国内外的行业结构。风险是指企业在该国面临的政治风险、财务风险和业务风险（如消费者偏好的转移）以及各种影响利润、资金流动和其他经营结果的因素。

用组合法划分世界市场有如下优点。

① 该方法考虑了 3 个方面，更全面地反映了多国环境。

② 每个维度都与营销密切相关。

③ 把风险单独作为一个维度，更符合实际情况，因为许多国家虽有较大的潜力和吸引力，但同时也有不同程度的风险。

④ 每个维度都由若干因素构成，因此每一方面都是多元因素的综合计量，例如，无论是国民生产总值还是收入水平，单凭某一个因素不足以表示整个国家的市场潜量。

组合法是企业进行国际市场宏观细分的一个很有用的方法，可以作为企业分析国外市场机会的基础。不过它需要许多信息，包括公司内部和外部的信息，这些信息因可能不太容易收集而难以分析。另外，这一方法适用于一种产品的市场层次而不是整个公司的层次。因此，一家在海外营销多种产品或劳务的公司将不得不为此做出许多细分规划，这样做无疑会给国际营销企业的营销管理增大难度。

2. 国际市场宏观细分过程。国际市场宏观细分过程可以分为下述几个步骤。

（1）确定划分世界市场的方法，即确定细分标准。

（2）根据这种分类标准，将所有具有共同特点的国家划为一组，即构成一个子市场。

（3）了解满足每组需求对企业资源条件有哪些要求。

（4）根据本企业的特点判断本企业满足哪个或哪些子市场最适当、最有优势。

（5）从理论上分析要满足目标市场的需求应采取的措施。

（6）把这种理论上的策略和方法根据实际情况加以修正与调整。

假设一个生产计算机的企业打算进入国际市场，应用上述细分过程，该企业将分 6 个步骤来细分世界市场。

第①步：企业认为，应根据各国经济技术的发展水平和对计算机的需求来划分世界市场。

第②步：按照上述细分标准，可将世界计算机市场分成 3 个子市场，即需要简单、小型计算机（如第一代电子计算机）的市场；需要中型计算机的市场；需要大型、复杂计算机的市场。

第③步：要满足第一个子市场，企业只要具备生产简单计算机的技术能力和生产能力即可。要满足第二个子市场，企业需要具备中等技术水平和生产能力。要满足第三个子市场，企业需要拥有生产现代大型计算机的尖端技术，有能力与国际商业机器公司（IBM）等一流企业抗衡。

第④步：根据企业的资源条件分析服务于哪一个子市场最有力。

第⑤步：假设根据企业的资源条件，确定服务于第二个子市场，并假设韩国、印度、新加坡、墨西哥、巴西、尼日利亚属于第二子市场。为满足这些目标市场的需求，公司可以在尼日利亚、巴西和韩国分别建立一个组装厂，其他目标市场的需求可以通过从这 3 个国家进口而得到满足。

第⑥步：假设经过进一步调研，发现韩国比较缺乏科技人才，在韩国建厂难免出现效率低的现象。而印度的科技人才较多，故决定把组装厂建在印度，再由印度向其他地区出口。

4.1.4　国际市场微观细分

国际市场的微观细分是当企业进入某一海外市场后，如果发现当地市场的顾客需求仍有差异，可以进一步将其细分成若干市场，以选择其中之一或几个子市场为目标市场。国际市场的微观细分与国内市场中的微观细分方法是相同的，细分的标准也基本一致。由于购买目的和动机不同，市场细分的标准也不同，分为消费者市场细分标准和生产者市场细分标准。

1. 国际消费品市场的细分标准。国际消费品市场由于受消费者所在地理区域、年龄、性别、宗教信仰、收入水平、生活方式、心理等多种因素的影响，不同的消费者群时具有不同的欲望和需求，因而形成了不同的购买习惯和行为。企业可以按照这些因素把某个国家或地区的消费者市场细分为若干不同的市场部分或亚市场。由这些因素所决定的消费者需要的差异是细分消费者市场的基础，在国际市场营销学中一般将其概括为地理因素、人口因素、心理因素和行为因素4大类。

（1）依据地理因素细分。这是指企业按照消费者所在的地理位置、城市规模、地理环境、气候条件等因素来细分市场，然后选择其中一个或几个子市场作为目标市场。

按照地理区域可以将一个国家细分为东部与西部、南部与北部等不同的区域；按照市场规模可以将其划分为特大型城市、大型城市、中型城市、小型城市和农村；按气候条件不同可以将其分为热带、亚热带、温带和寒带。

在应用地理因素细分时应注意的是，地理因素是一种静态因素，对消费者的区分较为笼统，且处于同一地理区域的消费者在需求上也存在明显的差异，因此还必须结合其他因素进行市场细分。

（2）依据人口因素细分。这是按照人口总量、性别、年龄、文化程度、收入水平、家庭状况、宗教信仰、民族等人口统计学特征细分市场。由于人口因素直接影响消费者的需求特征，而且较其他因素更易于辨认和衡量，因而是国际消费品市场中最常用、最主要的细分标准之一。而在人口细分的诸多变量中，又以人均收入、人口总量、年龄特征、宗教信仰4项最有参考价值。

① 人均收入。国民收入与居民人均收入水平的高低直接影响国际市场的规模。根据人均收入水平，可以将各国消费者的收入分为高收入、中等收入、低收入3个层次。

② 人口总量。在国际市场中，对于许多低值易耗的消费品来说，人口总量往往是比人均收入更为重要的细分变量。但值得注意的是，像印度这样人口众多但人均收入很低的国家，仍有一批比例较小但绝对数量可观的高收入者，从消费水平上看，这些消费者的消费水平已接近或达到了中等发达国家消费者的消费水平；从消费总量上看，也相当于一个小型的中等发达国家。因而这种情况也是在进行人口细分时应当考虑的。

③ 年龄。按照年龄我们可以将人的生命周期划分为婴幼儿、儿童、少年、青年、中年、老年6个阶段。处于不同年龄阶段的消费者由于生理状况和偏好的不同，对商品的需求也不同。随着社会经济的发展及居民收入的提高，各阶段消费者的需求发生了巨大变化，这是国际市场细分不能忽略的因素。

④ 宗教信仰。世界范围内主要有3大宗教：基督教、伊斯兰教和佛教，另外还有许多种区域性宗教。不同宗教信仰的消费者在需求特征上也表现出差异。

（3）依据心理因素细分。所谓心理细分，是指企业按照消费者的生活方式、个性等心理因素来细分消费者市场。随着社会经济的发展如人们生活水平的不断提高，消费者的需求从生理需求向心理需求转化，来自相同的文化群系、社会阶级、职业的人们，可能各有不同的生活方式和个性，从而对商品的需要也会有不同。这就是说，心理因素是影响消费者的欲望和需要的一个重要因素。

在国际市场营销中，企业按照心理因素来细分国际消费品市场，不仅有利于企业针对不同生活方式、个性、需要与偏好的消费群的设计不同的产品和制定不同的国际市场营销组合策略，也有利于企业从市场细分中发现新的市场机会，拓展国际市场。

有越来越多的企业按照消费者不同的生活方式来细分消费者市场。例如，汽车制造商为"玩车者"设计和生产华丽的、操纵灵敏度高的汽车，服装制造商为"朴素的女性""时髦的女性"等分别设计和生产不同的女性服装。对于这些生活方式不同的消费者群，不仅产品的设计有所不同，而且产品价格、经销商店、广告宣传等也有所不同。

为进行生活方式细分，企业一般可用下面 3 个标准来测量消费者的生活方式。

① 活动（Activities），如消费者的工作、业余消遣、休假、购物、体育、款待客人等活动。

② 兴趣（Interests），如消费者对服装的流行样式、食品、娱乐等的兴趣。

③ 意见（Opinions），如消费者对自己、社会问题、政治、经济、产品、文化、教育、将来等问题的意见。

按照消费者的不同个性来细分市场，企业可以通过广告宣传赋予其产品以与某些消费者的个性相似的"品牌个性"，树立"品牌形象"。

（4）依据行为因素细分。所谓行为细分，是指企业依据消费者的购买或使用某种商品的时机、所追求的利益、使用者状况及使用频率、对品牌的忠诚度以及对各种营销因素的敏感程度等因素来细分国外消费品市场。

把消费者购买或使用产品的时机不同作为细分变数，其依据是许多消费或服务专门适合于某一特殊时机。例如，中国的春节、中秋节，西方国家的情人节、圣诞节等，营销人员推出适时的产品来满足这一时机的特殊需求一定会大获成功。在美国，消费者一般都是在早餐时饮用橙汁，某橙汁公司就向广大消费者宣传介绍在午餐或宴会上饮用橙汁的好处，以促进橙汁销售。

消费者往往因为购买动机和追求利益的不同购买不同的产品和品牌。以购买牙膏为例，有些消费者购买洁龈牙膏，主要是为了保持牙齿洁白；有些消费者购买芳草牙膏，主要是为了防治龋齿、牙周炎。按消费者购买商品时追求的利益不同，可将整体市场分为求实、求安全、实惠、求新异、求美、求名贵等细分市场。企业可根据自己的条件权衡利弊，选择某一市场作为目标市场，然后设计和生产出适合目标市场需要的产品，并且用适当的广告媒介和广告词句把这种产品的信息传达给追求这种利益的消费者群。西方国家企业经营管理的实践经验证明，利益细分是一种行之有效的细分战略。

许多商品的市场还可以按照使用者情况（未使用者、曾经使用者、潜在使用者、初次使用者和经常使用者等）来细分。西方国家的大公司资源充足，市场占有率高，一般都对潜在使用者这类消费者群发生兴趣，它们着重吸引潜在使用者，以扩大市场阵地。小企业实力薄弱，往往着重吸引经常使用者。当然，企业对潜在使用者和经常使用者要酌情运用不同的市场营销组合，采取不同的市场营销措施。

按消费者对企业品牌的忠诚程度不同，一般可划分为 4 类不同的消费者群。

① 绝对忠诚者。无论市场上出现了几家新企业或几种用途相同的新品牌商品，这类消费者始终只购买某一种品牌的商品。

② 喜好多样的忠诚者。同时对几家企业或几个品牌的商品感兴趣，经常交替地在固定的几家企业购货或固定购买几种品牌的商品。

③ 转移的忠诚者。即从忠诚于某一企业或某一品牌的商品转移到忠诚于另一企业或另一品

牌的商品。

④ 不忠诚者。这类消费者从来不信赖于任何企业或品牌的商品。

应注意的是，消费者的购买行为特征较为抽象，具体的数据较难采集。为了有效地运用这种细分方法为企业的国际市场营销决策提供依据，企业一方面要进行深入的市场调查，对消费者的行为特点进行定量的统计分析，另一方面还应结合其他的细分方法来进行双重或多重细分，以保证市场细分的有效性。

2. 国际工业品市场的细分标准。细分国际工业品市场的标准有一些与细分国际消费品市场的标准相同，如地理因素、行为因素等。但由于国际工业品市场具有不同于国际消费品市场的某些特点，如购买的数量大、次数少，购买者地理位置集中，专业要求高等，企业还需运用其他一些因素来细分国际工业品市场。

（1）依据最终用户细分。在国际市场营销中，企业通常使用最终用户这个变数来细分国际工业品市场。这是因为不同的最终用户常常对产品及营销策略有不同的需要，他们的利益不同。例如，轮胎公司可以根据用户的最终用途将轮胎市场细分为飞机用轮胎市场、军用轮胎市场、一般工业用轮胎市场、农业用轮胎市场等子市场。

（2）依据顾客规模与购买力大小细分。顾客规模与购买力大小也是企业细分国际工业品市场的重要依据。工业企业常根据客户数量和大小来细分市场。不同类型的顾客对产品质量、需求数量、服务等多方面均有不同的要求，企业可以根据顾客规模大小进行细分。如美国某大型办公用具公司根据用户规模大小将市场分为大客户（如 IBM 公司、福特汽车公司）以及其他小客户等子市场。

（3）依据购买组织的特点细分。购买组织的特点是指企业的组织结构和组织系统，购买决策产生的过程和程序，什么人参与购买决策，他们在购买决策过程中充当什么角色和起什么作用。由于在国际工业品市场上的购买属于集团购买，因而购买集团或组织的特点是市场细分的重要变数。

一般说来，参与企业购买决策的人员和其规模大小同所购买的产品、企业的规模和管理模式有关。如果一个企业采购少量低值的原材料，那么参与决策的人会很少；但如果采购的是大型成套设备，那么就会有经营管理人员、技术人员、采购人员等众多的人参与决策。在通常情况下，大企业参与购买决策的人多，小企业参与购买决策的人少；民主管理式企业参与购买决策的人多，家族式集中管理企业参与购买决策的人少。

扩展阅读：阅读《欧洲市场，豪华品牌 2016 年 1～8 月各细分市场前三甲》，谈谈欧洲汽车市场是如何进行国际市场细分的。

4.2 国际目标市场选择

4.2.1 国际目标市场的含义

国际目标市场是企业在对国际市场进行细分之后，通过对细分市场的市场潜力、竞争状况、本企业资源条件等多种因素进行评估分析，最终决定进入的那部分市场，即企业所选择的准备以相应的产品和服务满足其需要的那部分购买者群体。

国际市场营销中选择目标市场有两层含义，一是基于宏观细分的基础上，在众多国家或地区选择某个或某几个作为目标市场；二是通过微观细分，在一国众多的子市场中选择某个或某些作为目标市场，其选择策略即为无差异营销策略、差异性营销策略和集中性营销策略。

4.2.2　评估国际目标市场的标准

企业进行国际市场细分的目的是选择目标市场。然而，企业要想选择合适的目标市场，就必须对每个细分市场进行评估。企业评估国际细分市场可以按以下 3 个标准来进行。

1. 细分市场的规模和发展潜力。企业进入某一市场是期望能够有利可图，如果市场规模狭小或者趋于萎缩状态，企业进入后难以获得发展，此时应慎重考虑，不宜轻易进入。当然，企业也不宜以市场吸引力作为唯一的取舍因素，特别是应力求避免与竞争企业遵循相似或相同的思维逻辑，将规模最大、吸引力最大的市场作为目标市场。大家共同争夺同一个顾客群的结果是造成过度竞争和社会资源的无端浪费，同时可能使消费者的一些本应得到满足的需求遭受冷落和忽视。很多企业动辄将发达国家作为首选市场，而对发展中国家和较落后的地区不屑一顾。如果转换一下思维角度，一些目前经营尚不理想的企业说不定会出现柳暗花明的局面。

2. 细分市场结构的吸引力。细分市场可能具备理想的规模和发展特征，然而从盈利的观点来看，它未必有吸引力。波特认为有 5 种力量决定整个市场或其中任何一个细分市场的长期的内在吸引力，企业应对这 5 个群体对长期盈利的影响作出评估。这 5 个群体是同行业竞争者、潜在的新参加的竞争者、替代产品、购买者和供应商。它们具有如下威胁性。

（1）细分市场内激烈竞争的威胁。如果某个细分市场已经有了众多的、强大的或者竞争意识强烈的竞争者，那么该细分市场就会失去吸引力。如果出现该细分市场处于稳定或者衰退，生产能力不断大幅度扩大，固定成本过高，撤出市场的壁垒过高，竞争者投资很大，情况就会更糟。这些情况常常会导致价格战和广告争夺战。

（2）新竞争者的威胁。如果某个细分市场可能吸引新的竞争者，他们会增加新的生产能力和大量资源，并争夺市场占有率，使这个细分市场失去吸引力。问题的关键是新的竞争者能否轻易地进入这个细分市场，如果新的竞争者进入这个细分市场时遇到了森严的壁垒，并且遭受到细分市场内原有公司的强烈报复，他们便很难进入。保护细分市场的壁垒越低，原来占领细分市场的公司的报复能力越弱，这个细分市场就越缺乏吸引力。

某个细分市场的吸引力随其进退难易的程度而有所区别。根据行业利润的观点，最有吸引力的细分市场应该是进入的壁垒高，退出的壁垒低（见图 4.1）。在这样的细分市场里，新的公司很难打入，但经营不善的公司可以安然撤退。如果细分市场进入和退出的壁垒都很高，那里的利润潜量就大，但也往往伴随较大的风险，因为经营不善的公司难以撤退，必须坚持到底。如果细分市场进入和退出的壁垒都较低，公司便可以进退自如，这样获得的报酬虽然稳定，但不高。最坏的情况是进入细分市场的壁垒较低，而退出的壁垒却很高。于是在经济良好时大家蜂拥而入，但在经济萧条时却很难退出。其结果是大家都生产能力过剩，收入下降。

<table>
<tr><td colspan="2" rowspan="2"></td><td colspan="2" align="center">退出的壁垒</td></tr>
<tr><td align="center">低</td><td align="center">高</td></tr>
<tr><td rowspan="2">进入的壁垒</td><td align="center">低</td><td align="center">报酬低而稳定</td><td align="center">报酬低但有风险</td></tr>
<tr><td align="center">高</td><td align="center">报酬高而稳定</td><td align="center">报酬高但有风险</td></tr>
</table>

图 4.1　行业进退的壁垒

（3）替代产品的威胁。如果某个细分市场存在着替代产品或者有潜在替代产品，那么该细分市场就失去吸引力，因为替代产品会限制细分市场内价格和利润的增长。公司应密切注意替代产品的价格趋向。如果在这些替代产品行业中，技术有所发展或者竞争日趋激烈，这个细分市场的价格和利润就可能会下降。

（4）购买者讨价还价能力的威胁。如果某个细分市场中购买者讨价还价的能力很强或正在加强，该细分市场就没有吸引力。因为购买者会设法压低价格，对产品质量和服务提出更高的要求，并且使竞争者互相斗争，所有这些都会使销售商的利润受到损失。如果购买者比较集中或者有组织，或者该产品在购买者的成本中占较大比重，或者产品无法实行差别化，或者顾客的转换成本较低，或者由于购买者的利益较低而对价格敏感，或者顾客能够向后实行联合，购买者讨价还价的能力就会加强。销售商为了保护自己，可选择议价能力最弱的购买者或者转换销售商。较好的防卫方法是提供顾客无法拒绝的优质产品供应市场。

（5）供应商讨价还价能力加强的威胁。如果公司的供应商（原材料和设备供应商、公用事业、银行、协会等）能够提价或者降低产品和服务的质量，或减少供应数量，那么该公司所在的细分市场就会没有吸引力。如果供应商集中或有组织，或者替代产品少，或者供应的产品是重要的投入要素，或者转换成本高，或者供应商可以向前实行联合，那么供应商讨价还价的能力就会加强。因此，与供应商建立良好的关系和开拓多种供应渠道才是防御上策。

3. 企业自身的目标和能力。某些细分市场虽然有较大吸引力，但不能推动企业实现发展目标，甚至分散企业的精力，使之无法完成其主要目标，这样的市场应考虑放弃。另一方面，还应考虑企业的资源条件是否适合在某一细分市场经营。只有选择那些企业有条件进入、能充分发挥其资源优势的市场作为目标市场，才能立于不败之地。如果企业无法在市场或细分市场创造某种形式的优势地位，就不应贸然而入。

4.2.3　选择国际目标市场的过程

企业选择国际目标市场的过程一般包括以下两个步骤。

1. 对所有国家的市场进行筛选。企业在选择国际目标市场时，首先要对各个国家进行初步选择，确认选取哪些国家的市场。其目的主要在于缩小选择的范围，降低进一步评估的成本。在进行初步筛选时，暂时不需要考虑对进入方式的选择。筛选过程可分为以下4个具体步骤。

（1）建立目标国家的消费者与用户的特征剖析图。通过对现有的或潜在的消费者或者用户的消费行为和特征进行分析，企业可以选择有利于充分发挥企业竞争优势的市场作为目标市场，利用较为集中的营销资源迅速而有效地占领目标国家市场。

对消费者特征的剖析包括消费者的年龄、性别、收入水平、消费结构、消费者所处的社会阶层及其生活方式的特点。对工业品用户特征的剖析包括使用本产品的行业特征，典型客户的规模和组织结构，本企业所生产的产品或提供的服务在客户的价值链中所处环节以节起什么作用。

（2）直接估计市场规模。估计市场规模的主要方法是从企业所能够获得的统计资料入手，找出影响产品市场前景的各项因素，并通过回归分析方法找出各项因素对产品市场前景影响的具体程度。然后再依据企业对各项影响因素的预测，推算出未来一定时间内产品在目标市场的销售前景。具体的，可以建立如下的回归与预测函数。

$$\text{Sit} = f(X_{1t}, X_{2t} \cdots X_{nt})$$

其中，Sit 代表 i 产品在 t 时段内在既定国际目标市场的潜在销售量。

$X_{1t}, X_{2t} \cdots X_{nt}$ 表示影响 i 产品市场前景的诸因素在 t 时段的具体状况。

（3）间接估计市场规模。对市场规模的间接估计主要是指通过对目标市场国家的宏观经济指标进行分析，从中间接地推算出市场规模。可供使用的宏观经济指标包括国民生产总值（GNP）、国内生产总值（GDP）、国民收入（NI）、物价指数（PI）以及这些指标在最近年份的变动状况。

（4）作出接受或放弃决策。在对前述资料有了较全面的掌握和较系统的分析后，企业就可以初步作出接受或放弃决策，具体的可以运用市场选择指数法来进行分析，其过程如下。

首先确定影响企业在某细分市场上销售前景的因素，然后赋予其相应的权数并对各影响因素的现有状况进行评分，最后以各个细分市场的加权得分作为市场选择指数，从而选择得分高者作为企业的国际目标市场。

假设有 n 个细分市场，有 m 个市场因素，则市场选择指数的计算公式为

$$V_k = \sum_{i=1}^{m} a_i \times X_{ik}$$

其中：V_k 代表第 k 个细分市场的市场选择指数；a_i 代表第 i 个影响因素的权数，且 $\sum_{i=1}^{m} a_i = 1$；X_{ik} 代表第 k 个细分市场在第 i 个影响因素上的评分，且有 $0 \leqslant X_{ik} \leqslant 100$。

2. 评估行业的市场潜力。经过第一阶段的初步筛选，我们已经选择出为数较少的国家或地区。对于这些国家或地区市场，企业需要进一步对其市场潜力作出较深入的评估。这一评估主要是预测在特定时期、特定国家或地区，某个行业在未来相当长的时间内最大的销售量。在评估行业的市场潜力时，要同时考虑两个方面的情况，一方面是市场的现实规模，另一方面是行业在企业的战略规划期内的销售增长率，这就需要企业了解它的竞争者并掌握其销售情况。

各种行业协会通常收集和发布全行业的销售情况，当然并不具体列出每家公司的销量，企业可通过对照全行业的情况预测行业未来增长情况。另外，企业还要根据自己过去的销售实绩进行时间序列分析，以及预测未来销售发展趋势。

4.2.4　国际目标市场战略及其影响因素

（一）国际目标市场选择的相关理论

1. 比较成本和相对优势理论。在比较成本和相对优势理论的指导下，企业选择目标市场往往是为了在生产成本、分销成本等方面赢得优势。例如，许多跨国公司选择中国作为目标市场，除了中国巨大的市场容量和市场潜力外，很重要的一点是看中了中国的成本优势，尤其是劳动力成本低的特点，但由于中国目前尚不具备技术和资本优势，因此适合投资生产劳动力密集型产品，而不适合技术密集型和资金密集型产品的生产。

2. 产品生命周期论。国际产品生命周期论认为，产品的成本结构在其生命周期的不同阶段会有规律地发生变化。在新产品阶段，产品的研发在竞争中至关重要，但这一阶段往往需要大量的科技人才和响应迅速的供应厂商，以及其他相关方的支持，因此，新产品的试制阶段往往是在发达国家进行的。而当产品进入成熟期，技术不断普及，成为"夕阳技术"，不发达国家也能生产该产品，初级劳动力成本低的优势开始显现。所以，对于大多数发展中国家而言，在国际营销的初级阶段应挑选世界上市场成熟的产品出口市场，因其市场、渠道等均已形成，因此不需要太多的营销开发，也不需要太多的专门售后服务，而这两项正是发展中国家的短处。若以新产品打入发达国家，则可能会因为产品的质量不稳定、渠道待开发而导致进入市场困难重重。

3. 国家大小论。一个国家的贸易与国家的大小有直接的关系，一般来说，一个国家越小，对进/出口依赖程度越大。首先，国家小，资源就少，自给能力差，需要进口的商品多；其次，

由于国家小，与邻国距离较近，相对来说，外贸运费低，贸易可能性高。因此，在小的国家，很多产业"天然欠缺"，因而需要依赖进口，对进口的限制相对比较宽松。向小国出口不存在对所在国产生失业冲击的问题，进入该国市场的政治阻力相对较小。因此，在选择出口市场时，向小国出口的阻力一般小于向大国出口。同理，向本国没有该产品的"非生产国"出口要比向有该产品生产的"生产国"出口容易。但是由于小国的市场规模有限，所以一般不宜采取投资方式进行。

4. 国情相近论。按照比较优势理论，国际贸易应主要发生在国情相异的国家之间，如人口众多的劳动力密集型国家向资金密集型的发达国家出口劳动密集型产品，而后者则向前者出口资本密集型产品。但事实并非如此，20世纪以来，世界贸易的实际发展趋势是国际贸易在很多行业是发生在国情相近的国家之间，一个国家常常同时进口和出口同一类商品。究其原因，主要是比较优势理论仅仅是从产品的成本，也就是"供"的方面来解释贸易，并没有考虑到产品的"求"，也就是消费需求方面的因素对国际贸易的影响。对很多产品来说，各国的消费偏好往往是比成本更主要的决定因素。因此，决定世界贸易流向的并不仅仅是成本差异，还有消费者对商品花色品种的追求。因此，从消费需求这方面来看，收入相近、文化相近、资源环境相近的国家更容易有相近的消费需求。正如很多中国产品（如中药等传统产品）虽然在发达国家没有市场，但在与中国人文环境相近的东南亚国家却很受欢迎。

5. 国情相异论。根据亚当·斯密的"绝对优势论"，国与国之间之所以发生贸易行为，是因当具有其他国家所不具有的某些绝对优势，如适合某种动物或植物生长的气候条件、生产某些特殊矿产的地理环境、因历史原因形成的特殊技能等。根据这一理论，如果企业的产品是建立在某种稀有的、罕见的自然或历史资源的绝对优势之上的，则可能在与本国环境截然不同的国家找到市场。近年来，斯里兰卡的腰果、美国的开心果等在我国市场走红就是很好的例子。值得注意的是，这一原则同样适用于"心理"差异，在本国国内已经衰落甚至消失了的产品却可以在国外发现市场，如在中国风行一时的"美国加州牛肉面"的分店只有一家在美国加州的洛杉矶市，其余都在中国。事实上，美国有没有加州牛肉面店无关紧要，关键是它符合中国人心目中的"美国形象"。

（二）3种选择战略

与国内市场营销一样，企业在国际市场上可供选择的目标市场战略存在无差异性市场策略、差异性市场策略和集中性市场策略3种目标市场战略（见图4.2），但由于企业是在世界市场范围内选择并运用这3种战略，因此操作手法更为复杂和困难。

1. 无差异性目标市场战略。无差异性目标市场战略是指企业将全球市场视为一个整体，把市场营销的重点放在需求的共同点上，对所有子市场采用相同的、标准化的营销策略来满足顾客需求。这种目标市场战略的优点在于通过大批量地生产标准化的产品开展标准化的营销活动，使企业可以降低生产和销售成本，实现规模经济。例如，可口可乐曾以标准的瓶装和统一的广告在世界软饮料市场上独领风骚。美国的其他一些大公司也采用此战略，如麦当劳等。无差异性目标市场营销的缺点是忽视不同国家和地区不同消费需求之间的差异，这往往难以满足所有消费者的需求，因此许多跨国公司越来越趋向于采用差异性目标市场营销策略。

2. 差异性目标市场战略。差异性目标市场营销战略是指企业通过市场细分，选择两个或两个以上的子市场作为目标市场，针对各个子市场的特点分别设计不同的营销组合方案，从而有针对性地满足不同目标市场的需求。例如，国际著名的宝洁公司在世界各国的市场上推出不同的产品（洗发护发用品、护肤美容用品、个人护理用品、口腔护理用品、食品和饮料等），以满足不同消费者的需求。差异化的目标市场战略有很多优点，首先，可以满足不同消费者的不同需求；其次，通过增加产品可以增加企业的销售额，提高产品竞争力；最后，通过增加产品分散经营风险。但是采用差异性目标市场营销战略必将增加生产和营销成本。

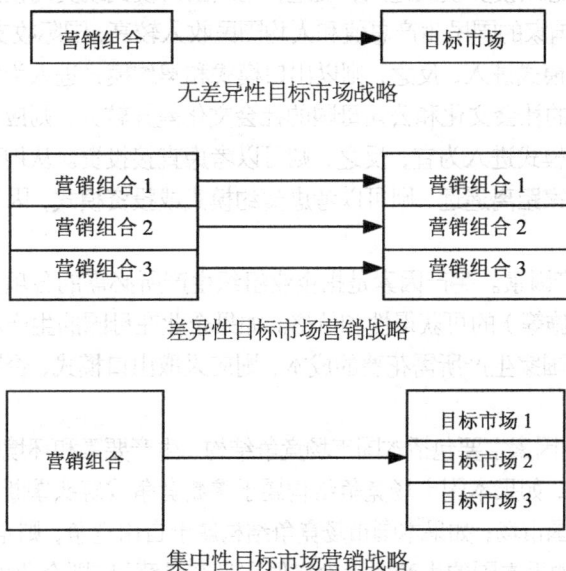

图 4.2　目标市场营销战略

3. 集中性目标市场战略。集中性目标市场战略是指企业通过市场细分，选择其中某个子市场作为企业的目标市场，在该细分市场上采取有针对性的营销策略，以争取在该市场上获得较大的市场份额。在这里集中性目标市场战略有两层含义，一是指企业将营销集中在某一地区的市场，以在该地区的市场上占有明显的竞争优势；二是指企业集中力量为某些消费群服务，满足特定的需求，如德国大汽车公司一向致力于小型汽车的发展。集中性目标市场营销战略的优点是对目标市场的研究较为深，营销策略具有针对性，营销效果好。但是由于企业的市场过于集中，当市场形势发生突变时，往往会面临很大的市场风险，例如，杭州某轻纺织品公司原来的市场主要集中于东南亚地区，1995 年东南亚金融危机爆发，该企业的产品出口受到严重影响。

（三）影响国际目标市场营销战略的因素

企业在国际目标市场上选择营销战略时，要充分考虑企业所处的内外环境的影响，趋利避害。一般来说，在选择国际目标市场营销战略时，要考虑的因素主要有以下几个。

（1）外部因素。影响企业进行国际目标市场选择的外部因素包括目标国家的市场因素、目标国家的环境因素、目标国家的生产因素和国内因素 4 个部分。其中，前 3 个部分是国外的外部因素，第 4 个因素是国内的外部因素。

① 目标国家的市场因素。目标国家的市场因素包括市场规模、市场竞争结构和营销基础设施 3 个方面。从市场规模方面来看，如果目标国家的市场规模较大或者市场潜力较大，则企业可以考虑以投资模式进入；反之，则可以考虑以出口模式或契约模式进入，以保证企业资源的有效使用。从竞争结构方面来看，如果目标国家的市场竞争结构属于自由竞争，则以出口模式为宜，如果是垄断竞争或寡头垄断型竞争结构，则应考虑以契约模式或投资模式进入。从营销基础设施

方面来看，如果目标国家的营销基础设施较好且容易获得，则可采用出口模式进入；反之，则应考虑以契约模式或直接投资模式进入。

② 目标国家的环境因素。目标国家的环境因素包括政治环境、经济环境、社会文化环境和地理环境4个方面。从政治环境方面来看，如果目标国家的政局稳定，法制健全，贸易与投资政策较为宽松，则可以考虑以投资模式进入；反之，则以出口模式或契约模式进入为宜。从经济环境方面来看，如果目标国家的国民生产总值和人均国民收入较高，国际收支保持平衡，汇率稳定，则可以考虑以直接投资模式进入，反之，则以出口模式和契约模式进入为宜。从社会文化环境方面来看，如果目标国家的社会文化和公司母国的社会文化差异较大，则应对投资持谨慎态度，在开始以出口模式和契约模式进入为宜；反之，则可以考虑直接投资。从地理环境方面来看，如果目标国家和公司所在国家距离遥远，则可以考虑契约模式或投资模式，因为这样可以省去长途运输所带来的高额成本。

③ 目标国家的生产因素。生产因素是指企业组织生产所必需的各项生产要素（如原材料、劳动力、资金、基础设施等）的可获得性和价格。如果企业在母国的生产成本加上运至目标国家市场的运费低于在目标国家生产所需花费的成本，则应采取出口模式，否则应考虑契约模式和投资模式。

④ 国内因素。国内因素主要包括本国市场竞争结构、生产要素和环境因素3个方面。从本国市场竞争结构方面来看，如果本国市场竞争结构属于垄断竞争或寡头垄断，企业可以考虑以契约模式或投资模式进入外国市场；如果本国市场竞争结构属于自由竞争，则企业可以采用出口模式。从生产要素方面来看，如果本国的生产要素价格便宜且容易获得，则企业可以采用先在本国生产，然后向国外出口的方式进入外国市场；反之，则应采用契约模式或直接投资模式进入外国市场。从环境因素方面来看，如果公司母国政府对出口采取鼓励和扶持的政策或者对企业向境外投资有严格的约束，则可以采用出口模式；反之，则可以考虑契约模式或直接投资模式。

（2）内部因素。影响企业进行国际市场目标选择的内部因素包括产品因素和企业资源及投入因素两个部分。

① 产品因素。一般如果企业生产的产品价值高，技术复杂，则以出口模式为宜，因为高价值的产品在外国市场上可能需求不足，同时还可能由于当地技术基础无法达标和配套而难以在当地生产。如果企业生产的产品属于低值易耗品，如日用化工产品、食品和饮料等，则可以在许多国家建厂生产。另外，如果企业所生产产品的客户对售后服务要求较高，则一般以契约模式或投资模式为宜，以保证让客户满意。

② 资源和投入因素。如果企业的资金较为充足，技术较为先进，且积累了较丰富的国际市场营销经验，则可以采用直接投资模式进入外国市场。反之，则以出口模式和契约模式为宜，待企业实力增强并且积累了一定的国际市场营销经验以后再采取直接投资模式。

扩展阅读：阅读《浅析啤酒行业目标市场的选择——以青岛啤酒为例》，运用所学知识，对青岛啤酒的目标市场选择过程进行分析。

4.2.5 国际目标市场的拓展

当企业在国外确定了自己的目标市场并站稳脚跟以后，通常需要以原有市场为据点向市场广度和深度发展，拓展自己的地盘。目标市场拓展战略的选择依赖于市场本身的特征、各个市场的联系、市场竞争状况以及企业所具备的实力等条件。所以，企业在选择目标市场拓展战略时应该进行深入、细致、全面的分析。

目标市场拓展战略适用于两个方面，一是市场增长率和相对市场占有率都高的企业，由于增长迅速，企业必须投入巨资以支持其发展；一是市场增长率高、相对市场占有率低的业务，也可能是投入市场时间较短的业务。

国际目标市场的拓展有以下 4 种策略。

1. 市场渗透策略。即采取各种促销手段扩大老产品在原有市场上的销售量，提高市场占有率。市场渗透最典型的特征是在产品市场生命周期的各个阶段变换营销组合，以保持老顾客、争取新顾客。

2. 市场开拓策略。即以老产品去开拓新市场，从而增加产品销售量。例如，美国的可口可乐百事可乐，进入中国市场时均选择广州开发区为突破口，在那里取得成功后再逐渐向其他地区延伸，最终行销全国市场。

3. 产品开发策略。与前两者不同的是，产品开发策略是以新产品去巩固老市场，其方式主要有两种。一是对老产品进行更新换代，以满足消费者日益发展的需求，例如，日本电器 20 世纪 80 年代初向我国推进黑白电视机获得很大的成功，然后又推出彩色电视机，20 世纪 90 年代又不断推出换代新产品，如平面直角带遥控的、带录像机的、带卡拉 OK 装置的等，不断引导消费者新的需求，从而巩固了"阵地"。二是开发全新产品，激起消费者新的需求。

4. 经营多角化策略。亦称"市场多元化策略"，是一种利用多向发展的新产品开拓多个新市场的策略，企业采用多角化策略的目的是通过使用开发新产品与开拓新市场相结合的手段涉足多个行业，占领多个细分市场，增加企业竞争实力，减少经营风险。其具体策略包括以下几个方面。

（1）纵向多角化。即开发与企业现有产品同属一个产品领域，但属不同生产阶段的新产品策略，例如，某汽车厂不仅生产汽车整车的主件，还生产传动器、轮胎等零部件，并提供维修服务。

（2）横向多角化。即开发与本企业现有产品同属一个产品大类，但花色、品种、规格、用途、质量等不相同的产品策略，例如，汽车厂在生产大卡车的基础上生产轻型卡车、客货两用车、小轿车等。

（3）同心多角化。即开发与企业现有产品原理相同、工艺相近、结构相似，但不属于同一个产品领域的新产品策略，例如，汽车厂生产拖拉机、柴油机等。

（4）复合多角化。即开发与现有产品的产品领域、生产工艺、销售条件等毫无联系的新产品，例如，汽车厂生产电子计算机、冰箱、服装等。

产品进入国际市场若不是偶然的行为，就需要制定长久的市场战略，并且仍然会经历进入—渗透—拓展的进程。然而在经历这些进程时绝不是一帆风顺的，整个过程将伴随着逐渐激烈的市场竞争，因为当产品市场占有率达到一定程度时，产品将面临各种各样的竞争对手的威胁，企业的任务是采取各种竞争策略保卫自己已获得的市场。如何迎接竞争对手的挑战，巩固自己的阵地，这也是下一章将要回答的问题。

4.3　国际目标市场定位

企业在国际市场中确定要进入的细分市场后，就必须决定在这些目标市场上如何进行定位，即企业产品将面向哪些顾客，计划给顾客留下什么印象，如何吸引顾客的注意力。

4.3.1 市场定位的含义

市场定位实质上就是企业在目标市场上为自己的产品确立某种形象，使之在目标顾客心目中占有一定的位置，便于顾客了解和理解公司与竞争者的差异。具体地讲，市场定位就是根据竞争者现有产品在市场上所处的位置，针对消费者或用户对该种产品或者某种特征或属性的重视程度，强有力地塑造出本企业产品与众不同的、鲜明的印象或形象，并把这种形象生动地传递给顾客，从而使该产品在市场上确定适当的位置。企业产品定位准确、形象鲜明，就容易在市场上获得成功。

消费者常被太多的产品和服务信息所包围，他们不可能每次作购买决策时都重新评估产品。为了简化购买过程，消费者把产品进行分类和定位。一个产品的定位是知觉、印象和消费者比较产品后的感觉的混合。消费者定位产品时可以有营销人员的帮助，也可以没有，但营销人员必须策划定位，这样可以使其产品在选定的目标市场中更具有优势，同时也必须设计营销组合来实现计划中的产品定位。

企业进行国际目标市场定位时必须了解竞争对手的定位观念和定位战略，调查顾客对产品的评价和要求，在深入分析本企业的竞争能力后，选择企业在目标市场上的竞争优势和定位战略，并准确传播企业的定位观念。

1. 竞争者的定位及其竞争优势分析。企业要想形成自己的竞争优势，就必须调查和分析竞争对手的定位策略，包括竞争者提供的产品、价格、包装、技术水平、新产品开发、产品成本等，从而确认其竞争潜力和竞争优势。竞争优势是在对企业比较优势加以集聚和整合，形成核心竞争力的基础上产生的。比较优势是相对于竞争对手而言所具有的优势，如知名的品牌、优良的产品品质、丰富的营销经验、独有的供货和销售渠道、优秀的员工、较低的成本、领先的产品技术、先进的管理技术、获取与分析市场竞争信息的能力等。核心竞争力是在企业现有资源和比较优势的基础上产生的，根植于企业内部组织运营中的知识、技能与经验的结合体。

企业可以通过提供比竞争者更低的价格或者更多的价值来使较高的价格显得合理。也可以把自己的市场定位为通过向目标市场提供优越的价值来使企业赢得竞争优势。具体来说，企业的竞争优势可以在以下几个方面得以体现。

（1）产品差异。企业可以从各个方面使自己的产品区别于其他产品，比如体现产品在外观设计、款式、结构等方面的形式差异，如美洲虎牌轿车虽然有时可靠性稍差，但由于其特殊、优美的款式，消费者依然愿意花高价购买。

（2）服务差异。竞争的激烈和技术的进步使实体产品上的建立和维持差异化越来越困难，于是竞争的关键点逐渐向增值服务上转移。服务差异化日益重要，主要体现在订货方便、交货及时、安全，以及安装、客户培训与咨询、维修养护等方面。例如，通用电气公司不仅仅向医院出售昂贵的 X 光设备并负责安装，还对设备的使用者进行认真的培训，并提供长期服务支持。

（3）人员差异。企业可通过雇用和训练比竞争对手好的人员来取得很强的竞争优势。例如，迪斯尼乐园的雇员精神饱满，麦当劳的人员彬彬有礼，IBM 的员工给人以专家印象等。

（4）形象差异。即使竞争的产品看起来很相似，购买者也会根据企业或品牌形象观察出不同。因此，企业可以通过建立形象使自己不同于竞争对手。要想做到有效的形象差异化，需要建立一种产品的特点和价值方案，并通过一种与众不同的途径传递这一特点，借助可以利用的一切传播手段和品牌接触（如标志、文字、媒体、气氛、事件和员工行为等），传达触动顾客内心感受的信息。例如，耐克因其卓越的形象在变幻莫测的青年市场始终保持了吸引力。

2. 了解目标顾客对产品的需求特征和评价标准。企业在调查并了解竞争者情况的基础上，还应了解顾客对其所购买产品和服务的最大偏好与愿望，明白他们对产品优劣的评判标准，从而为企业分析和确定竞争优势提供依据。

3. 分析目标市场的潜在竞争优势。所谓目标市场的潜在竞争优势，是指目标市场上所有竞争者的产品和服务中最能吸引顾客的是什么，即在目标市场上制胜的关键竞争优势是什么或保证本企业取胜的竞争优势是什么。只有当企业的竞争优势能与特定市场上制胜的竞争优势相吻合时，企业才能在市场竞争中取胜。

企业需要避免 3 种主要的市场定位错误。第 1 种是定位过低，根本没有真正为企业定好位。第 2 种是过高定位，传递给购买者的公司形象太窄。第 3 种是企业定位混乱，给购买者一个模糊混乱的企业形象。

4. 选择竞争优势与定位战略。选择竞争优势是对企业可利用的竞争优势进行分析，确定优先顺序，筛选出最具有利用价值的竞争优势。在了解和分析目标市场顾客的需要与竞争对手的竞争优势，确定和选择企业的比较竞争优势的基础上，企业就可选择定位战略进行市场定位。

企业可以在以下几个方面的基础上进行产品定位。

（1）功能属性定位。产品属性是指产品本身的一些性能特点或产品能做什么，也可以叫产品特征，如价格、质量等。例如，本田公司在广告中宣传它的 Civic 型车是价格低廉，在高级房车中 TOYOTA 的 Lexus 及 Nissan 的 Infiniti 在定位在高质量及省油，奔驰定位在豪华与尊贵，沃尔沃定位在安全，宝马定位在年轻及性能优异。

（2）利益定位。产品利益是指消费者在购买产品后会获得什么利益。国际营销人员可以通过产品利益为基础来从事产品定位，强调消费者购买此产品能为消费者解决什么问题。Aim 牌牙膏强调味道极好，因为它定位于儿童，从而在美国牙膏市场上开辟出了 10%的份额。

（3）使用者定位。这是指通过用户为基础来进行产品定位，强调哪些人适合及应该使用此产品。

（4）品牌个性定位。每个人都有不同的个性，品牌也有独特的个性，国际营销人员可以使用品牌个性为基础来从事产品定位。例如，2006 年 Infiniti 全新引进 FX45，舍弃早已僵化的 SUV 轮廓，它充满时尚曲线和跑车的性感，提供道路上尽情驰骋的速度感，并且比其他 SUV 给人更多沉稳且值得信赖的安全感。

（5）竞争者定位。这是指将自己的产品或问题拿来跟已经存在于潜在顾客群心中熟悉的相关事物互相比较，也就是针对竞争者来进行产品定位，强调竞争者的产品不够分量，自行抬高自己的身价。例如，美国的艾维斯租车（Avis）采取迂回攻击战术，将自己定位为"在租车业艾维斯只是个老二，为什么选择我们？因为我们比谁都卖力"，借此来"攻击"市场老大"赫兹"，从而成功地使企业与行业老大赫兹公司进行比较。

扩展阅读：阅读《浅谈恒大冰泉违背"定位"理论的几点表现》，谈谈你对恒大冰泉市场定位的看法。

5. 准确传播企业的定位观念。企业在作出市场定位的决策后，可以通过广告、公关等方式进行定位宣传，让公众准确理解企业的定位观念，并避免因宣传不当而使企业的市场定位与公众的理解产生偏差。企业应通过定位宣传体现企业市场定位的排他性，突出企业产品与服务的特色与个性。

4.3.2 国际市场定位策略

市场定位策略实际上是一种竞争策略，它反映了一种产品或一个企业与类似产品或同行企业之间的竞争关系。在国际市场上，企业对其产品与国际竞争者品牌产品相互比较后，必须考虑用什么样的产品来满足目标消费者或目标消费市场的需求。通常情况下，企业的原有产品在市场上已经在顾客心目中形成一定的形象，占有一定的地位，例如，可乐饮品市场的可口可乐、刮胡刀市场的吉利、汽车市场的奔驰与宝马、主题乐园的迪斯尼、笔类的万宝龙等。在这些产品的市场上，参与竞争的企业要想争得立足之地是相当困难的。因此，必须选择适当的市场定位策略，才能在激烈的市场竞争中取得一席之地。在营销实践中经常采用的市场定位策略有对抗定位、避强定位、反向定位和重新定位等。

1. 对抗定位策略。对抗定位是一种与在市场上居支配地位的竞争对手"对着干"的定位方式。即企业为占据较佳的市场位置，不惜与市场上占支配地位的实力最强或较强的竞争对手发生正面竞争，从而使自己的产品进入与对手相同的市场位置。在世界饮料市场上，作为后起之秀的百事可乐进入市场时，就采用过这种方式。"你是可乐，我也是可乐"，从而与可口可乐展开面对面的较量。该方式可能引发激烈的市场竞争，存在较大的风险性，因此企业必须做到知己知彼，力争比竞争对手做得更好。

2. 避强定位策略。也叫"拾遗补缺法"，是指企业采取迂回方式避开强有力的竞争对手的市场定位。当企业意识到自己无力与强大竞争对手相抗衡而取得绝对优势地位时，可根据自己的条件发展目标市场上没有的特色产品，开辟新的市场领域，填补市场空位。避强定位策略能使企业较快地在市场上站稳脚跟，从而在消费者或用户心目中树立形象，该方式风险小，成功率较高，为多数企业所采用。七喜公司以"非可乐"汽水进行市场定位，避开与可口可乐和百事可乐的竞争，成为定位时代的一项伟大创意，在实行"非可乐"定位后的第一年销售额猛增10%。

3. 反向定位策略。在竞争激烈的市场上，有时竞争对手的形象可能和自己差不多，也可能比自己卓越。在这种情况下，反向定位是一种比较理想的定位方式。艾维斯在过去的十几年当中年年亏损，当它彻底明白自己的老二地位的事实后，才醒悟自己必须更加卖力地工作，才有可能扭转日渐恶化的颓势。改变定位后的艾维斯营运立即向好，并逐渐地转亏为盈。

4. 重新定位策略。企业在选定了市场定位目标后，如果定位不准确或虽然开始定位得当，但市场情况发生变化时，若遇到竞争者定位与本企业接近，侵占了本企业的部分市场，或由于某种原因消费者或用户的偏好发生变化，转移到竞争者方面时，就应考虑重新定位。重新定位是以退为进的策略，目的是实施更有效的定位。

5. 对竞争对手进行再定位。为了准确地界定产品或品牌位置，有时可以给竞争对手重新定位。贝克啤酒（Beck's）在进军美国市场时曾遇到麻烦。在美国，它既不可能是第一位的进口啤酒（喜力），也不可能是第一位的德国产进口啤酒（卢云堡）。最终为卢云堡啤酒重新定位的策略解决了这个问题，"你已经尝试过了在美国最受欢迎的德国啤酒，那么现在来尝尝在德国最受欢迎的贝克啤酒吧。"现在，贝克啤酒是美国第二大欧洲啤酒。表面上看，这种方式并不是对自己产品或品牌的直接定位，但却可以间接地达到这个目的。

扩展阅读：阅读《加多宝的品牌定位》，分析加多宝如何运用市场定位而红遍全国？

4.4　国际市场进入方式

所谓国际市场的进入方式，是指企业对进入外国市场的产品、技术、技能、管理经验或其他资源进行的系统规划。进入方式的选择是企业最关键的战略决策之一，因为它将直接影响到企业进入外国市场以后的经营活动以及一定数量资源的投入，如果在开始时选择不当，就会造成损失。除此之外，从一种方式转换到另一种方式需要付出转换成本，有时候这种成本还会相当高昂。这就要求企业在选择进入方式时要进行深入的分析和准确的判断。

企业可以有多种方式进入外国市场，这些方式包括出口进入方式，包括间接出口、直接出口；契约进入方式，包括许可证、特许经营、管理合同、合同制造、交钥匙工程；投资进入方式，包括合资经营和独资经营。选择特定的进入方式反映出企业在目标市场上想获得什么利益、如何获得这种利益等战略意图。因而，对于进行国际市场营销的企业来说，了解各种进入方式的特点有利于进行正确的选择。

4.4.1　国际市场进入的障碍

面对经济全球化，企业强大的标志之一是走向国际化，但是通向国际市场的道路却困难重重。由于世界各国在经济、文化、政治和法律等方面存在巨大差异，企业必须突破原来狭隘的营销观念，针对国际市场的复杂环境制定相应的营销策略，政府部门也要积极行动，帮助本国企业开拓国际市场。目前，企业在进入国际市场时遇到的最大障碍是来自非关税壁垒的强大阻力，其次还有来自信息、人才、技术、文化等方面的一些问题。

1. 非关税壁垒障碍。所谓非关税壁垒，是指在关贸总协定的推动下，关税壁垒的作用日渐弱化时，许多国家采用关税以外的各种手段限制进口，保护本国产业。其主要措施有直接限制进口数量和金额，政府直接参与进口经营、外汇管制、规定进口商品的技术标准和卫生检疫标准等。在这个问题上，政府应该发挥它的积极作用，通过对可控因素的调节组合为企业在国际营销中营造有利的环境。

我国正处于市场经济开始发育的阶段，企业作为独立的经营主体与国际市场竞争的时间不长，这些企业无论是经济实力还是市场经验，都远不及发达国家的跨国企业集团，他们在非关税壁垒面前往往束手无策。在这种情况下，更需要政府同企业一起协调行动，才能确保企业顺利地突破非关税壁垒的阻碍，达到短期的营销目标。政府可以采取以下 3 个措施来协助企业冲破非关税壁垒。

① 发展经济，优化产业结构。一般来说，发展中国家或地区出口商品多为供给弹性小的初级产品，受非关税壁垒限制比较大。因此，政府应该鼓励和引导企业依靠技术来取得优势，超出非关税壁垒的影响范围，进入国际市场。

② 利用政治为经济做"嫁妆"，积极加入各种地区性贸易组织和贸易集团，推进双边和多边经济合作，通过谈判等外交途径向进口国施加一定的压力，为本国企业在国际市场上争取平等地位。

③ 政府还应采取统筹外贸的政策，通过协调使全体出口商统一对外，以获得整合效应和规模效应。

2. 信息障碍。企业进入国际市场面临的是一个全新的投资环境，因此在信息沟通与交流方面都会存在很多问题。国际化经营企业只有快速洞悉国际市场，充分预测市场变化，对国际市场开展针对性的专项研究，了解消费者的消费心理特点和消费行为特征，才能掌握市场发展趋势和把握潜在的机会，加快国际化经营的进程。

3. 人才障碍。国际市场环境变幻莫测，跨国经营要求企业家必须具有全球化的眼光，善于以全球的视角定位企业的未来和发展方向，精通国际竞争规则，积累或具备丰富的跨国经营管理经验。但在我国企业中，符合上述要求的管理人才数量十分有限，因此在进入一些发达国家和地区时，会面临着较大的人才压力。这也是许多发展中国家的企业在进入国际市场时所面临的普遍性问题。

4. 技术障碍。如我国企业跨国投资技术含量较低，大多集中在劳动密集型的下游行业，其产品在国际市场上的竞争能力相应也较弱。2005年我国企业500强研发投入大约占总投入的1%，而世界500强研发投入则占总投入的3%左右。此外，我国企业技术研发人员的数量和质量也明显低于国外跨国企业。一些企业生产技术含量较低的下游产品，缺乏核心技术，绝大多数的中国跨国企业在国外仅进行贴牌生产，企业不能成为技术创新的主体，产品也大多进入中低档品市场，在国际市场上缺乏技术竞争优势。

5. 文化障碍。企业在进入不同国家的市场后，势必要招聘当地的员工。不同的国家和地区由于历史、地理、自然环境等因素的不同，形成了复杂多变的社会文化。因此在跨国企业内部，不同国家的企业员工会有不同的文化、宗教信仰或行为习惯，在日常的组织运营过程中不同文化的碰撞更在所难免，在特定的情况下甚至会激化，这也成为跨国企业内部管理的一大障碍。只有采取有效的文化融合战略，促进不同背景的员工间的沟通和相互了解，使员工个人的思想、行为与组织目标有效地统一起来，才能增强跨国企业应对和适应不同文化环境的能力。

4.4.2 出口进入方式

长期以来，出口一直被作为企业进入国际市场的重要方式。从宏观角度看，由于出口有利于增加国内就业、增加国家外汇收入、提高本国企业的国际竞争力，因此出口一直受到各国政府的鼓励。同时，从企业的角度看，为了降低国内竞争所带来的风险和进行自身扩张，各国的企业也都将扩大出口作为进入国际市场的重要方式。出口模式有许多优点。首先，由于出口面临的政治风险最小，因此它常被企业作为进入国际市场的初始方式。其次，当母国的市场潜量未能准确探知时，出口方式可以起到"投石问路"的作用。第三，当企业发现目标市场具有吸引力时，可以利用出口为将来直接投资积累经验。第四，当目标市场的政治、经济状况恶化时，可以以极低的成本终止与这一市场的业务关系。出口模式也有一些缺点，例如，汇率的波动和政府贸易政策的变动会给出口企业的收益带来负面效果。除此之外，出口企业也常常会发现难以对目标市场的变动作出迅速的反应，对营销活动的控制也较差。

出口可分为间接出口和直接出口两种方式。

1. 间接出口。间接出口是指企业使用本国的中间商来从事产品的出口。通过间接出口，企业可以在不增加固定资产投资的前提下开始出口产品，开业费用低，风险小，而且不影响目前的销售利润。况且，企业可借助此方式逐步积累经验，为以后转化为直接出口奠定基础。

2. 直接出口。直接出口是指不使用本国中间商，但可以使用目标国家的中间商来从事产品的出口。在直接出口方式下，企业的一系列重要活动都是由自身完成的，这些活动包括调查目标市场，寻找买主，联系分销商，准备海关文件，安排运输与保险等。直接出口使企业部分或全部控制外国营销规划，可以从目标市场中快捷地获取更多的信息，并针对市场需求制定及修正营销计划。

4.4.3　投资进入方式

随着经济全球化及各国经济开放的发展，越来越多的企业将对外直接投资作为进入外国市场的主要模式。对外投资可分为合资经营和独资经营两种形式。

1. 合资经营。它是指与目标国家的企业联合投资，共同经营，共同分享股权及管理权，共担风险。联合投资方式可以是外国公司收购当地的部分股权，或当地公司购买外国公司在当地的股权，也可以双方共同出资建立一个新的企业，共享资源，共担风险，按比例分配利润。

合资经营的好处是投资者可以利用合作伙伴的专门技能和当地的分销网络，从而有利于开拓国际市场，同时还有利于获取当地的市场信息，以对市场变化作出迅速灵活的反应。当地政府易于接受并欢迎这种模式，因为它可以使东道国政府在保持主权的条件下发展经济。但这种模式也存在弊端，例如，双方常会就投资决策、市场营销和财务控制等问题发生争端，有碍于跨国公司执行全球统一协调战略。

2. 独资经营。这是指企业独自到目标国家去投资建厂，进行产销活动。独资经营的标准不一定是100%的公司所有权，主要是拥有完全的管理权与控制权，一般只需拥有90%左右的产权便可以。独资经营的方式可以是单纯的装配，也可以是复杂的制造活动。其组建方式可以是收买当地公司，也可以是直接建新厂。

独资经营的好处是企业可以完全控制整个管理与销售，经营利益完全归其支配；企业可以根据当地市场特点调整营销策略，创造营销优势；企业可以同当地中间商发生直接联系，争取它们的支持与合作；可降低在目标国家的产品成本，降低产品价格，增加利润。其主要缺点是投入资金多，可能遇到较大的政治与经济风险，如货币贬值、外汇管制、政府没收等。

4.4.4　契约进入方式

契约进入方式是国际化企业与目标国家的法人单位之间长期的非股权联系，前者向后者转让技术或技能。

1. 许可证进入方式。国际营销活动的深入发展使得许可证已成为一种被广泛采用的进入方式。在许可证进入方式下，企业在一定时期内向一外国法人单位（如企业）转让其工业产权，如专利、商标、产品配方、公司名称或其他有价值的无形资产的使用权，从而获得提成费用或其他补偿。许可证合同的核心是无形资产使用权的转移。许可证进入方式是一种低成本的进入方式，其最明显的好处是绕过了进口壁垒，如避过关税与配额制的困扰。当出口由于关税的上升而不再盈利时，当配额制限制出口数量时，制造商可利用许可证模式。当目标国家货币长期贬值时，制造商可由出口模式转向许可证模式。许可证模式的另一个好处是其政治风险比股权投资小。当企业由于风险过高或者资源方面的限制而不愿在目标市场直接投资时，许可证不失为一种好的替代模式。

当然，许可证模式同时也有许多不利的方面。企业不一定拥有外国客户感兴趣的技术、商标、诀窍及公司名称，因而无法采用此模式。同时，这种模式限制了企业对国际目标市场容量的充分利用；它有可能将接受许可的一方培养成强劲的竞争对手；许可方有可能失去对国际目标市场的营销规划和方案的控制，甚至还有可能因为权利、义务问题陷入纠纷。鉴于许可证进入模式存在的这些弊端，企业在签订许可证合同时应明确规定双方的权利和义务条款，以保护自身的利益。

2. 特许经营进入方式。这种方式是指企业（许可方）将商业制度及其他产权，如专利、商标、包装、产品配方、公司名称、技术诀窍和管理服务等无形资产许可给独立的企业或个人（特许方）。被特许方用特许方的无形资产投入经营，遵循特许方制定的方针和程序。作为回报，被特许方除向特许方支付初始费用以外，还定期按照销售额一定的比例支付报酬。

特许经营进入方式与许可证进入方式很相似，所不同的是，特许方要给予被特许方生产和管理方面的帮助，例如，提供设备、帮助培训、融通资金、参与一般管理等。特许进入方式的优点和许可证进入模式很相似。在这种模式下，特许方不需要太多的资源支出便可快速进入外国市场并获得可观的收益，而且它对被特许方的经营具有一定的控制权。它有权检查被特许方各方面的经营，如果被特许方未能达到协议标准和销售量或损坏其产品形象时，特许方有权终止合同。另外，这种方式的政治风险较小，且可充分发挥被特许方的积极性，因而它是广受欢迎的一种方式。特许进入方式的缺点是特许方的盈利有限；特许方很难保证被特许方按合同所约定的质量来提供产品和服务，这使得特许方很难在各个市场上保证一致的品质形象；有可能把被特许方培养成自己未来强劲的竞争对手。

3. 合同制造进入方式。合同制造进入方式是指企业向外国企业提供零部件由其组装，或向外国企业提供详细的规格标准由其仿制，由企业自身保留营销责任的一种方式。

利用合同制造进入方式，企业将生产的工作与责任转移给了合同的对方，以将精力集中在营销上，因而是一种有效的扩展国际市场的方式。但这种模式同时存在如下缺点：一是有可能把合作伙伴培养成潜在的竞争对手，二是有可能失去对产品生产过程的控制，三是有可能因为对方的延期交货导致本企业的营销活动无法按计划进行。

4. 管理合同进入方式。这种方式是指管理公司以合同形式承担另一公司的一部分或全部管理任务，以提取管理费、一部分利润或以某一特定价格购买该公司的股票作为报酬。这种模式可以保证企业在合营企业中的经营控制权。

管理合同进入方式具有许多优点，企业可以利用管理技巧而不发生现金流出来获取收入，还可以通过管理活动与目标市场国的企业和政府发生接触，为未来的营销活动提供机会。但这种方式的主要缺点是阶段性较强，即一旦合同中约定的任务完成，企业就必须离开东道国，除非又有新的管理合同签订。

5. 交钥匙承包进入方式。这种方式是指企业通过与外国企业签订合同来完成某一大型项目，然后将该项目交付给对方的方式进入外国市场。企业的责任一般包括项目的设计、建造，在交付项目之后提供服务，如管理和培训工人，为对方经营该项目作准备。交钥匙合同除了发生在企业之间，许多就是某些大型公共基础设施（如医院、公路、码头等）与外国政府签订的。

交钥匙承包进入方式最具吸引力之处在于，它所签订的合同往往是大型的长期项目，且利润颇丰。但正是由于其长期性，也就使得这类项目的不确定性因素增加，如遭遇政治风险等。对企业来说，预期外国政府的变化对项目结果的影响往往是很困难的。

模拟实训

【实训目的】
1. 培养并加强对具体产品进行市场细分的实践操作和分析能力。
2. 提高目标市场选择和定位的实践操作与分析能力。
3. 理解目标市场营销策略的确定过程。

【实训内容】

1. 学生分组

学生以 8～10 人（视教学行政班级学生总数而定）按照自愿组合原则分组。

2. 案例选择或课前安排收集案例

教师提供数个案例供各小组选择。

课前布置：各小组可根据平时关注的行业、企业自主收集和选择案例/产品，作为本小组进行实训的案例/产品。

3. 分析讨论或者校外调查

就所选案例/产品展开讨论，讨论内容包括选择和确定市场细分的变量、评估和选择细分市场、确定目标市场、进行战略选择、实施市场定位等全套实训内容。

各小组可根据实际需要进行校外调查，收集相关信息资料及模拟测试制定的相关决策。

4. 成果形成

确定目标市场营销策略，形成书面的"目标市场定位建议书"。

5. 展示成果

小组中推荐一人进行成果展示（鼓励 PPT 演示），对建议书进行分析讲解。

【实训要求】

全体学生必须分组完成实践项目。每一个学生在小组中有明确的分工，认真阅读老师提供的案例/项目材料，或者小组自己选择、提供所实践的案例/产品。要求小组进行分析讨论并对案例中的产品（或自主选择案例/产品）进行选择和确定市场细分的变量、评估和选择细分市场、确定目标市场、进行战略选择、实施市场定位等方面的分析工作。

【实训指导】

以实地调查为主，与在图书馆、互联网查找的资料相结合得出相关资料，然后集体讨论分析，最终以报告形式得出结果。

例如，设定自己是某产品的市场营销经理，针对你所经营的产品分析研究"谁是你的客户"，找准你的目标市场，实施市场定位策略（可以将学生小组模拟为销售团队）。

在市场调研与分析的基础上，确定并描绘你的客户，分析以下方面的资料。

1. 描述你的当前客户：年龄段、性别、收入、文化水平、职业、家庭大小、民族、社会阶层、生活方式等；

2. 他们来自何处？（本地、国内、国外、其他地方）

3. 他们买什么？（产品、服务、附加利益）

4. 他们每隔多长时间购买一次？（每天、每周、每月、随时、其他）

5. 他们买多少？（按数量、按金额）

6. 他们怎样买？（赊购、现金、签订合同）

7. 他们怎样了解你的企业？（网络、广告、报纸、广播、电视、口头、其他要注明）

8. 他们对你的公司、产品、服务怎么看？（客户的感受）

9. 他们想要你提供什么？（他们期待你能够或应该提供的好处是什么？）

10. 你的市场有多大？按地区、按人口、按潜在客户

11. 在各个市场上，你的市场份额是多少？

12. 你想让客户对你的公司产生怎样的感受？

根据以上资料确定这一产品的市场定位，并拟出市场定位建议书。

关键概念

国际市场细分　单一变量法　多变量法　多层次变量法　组合细分标准　国际目标市场　目标市场定位　无差异性市场营销　差异性市场营销　市场渗透策略　市场开拓策略　产品开发策略　经营多角化策略　对抗定位策略　避强定位策略　反向定位策略　重新定位策略　间接出口　直接出口　许可证进入　特许经营　交钥匙承包

综合练习

一、单项选择题

1. 关于市场细分，说法正确的是（　　　）。

A. 就是市场分类

B. 子市场中每个消费者的需求不相同

C. 细分的子市场不能超过 5 个

D. 目的是发掘市场营销机会

2. 下列细分市场最有吸引力的是（　　　）。

A. 进入壁垒高

B. 细分市场内竞争激烈

C. 不存在替代产品

D. 供应商议价能力强

3. 斯里兰卡的腰果、美国的开心果等在我国市场走红，是国际目标是选择理论中（　　　）的体现。

A. 国情相近论

B. 国家大小论

C. 产品生命周期论

D. 国情相异论

4. 集中性目标市场战略的优点是（　　　）。

A. 能满足特定消费群的需求

B. 节省成本

C. 易于标准化

D. 实现规模经济

5. 以下市场中，（　　　）应采用出口模式进行国际市场营销。

A. 垄断竞争

B. 寡头垄断

C. 自由竞争

D. 公司母国政府不鼓励出口

6. 美国可口可乐公司、百事可乐公司，进入中国市场时均选择广州开发区作为突破口，在那里取得成功后，再逐渐向其他地区延伸，最终畅销全中国市场，他们采用的是（　　　）。

A. 市场渗透策略

B. 市场开拓策略

C. 产品开发策略

D. 横向多角化

二、多项选择题

1. 以下属于国际市场细分的原则的有（　　　）。

A. 可测量性

B. 需求足量性

C. 可进入性

D. 易反应性

E. 全面性

2. 文化因素对国际营销决策有着重要的影响，主要包括（　　　）。

A. 语言

B. 教育

C. 宗教

D. 种族

E. 社会组织

3. 行为细分因素是以（　　　　）。

A. 购买商品的时机　　　　　　　　　　B. 使用者状况和使用频率

C. 品牌的忠诚程度　　　　　　　　　　D. 对品牌的忠诚度

E. 对各种营销因素的敏感程度

4. 企业（许可方）将商业制度及其他产权诸如专利、商标、包装、产品配方、公司名称、技术诀窍和管理服务等无形资产许可给独立的企业或个人。这种方式属于（　　　　）。

A. 许可证进入　　　　B. 特许经营进入　　　　C. 合同制造进入

D. 管理合同进入　　　　E. 交钥匙进入

三、简答题

1. 在进入国际市场之前，为什么需要进行国际市场细分？

2. 国际市场细分的原则与步骤是什么？

3. 国际市场宏观细分与国际市场微观细分有什么区别？

4. 国际消费品市场与工业品市场细分的标准分别有哪些？

5. 进行国际目标市场定位时应考虑哪些影响因素？

6. 企业如何进行国际目标市场的定位，定位策略有哪些？

7. 国际市场的进入方式有哪些？

8. 什么叫契约进入方式，具体有哪些操作方法？

四、论述题

1. 试述国际目标市场的选择与拓展策略。

2. 目前我国企业在进入国际市场时面临哪些常见的问题？试分析我们应如何应对。

五、案例分析

欧莱雅集团进军中国市场

法国欧莱雅集团于 1907 年由化学家欧仁·舒莱尔创立，目前是世界上最大的化妆品公司之一，也是《财富》全球 500 强之一。2005 年欧莱雅全球销售达 145 亿欧元，并连续 21 年实现收益两位数增长。

1996 年底，欧莱雅正式进军中国市场。此后，欧莱雅通过大型百货商店、超市、药房、高档专业发廊与免税店等各种销售渠道和先进的营销方式，将旗下的巴黎欧莱雅、美宝莲、卡尼尔、兰蔻、赫莲娜、碧欧泉、植村秀、欧莱雅专业美发、巴黎卡诗、美奇丝、薇姿和理肤泉 12 个国际知名品牌引入中国。巴黎欧莱雅以其与众不同的优雅品牌形象，加上全球著名演员和模特的热情演绎，向公众充分展示了"巴黎欧莱雅，你值得拥有"的理念。目前其业务范围遍布北京、上海、广州、成都等 500 多个城市。2003 年底和 2004 年初，欧莱雅集团收购了中国市场上知名的化妆品品牌小护士和羽西。至此，欧莱雅集团在中国的品牌总数达 14 个。

虽然进入中国的时间并不长，但是欧莱雅在中国的发展速度却可以用突飞猛进来形容。如今，欧莱雅中国公司已发展成中国市场上第三大美容护理产品生产商，在中国市场年销售额涨幅已经连续 3 年位居欧莱雅全球市场之首。欧莱雅公司在中国市场成功的关键取决于其独特的市场细分和定位策略。

首先，公司从产品的使用对象进行市场细分，主要分为普通消费者用化妆品和专业使用的化妆品，其中，专业使用的化妆品主要是指美容院等专业经营场所所使用的产品。

86

其次，公司将化妆产品的品种进行细分，如彩妆、护肤、染发护发等，同时对每一个品种按照化妆部位、颜色等再进一步细分，如按照人体部位不同，将彩妆分为口红、眼膏、睫毛膏等。再就口红而言，进一步按照颜色将其细分为粉红、大红、无色等，此外，还按照口红的性质差异将其分为保湿型、明亮型、滋润型等。如此步步细分，光旗下的美宝莲口红就达到150多种，而且基本保持每1~2个月就向市场推出新的款式，从而将化妆品的品种细分几乎推向极限地步。

最后，按照中国地域广阔的特征，鉴于不同地区气候、习俗、文化等的不同，人们对化妆品的偏好具有明显的差异。如中国南方由于气温高，人们一般比较少化妆或者喜欢淡的妆容，因此较倾向于淡妆；而北方由于气候干燥以及文化习俗的缘故，一般比较喜欢浓妆。同样东、西地区由于经济、观念、气候等的缘故，人们对化妆品也有不同的要求。欧莱雅集团敏锐地意识到了这一点，按照地区推出了不同的主打产品。

总之，通过对中国化妆品市场的环境分析，欧莱雅公司采取多品牌战略对所有细分市场进行全面覆盖策略，其在中国的品牌框架包括了高端、中端和低端3个部分。

高端产品由12个品牌构成，如第一品牌的赫莲娜，无论从产品品质还是价位，它都是这12个品牌中最高的，面对的消费群体的年龄也相应偏高，并具有很强的消费能力；第二品牌是兰蔻，它是全球最著名的高端化妆品牌之一，消费者年龄比赫莲娜低一些，也具有相当的消费能力；第三品牌是碧欧泉，它面对的是具有一定消费能力的年轻、时尚消费者，欧莱雅公司希望将其塑造成大众消费者进入高端化妆品的敲门砖，因此价格也比赫莲娜和兰蔻低一些。它们主要在高档的百货商场销售，兰蔻目前在中国高端化妆品市场占有率为第一，碧欧泉则是第四。而赫莲娜2000年10月才进入中国，目前在全国最高档百货商店中只有6个销售点，并且柜台是最少的。

中端产品包含品牌有两大块，一块是美发产品，有卡诗和欧莱雅专业美发，其中卡诗在染发领域属于高档品牌，比欧莱雅专业美发高一些，它们的销售渠道都是发廊及专业美发店；还有一块是活性健康化妆品，有薇姿和理肤泉两个品牌，它们通过药房经销。欧莱雅率先把这种药房销售化妆品的理念引入了中国。

低端产品是指大众类产品，中国市场不同于欧美及日本市场，主要在于前者空间很大而且非常多元化，消费梯度很多。在中国大众市场中，欧莱雅公司目前共推行5个品牌，其中，巴黎欧莱雅是属于最高端的，有护肤、彩妆、染发等产品，在全国500多个百货商场设有专柜，还在家乐福、沃尔玛等高档超市有售。欧莱雅的高档染发已是目前中国染发品的第一品牌。第二品牌是羽西，它秉承"专为亚洲人的皮肤设计"的理念，是一个主流品牌，在全国240多个城市的800家百货商场有售。第三品牌是美宝莲，它是来自美国的大众彩妆品牌，在全球很多国家彩妆领域排名第一，在中国也毫不例外，目前已经进入了600个城市，有1.2万个柜台。第四品牌是卡尼尔，目前在中国主要是引进了染发产品，它相比欧莱雅更大众化一些，在中国5 000多个销售点有售。第五品牌是小护士，它面对的是追求自然美的年轻消费者，市场认知度达到90%以上，目前在全国有28万个销售点。

由于欧莱雅公司对中国市场分析到位、定位明确，因此，从2002年开始，欧莱雅在中国的销售额以每年50%的速度增长，2004年在中国的销售额近30亿元人民币，同比增长了99%。兰蔻在高档化妆品市场、薇姿在通过药房销售的活性化妆品市场、美宝莲在彩妆市场、欧莱雅染发在染发的高端市场已经占据了第一位。

问题：

（1）欧莱雅公司在进入中国市场后，采用了怎样的市场细分策略，有什么值得借鉴之处？

（2）欧莱雅公司的目标市场的定位策略是否全面，你认为还需要关注哪些问题？

第 5 章

国际市场营销战略

学习目标

【知识目标】

- 掌握行业竞争结构分析方法与竞争对手的分析方法
- 掌握市场领导者、市场挑战者、市场追随者和市场补缺者 4 种战略的含义以及相应的策略方法
- 了解不同行业生命周期企业的竞争战略，以及进入封闭国际市场的营销战略
- 掌握国际战略联盟的含义和主要形式
- 理解营销战略管理过程、国际战略联盟的管理和控制

【能力目标】

- 能够运用所学的原理和方法对企业所处的市场竞争地位进行分析
- 能正确理解经济生活中各种企业组成战略联盟的现象

案例导入

青岛啤酒改变国际营销战略

青岛啤酒是中国最古老、享誉最高的啤酒品牌之一，拥有国内 13%的市场份额。其总部设于山东青岛。1972 年尼克松访华，融化了中美冷战关系的坚冰。此后不久，青岛啤酒便进入了美国市场，首先在其对品牌有很高认知度的中国餐馆建立"滩头据点"。自 1979 年邓小平访问美国之后，白宫一直用青岛啤酒款待每一位到访美国的中国国家领导人。然而，35 年过去了，尽管

竭尽努力，青岛啤酒仍然只获得 0.04% 的美国市场份额，依然局限在中餐馆和食杂店出售。在美国的进口啤酒品牌中，青岛啤酒排在第 39 位。"与中国不同的是，美国是一个饱和的市场。因此，竞争也更激烈。"青岛啤酒负责出口业务的总经理汪志国如是说。

与其他众多中国公司一样，青岛啤酒也志存高远，希望成为行业的世界巨头。尽管青岛啤酒的销售收入名列世界酿酒 10 强，但公司领导认为，如果在美国市场不能获得成功，就不能算是一个全球公司。和其他许多在美国碰运气的中国公司一样，青岛啤酒也发现它在美国处于一个机会市场的地位。

内基梅隆大学市场营销教授孙宝红（Sun Baohong）把青岛啤酒的全球战略作为案例进行了研究，他指出，中国公司的问题是擅长生产低成本的出口产品，满足于让跨国公司，如耐克（Nike）、摩托罗拉（Motorola）和戴尔（Dell）等贴上牌子销售。现今，在政府的鼓励下，中国公司开始拓展国外市场，却发现由于缺乏打造品牌的经验，因此处于非常被动的地位。"青岛啤酒只是一个出口商，而非品牌塑造者"，她说，"如果你自己不树立一个牌子，那么美国的消费者就会给你一个牌子，叫做 'Made in China'（中国制造），而大多数 '中国制造' 产品都是低质量的代名词。"

2 年前，青岛啤酒与美国的独家经销商 Crown 公司一起认真审视了在美国的战略，并决定进行改革，于是掀起了一场"走出 '唐人街'，步入商业中心"的活动。"我们集中在所有中餐馆经营，只要有酒类经营执照的中餐馆，99% 有青岛啤酒。"Crown 公司进出口部的执行副总裁 James Ryan 说，"但我们的挑战是要消费者在中餐馆以外的市场如何选择我们的品牌？"2006 年，青岛啤酒推出了一款名为 Tsingtao Pure Draft 的乙类更清淡型品味啤酒，专门针对 21～34 岁年龄啤酒爱好一族，尤其是女性消费者。

由于在美国的中餐馆数量减少，CROWN 公司和青岛啤酒更需要去发现新的市场，因此，他们打入了为高端、面向富裕客户提供服务的越南、韩国、泰国以及其他亚洲国家餐馆。Crown 公司还与 Safeway、Kroger 以及 Costco 等白酒经营店及超市连锁店接洽，希望他们能在华人集中的城市供销青岛啤酒。Crown 公司签定了主办 "Yan Can Cook 烹调秀" 协议，以推广青岛啤酒。2008 年中国春节期间，青岛啤酒提供了附有礼券的甄氏菜谱秘籍宣传册，只要抽奖获胜，便有机会获得 10 天免费中国之行，包括在世界顶级名厨甄文达（Martin Yan）先生在深圳的烹艺中心参观一天。

然而，CROWN 公司却不能运用 2008 年北京奥运会之际的大好市场营销机会在美国促销青岛啤酒，因为北京奥运会有三家官方啤酒赞助商，一是青岛，二是 Anheuser-Busch 公司，三是燕京啤酒公司。根据与国际奥委会签订的协议规定，只有美国的啤酒公司才能使用奥林匹克运动会的名义在美国进行市场营销活动。"我们虽然是好朋友，但好朋友是无论如何也不能共用拥有一个女朋友的，"青岛啤酒北美营业处的负责人马宁（Ma Ning）说，"奥运会赞助商的权利对 Anheuser-Busch 公司来讲，就如同一个女朋友一样。"

虽然 Anheuser-Busch 公司在青岛啤酒拥有 27% 的股份，但对中国啤酒进入美国市场却未能提供多大的帮助。Anheuser-Busch 公司还拥有哈尔滨啤酒公司 100% 的股份。自 2007 年 1 月以来，Anheuser-Busch 公司允许哈尔滨啤酒公司通过其在美国的最大经销渠道在美国销售其进口啤酒。哈尔滨啤酒公司首先进入美国的中国超市，然后开始进入韩国超市。

许多中国公司缺乏能够说外语并很好了解国外市场的高级管理人才，不过他们的学习能力很强，能很快适应环境。2006 年 8 月，青岛啤酒签订了一项协议，即通过 Grupo Modelo 公司在墨西哥销售青岛啤酒。在墨西哥，青岛啤酒跳过华人社区，首先直接面向主流啤酒市场。"建立高端的品牌形象极其重要，这是非常重要的开端。这就是为什么我们在墨西哥首先从商业中心打开我们的市场，销售我们的产品的原因。"青岛啤酒的马先生说。

思考：青岛啤酒集团通过改变战略，在国际市场竞争中赢得优势。在变化的国际市场环境中，企业要想竞争取胜，必须正对国际市场环境的变化，选择适宜的营销战略。企业从国内市场拓展到国际市场，必然面临着新的国际营销环境，特别是国际竞争环境。当今国际营销竞争环境的发展格局如何，国际竞争同以往的竞争比较具有何种特点，进入国际市场的企业如何分析国际竞争环境，并针对国际竞争的特点采取相应的营销战略，当代经济全球化的发展又如何推动国际市场竞争战略—国际战略联盟的产生，国际战略联盟应如何进行管理和控制，这些都是本章需要研究的问题。

5.1　国际市场竞争环境分析

随着我国走出去战略的实施，越来越多的企业开始开始参与国际市场竞争，但由于市场准入、国内外市场环境的变化，国际营销企业要想走得好、走得稳就必须认真分析国际市场的竞争环境，才能形成对企业有利的竞争力。

5.1.1　行业竞争结构分析

企业在市场上的竞争地位以及企业可能采取的竞争战略，往往要受到企业所在行业竞争结构的影响。美国著名管理学家迈克尔·波特提出，行业内部的竞争状态取决于 5 种基本竞争作用力，即新进入者、行业内竞争对手、供应商、顾客、替代品的威胁（见图 5.1）。这些作用力汇集起来决定着行业的竞争激烈程度，从而决定着行业中最终的获利潜力以及资本向本行业的流向程度，这一切最终决定着企业保持高收益的能力。

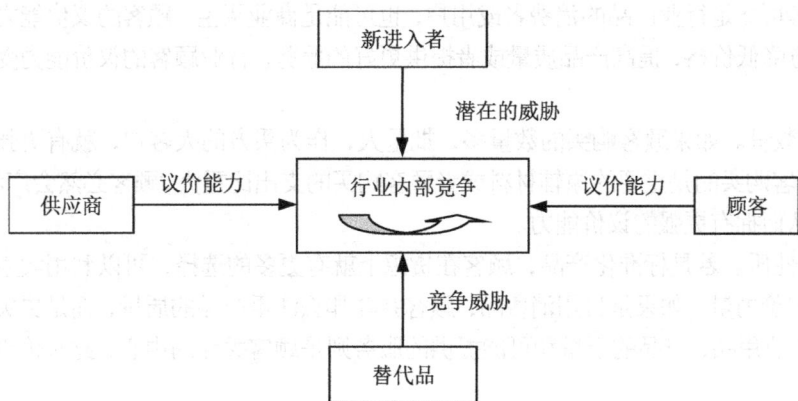

图 5.1　驱动行业竞争的 5 种力量

（一）分析新进入者的威胁

任何新企业的进入都会形成对原有企业的威胁，其威胁的大小取决于进入行业的壁垒高低及行业内部现有企业的反应程度。进入行业的壁垒越高，现有企业的反应越激烈，潜在竞争对手就越不易进入或不想进入，从而对行业构成的威胁也就越小。进入行业的壁垒主要有 5 个方面。

1. 规模经济。规模经济的存在阻碍了新企业的进入，因为新进入者的生产规模很难一下子达到大经济规模的要求，同时新进入者还承担遭受原有企业强烈抵制的风险，因而进入新行业遇到很大的阻力。

2. 资本需求。竞争需要的大量投资构成了一种进入壁垒，尤其是高风险或不能回收的前期投入，更是一般企业难以进入的。

3. 产品的差异化。产品差异形成了进入壁垒，它迫使进入者耗费大量资金来消除原有公司的顾客忠诚的优势，因而造成新进入者冒着进入失败或血本无归的风险。

4. 转换成本。这是指买方由从原供应商处采购产品转换到另一供应商所遇到的一次成本或转换成本。转换成本可以包括雇员重新培训成本、新的辅助设备成本、检测考核新资源所需的时间和成本，还包括要求供应方提供技术援助及产品重新设计耗费的成本等。如果这些转换成本很高，对新进入者将形成一种进入壁垒。

5. 分销渠道的获得与控制。新进入者需要确保其产品的分销，这一要求也构成了进入壁垒。一般来说，理想的分销渠道已被原有公司所占有，新进入者要想获得分销渠道，就必须采取压价、协同分担广告费用等办法，促使中间商接受其产品，其结果必然降低利润。同时，由于原有公司通过各种方式控制了分销渠道，某些公司甚至独占了分销渠道，从而造成新进入者进入的高度壁垒。

（二）分析行业内部的竞争激烈程度

导致行业内部竞争加剧的原因可能有以下4方面。

1. 行业的增长缓慢，对市场份额的竞争激烈。

2. 竞争者数量较多，竞争力量大致相当。

3. 竞争对手提供的产品或服务大致相同，或者体现不出明显差异。

4. 某些企业为了规模经济利益，扩大生产规模，市场竞争均势被打破，产品大量过剩，企业开始诉诸于削价竞销。

（三）分析顾客议价能力

行业顾客可能是行业产品的消费者或用户，也可能是商业买主。顾客的议价能力主要表现在能否促使卖方降低价格，提高产品质量或者提供更好的服务。行业顾客的议价能力受到下述因素的影响。

1. 购买数量。如果顾客购买的数量多，批量大，作为买方的大客户，就有更强的讨价还价能力。如果顾客购买的是重要的原辅材料或者顾客购买的支出比重大，顾客必然会广泛寻找货源，货比三家，从而拥有更强的议价能力。

2. 产品性质。若是标准化产品，顾客在货源上就有更多的选择，可以利用卖主之间的竞争加强自己的议价力量。如果是日用消费品，顾客并非那么注重产品的质量，而是更关心产品的售价。如果是工业用品，产品的质量和可能提供的服务则是顾客关注的中心，此时价格就显得不那么重要了。

3. 顾客的特点。消费品的购买者人数多而且分散，每次购买的数量少；工业品购买者人数少且分布集中，购买数量多；经销商不仅大批量长期进货，还可直接影响消费者的购买决策。因此经销商或工业品购买者相对消费品购买者而言具有更强的议价力量。

4. 市场信息。如果顾客了解市场供求状况和产品价格变动趋势，并掌握卖方生产成本或营销成本等有关信息，就会有很强的讨价还价能力，就有可能争取到更优惠的价格。

（四）分析供货商的议价能力

供货商的议价能力表现在供货商能否有效地促使买方接受更高价格、更早的付款时间或更可靠的付款方式。供货商的议价能力受到下述因素的影响。

1. 对货源的控制程度。若货源由少数几家厂商控制或垄断，这些厂商就处在有利的竞争地位，就有能力在产品价格、付款时间或方式等方面对购货厂家施加压力，索取高价。

2. 产品的特点。若供货商的产品具有特色，或购买厂家转换货源供应需要付出很大的代价或很长的适应时间，则供货商就处于有利的竞争地位，就有能力在产品上议价。

3. 用户的特征。若购货厂家是供货厂商的重要客户，供货厂商就会采取各种积极措施来搞好与用户的关系。比如，合理的定价水平、优惠的付款条件、积极的产品开发活动或各种形式的产品服务，争取稳定的客户关系或长期的供货关系。

（五）分析替代品的威胁

替代品是指具有相同功能或者能满足同样需求从而可以相互替代的产品，比如，石油与煤炭，铜与铝，咖啡与茶叶，天然原料和合成原料等互为替代品。

当行业中的产品存在替代品时，替代品便对产品生产企业形成了威胁。替代产品的价格如果比较低，它投入市场后就会使本行业产品的价格上限只能处在较低的水平，这就限制了本行业的收益。

5.1.2　竞争对手的分析

企业欲生存发展，采取有效的竞争战略，就必须了解企业所在的行业和市场以及参与竞争的对手，以提高每一步决策成功的把握。因此，竞争对手的分析成为企业制定竞争战略中必不可少的组成部分。对竞争对手的分析可按以下 6 个步骤进行，如图 5.2 所示。

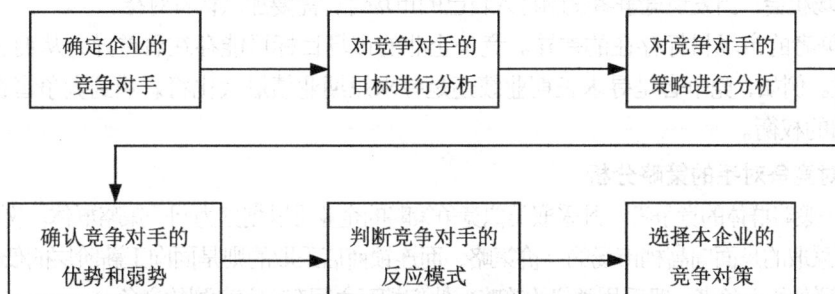

图 5.2　竞争对手的分析步骤

（一）确定企业的竞争对手

一般来说，把产品和市场两个角度结合在一起分析是比较客观的，既考虑与本企业所提供的产品（或服务）的相似性和替代性，更要考虑与本企业所要满足的消费者的一致性。如果这两方面的程度都很高，便可以认定该企业为本企业的主要竞争对手。

1. 从本行业角度来发现竞争者。由于竞争者首先存在于本行业之中，因此企业先要从本行业出发来发现竞争者。提供同一类产品或服务的企业或者提供可相互替代产品的企业共同构成一个行业，如家电行业、食品行业、运输行业等。由于同行业企业产品的相似性和可替代性，彼此之间形成了竞争的关系。在同行业内部如果一种商品的价格变化，就会引起相关商品需求量的变化，例如，如果滚筒式洗衣机的价格上涨，就可能使消费者转向购买其竞争产品——波轮式洗衣机，这样波轮式洗衣机的需求量就可能增加；反之，如果滚筒式洗衣机的价格下降，消费者就会转向购买滚筒式洗衣机，从而使得波轮式洗衣机的需求量减少。

2. 从市场消费需求角度来发现竞争者。凡是满足相同的市场需要或者服务于同一目标市场的企业，无论其是否属于同一行业，都可能是企业潜在的竞争者。例如，从行业来看，电影可能是以同属于影视业的电视为主要的竞争对手。但是从市场的观点来看，特别是从满足消费者的需要来看，消费者感兴趣的是满足其欣赏影视作品的需要。因此，能够直接播放 VCD、DVD 的电子计算机构成了对电影业的竞争威胁。从满足消费者需求的角度来发现竞争者，可以从更广泛的角度认识现实竞争者和潜在竞争者，有助于企业在更宽的领域中制定相应的竞争战略。

3. 从市场细分角度来发现竞争者。为了更好地发现竞争者，企业可以同时从行业和市场这两个方面结合产品细分和市场细分来进行分析。假设市场上同时销售 5 个品牌的某产品，而且整个市场可以分为 10 个细分市场。如果某品牌打算进入其他细分市场，就需要估计各个细分市场的容量、现有竞争者的市场占有率，以及各个竞争者当前的实力和其在各个细分市场的营销目标与战略。从细分市场出发发现竞争者，可以更具体、明确地制定相应的竞争战略。

（二）对竞争对手的目标分析

对竞争对手的目标进行分析可以了解竞争对手对未来营销环境发展变化的判断和对策，以及可能发生的战略调整。具体要注意以下几个方面的问题。

1. 不同竞争者目标组合的侧重点不同。企业必须了解每个竞争者的目标重点，才能对其竞争行为的反应作出正确的估计。例如，一个以"技术领先"为主要目标的竞争者将对其他企业在研究与开发方面的进展作出强烈的反应，而对价格方面的变化相对不那么敏感。

2. 竞争者的市场目标及其行为变化。通过密切观察和分析竞争者的目标及其行为变化，可以为企业的竞争决策提供方向。例如，当发现竞争者开辟了一个新的细分市场时，也就意味着可以产生一个新的市场机会；当发现竞争者试图打入自己的市场时，需要加以认真对待。

3. 竞争者的市场目标存在的差异。竞争企业的市场目标可能存在着差异，从而影响到企业的经营模式。例如，竞争者是寻求长期业绩还是寻求短期业绩最大化将影响到竞争者在利润与收入增长之间的权衡。

（三）对竞争对手的策略分析

1. 同一策略群体的竞争者。凡采取类似竞争策略的企业可以划分为同一策略群体。例如，某些豪华百货公司采取的是面向高档市场的高价策略，而连锁商店采取的则是面向工薪阶层的低价策略。属于同一策略群体的竞争者一般采用类似的策略，他们相互之间存在着激烈的竞争。

2. 不同策略群体的竞争者。凡采取不同竞争策略的企业可以划分为不同的策略群体。在不同的策略群体之间也存在着竞争，企业具有相同的目标市场使企业之间存在着争夺市场的竞争，策略差异的不明确性使顾客混淆了企业之间的差别，企业策略的多元性使不同策略群体企业的策略发生了交叉，企业可能改变或扩展自己的策略，从而加入另一策略群体的行列。

（四）确认竞争对手的优势和弱势

企业通过分析竞争者的优势与劣势，可以避其锋芒、攻其弱点、出其不意，利用竞争者的劣势来争取市场竞争的优势，从而来实现企业营销目标。

竞争者优/劣势分析的内容包括以下几个方面。

1. 产品。竞争企业产品在市场上的地位，产品的适销性以及产品系列的宽度与深度。

2. 销售渠道。竞争企业销售渠道的广度与深度，销售渠道的效率与实力，销售渠道的服务能力。

3. 市场营销。竞争企业市场营销组合的水平，市场调研与新产品开发的能力，销售队伍的培训与技能。

4. 生产与经营。竞争企业的生产规模与生产成本水平，设施和设备的技术先进性与灵活性，专利与专有技术，生产能力的扩展，质量控制与成本控制，区位优势，员工状况，原材料的来源与成本，纵向整合程度。

5. 研发能力。竞争企业内部在产品、工艺、基础研究、仿制等方面所具有的研究与开发能力，研究和开发人员的创造性、可靠性、简化能力等方面的素质与技能。

6. 资金实力。竞争企业的资金结构、筹资能力、现金流量、资信度、财务比率、财务管理能力。

7. 组织。竞争企业组织成员价值观的一致性与目标的明确性，组织结构与企业策略的一致性，组织结构与信息传递的有效性，组织对环境因素变化的适应性与反应程度，组织成员的素质。

8. 管理能力。竞争企业管理者的领导素质与激励能力、协调能力，管理者的专业知识，管理决策的灵活性、适应性、前瞻性。

（五）判断竞争对手的反应模式

了解竞争对手的目标、战略和强弱，都是为了解释其可能的竞争行动，及其对公司的产品营销、市场定位及兼并收购等战略的反应，也就是确定竞争对手的反应模式。此外，竞争对手特殊的经营哲学、内部文化和指导理念也会影响其反应模式。

1. 迟钝型竞争者。某些竞争企业对市场竞争措施的反应不强烈，行动迟缓。这可能是因为竞争者受到自身在资金、规模、技术等方面的能力的限制，无法作出快速而适当的反应；也可能是因为竞争者对自己的竞争力过于自信，不屑于采取反应行为；还可能是因为竞争者对市场竞争措施重视不够，未能及时捕捉到市场竞争变化的信息。

2. 选择型竞争者。某些竞争企业对不同的市场竞争措施的反应是有区别的。例如，大多数竞争企业对降价这样的价格竞争措施总是反应敏锐，倾向于作出强烈的反应，力求在第一时间采取报复措施进行反击，而对改善服务、增加广告、改进产品、强化促销等非价格竞争措施则不大在意，认为不构成对自己的直接威胁。

3. 强烈反应型竞争者。许多竞争企业对市场竞争因素的变化十分敏感，一旦受到来自竞争者的挑战，就会迅速地作出强烈的市场反应，进行激烈的报复和反击。这种报复措施往往是全面的、致命的甚至是不计后果的，不达目的决不罢休。这些强烈反应型的竞争者通常都是市场上的领先者，具有某些竞争优势。一般企业轻易不敢或不愿挑战其在市场上的权威，尽量避免与其进行直接的正面交锋。

4. 不规则型竞争者。这类竞争企业对市场竞争所作出的反应通常是随机的，往往不按规则出牌，使人感到不可捉摸。例如，不规则型竞争者在某些时候可能会对市场竞争的变化作出反应，也可能不作出反应；他们既可能迅速作出反应，也可能反应迟缓。

（六）选择本企业的竞争对策

经过上述对主要竞争对手进行分析后，就要决定自己的对策。企业可根据以下几种情况做出决定。

1. 竞争对手的强弱。多数企业认为应以较弱的竞争者为进攻目标，因为这样可以节省时间和资源，但获利较少。反之，有些企业认为应以较强的竞争者为进攻目标，因为这样可以提高自己的竞争能力并且获利较大，况且强者总会有弱点。

2. 竞争对手与本企业相似程度的大小。多数企业主张与相似的竞争者展开竞争，但同时又认为应避免摧毁相似的竞争者，因为那样做很可能对自己不利。例如，美国博士伦眼镜公司在20世纪70年代末与其他生产隐形眼镜的公司竞争，大获全胜，导致竞争者完全失败而相继将企业卖给了竞争力更强的大公司，结果使博士伦公司面对更强大的竞争者。

3. 竞争者的表现是良好还是具有破坏性。有时竞争者的存在对企业是必要的和有益的，具有战略意义。竞争者可能有助于增加市场总需求；可分担市场开发和产品开发的成本，并有助于使新技术合法化；竞争者为吸引较小的细分市场而提供产品，可导致产品差异性增加；竞争者还可使企业降低触犯反托拉斯法的风险，并可以提高企业同政府管理者或劳工谈判的力量。

但是，并不是所有竞争者都能看成是有益的，因为每个行业中的竞争者通常都有良好和破坏性两种类型。表现良好的竞争者按行业规则活动，按合理的成本定价，有利于行业的稳定和健康发展；他们能激励其他企业降低成本，增加产品差异性；他们接受合理的市场占有率与利润水平。而具有破坏性的竞争者不遵守行业规则，常常不顾一切地冒险投资于能耗过高的产业，或用不正当手段扩大市场占有率等，打乱了行业的均衡。

5.2 国际市场营销竞争战略的选择

在国际市场上，企业可根据自己在市场竞争中所处的地位采取不同的市场竞争战略。一般来说，可供企业选择的有市场领导者、市场挑战者、市场追随者、市场补缺者4种战略。另外，企业所处的行业生命周期不同，选择的竞争战略也应该不同。

5.2.1 市场领导者战略

市场领导者（Market Leader）是指在一定的目标市场上，在众多企业中，其主产品或服务的市场占有率最高，在技术、成本、营销渠道以及营销能力方面处于较大优势的企业。全球市场上，像通用汽车公司（汽车）、美国钢铁公司（钢铁）、IBM公司（计算机）、柯达公司（胶片）、施乐公司（复印机）、沃尔玛（零售业）等都是所在行业的领导者，它们经过多年的与同行业竞争才取得目前的地位，有人认为这些公司的规模和竞争能力本身就是人类文明的一种成果，是社会发展的结晶。

1. 市场领导者的特征。

（1）企业规模大，市场占有率高，其产量、产值以及销售额在市场占有较高的比重。例如，IBM公司最高曾占有超过80%的大型计算机市场。

（2）国际市场领导者普遍是一家跨国公司，其业务几乎遍及全球的每一个角落，许多产品在别国市场占据垄断地位。例如，可口可乐公司不但在美国牢固控制其软饮料市场，而且在中东、欧洲等地区市场也占有绝对优势。

（3）国际市场领导者的市场营销观念往往领先于同行业。他们不仅满足本国消费者的需求，而且凭借其雄厚的实力和灵活的营销组合，分析适合各国、各地区的消费者的特性，从而制定不同的营销决策。例如，同样的麦当劳快餐，其业务遍布全球，它不仅制作出适合美国人口味的汉堡包，而且有中国口味、日本口味的汉堡包。而可口可乐、派克笔这样一些商品无论在何地市场都畅销无阻，因为类似于可口可乐之类的产品就如同好莱坞制作片一样已成为美国文化的代表。

国际市场领导者不仅着重于眼前的消费需求，而且首先引入了"创造新需求"的市场营销观念。日本的几大家电生产厂家不仅将收录机、电视机送到世界各地的消费者手中，而且创造了摄像机等产品进入各地市场，改变了人们被动接受电视节目的局面，使人们享受到集摄、录、放像一体化带来的家电享受，创造了高收入家庭的新需求。

（4）国际市场领导者不仅以现有产品和服务来赢得市场优势，更着眼于保持这种优势。美国波音公司着重于更大型、更安全、更舒适的飞机研制生产工作，继 747 型喷气客机以后，针对 20 世纪 70 年代末石油危机引发的问题，投入 30 亿研究资金开发了世界航空史上经济、省油、易驾驶的波音 757 和 767，甚至于在 1995 年对 777 型超大型飞机进行试飞，因而在新产品的研制上有绝对的主动权。

（5）国际市场领导者地位的获得不仅取决于其产品因素，营销手段的创新、管理手段的改进、市场组织方法的改革都曾使他们受益匪浅。IBM 的专业人员销售和租赁制度，普罗克特·甘布尔公司的质量管理，而西尔斯公司则对邮寄、连锁经营进行精密组织，将细小的市场也控制在手中，这无疑都是市场组织方法上的一种革命。

（6）国际市场领导者往往通过争夺专利技术、专有配方等来控制市场。例如，IBM 公司的个人电脑，松下、索尼公司与欧洲的飞利浦公司为高清晰度电视的标准而进行激烈的竞争。

2. 市场领导者的主要战略。市场领导者的地位是令人羡慕的，它是市场竞争的导向者，也是其他企业挑战、效法、躲避的对象。在激烈的市场竞争过程中，市场领导者为了保持其在市场中的优势，决定了它必须时刻关注市场，并采取相应的行动。因而它不但是防御者，更重要的是它经常以进攻者的身份出现，消极地防守只会给市场领导者带来灾难。资料表明，传统行业、以制造业为主的钢铁和汽车工业、化学工业，市场领导者的地位变更速度缓慢，而像计算机、生物工程等高科技行业的市场领导者易主更易。市场领导者为了维护自己的优势，保持自己的领先地位，通常可采取的战略有以下几个。

（1）扩大市场需求总量。因有市场领导者企业以其强大势力在市场上占有巨大的份额，所以整个市场的扩大通常使它获得最大的利益。扩大市场需求量主要从 3 个方面入手。

① 寻找新的使用者。每种产品都有吸引顾客的潜力，由于某些顾客或者不知道这种产品，或因其价格不当，或无法提供某种性能、型号等原因而没有购买该产品。企业可以针对这些不同的情况采取措施，如加大宣传，或者调整价格，或者完善性能或提供更多系列化产品，解决潜在的购买问题，将其转化为新的实际购买者。企业可以从 3 种群体中寻找新的使用者，如香水企业可以说服那些不使用香水的女性也使用香水（市场渗透策略），说服男人开始使用香水（新市场策略），或销售香水至其他国家（地理扩张策略）。

② 开发新用途，即发现并推广现有产品的新用途。杜邦公司就是通过不断开发尼龙的新用途而实现市场扩张的，尼龙首先用于制作降落伞的合成纤维，接着作为制作女袜的主要原料，后来又作为制作服装的原料，再后来又成为汽车轮胎、沙发椅套、地毯的原料。这一切都归功于杜邦公司为发现产品新用途而不断进行研究与开发。事实上在更多情况下，不是企业发现产品的新用途，而是使用者自己将产品移做他用。比如，凡士林当初只不过用做机器润滑剂，然而数年内使用者便发现此产品的多种用途，包括用做护肤软膏、药膏和发蜡等。所以说企业的主要任务是借助定期调查与询问，及时了解到用户对本企业产品的使用方法有哪些，企业可从中得到许多启示。有关的研究证实，大部分产品新用途开发的构思来自使用者，而非来自企业的研究开发实验室。

③ 增加使用量，即说服人们在更多的使用场合使用较多的产品。法国米其林轮胎公司在刺激高使用率方面就非常具有创造性。该公司过去一直都在设法鼓励汽车拥有者每年驾驶更多的里程，以使轮胎更换次数增多。他们以三星系统来评价法国境内的旅馆，并且出版一本旅游指南，报道大多

数好的旅馆皆在法国南部，这样使得许多巴黎人都到法国南部去度周末。

（2）保护市场占有率。面对众多的竞争对手，市场领导者企业只有通过不断的创新，提供给顾客新的价值，提高企业的竞争能力，才能维护其领导地位。另外还应注意降低成本，使产品价格与产品在顾客心目中的价值保持一致，以巩固企业在现有细分市场的地位，并堵塞"漏洞"，不让竞争者乘虚而入。保持市场占有率决非易事，但市场领导者仍然可通过以下一些途径来做出努力以达到目的。

① 阵地防御（Position Defense）。即企业在它目前的经营领域周围采取防范措施，以此抵御对手的攻击。但这是一种消极的静态防御，不能作为唯一的形式。亨利·福特汽车公司就曾采用这种方式来保护其T型车，结果使这家实力雄厚的公司一度濒临破产。所以，遭受攻击的市场领导者企业若集中其全部资源去建筑"防御工事"，保护其现有产品，那将是十分愚蠢的。

② 侧翼防御（Flanking Defense）。在全面防卫整个"阵地"时，市场领导者应特别注意其侧翼的薄弱环节。明智的竞争者总是针对企业的弱点发起进攻。因此，企业必须运用侧翼防御战略，从各方面考察自己在市场中的处境，保护企业的要害部位，不让竞争者从某一点找到"突破口"。

③ 先发防御（Preemptive Defense）。市场领导者企业可以采取一种更为积极的先发制人的防御战略。它具体表现为企业对某个市场占有率正接近并危及自己的竞争者发动攻击，或者对市场上的竞争者发动全面攻击，使得对手人人自危。这种以攻为守的战略的出发点是预防胜于治疗，防患于未然将起到事半功倍的效果。有时这种以攻为守是利用心理攻势阻止竞争者的进攻，而不发动实际攻击。不过，这种虚张声势的做法只能偶尔为之。

④ 反攻防御（Counteroffensive Defense）。当市场领导者遭到对手发动降价或促销攻势，或改进产品、占领市场阵地等进攻时，应主动反攻入侵者的主要市场阵地，以切断进攻者的后路。但有时企业在反攻以前会稍作停顿，有很多理由使企业不能急于行事，因为在等待过程中企业可更全面地了解竞争者，发现其过失，找到反击的突破口。

⑤ 机动防御（Mobile Defense）。它要求市场领导者企业不仅要积极防御现有的市场，还要进一步扩展到一些有前途的领域。比如，某企业将其经营范围从"地板材料"扩展到"房间装饰材料"，这就使企业的业务扩展到相邻的行业，它有助于企业综合发展和提高自卫能力。此外，企业也可以将其资金分散到彼此不相关的行业经营，这种做法可以让企业在战略上有更多的回旋余地。

⑥ 缩减防御（Contraction Defense）。在所有的细分市场采取全面防御有时会得不偿失，在这种情况下最好是采用缩减防御（或称为战略性撤退），即企业放弃一些已失去竞争力的市场，而集中资源在本企业具备较强竞争力的领域进行经营。

（3）扩大市场占有率。市场领导者企业可以通过其市场占有率的再度扩张而成长。有关研究表明，企业的获利率（以税前的投资报酬率来衡量）随着市场占有率的升高而上升。在许多市场上，市场占有率很小的增长就意味着销售额的巨大增加。如在美国咖啡市场份额的一个百分点就值4 800万美元，而软饮料市场的一个百分点就是12亿美元。按平均计算，市场领导者所赚取的报酬率要比市场占有率等级排名的第五位或更靠后的业务高3倍。

因此许多企业认为，它们不该只是为市场的优势而奋斗，也该尝试推动市场占有率的提高。但是，这种行动还是要有一定程度的自我限制，一是怕引起反托拉斯行动，若市场领导者企业侵占了更多的市场，那么竞争者及反托拉斯立法者很可能会大声叫喊"独占"；二是出于经济的考虑，在已达到高市场占有率之后，要想再获得更高的市场占有率，其成本可能上升得很快，因而将降低边际利润；三是企业在努力提高市场占有率时可能采取错误的市场营销组合策略，因而不能增加利润。总之，扩大市场占有率并不是单纯地将提高市场占有率作为唯一的目标，它应是市场领导者企业拓展整个市场、保护现有"领土"和盈利的情况下，提高占有市场的艺术。

5.2.2　市场挑战者战略

市场挑战者（Market Challenger）是指在本行业产品的销售额中处于前几名（但不是第一名）的大企业，他们的营销战略目标是不断增加市场份额，因而会向市场领导者和其他竞争者发动攻势战略，我们将其称做市场挑战者战略。如果以争取市场领导者作为竞争目的，则被认为是市场挑战者；如以在一定时期内"安于次要地位"的企业，则被认为是市场追随者，绝大部分企业如果不能取得较大增长的话，那么在很长时间内会处于追随者地位。市场挑战者在开始阶段一般都经过一段较长时间的追随，积聚力量以后才具备实力与市场领导者相抗衡。

1．市场挑战者的特征。市场挑战者的特征表现在以下几个方面。

（1）市场挑战者具有较雄厚的实力和比较灵活的管理体制，能适应时代的需要或者在某些管理方法上走在时代的前列，企业充满活力，重视技术创新，产品开发能力较强，普遍有"拳头"产品，企业成长快。从竞争的角度来看，市场挑战者往往努力地从一个市场着手建立根据地，积聚经验后再向其他地区渗透。日本的小汽车就是首先占领欧洲的瑞士等小国，然后经过一系列过程，最后向德国、英国等这些汽车生产大国进军。

（2）从开发产品的顺序上看，市场挑战者往往从市场领导者忽略的或未加重视的产品着手，然后向核心产品进军。如果直接向市场领导者的核心产品进军，不但容易引起市场领导者的严厉反击，而且在竞争上也没有优势可言，除非很有把握。

（3）从促销手段的选择上看，市场挑战者往往通过提高售后服务、降低价格等方法争夺消费者，日本汽车业以及东南亚的纺织品、手表、玩具进军美国市场便是一例。它们很少在广告、产量上大做文章，因为财务和技术往往是市场挑战者的劣势所在。

（4）国际市场挑战者往往从各自政府获得资助。由于各国政府都大力鼓励出口，而且贸易保护主义抬头，广大的发展中国家贸易壁垒更甚，因而各国政府都竭力培养各自国家的重要出口企业，给予直接或间接的出口补贴，以使国内企业市场挑战成功。

（5）国际市场挑战者在其初创阶段，往往采用进口市场领导者的关键部件进行改装，从市场领导者企业中学得技术、管理甚至引进人才。巨人公司就是这样成功收购了曾经是美国也是世界最大的自行车制造商——施温自行车公司，巨人公司首先从利用美国企业商标入手，然后加工生产销往美国，打开市场以后，适逢美国施温公司财务困难之际，于是一举将其收购。

2．市场挑战者战略。市场挑战者要想向市场领导者和其他竞争者挑战，首先必须确定自己的战略目标和挑战对象，然后再选择适当的进攻策略。

（1）确定战略目标和竞争对手。战略目标与进攻对象密切相关。基本上说，挑战者可以选择下列 3 种类型的企业进行攻击，并确定相应的战略目标。

① 攻击市场领导者。这是一种具有高风险但是又具有潜在高报酬的策略，而且如果市场领导者"并非真正的领导者"，且无法为市场服务时，这种策略就更具有意义。挑战者应该了解消费者的需要或不满之处，如果有一种实质的需要尚未被满足或者未能获得完全满足时，就给挑战者提供了一个战略性的目标市场。米勒公司在啤酒市场发动的战役就非常成功，因为它一开始就指向了未被发现的市场，即发现有许多消费者需要口味较"淡"的啤酒。

② 攻击规模相当者。挑战者可选择和自己势均力敌，但经营不善且财务状况不佳的公司作

为攻击对象。攻击者需要时刻调查消费者的满足程度和创新潜力，如果发现其他公司的资源有限，甚至可以考虑开展正面进攻。

③ 攻击区域型小企业。一些地方性的小企业中经营不善且发生财务困难者可作为挑战者的攻击对象。很多大公司之所以有今日的规模，并非靠彼此争夺顾客得来的，主要是靠着争取一些"小企业"或者"小公司"的顾客而日渐壮大的。

因此，选择进攻对象和选择目标的问题是相互影响的。如果进攻的对象是市场领先者，它的目标可能是夺取某些市场占有率；若其攻击的对象是地方性的小企业，则其目标可能是将这些小企业逐出市场。不论在何种情况下，最重要的原则依然是每一项战略行动都必须指向一个明确规定的、决定性的以及可以达到的目标。

（2）选择进攻战略。进攻战略主要有以下几个。

① 正面进攻（Frontal Attack）。它是指进攻者集中全力向对手的主要市场阵地发动进攻，即进攻对手的强项而不是弱点。正面进攻的胜负取决于双方力量的对比。进攻者只有在产品、广告、价格等主要方面大大超过对手，才有可能成功。可以采取的另一种措施是投入大量研究与开发经费，使产品成本降低，从而以降价的手段向对手发动进攻，这是持续实行正面进攻战略最有效的基础之一。

② 侧翼进攻（Flanking Attack）。它是指集中优势力量攻击对手的弱点，有时可采取"声东击西"的战略，佯攻正面，实际攻击侧面或背面。这又可分为两种情况，一种是地理性的侧翼进攻，即在全国或全世界寻找对手力量薄弱的地区，例如，IBM 公司的挑战者就是选择在一些被IBM 公司忽视的中小城市建立强大的分支机构，从而获得了顺利的发展。另一种是细分性侧翼进攻，即寻找领先企业尚未为之服务的细分市场，在这些小市场上迅速填空补缺，例如，日本和德国的汽车生产厂商就是通过发掘一个尚未被美国汽车生产厂商重视的细分市场（即对节油型小汽车的需要）而获得了极大的发展。

③ 包围进攻（Encirclement Attack）。这是一种全方位、大规模的进攻战略，挑战者拥有优于对手的资源，并确信包围计划的完成足以打垮对手时可采用这种战略。例如，近年来日本精工表公司已经在各个主要手表市场的销售中取得了成功，并且以其品种繁多、不断更新的款式使竞争者和消费者瞠目结舌，该公司在美国市场上提供了约 400 个流行款式，其营销目标是在全球制造并销售大约 2 300 种手表。

④ 绕道进攻（Bypass Attack）。这是一种间接的进攻战略，完全避开对手的现有阵地而迂回进攻。推行这种战略的方法有 3 种，一是发展无关联的产品，实行产品多角化；二是以现有产品进入新地区的市场，实行市场多角化；三是发展新技术、新产品，取代现有技术和产品。在高技术行业经常使用的技术跃入就是一个绕道战略。

⑤ 游击进攻（Guerrilla Attack）。这主要适用于规模较小、力量较弱的企业，目的在于以小型的、间断性的进攻干扰对手的士气，以建立长久性的立足点，因为小企业无力发动正面进攻或有效的侧翼进攻。但是也不能认为游击战只适合于财力不足的小企业。持续不断的游击进攻也是需要大量投资的。还应指出，如果想打倒对手，光靠游击战不可能达到目的，还需要发动更强大的攻势。

5.2.3 市场追随者战略

市场追随者与挑战者不同，它不是向市场领导者发动进攻以图取而代之，而是追随在领导者之后自觉地维持共处局面。市场追随者的营销战略的一个重要特征是追随领导企业的经营行为，提供类似的产品或服务给购买者，尽力维持行业市场占有率的稳定。处于市场追随者地位的企业同样可以获得很大的利润，不仅是那些缺少资金和技术的发展中国家乐于此道，而且在广大的发达国家的许多企业也处于这种状态，他们主要利用节省研制费用、廉价的劳动力以及各政府给予的优惠参与国际市场竞争，这种情况广泛地分布在钢铁、纺织品、机械甚至计算机等行业。

但这不是说市场追随者毫无策略可言。市场追随者必须了解如何掌握现有的顾客，并且在新的顾客群中争取更多的顾客。每一个市场追随者都应该设法为其目标市场带来现实的利益——地理位置、服务、融资等。再者，由于追随者往往是挑战者的主要攻击目标，因此追随者必须随时保持低的制造成本以及高的产品品质与服务，以免遭受打击。此外，一旦有新的市场出现，追随者更应该积极地进入该市场。不过，追随者并非仅是被动地模仿领导者，它必须自行拓展一条不会引发竞争性报复的成长途径。可供市场追随者选用的战略主要有 3 种。

1．紧密追随。紧密追随者在尽可能多的细分市场和营销组合领域中模仿领导者，但是它不会发动任何进攻，而只是期望能够分享市场领导者的投资，不会发生直接冲突。有些追随者甚至可能被说成是寄生者，他们在刺激市场方面很少有主动的动作，而是靠紧密追随领导者而获利。

2．有距离追随。有距离的追随者会从领导者那里模仿一些事物，但是这种模仿往往是带有差异性的模仿，如在包装、广告、定价等方面有所不同。只要有距离的追随者没有积极地进攻领导者，领导者就十分欢迎这种追随者，乐意让给他们一些市场份额，以使自己免遭市场的指责。

3．有选择的追随。有选择的追随者除了生产与领导者相似的产品外，通常也会进一步加以改良，同时也会选择不同的市场规划，以避免直接与领导者发生冲突，这类企业常常会成为未来的挑战者。

5.2.4　市场补缺者战略

在每一个行业中几乎都有些小企业，它们专注于市场上被大企业忽略的某些细小部分，然后在这些小市场上通过专业化经营来获取最大限度的收益，也就是在大企业的夹缝中求得生存和发展。这种有利的市场位置称为补缺基点（Niche），而所谓市场补缺者，就是占据这种位置的企业。

一个理想的市场补缺基点具有以下几个特点：有足够的市场潜量和购买力；市场有增长的潜力；对主要竞争者不具有吸引力；企业具备占有此补缺基点所必需的资源和能力；企业能靠已建立的顾客信誉保卫自身地位，对抗大公司的攻击。

企业获取补缺基点的主要战略是专业化市场营销，即在市场、消费者、产品或渠道等方面实行专业化。

（1）按最终用户专业化。企业专门致力于为某类最终用户服务，如计算机行业有些小企业专门针对某一类用户（如诊疗所、银行等）进行市场营销。

（2）按垂直层面专业化。企业专门致力于分销渠道中的某些层面，如制铝厂可专门生产铝锭、铝制品或铝质零部件。

（3）按顾客规模专业化。企业专门为某一种规模（大、中、小）的客户服务，如有些小企业专门为那些被大企业忽略的小客户服务。

（4）按特定顾客专业化。企业只对一个或几个主要客户服务，如美国有些企业专门为西尔斯百货公司或通用汽车公司供货。

（5）按地理区域专业化。企业专门为国内外某一地区或地点服务。

（6）按产品或产品线专业化。企业只生产一大类产品，如美国的绿箭（Wrigley）公司专门生产口香糖一种产品，现已发展成一家世界著名的跨国公司。

（7）按客户订单专业化。企业专门按客户订单生产预订的产品。

（8）按质量和价格专业化。企业专门生产经营某种质量和价格的产品，如专门生产高质高价产品或低质低价产品。

（9）按服务项目专业化。企业专门提供某一种或几种其他企业没有的服务项目，如美国有一家银行专门承办电话贷款业务，并为客户送款上门。

（10）按分销渠道专业化。企业专门服务于某一类分销渠道，如专门生产适于超级市场销售的产品或专门为航空公司的旅客提供食品。

作为市场补缺者要完成 3 个任务：创造补缺市场、扩大补缺市场、保护补缺市场。著名的运动鞋生产商耐克公司不断开发适合不同运动项目的特殊运动鞋，如登山鞋、旅游鞋、自行车鞋、冲浪鞋等，这样就开辟了无数的补缺市场。每当开辟出这样的特殊市场后，耐克公司就继续为这种鞋开发出不同的款式和品牌，以扩大市场占有率，如耐克充气乔丹（Jordan）鞋、耐克哈罗克（Huaraches）鞋。最后，如果有新的竞争者闻声而来，耐克公司还要竭尽全力保住其在该市场的领先地位。选择市场补缺基点时，多重补缺基点比单一补缺基点更能减少风险，增加保险系数。

5.2.5　处于不同行业生命周期企业的竞争战略

企业所处的行业生命周期阶段不同，其面临的竞争环境和这种环境下的企业地位与状况也会不同，从而选择的竞争战略也不同。

1．行业领先地位企业的竞争战略。

处于行业领先地位的企业一般拥有很强的竞争能力，并且闻名遐迩。这些企业面临的主要竞争战略问题不仅是保持已有的领先地位和经营业绩，更主要的是保持在行业中的竞争地位。这就是我们上面讲过的市场领导者。

2．处于新兴行业企业的竞争战略。

随着技术和市场的发展，一些新兴行业不断地产生和发展。处于新兴行业的企业通常面临两个关键问题，一是如何获得支持企业快速成长的资源条件，二是在市场竞争激烈的条件下，企业准备进入哪个细分市场。要解决这两个问题，可以采取下列措施。

（1）主动承担风险。

（2）努力提高产品质量，开发有吸引力的产品特性和功能。

（3）抓住机会增加产品种类，改变产品款式，尽早开发技术，保证原材料供应，运用经验曲线和新的分销渠道。

（4）寻找新的顾客群，进入新地区，满足消费者的新需求。

（5）将广告重点逐渐从培养产品知名度转到增加产品的使用频率和创名牌，培养用户的忠诚度。

（6）对新技术作出快捷反应，并力图成为"主导技术设计"的先锋。

（7）利用降价吸引对价格敏感的消费者进入市场。

3．向成熟行业过渡企业的竞争战略。

当某个行业向成熟阶段过渡时，行业竞争环境会发生根本的变化。例如，消费需求增长缓慢造成市场份额的竞争；顾客变得更加老练，要求降低成本，提高服务质量；行业利润下降，行业竞争加剧，一些公司退出行业或被兼并。这些特点要求企业重新检查经营战略，实现战略转移。具体内容包括以下几个方面。

（1）减少产品线。

（2）注重工艺创新。

（3）注重成本降低。

（4）增加对现有顾客的销售。

4．处于衰退行业企业的竞争战略。

在衰退行业中，企业除了采取收获战略、清偿战略外，还可以考虑通过以下 3 种途径获得战略优势。

（1）通过确定、创造和拓展行业中成长的细分市场，推行重点集中战略。

（2）重视提高质量和实行产品创新。强化产品质量和实行创新，吸引客户，促进市场需求复苏，有利于企业建立独特的竞争优势。

（3）不断提高生产和销售效率。

地区或市场的发展程度不一样，其产品的生命周期也不一样。德国大众汽车公司正是利用了这一原理和战略，将其本身要淘汰的产品转移到中国生产和销售，从而延缓了该产品衰退的速度。

5．危机企业的扭亏为盈战略。

当企业因经营不善陷入危机而发生亏损时，可以采用扭亏为盈的战略。这种战略的目的是尽快扭转企业竞争和财务方面的不利状况。扭亏的首要任务是分析亏损的原因。为了成功地实现扭亏为盈，企业可以采用下面具体的战略。

（1）改进现有战略。当企业亏损是由于战略不当所造成时，重新评估原有战略，并考虑采取下列替代战略方案：采取新的竞争战略，重新建立公司的市场地位；对公司内部经营活动及职能战略进行彻底检查，使之为企业总体战略提供支持；与行业中实力强的公司实行合并，追随其基本战略；集中力量生产"拳头"产品，发挥公司的优势。

（2）收入增加战略。这种战略的目的是促进销售收入的增长，以达到或超过损益平衡。

（3）成本降低战略。当亏损企业的成本结构富有弹性，亏损的原因又主要是成本过高时，成本降低战略能产生良好的效果。

5.2.6　进入封闭国际市场的营销战略

随着营销实践的发展，营销者发现近年来在国际市场营销中企业面临着许多国家贸易保护主义的威胁，形成了许多壁垒竞争的市场，即受到保护的市场或封闭市场的制约。面对这种封闭市场，必须采取大市场营销策略，即协调地施用经济的、心理的、政治的和公共关系等手段，以获得外国各有关方面（如外国经销商、供应商、消费者、市场营销研究机构、有关政府人员、各利益集团及宣传媒介等）的合作和支持。

大市场营销战略的基本思想内核源于传统的营销观念，但是对一般营销思想的拓展和发扬。它不仅顺应了在封闭型市场这一特定市场条件下制定竞争战略的需要，更从以下 3 个方面开阔了营销人员的思想。

第一，扩大了处理多方面关系的市场营销能力。一方面营销人员要花更多的时间来分析、培养顾客对产品的偏好，另一方面他也会遇到通往目标顾客道路上的许多障碍，所以营销人员必须学会对来自各方面阻力的分析研究，制定出争取目标顾客支持的战略，至少使他们由反对立场转变为中立立场。

第二，突破了环境因素与可控因素之间的界线。营销人员历来把企业外部的各种力量当作环境因素，并认为环境因素是企业不可控制的。但在市场营销认为，可以通过企业的各种活动，如院外活动、法律方面的活动、谈判、广告宣传、公共关系和战略性合伙经营等，来改变某些环境因素。

第三，加深了对市场营销的理解。大多数研究市场的学者认为，需求引起供给，从理想化的角度来看，企业一旦发现了市场需求，就会立即设法去满足它。但现实市场往往是封闭型的，尽管企业提供的产品不亚于甚至优越于当地公司，但企业并不一定都能进入该国市场。封闭市场的结果是消费者只能得到较低程度的满足，生产者缺乏革新的动力。

（一）如何运用权力策略

权力对大市场营销者来说是至关重要的。企业在制定打入封闭型市场的战略时，必须采取3个步骤：探测权力结构、设计总体战略和制订战术性的实施方案。

1．探测权力结构。政治学家认为有3种权力结构，第一，金字塔结构，权力集中在统治阶层，统治阶层可以是一个人、一个家庭、一个公司、一个行业或一个派系。统治阶层通过中层官员来贯彻其意图，再由中层官员来管理下层的执行人员。企业必须在得到统治阶层批准或不反对的情况下，才能进入这一市场。第二，派系权力结构。在目标地区有两个以上的集团（权力集团、压力集团、特殊利益集团）勾心斗角。例如，一个地区存在着各种政党，不同的党派代表着不同的社会阶级和阶层利益。在这种情况下，企业的战略家必须决定与哪些派别合作，企业一旦与某一党派联盟，往往会影响与其他派别的友好关系。第三，联合权力结构。来自各权力集团的有影响力的党派组成临时性联盟，当权力掌握在联盟手中时，无论这种联盟持续的时间多么短，企业都必须通过与联盟的合作才能达到目标，或由企业组成一个对应的联盟来支持自己的事业。

2．设计总体战略。在准备进入一个封闭型市场时，企业必须分清各个集团中谁是反对者，谁是同盟者，谁是中立者。企业的目标在于战胜反对者。为达到这个目标，可供企业选择的总体战略有以下4个。

（1）通过补偿反对者所遭受的损失使他们保持中立。福利经济学的理论认为，一个将要采取的行动如果能使有关各方都有利可得，就会得到普遍支持，如果受益者能令人满意地补偿受害者的损失，也会得到普遍支持。在决定采取这一行动时，应该把对受害者的补偿包括在总成本中。

（2）将支持者组成一个联盟。企业的潜在支持者可能分散在该地区，这种分散的个别力量是小于集团合在一起的力量的，因此，企业可通过组织支持者联盟来进一步壮大力量。

（3）把中立者转变为同盟者。当企业进入一个地区时，对当地大多数团体来说不会有什么影响，因而它们将持中立态度。企业可通过施加影响和酬谢等方式将这些团体转变为同盟者。

（4）制订战术性的实施方案。一旦公司选定了总体战略，还必须制定出一个实施方案，规定由谁负责哪些工作，何时完成，在哪里完成以及怎样完成。这些活动的先后顺序可按两种方式排列，即线性排列法和多线性排列法。线性排列法要求公司必须一个个环节逐步突破，循序渐进。而采用多线性排列法就是不一定按部就班，可以多头挺进，一旦成功，能大大缩短完成活动的时间，但如果在某个关键步骤上受挫，企业也只好撤回，另寻出路。

（二）如何运用公共关系策略

所谓公共关系，是指企业利用各种传播媒介与公众搞好关系，以树立企业及其产品的良好形象。要搞好公共关系，就必须在进入市场之前，了解该市场的社会信仰、态度和价值观。进入市场后，企业力图在广大公众中树立起好的形象，如为公共事业捐款，赞助市政和文化教育事业的发展，与当地的舆论界搞好关系等。

事实证明，只要企业重视搞好公共关系，便有利于打入封闭的国际市场。例如，美国美味公司是制造牛奶消毒设备的企业，该公司打算将其产品引入日本市场，但却遇到了种种障碍。例如，日本消费者联盟反对这种产品，因为他们担心消毒牛奶的安全问题；日本消费者对喝消毒牛奶是否有好处表示怀疑；几家大零售商因受到利益集团施加的压力而不愿经销消毒牛奶；卫生福利部和农林部表示，他们将首先等待并观察消费者是否能接受消毒牛奶，然后再决定消毒牛奶是否能在日本销售。美味公司针对上述障碍分别制定出通过宣传活动争取日本卫生部的合作，争取一部分奶场、批发商和零售商的支持，通过促销宣传，对消费者的消费进行指导等策略。

5.3　国际战略联盟

随着世界经济一体化和区域集团化的发展，以及高科技行业与信息行业的迅速发展，全球的竞争更加激烈。经营环境的复杂多变增加了企业的竞争风险，跨国企业为了保持和发展自己的生存空间，纷纷组成国际战略联盟来增强抵御风险的能力，加强技术的研发推广能力，提高生产和营销能力。

5.3.1　国际战略联盟的含义

国际战略联盟又称跨国企业战略联盟，是指两个或两个以上的跨国企业为实现某些共同战略目标，通过各种协议、契约而建立起的合作性的利益共同体。

国际战略联盟是世界经济全球化高度发展的产物，是各国经济活动国际化的表现。据统计，在世界 150 多家大型跨国公司中，结成战略联盟的公司已达 90%左右。《经济学家》资料还表明，仅在 20 世纪 80 年代，全球战略联盟就达 5 842 个，涉及信息技术、生物技术、化学、汽车、航空、医疗器械、消费电气等领域。引人瞩目的例子有：波音公司与日本企业结成联盟，共同开发了波音 767 宽体民用喷气客机；柯达与佳能结盟，由佳能制造复印机，而以柯达的品牌销售；德克萨斯仪器公司与日本考伯（Kobe）钢铁公司达成协议，在日本制造半导体元件；摩托罗拉与东芝达成协议，利用双方的专有技术制造微处理器等。国际战略联盟的发展越来越具有全球推展之势。

5.3.2　国际战略联盟的主要形式

跨国企业建立战略联盟最大的好处是可以突破目标国或地区的贸易壁垒，分散投资风险，引进新技术和开拓新业务。国际战略联盟主要有以下几种形式。

1. 合并式联盟。这是指两个以上的跨国企业出于对整个世界市场预期和企业自身总体经营目标的意愿，采取一种长期性与联盟合作的经营行为方式。

合并分为完全合并联盟和部分合并联盟两种。完全合并联盟是指合并后的原企业各自失去法律上的独立性，组成更大规模的新企业，即以新的企业标志、新的策略目标进行经营。部分合并联盟是指双方原来的生产线、商标保持不变，合并后双方互有依托，以节省成本，巩固其在市场上的地位。

2. 互补式联盟。这是指将相关企业各自的优势方面联合起来，既发挥各自的优势，又与联

103

盟伙伴密切配合，共同以最佳服务来满足客户的需求。

这类联盟大多是在西欧、北美等这类发达市场经济国家的企业之间结成的。他们为了应付全球性的竞争，而在设计技术、加工过程和市场营销服务方面进行技术、资金和人员等方面的相互补充与配合，他们的主要动机有两个，一是分摊产品开发与生产投资的成本；二是迅速、有效地进入目标市场国的市场营销与分销网络。

3. 项目式联盟。这种联盟通常是跨国企业为获取高附加值及高科技领域的发展而采取单个项目或多个项目合作的形式。

另外，国际战略联盟根据跨国企业的战略目标，可以分为技术开发联盟、合作生产联盟、市场营销与服务联盟、多层次合作联盟、单边与多边联盟等形式；根据跨国企业参与合作的项目，可以分为研究开发战略联盟、制造生产战略联盟、联合销售战略联盟和合资企业战略联盟等形式。

5.3.3 国际战略联盟的优势

战略联盟可以为合作企业提供下列其他机制中所不具有的显著优势。

（1）有利于企业进入封闭的市场。构建战略联盟是打破贸易壁垒，进入复杂的国际市场的有效途径。例如，在20世纪80年代中期，摩托罗拉开始进入日本移动电话市场时，由于日本市场存在大量正式、非正式的贸易壁垒，使得摩托罗拉公司举步维艰。1987年，它与东芝结盟制造微处理器，并由东芝提供市场营销帮助，此举大大提高了摩托罗拉与日本政府谈判的地位，最终获准进入日本移动通信市场，成功地克服了日本市场的进入壁垒。

（2）有利于共担风险。战略联盟可以分担巨额的产品开发费用和固定资产投资，降低风险。全球性行业的技术和资金密集性质要求新产品开发要有巨额的产品开发费用和固定资产投资，据估计，开发一架新型民用客机的科研和设计费用约为10亿美元，微处理器生产厂的投资通常也要超过10亿美元。任何一个企业在这样的行业里单枪匹马地发展，所冒的风险较大。摩托罗拉与日本东芝结盟的动机之一便是分担建立微处理器制造厂的高额固定成本开支。

（3）有利于实现优势互补，增强企业的竞争实力。比如AT&T与日本电气公司（NEC）在1990年达成了相互交换技术的协议，AT&T向NEC提供计算机辅助设计技术，而NEC则向AT&T提供计算机芯片技术。大多数成功的战略联盟都是为了实现双方优势要素的互补而签订平等互利的协议。

（4）有助于企业建立行业技术标准。在一些行业中，本企业的技术标准能否成为行业标准对企业的竞争成败起着关键性作用。飞利浦与松下结盟，共同制造和销售飞利浦的数字式高密磁盒（DCC），在松下的帮助下，它们开发的系统成为新的行业技术标准。与此同时，索尼公司也正在开发高密磁盒技术，并努力使其成为新的行业标准。然而这两种技术相互替代，最终只能有一种得以普及成为全行业的技术标准，另一种必然要被逐出市场，约10亿美元的巨额投资也就化为乌有。因此，飞利浦与松下合作的战略意义非常重大，大大增强了企业在这场激烈竞争中的实力。

总之，国际战略联盟可使跨国企业以较低的成本得到高新技术和"智能库"，拓展产品种类和国际市场份额，分散风险以及寻找到理想的合作伙伴，这也是其逐渐受到各国青睐的奥秘所在。

▌【案例 5.1】▐

　　2003 年 11 月 4 日，TCL 集团与法国汤姆逊签订彩电业务合并重组协议，拟由双方共同投入电视机和 DVD 资产，设立一个合资公司，TCL 集团持有其 67% 的股份。百年品牌——汤姆逊为全球四大消费电子类生产商之一，是全球第一台互动电视专利技术的拥有者，在数字电视、解码器、调制解调器、DVD、MP3 播放器、电子图书和家用数字网络等方面均处于世界领先地位，是欧美消费者认可的数字巨人。双方设立的合资公司将被打造成全球最大的彩电厂。TCL 集团将会把其在越南及德国等地区的所有彩电及 DVD 生产厂房、研发机构、销售网络等业务投入新公司；而汤姆逊则会将所有位于墨西哥、波兰及泰国的彩电生产厂房、所有 DVD 的销售业务以及所有彩电和 DVD 的研发中心投入新公司。

　　而就在美国当地时间的 11 月 24 日，美国商务部初步裁定，中国一些电视机生产商向美国市场倾销其产品，已圈定的长虹、TCL、康佳、厦华 4 家强制调查对象都被认定存在倾销，倾销价差为 27.94%～45.87%。这对其他几家的打击是致命的，特别是长虹，它占据了国内出口到美国产品份额的半数以上。但正因为 TCL 的兼并使它不仅不会受损，反而是最大的受益者。另外，由于我国彩电企业在核心技术方面基本上没有专利权，而汤姆逊在传统彩电领域拥有 34 000 多项专利，汤姆逊可以帮助 TCL 突破专利与研发实力薄弱的技术瓶颈。

　　案例分析：TCL 集团与汤姆逊联盟不仅帮助 TCL 成功地绕开了贸易壁垒，将产品销往欧美市场，同时，TCL 还可以与汤姆逊在专利使用、技术研发、销售渠道等方面实现资源共享。

5.3.4　国际战略联盟的建立

　　战略联盟作为企业的一种竞争战略，有利也有弊。企业要想通过结盟来增强自身的竞争实力，就要注意发挥联盟带来的各种有利因素，限制联盟可能造成的种种弊端，趋利避害，扬长避短。要想建立有效的适合企业特色的战略联盟，应该考虑以下几方面的问题。

　　（1）要选择好合作伙伴。选择适当的合作伙伴是建立战略联盟的首要关键环节，其必须具有以下主要特征。第一，它必须能够有助于企业实现其战略目标，如进入市场、分担新产品开发的风险，获得至关重要的技术、技能等资源。换句话说，合作伙伴必须具有企业急需但缺乏的资源要素。第二，双方对结盟的意图是一致的，即增强长期竞争实力。如果各方对结盟的意图相距甚远，那么联盟破裂的可能性就很大。第三，合作伙伴不能是机会主义者。与机会主义者结盟，企业要冒失去技术、市场而从对方获益甚少的巨大风险。企业要注意选择有良好声誉的企业作为合作伙伴。企业要广泛调查每个可能的合作对象，收集尽可能多的有关该企业的信息，包括从第三方收集有关信息，如曾与其有过业务往来的企业、银行、该企业以前的员工等。另外，在作出决定之前，要尽可能详细地了解对方。为了确保选到合适的合作伙伴，双方管理人员之间进行面对面的会谈通常是必不可少的。

　　（2）建立战略联盟必须遵守 3 条原则。第一，对于企业熟悉的核心事业宜采用购并策略，这样成功率较高；对非熟悉的业务则采取战略联盟。第二，进入新市场宜采用战略联盟。第三，战略联盟的作用在于弥补不足，因此要寻求彼此在开发、制造、营销渠道上的互补性或者分担经营成本；购并则适用于扩展现有事业的规模。

　　（3）建立战略联盟应在明确联盟动因的基础上制定明确的目标，制定一致性的战略联盟规划、管理与终止点。同时，要在企业内部创造"易于合作"的文化。由于战略联盟中最难调整与改变的是文化冲突，因此合作伙伴必须是彼此相容或企业文化相契合的对象。

（4）慎重选择战略联盟的方式。企业可选择供应购买协定、市场或销售协定、提供技术服务协定、管理合同、专有技术、设计或专利许可证、特许经营、合资企业等战略联盟方式。但无论采用何种方式，都必须根据企业的战略目标来规划符合企业内在发展规律的联盟机构，明确联盟领导人的权责范围。双方母公司的意见应通过董事会来传达，以避免合作者的价值取向受母公司需求的影响。

5.3.5　国际战略联盟的控制和管理

一旦选定了合作伙伴，就要通过建立适当的联盟组织结构，并对联盟进行有效的控制和管理，以保证战略联盟的成功运行。

国际战略联盟建立在双方平等互利的基础上，应防止对方的机会主义行为。在设计组织结构时通常需要注意以下几点。

第一，要防止不应转移的技术发生转移。具体地讲，就是要通过签订协议，严密组织产品的开发、设计、制造、销售及售后服务的全过程，保护技术秘密，防止发生泄露。例如，在通用电气公司和斯奈克玛（Snecma）结盟共同制造民用客机引擎时，为了防止发生意外的技术转移，通用电器公司采取了严密的防范措施，仅允许斯奈克玛参与最后的成品组装工作。

第二，在联盟协议中加入有关保护性条款。例如，TRW 有限公司和日本的汽车零部件供应商结盟，共同生产汽车零部件并供应设在美国的日资汽车组装厂。在联盟协议中，TRW 规定了详细的保护性条款，禁止联盟企业与 TRW 竞争，向美资汽车制造商，如通用、福特、克莱斯勒供应零部件。这类合同条款排除了日本公司通过结盟而进入 TRW 的原有市场，成为竞争对手的可能性。

第三，结盟双方预先同意相互交换技术等优势要素，从而确保双方都有利可图，将联盟建立在平等互利的基础之上。一种常用的办法是签订交叉许可协议，例如，在摩托罗拉与东芝结盟时，摩托罗拉向东芝许可转让它的微处理器技术；作为交换，东芝也向摩托罗拉转让它的内存储器芯片技术。

第四，在结盟时要求对方实际投入一定的资源，这样可以减少对方的机会主义行为，防止自己投入过多而收获甚少。

战略联盟成功与否在于合作伙伴之间能否实现协同和建立彼此单独无法实现的可持续竞争优势。在战略联盟中，合作伙伴虽然保持各自的独立特性，但在联盟的所有活动中又必须相互协作，若一方变得过分依赖另一方，或者认为联盟只对一方有利，联盟的稳定性就会受到威胁。成功的联盟是由信任、承诺、互相学习、灵活性相结合的更有力量的团体。

管理战略联盟是一项非常复杂的任务，涉及很多因素。其中需考虑的一个重要因素是文化差异。管理人员在与合作伙伴交往时，必须要考虑到这种差异。另外，成功地管理一个联盟还涉及在来自不同企业的管理人员之间建立良好的人际关系。管理人员之间的私人友谊和相互信任能使他们在工作中协调一致，减少摩擦和冲突，这种私人关系网可以在公司之间形成一种非正式的管理网络，它常常有助于解决双方合作中产生的问题。

决定公司从联盟中获益大小的另一个重要因素是该公司向合作伙伴学习的能力高低。美国研究人员发现，日本公司常常非常努力地向合作伙伴学习，而很少有西方公司愿意认真地向日本公司学习；西方公司常常将联盟看做纯粹的成本和风险分担的措施，而不认为它是一种向竞争对手学习的机会。联盟内的企业应该把通过联盟向对方学习作为一项战略任务，最大限度地尽快将联盟的成果转化为我方的竞争优势。联盟往往需要双方进行双向信息流动，每个参加联盟的企业都应该贡献出必要的信息供对方分享，从而提高联盟的成功率。同时企业要合理控制信息流动，保护自身的竞争优势，防止对方得到我方应予以保护的关键信息，做出有损我方的行为，因为联盟伙伴极有可能成为将来的主要竞争对手。

模拟实训

【实训目的】

培养学生对企业所处的国际竞争环境和竞争对手进行分析的能力。

培养学生对企业竞争策略应用的选择能力。

【实训过程设计】

将学生分组，分析讨论下面的案例材料，讨论以下问题，以小组为单位提交讨论报告。讨论报告应包括以下内容。

1. 欧美科技出版集团在国际市场营销活动中所处的地位？
2. 根据背景资料，归纳和分析欧美科技出版集团采用的竞争策略？

【实训背景材料】

欧美科技出版集团的市场领导者战略

欧美科技出版业的市场细分程度非常高，在不同的细分市场中，相应的科技出版集团分别占据着该细分市场最高的市场份额，因此，这些科技出版集团无疑都是科技出版市场的领导者。作为科技出版市场的领导者，这些科技出版集团通过扩大市场需求总量、保护市场份额和扩大市场份额等一系列的营销战略，不断强化着自己的优势地位，主导着科技出版的发展方向，也主导着科技信息交流的范围和方向。

1. 促进科研发展和产品的多次开发，着力扩大市场需求总量

处于领导地位的企业通常在总市场扩大时获益最多，因此欧美科技出版集团均将扩大市场需求总量作为一种重要的营销战略，他们通过促进科学研究的发展和产品的多次开发等方式扩大市场需求总量。

2. 采取防御战略，着力保护市场份额

欧美科技出版集团在努力扩大市场需求总量的同时，还时刻注意保护自己的现行业务不受对手侵犯。他们通过建立品牌、市场拓宽、取消或出售不具备竞争优势的产品和业务等防御战略，保护市场份额。

3. 提高产品价格、加快出版周期、扩大企业规模，着力扩大市场份额

在科技出版市场上，份额的一个百分点就价值数百万美元，因此，设法提高市场份额，也是欧美科技版集团增加收益、保持领导地位的重要途径。欧美科技出版集团通过提高产品价格、加快出版周期以及扩大企业规模等方式扩大市场份额，保护其市场领导地位。

【实训要求】

全体学生必须分组完成实训项目。每一个学生在小组中有明确的分工，认真阅读案例，搜集、分析资料。要求小组进行分析讨论并对案例中的公司进行市场竞争环境分析、竞争对手分析、竞

争战略选择等。

【实训指导】

老师先介绍实训要求，然后进行分组，与学生在图书馆、互联网查找的资料相结合得出相关资料，通过集体讨论分析后，最终以报告的形式得出结果。

关键概念

市场领导者　市场挑战者　市场追随者　市场补缺者　阵地防御　侧翼防御　先发防御
反攻防御　机动防御　缩减防御　正面进攻　侧翼进攻　包围进攻　绕道进攻　游击进攻　紧
密追随　有距离追随　有选择追随　国际战略联盟　合并式联盟　互补式联盟　项目式联盟

综合练习

一、单项选择题

1. 以下说法正确的是（　　　）。
   A. 消费者的购买人数少且分散　　　　　　　B. 工业品的购买人数多且集中
   C. 经销商有较强的议价能力　　　　　　　　D. 消费品购买者又较强的议价能力

2. （　　　）是指在一定的目标市场上，在众多企业中，其主导产品或服务的市场占有率最高。
   A. 市场挑战者　　　B. 市场领导者　　　C. 市场跟随着　　　D. 市场利基者

3. 美国绿箭公司只生产口香糖一种产品，该公司属于（　　　）专业化。
   A. 最终用户　　　B. 顾客规模　　　C. 产品线　　　D. 特定顾客

二、多项选择题

1. 导致行业内部竞争加剧的原因可能有（　　　）。
   A. 行业增长缓慢，对市场份额竞争激烈
   B. 竞争者数量众多，竞争力量大致相当
   C. 竞争对手提供的产品或服务大致相同
   D. 某些企业扩大生产规模，市场竞争态势打破，产品大量过剩
   E. 企业开始削价竞销

2. 行业进入壁垒主要体现在（　　　）。
   A. 规模经济　　　B. 资本需求　　　C. 产品的差异化
   D. 转换成本　　　E. 分销渠道的获得与控制

3. 市场挑战者可选择的进攻战略有（　　　）。
   A. 正面进攻　　　B. 侧翼进攻　　　C. 包围进攻
   D. 绕道进攻　　　E. 游击进攻

三、简答题

1. 潜在的行业新进入者会受到哪些行业壁垒的制约？
2. 企业顾客的议价能力常受到哪些因素影响？
3. 如何对竞争对手进行分析？

4. 在确定企业竞争对手时，可以从哪些角度来发现竞争者？

5. 哪些因素影响企业对竞争对手选择进攻或躲避策略？

6. 根据市场竞争地位的不同，一般可选择的竞争战略有哪几种，它们各有什么特征？

7. 市场领导者是如何实施竞争战略的？试举例说明。

8. 市场挑战者有哪些进攻战略可供选择？

9. 市场追随者在竞争中常实施哪几种追随战略？

10. 市场补缺者所选择的市场补缺基点通常应具备哪些特征？

11. 国际战略联盟有哪些主要形式？

12. 在国际市场营销活动中建立国际战略联盟的意义何在？

13. 企业应如何确定自己的市场竞争战略？

14. 论述企业要如何进入一个封闭的国际市场。

15. 试述成功的国际战略联盟应考虑哪些因素。

四、案例分析

布莱克公司反击日本公司

在 19 世纪 60 年代，美国布莱克公司是世界机械和电力工具行业中无可争辩的盟主。然而，当日本的牧田电器公司进入这个行业后，一切就全变样子了。

日本公司以专业电力工具市场为突破口，开始对布莱克公司构成威胁。由于这个市场并不是布莱克公司的主战场，日本人很快便以优异的质量和低廉的价格获得了该市场的主导权。尽管电力工具不是布莱克公司的主要产品，但由于该市场利润丰厚、前景远大，向来为布莱克公司所重视，骤然失去这棵摇钱树，对布莱克公司来说，也是一个极大的损失。

布莱克公司很快就展开了反击，它首先采用了侧翼防御战略。布莱克公司进行了大量的市场调查和营销研究，仔细分析顾客的需求，通过对产品质量的改良，封锁所有可能出现的弱点；随后又转而采用了正面攻击的策略。布莱克公司的研究人员将日本产品一件件拆卸开来，进行仔细研究并加以复制，以找到日本人在成本和质量上获得优势的原因。同时它对产品价格进行了调整，以抵消日本人的价格优势；它还在生产线上引进了机器人，以提高生产效率。在几年中，布莱克公司投资了 2.5 亿多美元进行针对日本的竞争活动，这些努力减缓了日本企业前进的速度。而直到现在，布莱克公司依然还是机械工具行业中的盟主。

问题：

（1）作为世界机械和电力工具行业市场领导者的美国布莱克公司，针对日本牧田电器公司的挑战，采取了哪些有效的进攻策略？

（2）结合案例，分析在国际市场营销中如何应用侧翼防御策略和正面策略？

第6章

国际市场营销的产品策略

学习目标

【知识目标】

- 掌握国际产品整体概念及各层次的基本内容
- 了解国际产品"标准化"与"多样化"策略的基本依据
- 掌握国际产品生命周期的基本理论
- 理解国际新产品开发的程序
- 掌握产品品牌、商标、包装以及服务策略的特殊性

【能力目标】

- 能解释产品及相关概念的意义
- 初步具备运用国际市场产品策略解决企业产品营销实践问题的能力
- 初步具备新产品开发和品牌推广策划的能力

案例导入

同样是双品牌，华为荣耀和其他厂商有何不同？

众所周知，华为并不是国内唯一采用双品牌策略的手机厂商。诸如小米、魅族、中兴、联想等公司都有自己的双品牌。但华为和友商们在哪些地方有所不同呢？

其一，华为偏线下，荣耀偏线上，二者独立运营。和小米等纯粹的互联网公司不同，华为在线下拥有强大的销售网络，其和运营商的合作也一直非常密切。而荣耀在电商方面也和京东等平台进行合作；反观一些互联网品牌，虽然采用双品牌策略，但全体发力线上，供应方过于单一，而华为打造的 O2O 闭环则更加全面。

其二，华为有技术基础，在产品元件供应上压力稍弱。相比同样为传统厂商的中兴、联想，华为在处理器上不依靠高通、三星和联发科，无论是华为公司还是荣耀品牌都能覆盖。尽管性能还存在较大差距，但硬件的独立能力在国产厂商中较强。因此，其技术性优势也可以转化成产品供应和营销上的优势。

第三，华为擅长爱国营销，连带拉动荣耀品牌形象。作为国产品牌，华为的品牌立意就带有积极正面的爱国色彩，而支持国产也是每个国人内心的声音。以这种价值观加身的品牌，目前在国内除了华为以外，暂时还没有别的品牌能够做到。因此华为的爱国营销手法也连带拉动了荣耀的品牌形象。

由此可以看出，一个成功的国产品牌，必须是技术、产品、营销三者缺一不可。然而目前国内能够做到三者兼顾的厂商实在太少，华为算是这其中做得比较好的，这才有了华为和荣耀家族的崛起。不过要承认的是，目前华为距离国际知名品牌还存在距离，就要看华为能否适应将来的市场趋势了。

思考：营销的本质是以满足消费者的需求为主，但是作为企业来讲这种需求不是被动的，企业通过供给侧的创造性革新，可以引导消费，开发市场，主动地"创造需求"。

6.1　产品及产品整体概念

6.1.1　产品整体概念

产品是指能提供给市场，用于满足人们某种欲望和需要的任何事物，包括实物、服务、场所、组织、思想和创意等。

为此，联系消费者需求和企业间的产品竞争，从整体上对产品进行研究，这就是市场营销学提出的产品整体概念，产品整体概念包括核心产品、形式产品、期望产品、延伸产品和潜在产品5 个层次内容，如图 6.1 所示。

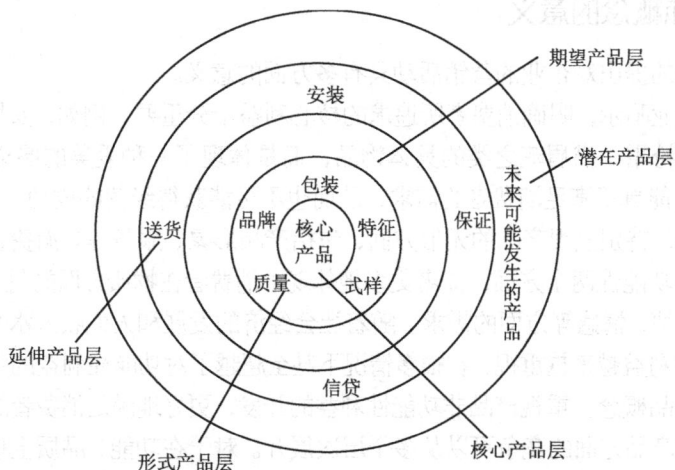

图 6.1　整体产品概念的 5 个层次

1. 核心产品。核心产品是指向消费者提供的基本效用或利益，是消费者真正要买的东西，是产品整体概念中最基本、最主要的内容。消费者购买产品并不是为了获得产品本身，而是为了满足自身某种特定需要的效用和利益。例如，人们购买洗衣机不是为了买到装有电动机、开关按钮的大铁箱这一物体，而是为了利用洗衣机的洗涤功能，使其代替人工洗衣，减轻家务劳动，方便日常生活。消费者愿意支付一定的费用购买产品，首先在于购买该产品的基本效用，并从中获得利益。因此，企业产品的生产经营活动首先应考虑能为消费者提供哪些效用或利益，并且着眼于产品的这些基本效用或利益上。

2. 形式产品。形式产品是指产品的本体，是核心产品借以实现的各种具体的产品形式，是向市场提供的产品实体的外观。形式产品由产品质量（品质）、特色（特征）、式样、品牌和包装5个方面的有形因素构成。具有相同效用的产品，其存在形态即形式产品可能有较大的差别。消费者购买某种产品除了要求该产品具备某些基本功能，能提供某种核心利益外，还要考虑产品的品质、造型、款式、颜色以及品牌声誉等多种因素。产品的基本效用必须通过某些具体的形式才能得以实现。因此，企业进行产品设计时，应着眼于消费者所追求的核心利益，同时还要重视如何以独特的形式将这种利益呈现给消费者。

3. 期望产品。期望产品是指消费者购买产品时，期望得到的与产品密切相关的一整套属性和条件。例如，旅馆的客人期望得到清洁的床位、洗浴香波、浴巾的服务等。因为大多数旅馆均能满足旅客的这些一般期望，所以旅客在选择档次大致相同的旅馆时，一般不是选择哪家旅馆能提供期望产品，而是根据哪家旅馆就近和方便而定。

4. 延伸产品。延伸产品是指消费者购买形式产品和期望产品时，附带所获得的各种附加服务和利益的总和，它包括产品说明书、提供信贷、免费送货、保证、安装、维修、技术培训等，不同企业提供的同类产品在核心和形式产品层次上越来越接近。因此，企业要想赢得竞争优势，应着眼于比竞争对手提供更多的延伸产品，因为延伸产品有利于引导、启发、刺激消费者购买、重复购买和增加购买量。

5. 潜在产品。潜在产品是指现有产品最终可能实现的全部附加部分和新转换部分，或者指与现有产品相关的未来可发展的潜在性产品。潜在产品指出了产品可能的演变趋势和前景，如彩色电视机可发展为多媒体终端视频等。

6.1.2　产品整体概念的意义

产品整体概念的提出对企业的营销活动具有多方面的意义。

首先，它向企业昭示，明确消费者所追求的核心利益十分重要。例如，女性购买化妆品，并非为了占有口红、粉霜、描眉笔之类的具体物品，而是体现了一种爱美的愿望。企业如果不明白这一点，就不可能真正满足消费者的需求，从而也不可能获得经营的成功。

其次，企业必须特别重视产品的无形方面，包括产品形象、服务等。消费者对产品利益的追求包括功能性和非功能性两个方面，前者更多地体现了消费者在物质方面的需求，后者则更多地体现了消费者在精神、情感等方面的需求。随着社会经济的发展和人们收入水平的提高，消费者对产品的非功能性利益越来越重视，在很多情况下甚至超越了对功能性利益的关注。因此，要求企业摆脱传统的产品概念，重视产品非功能性利益的开发，更好地满足消费者的需要。

再次，企业在产品方面的竞争可以从多个层次展开。对于在功能、品质上极为接近的成熟产品，企业难以制造较大的差异，但这并不意味着企业之间的竞争只有在价格上相互拼杀。产品整体概念的提出给企业带来了新的竞争思路，那就是可以通过在款式、包装、品牌、售后服务等多个层面创造差异来确立市场地位和赢得竞争优势。

最后，产品整体概念清晰地体现了以消费者为中心的市场营销观念。这一概念的内涵和外延都是以消费者需求为标准的，并由消费者的需求来决定。可以说，产品整体概念是建立在"需求＝产品"这样一个等式的基础之上的。

扩展阅读：阅读《海尔现象级自清洁空调将行业拽进新时代》，谈谈海尔新产品有哪些特点。http://cq.qq.com/a/20160930/019446.htm

6.2　国际产品市场生命周期

6.2.1　产品生命周期及其营销策略

产品生命周期理论是企业制定产品策略及市场营销组合策略的重要依据。因为产品处于生命周期的不同阶段，其市场需求状况和竞争程度存在着较大的差异，企业的产品策略、市场营销组合策略及其他战略和策略的制定必须适应产品生命周期的变化，这是企业在动态的市场环境中求得生存与发展、赢得有利的市场地位的一个关键性问题。

（一）产品生命周期的概念

同其他事物一样，产品从投放市场到退出市场经历出生、成长、成熟到衰亡的过程，市场营销学将产品在市场上的这一过程用产品生命周期加以描述。产品生命周期是指产品从研制成功投入市场开始，经过成长和成熟阶段，最终到衰退被淘汰而退出市场为止的整个市场营销时期。产品在市场上营销时期的长短受消费者的需求变化、产品更新换代的速度等多种因素的影响。因此，不同产品有着完全不同的生命周期。

产品生命周期与产品的使用寿命概念不同，前者是指产品的市场寿命或经济寿命，产品在市场上存在时间的长短主要受市场因素的影响；而后者是指产品从投入使用到产品报废所经历的时间，其经历时间的长短受自然属性、质量、使用频率和维修保养等因素的影响。市场营销学所研究的是产品的市场生命周期。

（二）产品生命周期的各阶段及其特点

由于受市场因素的影响，产品在其生命周期内的销售额和利润额并非均匀地变化，不同的时期或阶段，产品有着不同的销售额和利润，从这个角度看，产品的生命周期可以以销售额和利润额的变化来衡量。按照销售额的变化衡量，典型的产品生命周期包括介绍期、成长期、成熟期和衰退期 4 个阶段，其销售额呈抛物线形的曲线，如图 6.2 所示。

典型产品生命周期的 4 个阶段分别体现出不同的特点。

1. 介绍期。介绍期又称引入期、试销期，是指新产品刚刚投入市场的最初销售阶段。其主要特点如下。（1）产品设计尚未定型，花色、品种少，生产批量小，单位生产成本高，广告促销费用高。（2）消费者对产品不熟悉，只有少数追求新奇的顾客可能会购买，销售量少。（3）销售网络还没有全面、有效地建立起来，销售渠道不畅，销售增长缓慢。（4）由于销量少、成本高，企业通常获利甚微，甚至发生亏损。（5）同类产品的生产者少，竞争者少。

2. 成长期。成长期又称畅销期，是指产品在市场上迅速为顾客所接受，销售量和利润迅速增长的时期。其主要特点如下。（1）产品已定型，花色、品种增加，生产批量增大。（2）消费者对新产品已经熟悉，销售量迅速增长。（3）建立了比较理想的销售渠道。（4）由于销量增加，成本下降，利润迅速上升。（5）同类产品的生产者看到有利可图，进入市场参与竞争，市场竞争开始加剧。

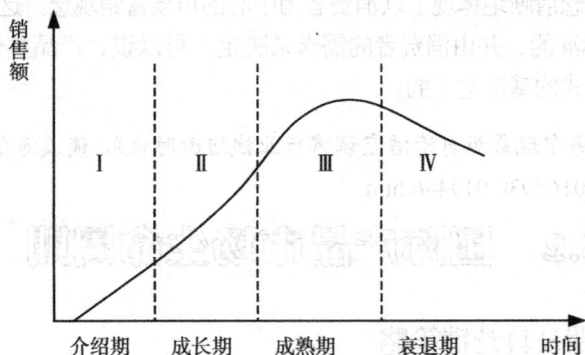

图6.2　产品生命周期曲线

3．成熟期。成熟期又称饱和期，是指产品销量趋于饱和并开始缓慢下降，市场竞争非常激烈的时期。通常成熟期在产品生命周期中持续的时间最长。根据这阶段的销售特点，成熟期可以分为成长成熟期、稳定成熟期和衰退成熟期3个时期。3个时期的主要特点如下。（1）成长成熟期的销售渠道呈饱和状态，增长率缓慢上升，有少数消费者继续进入市场。（2）稳定成熟期的市场出现饱和状态，销售平稳，销售增长率只与购买人数成比例，如无新购买者，则增长率停滞或下降。（3）衰退成熟期的销售水平开始缓慢下降，消费者的兴趣开始转向其他产品和替代品。

4．衰退期。衰退期又称滞销期，是指产品销量急剧下降，产品开始逐渐被市场淘汰的阶段。其主要特点如下。（1）产品需求量、销量和利润迅速下降，价格下降到最低水平。（2）市场上出现了新产品或替代品，消费者的兴趣已完全转移。（3）多数竞争者被迫退出市场，继续留在市场上的企业减少服务，大幅度削减促销费用，以维持最低水平的经营。

（三）产品生命周期各阶段的营销策略

1．介绍期的营销策略。在这一时期，企业营销工作的重点是作出正确的判断，抓住时机，采用有效的营销策略占领市场，形成批量规模，以便较快地进入成长期。在介绍期可供企业选择的市场营销策略主要有4种。

（1）快取脂策略。快取脂策略是采用高价格、高促销费用的方式推出新产品，以求迅速扩大销售量，取得较高的市场占有率，快速收回投资。企业采取这种策略应具备的条件如下。①新产品有特色、有吸引力，优于市场原有同类产品。②有较大的潜在市场需求。③目标顾客的求新心理强，急于购买新产品，并愿意为此付高价。④企业面临潜在竞争的威胁，需及早树立品牌。

（2）慢取脂策略。慢取脂策略是采用高价格、低促销费用的方式推出新产品，以求获得更多的利润。企业采取这种策略应具备的条件如下。①市场规模相对较小，现实的和潜在的竞争威胁不大。②新产品具有独特性，有效地填补了市场空白。③适当的高价能为市场所接受。

（3）快渗透策略。快渗透策略是采用低价格、高促销费用的方式推出新产品，以争取迅速占领市场，取得尽可能高的市场占有率。采取这种策略应具备的条件如下。①产品的市场容量很大。②消费者对产品不了解，且对价格十分敏感。③企业面临潜在竞争的威胁。④单位生产成本可随生产规模和销量的扩大而大幅度下降。

（4）慢渗透策略。慢渗透策略是采用低价格、低促销费用的方式推出新产品。低价可以促使市场迅速接受新产品，低促销费用则可以降低营销成本，实现更多的利润。采取这种策略应具备的条件如下。①产品的市场容量大。②消费者对产品已经了解，且对价格十分敏感。③企业面临潜在竞争的威胁。

2. 成长期的营销策略。成长期旺盛的市场需求与高额的利润会引来竞争对手的参与。因此，该阶段的企业营销重点是扩大市场占有率和巩固市场地位，企业可采取以下几种市场营销策略。

（1）产品策略。在该阶段，消费者在购买时有一定的选择余地，企业为了扩大销售，使既有的购买者增加购买，使潜在的购买者实施购买，应采取创名牌的产品策略。企业可通过改进和完善产品、提供优良的售后服务等措施提高产品的竞争力，使消费者产生信任感。

（2）价格策略。企业根据市场竞争情况和自身的特点灵活定价。选择适当的时机降低产品的价格，既可以争取那些对价格比较敏感的顾客来购买，又可以冲击竞争对手。

（3）渠道策略。巩固原有的销售渠道，增加新的销售渠道，开拓新的市场，扩大产品的销售范围。

（4）促销策略。加强促销环节，树立强有力的产品形象。促销的重心应从介绍期的建立产品知名度转移到宣传产品的特殊性能、特色，提高产品及企业的形象和声誉上。主要目标是建立品牌偏好，维系老顾客，争取新顾客。

3. 成熟期的营销策略。处于成熟期的产品，企业只要保住市场占有率，就可获得稳定的收入和利润。成熟期的营销重点是稳定市场占有率，维护已有的市场地位，通过各种改进措施延长产品生命周期，以获得尽可能高的收益率。为此，企业可以采取以下 3 种策略。

（1）市场改良策略。这种策略不需要改变产品本身，而是通过发现产品的新用途、改变销售方式和开辟新的市场等途径，达到扩大产品销售的目的。

（2）产品改良策略。这种策略是以产品自身的改进来满足消费者的不同需要，以扩大产品的销量。整体产品概念中的任何一层次的改进都可视为产品的改进。产品改良可从下列几方面着手。①质量改良，即对产品的功能、特性进行改进。②特色改良，即扩大产品的使用功能，增加产品新的特色，如尺寸、重量、材料、附件等，以此扩大产品多方面的适应性，提高产品使用的安全性、方便性。特色改良具有花费成本少、收益大、创新企业形象等方面的优点，但也有容易被模仿的缺点，因此企业只有率先革新才能获利。③式样改良，即改变产品的外观、款式等有形部分，增强其美感，提高产品对消费者的吸引力，以此扩大销售。④附加产品改良，即适当增加服务的内容，这对提高产品的竞争力和扩大产品销售具有积极的促进作用。

（3）市场营销组合改良策略。这种策略是通过改变市场营销组合的因素来刺激销售，从而达到延长产品成长期和成熟期的目的。常用的方法有通过特价、早期购买折扣、补贴运费、延期付款等方法来降低价格，吸引消费者，提高产品的竞争力；改变销售途径，扩大分销渠道，广设销售网点；调整广告媒体组合，变换广告时间和频率，采取更有效的广告形式；开展多样化的营销推广活动；扩大附加利益和增加服务项目等。

4. 衰退期的营销策略。在这一时期，企业既不要在新产品未跟上时就抛弃老产品，以致完全失去已有的市场和顾客，也不要死抱住老产品不放而错过机会，使企业陷入困境。企业可以采取以下几种营销策略。

（1）维持策略。维持策略是企业继续沿用过去的策略，仍按照原来的细分市场，使用相同的销售渠道、定价及促销方式，直到这种产品完全退出市场为止。

（2）集中策略。集中策略是把企业能力和资源集中在最有利的细分市场、最有效的销售渠道和最易销售的品种上，这样有利于缩短产品退出市场的时间，同时又能为企业创造更多的利润。

（3）收缩策略。收缩策略是企业大幅度降低促销水平，尽量减少销售和推销费用，以增加目前的利润。这样可能导致产品在市场上的衰退加速，但又能从忠于这种产品的顾客中得到利润。

（4）放弃策略。放弃策略是企业对衰退比较迅速的产品应该当机立断，放弃经营。企业可以采取完全放弃的形式，将产品完全转移出去或立即停止生产，也可采取逐步放弃的方式，使其所占用的资源逐步转向其他产品。

（四）非典型的产品生命周期

典型的产品生命周期是一种理论抽象，是一种理想状况，在现实经济生活中，并不是所有产品的生命历程都完全符合这种理论形态，本书将这种产品的生命周期称为非典型的产品生命周期。它主要有以下几种形态。

1. 再循环型生命周期。再循环型生命周期是指产品销售进入衰退期后，由于种种因素的作用而进入第二个成长阶段，如图6.3所示。这种再循环型生命周期是市场需求变化或企业投入更多促销费用的结果。

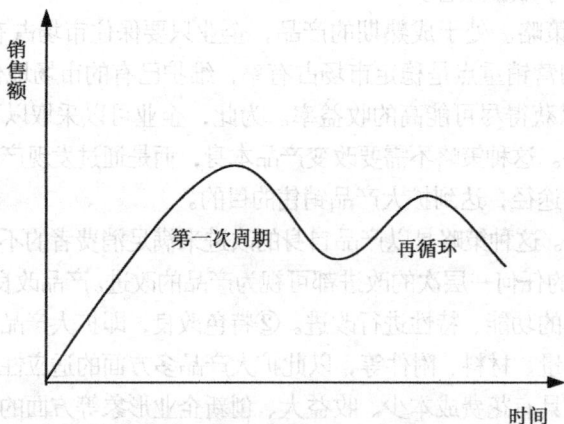

图6.3 再循环型产品生命周期

2. 多循环型生命周期。多循环型生命周期是指产品进入成熟期后，企业通过制定和实施正确的营销策略，使产品销量不断达到新的高潮，如图6.4所示。

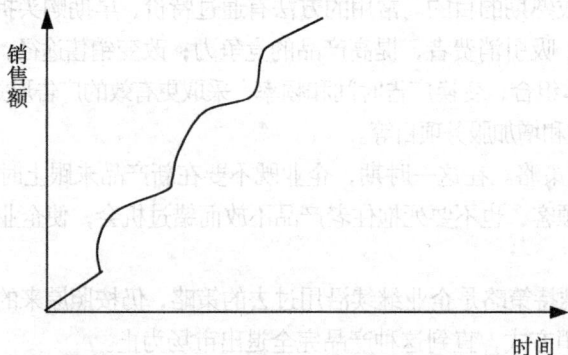

图6.4 多循环型产品生命周期

3. 非连续循环型生命周期。非连续循环型生命周期是指产品在一段时间内迅速占领市场，又很快退出市场，过一段时间后又开始新的循环，如图 6.5 所示。例如，大多数时尚商品的生命周期属于非连续循环型生命周期。

4. 产品种类、产品形式和产品品牌的生命周期。产品种类是指具有相同功能及用途的所有产品（如电视机）。产品形式是指同一类产品中辅助功能、用途或实体销售有差别的不同产品（如彩色电视机）。产品品牌则是指产品（或服务）具有特定的名称、术语、符号、象征或设计，或者是它们的组合，可用以识别不同企业生产的同类产品（如海信电视）。产品种类具有最长的生命周期，有的产品种类的生命周期的成熟期可能无限延续。产品形式的生命周期次之，一般表现出比较典型的生命周期过程，常常经历 4 个阶段。

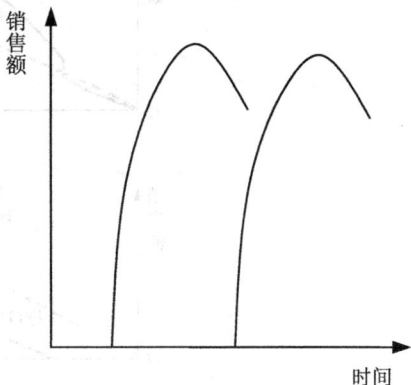

图 6.5　非连续循环型产品生命周期

而具体产品品牌的生命周期最短且不规则，它受市场环境、企业营销决策、品牌知名度等多种因素的影响，品牌知名度高，其生命周期则长；反之，其生命周期则短。

6.2.2　国际市场产品生命周期

1. 国际市场产品生命周期的内涵。当我们把国内市场扩展到国际市场时，同一产品生命周期的各个阶段在不同国家的市场上出现的时间是不一致的，由于各国在科技进步及经济发展水平等方面的差别，导致同一产品在各国的开发生产、销售和消费上的时间存在差异，我们将其称为国际市场产品生命周期。

国际产品的生命周期一般呈现以下运行规律。发达国家率先研制开发出某种新产品，并在国内市场销售，然后逐步向较为发达的国家、发展中国家出口，并转向对其他新产品的开发，而要从其他国家进口原产品来满足国内市场需求；一些发展中国家则是先引进新产品进行消费，然后引进或开发生产技术进行生产，最后又将产品出口到产品的原产地。美国哈佛大学商学院教授雷蒙德·弗龙（Raymond Vernon）以产品生命周期理论为基础，对世界贸易和投资方式提出了新的理论，即"国际市场产品生命周期"理论。他将产品生命周期划分成 3 个阶段：新产品发明阶段、产品成长和成熟初期阶段、成熟期和产品标准化阶段。由于经济发达国家、较发达国家及发展中国家的经济发展和科技发展水平不同，产品进入这 3 个阶段的时间先后不一样，如图 6.6 所示。

经济发达国家首先致力于新产品的开发，掌握新产品的发明、制造和应用，以满足本国消费者的需求。当产品进入投入期后期及成长期后，国内产品供大于求，因此将发明产品销售到其他较发达国家及发展中国家，同时，一些较发达国家对新产品的生产技术较发展中国家更容易掌握，因而他们在此基础上开始仿制、研制该产品。当产品进入成熟期后，产品不断完善，而且已形成标准化生产并大量生产，因而可以同经济发达国家的产品相抗衡，由进口国转换为出口国。而发展中国家在进口基础上应用先进技术，以较低的成本成功地生产出标准化产品并投入市场，使最先出口国的产品失去竞争优势，并逐步放弃市场上已趋饱和的产品，转向发展更新的产品和更新的技术，而从其他国家进口原产品。

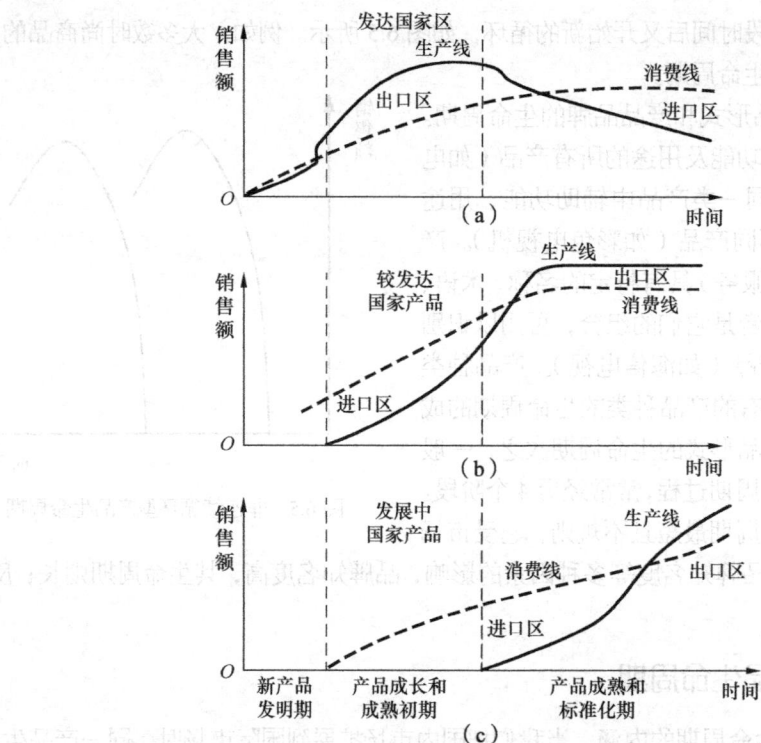

图 6.6　国际产品生命周期循环图

2. 产品的国际市场生命周期理论的意义。对国际产品市场生命周期概念的把握及各阶段的划分时企业顺利地打入国际市场有重要意义。

（1）有利于出口产品的更新换代。利用国际市场产品生命周期分析国际市场趋势，积极开发新产品，及时淘汰衰退产品，可使我国出口产品在国际市场上保持旺盛的销售。

（2）根据产品在各国市场所处的不同生命周期阶段制定相应的营销策略，打开新市场或扩大原有市场的销售。根据国际产品市场生命周期理论，产品在不同的市场处于生命周期的不同阶段。如在 A 市场处于成熟期的产品，在 B 市场则处于成长期或新产品介绍期。据此，企业可灵活机动地采取相应的措施，延长现有产品的出口期限。

（3）根据产品生命周期各阶段的变动状况研制开发产品的多种用途，尽可能延长产品的成熟阶段。某些产品在进入成熟期后，由于开发了它的新用途，发现了它的新特性，而使该产品进入新的领域、新的市场，其产品生命重新投入新的循环周期，并且持续地发展下去。

扩展阅读：阅读《乐视超级电视的配置为何要满足整个产品生命周期的需求？》，谈谈你对乐视产品生命周期的认识。

6.3　国际市场新产品开发

6.3.1　新产品的概念

营销学所谓的新产品的含义与科技发展过程中新发明创造的产品有所不同。前者的内容更为广泛，可以认为凡是第一次在市场上出现的产品或企业第一次生产销售的产品均属新产品范畴。新产品大体分为以下 4 种。

1. 全新产品。全新产品是指应用现代科学技术成果研制出来的具有新原理、新技术、新材料的新产品。

2. 革新新产品。革新新产品是指在原产品的基础上，利用科学技术和新工艺进行较大革新，使产品性能显著提高，能满足消费者新的需求的新产品。

3. 改良新产品。改良新产品是指在用途、性能上没有多大的改变，只是对现有产品的品质、造型、款式或包装进行一定的改变。

4. 仿制新产品。仿制新产品是指市场上已有的、企业进行仿制的产品，也是本企业的新产品。

对企业来说，全新产品从理论到技术，从实验室到生产，都要花费大量的人力、财力和物力，因此，企业多难于开发这种新产品。而革新新产品研制过程较短，消费者已先有认识而容易接受，因此企业为都在竭力开发这种新产品。对于改良新产品和仿制新产品，由于试制更为容易，因而企业大多在进行此项工作，国际市场上这种产品屡见不鲜。

6.3.2　国际市场新产品开发方向

企业开发新产品通常有以下途径。一是引进国外先进技术，我国常用的有许可证贸易合作生产、合作研究、购买先进设备等方式。二是自行研制与引进技术相结合，这是目前国内外企业开发新产品较为普遍的方式。三是独立研制，即从理论到技术进行独立的研制。当前，国际市场正处于微电子技术和计算机技术迅猛发展并渗透到各行各业的时代，新产品开发的突出特点是向小型化、数字化、微机化和集成化、智能化及复合化方向发展。因此，新产品开发应选择以下方向。

* 仿制法。选择市场上畅销产品或优质产品、样品进行分析研究、加以仿制，成为自己的产品。使用这种方法的企业应避免发生侵权行为。
* 系列化。即企业在已有产品的基础上，根据发展的特点将已有的产品进行延伸，使产品品种和规格形成系列。
* 配套法。即专门为大型企业的产品或设备生产某一两种零部件，进行专业化的配套生产。如果这种专业生产的零部件具有国际上的通用性，也可优质优价直接出口。
* 替代法。即寻找市场上紧俏的产品作为研制目标，开发成功后予以取代进口的产品，填补国内空白。当质量达到国际标准，价格上又有一定的优势时，便可变国内销售为出口。
* 专利法。即对某些确实对企业开发新产品有利的专利可断然购买、引进和实施。
* 小型化、微型化和轻型化。即将产品向"短、小、轻、薄"方向发展，这是当前产品开发的一大潮流。
* 复合化。即将现有的已经成熟的技术和产品加以新的组合，开发新产品。
* 结合微机应用。将微机应用于现有产品中是当今国际市场开发新产品的一大方向。在日本甚至有人提出。不带微机的产品不算新产品。产品微机化不仅可以减少零部件的数量，降低故障率，而且可以提高精度、增加功能。
* 采用数字技术。在现有的模拟技术电子产品中，运用数字技术可以创造出许多新产品，如数字彩色电视机、数字录音机等。

6.3.3　新产品的开发程序

开发新产品是一项很复杂的工作，它投资大，风险大。为减少失误，降低风险，企业开发新产品必须遵循科学系统的开发程序。新产品的开发过程是指从萌生想法、评价发展到最终产品的过程。一般而言，新产品的开发程序包括 8 个主要步骤：新产品构思，筛选构思，产品概念的形成和测试，营销规划的拟定，商业分析，新产品研制，市场试销，正式上市。

1. 新产品构思。新产品开发是从寻求构思，即开发新产品的设想开始的。要想成功地开发一种新产品，首先要有一个有创造性、有价值的构思。虽然并不是所有的构思都可能变成新产品，但寻求尽可能多的构思可以为开发新产品提供较多的机会。

新产品构思的来源很多，主要来源于顾客、竞争者、中间商、科技人员、销售人员等。此外，还可以从发明家、专利代理人、大学、研究机构、咨询公司、广告代理商、行业协会和有关出版物寻求新产品的构思。由于构思来自于许多渠道，因此各种构思受到认真注意的机会就取决于企业对新产品开发负有责任的机构。为此，企业的营销人员必须积极地、有序地寻找、搜集并接纳各种新产品构思。寻找和搜集构思的主要方法有以下几种。

（1）产品属性列举法。这是将现有产品的属性一一列出，通过寻求改良某种属性以达到改良该产品的目的，然后在此基础上形成新的产品构思或创意。

（2）强行关系法。这是指列出若干个不同的产品，然后把某一产品与另一种产品或几种产品强行结合起来，产生一种新的构思。

（3）调查法。这是指向消费者调查使用某种产品时出现的问题或值得改进的地方，然后整理意见，将其转化为新的产品构思。

（4）头脑风暴法。这是指选择专长各异的人员进行座谈，集思广益，以发现新的产品创意，产生新的产品构思。

2. 筛选构思。筛选构思就是对大量的新产品构思进行评价，研究其可行性，然后挑出那些有创造性的、有价值的构思。筛选构思的目的是选出那些符合本企业发展目标和长远利益，并与企业资源相协调的产品构思，及早地发现那些不可行或者可行性不大、没有发展前途的构思。

企业在甄别构思时，一般要考虑以下因素。一是环境条件，即涉及市场的规模与构成、产品的竞争程度与前景、国家的政策等。二是企业的战略任务、发展目标和长远利益，这涉及企业的战略任务、利润目标、销售目标和形象目标等方面。三是企业的开发与实施能力，包括经营管理能力、人力资源、资金能力、技术能力和销售能力等方面。企业在对构思进行筛选的过程中，要避免两种失误。一是误舍，就是将那些可行的新产品构思舍弃。二是误用，就是将一些没有前途的新产品构思付诸开发。无论是误舍还是误用，都会给企业造成重大损失。因此，企业必须从自身的实际情况出发，根据具体情况决定取舍产品的构思。

3. 产品概念的形成与测试。经过筛选后保留下来的产品构思必须发展成产品概念。产品概念是指已经成型的产品构思，即用文字、图像、模型等给予清晰的描述，使之在消费者心目中形成一种潜在的产品形象，即用有意义的"消费者语言"来详细描述的产品构思。

一个产品构思能转化成若干种产品概念。例如，一家奶品公司有一个构思，想开发一种富有营养价值的奶品，由这一构思可以发展出以下 3 个产品概念。

概念 1：一种早餐饮用的速溶奶粉，适合于成年人很快地补充营养而不需要准备早餐。

概念 2：一种味道鲜美的快餐饮料，供孩子们中午饮用提神。

概念 3：一种保健饮品，适合于老年人晚间就寝时饮用。

每一个产品概念都要进行定位，以了解同类产品的竞争状况，选择最适当的产品概念。这需要将产品概念提交给目标市场有一定代表性的消费者进行测试、评估。通过产品概念的测试，企业可以更好地选择和完善产品概念。

4. 初拟营销规划。对经过测试后确认的产品概念要为其拟订营销规划。初拟的营销规划应包括 3 个部分。

（1）说明目标市场的规模、结构、行为，新产品的市场定位、近期的销售量和销售额、市场占有率、利润率等。

（2）简述新产品的计划价格、分销渠道、促销方式和营销预算。

（3）阐述新产品的远景发展情况并提出设想，如长期销售额和利润目标、产品生命周期各阶段的营销组合策略等。

5. 商业分析。商业分析是对新产品概念进行经济效益分析，即对新产品的销售情况、成本和利润作出进一步的评估，判断其是否符合企业的目标，以此决定是否进入新产品的正式开发阶段。

商业分析包括预测销售额和推算成本与利润两个步骤。在估计新产品的销售情况时，要深入考察类似产品过去的销售情况以及目标市场情况，从而推算出最小和最大销售量，以估量出风险大小。然后工作人员要与各有关部门共同讨论分析、估计成本、推算利润。根据这些成本和利润数据，可以分析新产品的财务吸引力。

6. 产品开发。通过商业分析的产品概念可以进入产品开发阶段。这一阶段是将用文字、图形或模型等描述的产品概念，转化为实体形态的产品模型或样品。大量的投资会在这一阶段发生，所要解决的问题是产品概念能否转化为技术上和商业上可行的产品；如果不能，该过程除了提供一些有用的信息之外，至此所累积耗费的投资将全部付诸东流。

开发一个成功的产品需要几天、几周、几个月，甚至几年。工程技术部门要进行材料选择与加工设计、结构造型设计和价值工程分析，营销部门要进行外观设计、包装设计和品牌企划；在样品制造出来以后，还必须进行严格的功能测试和消费者测试。功能测试在实验室或现场进行，主要检查产品是否符合有关安全和技术要求，是否符合国家、行业或企业标准，工艺流程是否合理先进，零部件或成品的质量是否可靠。消费者测试是把一些样品交给消费者试用，以征求他们对新产品的意见。

7. 市场试销。如果企业对产品测试的结果感到满意，接着就是市场试销。市场试销是将新产品与品牌、包装及价格和初拟的营销规划组合起来，然后将新产品小批量投入市场，以检验新产品是否真正受市场欢迎的过程。其目的是了解顾客和分销商对该产品将如何反应，是否愿意处理、使用和再购买，以及潜在市场的规模究竟有多大。

市场试销要对下列几个问题做出决策。一是试销的地区范围，试销市场应是企业目标市场的缩影。二是试销时间，试销时间的长短一般应根据该产品的平均重复购买率，即再购率决定，再购率高的新产品试销的时间应当长一些，因为只有重复购买才能真正说明消费者喜欢该种新产品。三是试销中所要取得的资料，一般应了解首次购买情况（试用率）和重复购买情况（再购率）。四是试销所需要的费用开支。五是试销的营销策略及试销成功后应进一步采取的战略行动。

产品不同，试销的规模和时间长短的不同。高投资高风险的产品值得进行试销，以防铸成错误。当开发和推出新产品的成本很低或企业对新产品很有信心时，企业可能很少或根本不进行市场试销。消费品的市场试销和工业品的市场试销是有差别的。

8. 正式上市。新产品试销成功后，就可以正式批量生产，然后全面推向市场。这时，企业将面临着最大的投资决策。首先，公司需要建立或租赁全面投产所需的设备，其中生产规模是最关键的。

为了安全起见，许多企业把生产能力保持在所预测的销售额以内。其次，企业需要投入大量的营销成本，许多新产品在上市初期往往需要很高的广告和促销预算支持。

在产品正式上市阶段，企业需要作出如下4个方面的决策。

（1）何时上市，即什么时候将新产品投放市场最适宜。一般全新型新产品进入市场的时间要早，动作要快；换代型新产品应选择在老产品的成熟期早期或中期进入市场；改进型新产品或系列新产品应选择在基础产品成熟期进入市场；仿制新产品则应选择在竞争产品的成长期进入市场。

（2）何地上市，即企业决定将新产品推向哪一地区或哪些地区，是全国市场还是国际市场。通常小企业会选择一个有吸引力的城市市场快速进入，而大企业往往把产品引入某一地区，然后向其他地区扩展。一些有信心、有资本实力和有能力的大企业则会在全国市场范围内同时推出其新产品。

（3）销售给谁，即企业希望将销售目标对准最有吸引力的市场。理想的新产品的潜在购买者应该是早期采用者、大量使用的用户、观念倡导者或舆论带头人，他们能为新产品做正确宣传，和他们接触的成本不高，然而现实中这样的群体很少见。企业只能根据这些标准对各种预期的群体作出评价，把目标对准最有希望的群体。

（4）怎样上市，即企业要制定一个较为完善的新产品的市场营销组合策略，有计划地进行营销活动。

扩展阅读： 观看《2016 前瞻：汽车技术和增强现实将成主角》，谈谈汽车产品未来的发展方向。

6.4 国际市场产品的标准化和差异化策略

6.4.1 国际市场产品标准化策略

1. 国际产品的标准化策略。国际产品的标准化策略是指企业向全世界不同国家或地区的所有市场都提供相同的产品。实施产品标准化策略的前提是市场全球化。自20世纪60年代以来，社会、经济和技术的发展使得世界各个国家和地区之间的交往日益频繁，相互之间的依赖性日益增强，消费者的需求也具有越来越多的共同性，相似的需求已构成了一个统一的世界市场。因此，企业可以生产全球标准化产品以获取规模经济效益。例如，在北美、欧洲及日本三个市场上出现了一个新的顾客群，他们具有相似的受教育程度、收入水平、生活方式及休闲追求等，企业可将不同国家或地区相似的细分市场作为一个总的细分市场，然后向其提供标准化产品或服务，如可口可乐、麦当劳快餐、柯达胶卷、好莱坞电影、索尼随身听等产品的消费者遍及世界各地。

2. 国际市场产品标准化策略的意义。在经济全球化步伐日益加快的今天，企业实行产品标准化策略对企业夺取全球竞争优势无疑具有重要的意义。

（1）产品标准化策略可使企业实行规模经济，大幅度降低产品研究、开发、生产、销售等各个环节的成本而提高利润。

（2）在全球范围内销售标准化产品有利于树立产品在国际上的统一形象，强化企业的声誉，有助于消费者对企业品牌的识别，从而使企业产品在全球享有较高的知名度。

（3）产品标准化还可使企业对全球营销进行有效的控制。国际市场营销的地理范围较国内营销扩大了，如果产品种类较多，则每个产品所能获得的营销资源就相对较少，从而难以进行有效的控制。产品标准化一方面降低了营销管理的难度，另一方面集中了营销资源，企业可以在数量较少的产品上投入相对充足的资源，使对营销活动的控制力更强。

3. 国际市场选择产品标准化策略的条件。企业应根据以下几方面来决定是否选择产品的标准化策略。

（1）产品的需求特点。从全球消费者的角度来看，需求可分为两大类，一类是全球消费者共同的与国别无关的共性需求，另一类是与所在国家环境相关的各国消费者的个性需求。在全球范围内销售的标准化产品一定是在全球具有相似需求的产品。消费者对任何一种国际性产品的需求都包括对产品无差别的共性需求和有差别的个性需求两种成分。企业营销人员应当正确识别消费者在产品需求中究竟是无差别的共性需求占主导地位，还是有差别的个性需求占主导地位。对于无差别的共性需求占主导地位的产品，宜采取产品标准化策略。下列产品的需求特征表现为无差别的共性需求成分偏大：大量的工业品，如各种原材料、生产设备、零部件等；某些日用消费品，如软饮料、胶卷、洗涤用品、化妆品、保健品、体育用品等；具有地方和民族特色的产品，如中国的丝绸、法国的香水、古巴的雪茄等。

（2）产品的生产特点。从产品生产的角度来看，适宜于标准化的产品类型是，在采购、制造和分销等方面获得较大规模经济效益的产品。具体表现为：技术标准化的产品，如电视机、录像机、音响等产品；研究开发成本高的技术密集型产品，这些产品必须采取全球标准化以补偿产品研究与开发的巨额投资，如飞机、超级计算机、药品等的研究成本一直在不断上升。

（3）竞争条件。如果在国际目标市场上没有竞争对手出现或市场竞争不激烈，企业可以采用标准化策略，或者市场竞争虽然很激烈，但本公司拥有独特的生产技能，且是其他公司无法效仿的，则可采用标准化产品策略。

（4）实施标准化产品策略必须做成本—收入分析，严格根据收益情况来进行决策。产品、包装、品牌名称和促销手段的标准化无疑能大幅度降低成本，但只有对大量需求的标准化产品才有意义。

此外，还应考虑各国的技术标准、法律要求及营销支持系统，即各国为企业从事营销活动提供服务与帮助的机构和职能。如有的国家零售商没有保鲜设施，新鲜食品就很难在该国销售。尽管产品标准化策略对从事国际营销的企业有诸多有利的一面，但缺陷也是非常明显的，即难以满足不同市场消费者不同的需求。

6.4.2 国际市场产品差异化策略

1. 产品差异化策略的含义。国际产品差异化策略是指企业向世界范围内不同国家和地区的市场提供不同的产品，以适应不同国家或地区市场的特殊需求。如果说产品标准化策略是由于国际消费者存在某些共同消费需求的话，那么产品差异化策略则是为了满足不同国家或地区的消费者由于所处不同的地理、经济、政治、文化或法律环境，尤其是文化环境的差异而形成的对产品千差万别的个性需求。

尽管人类存在着某些普通的需求共性，但在国际市场上不同国家或地区消费者的需求差异是主要的。在某些产品领域，特别是与社会文化的关联性强的产品领域，国际消费者的需求差异更加突出。企业必须根据国际市场消费者的具体情况改变原有产品的某些方面，以适应不同的消费需求。

2. 产品差异化策略的优劣分析。实施产品差异化策略，即企业根据不同目标市场营销环境的特殊性和需求特点，生产和销售满足当地消费者需求特点的产品。这种产品策略更多地是从国际消费者需求个性角度来生产和销售产品，因此能更好地满足消费者的个性需求，有利于开拓国际市场，也有利于树立企业良好的国际形象，是企业开展国际市场营销的主流产品策略。然而，产品差异化策略对企业也提出了更高的要求。首先是要鉴别各个目标市场国家消费者的需求特征，这对企业的市场调研能力提出了很高的要求；其次是要针对不同的国际市场开发设计不同的产品，这要求企业的研究开发能力"跟上"；第三是企业生产和销售的产品种类增加，其生产成本及营销费用将高于标准化产品，企业的管理难度也将加大。因此，企业在选择产品差异化策略时，要分析企业自身的实力以及投入产出比，综合各方面的情况后再作判断。

6.4.3 国际市场产品标准化与差异化策略的选择

随着经济的发展和人们生活水平的提高，消费者需求的个性化日益凸显，选择产品差异化策略逐渐成为一些从事国际营销企业的主要产品策略。然而在营销实践中，企业往往将产品差异化和产品标准化策略综合运用。许多产品的差异化、多样化主要体现在外形上，如产品的形式、包装、品牌等方面，而产品的核心部分往往是一样的。可见，国际市场产品的差异化策略与标准化策略并不是独立的，而是相辅相成的，有些原产国产品并不需很大的变动，便可进入国际市场，有些原产国产品要想让国际消费者接受，则须作较大的改变。由此可见，企业的产品策略通常是产品差异化与产品标准化的一个组合，在这种组合中有时是产品差异化程度偏大，有时是产品标准化程度偏大，企业应根据具体情况来选择产品差异化与产品标准化的组合。

扩展阅读：阅读《如何看待国产手机的差异化和精品化竞争？》，谈谈你的看法。

6.5 国际产品调整与修正政策

产品系列的选择方案是指将国际产品的标准化和差异化策略与国际产品的促销策略相结合产生的各种营销组合策略。基甘教授把适用于国际市场的产品和促销的组合分为 5 种，如表 6.1 所示。

表 6.1　　　　　　　　　　国际营销中产品与促销策略的组合

产品\促销	不 改 变	改 变	发展新产品
不改变	直接延伸	改变产品	产品创新
改变	改变沟通方式	双重改变	

6.5.1 产品系列的调整

一个企业扩展其经营规模有 3 种方式可以选择。一是将现有产品在现有市场上进行进一步的渗透以获得更大的市场份额；二是进行产品线的延伸以进入新的市场领域；三是进行地理扩张，将现有产品销售到国外市场，或者为国外市场设计新的产品并销售。对于开展国际市场营销的企业来说，第 3 种方式是最为常见的。那么，这种扩张该如何实现呢？美国学者基甘教授把适用于国际市场的产品设计和信息沟通结合起来，总结了 5 种可供选择的策略。

1. 产品和促销直接延伸策略。这种策略是指企业对产品不加以任何改变，直接推入国际市场，并在国际市场上采用相同的促销方式，这种可以大大降低企业的营销成本。许多著名的全球性大公司很青睐这种产品策略，最典型的是可口可乐公司，它在全世界各个国家的产品广告都是标准化的，这帮助它树立了良好的、统一的产品形象。不过，能够适用这种策略的企业和产品很少，如果轻易使用将会面临失败的风险。

2. 产品直接延伸、促销改变策略。企业向国际市场推出同一产品，但根据不同目标市场的国际消费者对产品的不同需求，采用适合国际消费者的需求特征的方式进行宣传、促销，往往能达到好的促销效果。这种策略的适用情形有两种，一是产品本身具有多种功能和用途，而不同的国家和地区的消费者倾向于不同的功能和用途，企业可以保持产品不变，只改变宣传信息。另外一种情形是由于各国语言文字和风俗习惯不同，为了让消费者接受，需要在促销方式上作必要的调整。

3. 产品改变、促销直接延伸策略。这种策略是指根据国际目标市场顾客的不同需求，对国内现有产品进行部分改进，但向消费者传递的信息不变。有些产品对国际消费者来说，用途、功效等基本相同，但由于消费习惯和使用条件有差异，因此企业必须对其稍作改进，以适应各国市场的需要。产品改变涉及式样、功能、包装、品牌、服务等的改变，如洗衣粉在各国的用途都是清洁去垢，但各国使用条件不同，发达国家消费者多用洗衣机洗涤，广大发展中国家消费者多用手洗涤，且各国的水质也不尽相同，因而销往不同国家的洗衣粉应根据各国的具体情况设计配方，但宣传策略不用作大的改变。

4. 产品与促销双重改变策略。这种策略是指对进入国际市场的产品和促销方式根据国际市场的需求特点作相应的改变，既改变产品的某些方面，又改变促销策略，如通用食品公司销往不同国家和地区的咖啡采用不同的混合配方，因为英国人喜欢喝加牛奶的咖啡，法国人喜欢喝不加牛奶的咖啡，而拉丁美洲人喜欢喝巧克力味的咖啡，与此相适应，设计不同的广告宣传内容。

5. 产品创新策略。国际市场的产品创新策略是指企业针对目标市场的需求研究和开发新产品，并配以专门的广告宣传。如果新产品开发成功，获利将很大。采用这种产品策略必须谨慎，因为开发新产品的成功率在国内市场尚且未知，更何况面对国际市场。因此，企业通常是在对现行产品进行改进仍不能满足目标市场的需求，而目标市场发展前景好，企业又有能力开发新产品的前提下，才采取产品创新策略。

6.5.2 国际产品的适应策略

适应目标市场的消费者需求特点是从事国际营销企业的产品策略的主导方向，各国消费者对产品的认识是与其所在国的各种环境，尤其是社会文化状况密切相关的，对产品每一层次的不同需求是随着营销环境的变化而变化的。产品的某一层次在一种营销环境中可能是重要的，而在另一种营销环境下则可能不重要，故销往目标市场的产品要适应各国营销环境的要求。一项对出口企业的出品产品修改计划的研究表明，出口企业对出口产品都要做一项或若干项修改，对产品的修改要素包括产品特点、名称、标签、包装、颜色、材料、价格、促销、广告主题、广告媒体、广告技巧，在这 11 个可修改的要素中，平均每个产品要做 4 项修改，以适应目标市场的需求。这些因素可分为两类：强制性适应改进产品和非强制性适应改进产品。

1. 强制性适应改进产品。强制性改进产品是指企业根据国外市场的一些强制性因素对产品作适应性改进。各国政府为保护本国消费者的利益，维护已有的商业习惯，会对进口商品制定一些特殊的法律、规则或要求，有些是永久性的，有些则是临时性的。影响产品调整的强制性因素主要表现在以下几个方面。

（1）各国政府对进口产品的标准所作的特殊规定。各国政府对产品在质量标准、包装、商标、安全要求等方面都有其特殊要求，产品出口到这些国家必须遵守这些要求，否则根本无法进入该国市场。发达国家对产品的质量技术要求和安全性能要求都非常高。对于这些规定，出口企业毫无例外地必须遵守，甚至要改变原有产品以适应各国市场的有关规则和标准。

（2）各国度量衡制度不同而导致计量单位上的差异。由于世界各国的度量衡制度不同，以致造成同一计量单位所表示的数量（重量）不同。在国际贸易中通常采用公制、英制、美制和国际单位制。例如，就表示重量的"吨"而言，实行公制的国家一般采用"公吨"，每公吨为1000千克；实行英制的国家一般采用"长吨"，每长吨为1016千克；实行美制的国家一般采用"短吨"，每短吨为907千克。

此外，有些国家对某些商品还规定有自己习惯使用的或法定的计量单位，这就要求出口的产品必须根据目标市场的计量制度作相应调整，否则，根本就无法使用。

（3）各国气候等条件的特殊性。目标市场的气候、地理资源等条件也是企业必须改变原有产品的强制性因素之一，如加拿大是一个寒冷的国家，出口到该国的汽车轮胎就必须采用与出口到热带国家的汽车轮胎不同的原料成分进行生产。又如日本松下电视机厂要对出口到不同国家区域的电视机进行专门的磁场校正，以确保获得最好的收视效果。

此外，有些国家政府为保护本国利益，针对外资企业进口商品专门制定了一些条款和规定，也促使企业必须改进产品的某些方面。如有的国家要求外资企业或合资企业的产品必须使用当地零配件，为满足这种要求，外资或合资企业便不得不进行适应的调整。

2. 非强制性适应改进产品。非强制性适应改进产品是指企业为了提高在国际市场上的竞争力，适应目标市场的非强制性影响因素，而主动对产品作出的各种改进。非强制性改进产品对企业更有吸引力，但其改进难度也更大。因为强制性改进产品基本上是因为各国市场对产品施加具体的强制性要求，如技术要求、气候要求等，任何出口企业都必须按照这些要求对产品进行改变。而非强制性改变产品则因企业而异，是否改变产品，如何改变产品，对产品改变到什么程度，将视各出口企业对目标市场需求特点的了解程度、企业营销能力的强弱而定。而且促使企业改变产品的非强制性因素弹性太大，不可能也不会有现成的指导原则。而企业产品对目标市场的适应性关键又在于根据非强制性因素而作出的相应改变。可见，因非强制性的因素而改变产品是企业从事国际市场营销成败的关键。非强制性产品改变的影响因素通常有以下几种。

（1）文化的适应性改变。各国或地区文化环境的差异是促使从事国际市场营销企业改变产品的一个重要原因，处于不同文化环境中的消费者，对产品的需求差异主要体现在价值观、道德规范、行为准则、宗教信仰、消费偏好以及使用模式等方面，国际目标市场的消费者是否接受新产品和新行为方式的主要障碍并非收入水平和自然环境的差异，而在于产品所面对的目标市场的文化模式。将一种产品投放到并不需要该物品甚至禁忌该物品的文化环境中，无论该产品如何物美价廉，品牌知名度如何高，也无法赢得消费者的青睐。

要使企业销售一种适应国际目标市场需求的产品，更多应考虑目标市场消费者的习惯、生活方式、消费价值导向等方面。当企业将一种文化背景下的畅销产品销售到另一种文化背景中，而要在某种程序上改变该种文化背景中消费者的价值观、生活方式、消费习惯时，必须注意克服改变的阻力。

（2）各国消费者的收入水平。收入水平的高低在很大程度上影响消费者对产品效用、功能、质量、包装及品牌等的要求。收入水平低的消费者通常注意对产品的基本性能的要求，如要求产品价格低廉、经久耐用，而对包装、品牌则不太注重。收入水平高的消费者则更多追求产品的优质、精美的包装、品牌的知名度等。

（3）消费者的不同偏好。消费者的不同偏好是吸引国际市场营销企业改变产品的一个重要原因。各国消费者的不同偏好主要是由社会文化所决定的。由于文化影响而产生的消费者偏好的差异主要体现在产品的外观、包装、商标、品牌名称以及使用模式等方面，而很少体现在产品的物理性或机械性方面。对于一个以国际市场营销为导向的企业来说，当涉及产品的外观样式、味道及包装中颜色图案和文字的禁忌时，企业的秘诀是入乡随俗。

（4）国外市场教育水平。国外市场的教育水平也是促使企业改变其产品的非强制性因素。发达国家的消费者平均受过 10 年的正规教育，而且生长在一个高度商业化、工业化和技术化的社会中，他们文化水平高，易于识别、掌握及使用技术复杂的产品。而在一些贫穷落后的国家中，消费者受教育的程度有限，可能难以掌握及使用技术复杂的产品。

　　扩展阅读：阅读《"走出去"的海尔真正"走进了"泰国》，谈谈海尔是如何适应泰国当地文化的？

6.6　国际市场产品品牌、包装及服务策略

6.6.1　品牌与商标策略

（一）品牌与商标

品牌与商标策略是产品策略的一个重要组成部分。用品牌与商标来建立产品在市场的地位，树立企业形象是企业的有效竞争手段。

1. 品牌与商标的概念。与品牌及商标相关的概念主要有以下几个。

（1）品牌（Brand）。品牌是企业或中间商给自己产品规定的名称。西方营销学关于品牌的定义是品牌是一个名称、术语、符号、标记、图案或其组合，用以识别一个或一群卖者的产品或劳务。品牌主要分为生产者品牌和中间商品牌。

（2）品牌名称（Brand Name）。品牌名称是指品牌中可以用语言称呼的部分，如可口可乐、雪佛兰、松下、日立、永久等。

（3）品牌标志（Brand Mark）。品牌标志是指品牌中可以被认知与识别，但不能直接用语言表达的部分。品牌标志往往是某种符号、图案或专门设计的颜色、字体等。如美国米高梅电影公司以一只怒吼的狮子作为其品牌标志，"可口可乐"用英文字母设计的专门图案，作为其品牌标志。

（4）商标（Trade Mark）。品牌中的品牌名称或品牌标志经向政府有关部门注册登记后称为商标。注册商标是一种工业产权，受国家法律的保护，可防止别人冒用。

2. 品牌与商标的作用。从营销者角度看，品牌与商标具有如下作用。第一，品牌与商标是企业与消费者沟通的桥梁，是企业主要的促销工具。第二，品牌与商标是市场营销战略的基本手段，它有助于市场细分和定位，企业可按不同细分市场的要求建立不同的品牌。第三，品牌与商标是促进企业发展的激励手段，通过创造受消费者欢迎的品牌，可以激励企业不断提高产品质量和企业的信誉并创造企业的形象。第四，品牌与商标是保证产品质量的监督工具，品牌是区别同类商品的重要标志，不同的品牌代表着不同的来源、质量、信誉和评价。

从消费者角度来看，品牌与商标有以下作用。第一，品牌与商标是消费者购买商品的识别工具，面对品种繁多的各类商品，消费者只有通过对品牌的熟悉来辨认和选择商品。第二，品牌与商标是消费者选择商品的评价标准。品牌，尤其是具有法律意义的名牌商标，往往是一种质量高、信誉好的产品象征。第三，品牌与商标是消费者个人价值的显示标志，购买名牌产品往往成为消费者显示社会地位、文化修养、职业身份的一种标志和手段。

3. 品牌与商标的特点。一个具有良好信誉的品牌或商标是一种无形的资产，如"可口可乐""万宝路""柯达""日立"等都是世界驰名的商标，具有很高的品牌价值。因此，企业应加强品牌与商标的设计、管理和开发。一个成功的品牌或商标的设计应具有以下特点。

（1）简明性。简明的品牌便于企业传播，更便于消费者识别和记忆。如永久自行车的商标由"永久"两字构成一辆自行车的图案，使人一目了然。

（2）暗示性。品牌与商标应向消费者暗示产品所具有的某种效用或象征产品的某个特性。如"雪碧"柠檬水给人留下了"晶晶亮，透心凉"的感觉。又如法国标致公司以猛狮为商标，象征其生产的钢锯的3个特点，即锯齿的耐磨性（像狮子的牙）、锯片的灵活性（像狮子的脊梁骨）、切割的快速性（像狮子的跳跃）。显然，狮子成了标致的最佳形象。

（3）新颖性。品牌、商标的设计应新颖而独特，这样才能使企业的品牌和商标引人注目从众多的品牌中脱颖而出。上海第一百货公司店标的设计采用了一个象征硬币的暗圆和一个白色细长的"1"字形的组合，既简单明了，又新颖独特，更是寓意深刻，它既体现了公司争创一流的主题与宗旨，又象征了公司大楼的外形和营业柜台，而竖直的"1"和带缺口的圆则表达了"虽无绝对圆满，但求上升永无止境"的经营思想。

（4）情景性。品牌与商标的设计应考虑到不同国家文化背景、宗教信仰和语言文化的差异，根据不同的时间和空间采取不同的设计方案，以适应情景的变化，否则可能会产生沟通障碍。

4. 品牌和商标设计原则。国际产品品牌和商标的设计除应遵循产品品牌和商标设计的一般性原则（如简单易懂、便于识别、有助记忆、构思独特新颖、引人注目、适应产品性质、便于宣传商品）外，还应特别注重以下设计原则。

（1）符合各国消费者的传统文化和风俗习惯。出口商品的商标设计应注意与各国和地区的文化与习俗相适应，因此，必须充分认识和了解各国消费者对颜色、数字、动物、花卉、图案、语言等方面的喜好与禁忌。

（2）符合国际商标法和目标国商标法的规定。符合国际商标法的规定是国际产品商标设计必须遵循的一个重要原则，主要是遵循保护工业产权的《巴黎公约》和关于商标国际注册的《马德里协定》及《商标注册公约》等。这些国际公约对商标的国际注册、商标权利在不同国家互不牵连、驰名商标的保护、商标的转让以及不能作为商标注册的内容等问题都作出了明确的规定。

企业还必须充分了解和遵守目标国有关商标的法规，以避免引起法律纠纷和遭受经济损失，从而使企业的商标得到目标国的法律保护。如美国采用"商标使用在先"的法律，而我国则遵循"商标注册在先"的法律。

（二）品牌与商标策略

1. 品牌的基本策略。为了使品牌在市场营销中更好地发挥作用，就应采取适当的品牌策略，有下列几种品牌策略可供选择。

（1）品牌化策略。品牌化策略是企业决定"是否使用品牌"的策略。使用品牌无疑对企业有许多好处，对大多数企业来说，为了发展产品的信誉，应使用品牌。而从另一个角度看，使用品牌意味着企业要承担相应的责任。如要保持产品质量的稳定，就要对品牌进行宣传，要履行法律规定的义务等。若企业无力承担这些责任，就大可不必使用品牌。比如，一些产品尚不定型的新创企业，有时并不一定要使用品牌。另外，有些以规格划分的匀质产品（如煤炭）；无一定技术标准，按消费者爱好选购的小商品；习惯上不认品牌，按实物、样品选购的产品（如布匹、玩具等），也不一定要使用品牌。

（2）品牌使用者策略。品牌使用者策略是企业决定"使用谁的品牌"的策略。企业一旦决定使用品牌，就要考虑使用谁的品牌，一般有 3 种选择。第一种是使用本企业的品牌（即制造商品牌）；第二种是使用中间商的品牌（即经销商品牌）；第三种是使用混合品牌，即一部分产品使用制造商品牌，另一部分产品使用经销商品牌。对于财力比较雄厚、生产技术和经营管理水平比较高的企业，一般都力求使用自己的品牌。但在竞争激烈的市场条件下，短时间创立一个有影响力的品牌并非易事，因此，在有些情况下，企业也可考虑使用他人已有一定市场声誉的品牌。使用他人品牌的优点是可以利用其品牌信誉迅速打开市场，获得技术和管理方面的援助，利用其销售渠道和维修服务网络减轻企业这方面的压力，不承担或少承担产品广告宣传上的责任。使用他人品牌也存在着一些风险和后顾之忧，企业丧失了对产品销售价格的控制；双方协议期满后，如果许可方不愿再续订协议，企业可能会陷入销售困境；最大的损失可能是丧失创立自己品牌形象的机会。总之，企业应根据自身条件，综合权衡使用自己品牌和使用他人品牌两种情况的利弊后再作决定。

（3）品牌数量策略。品牌数量策略是企业决定使用多少个品牌的策略。如果决定使用本企业的品牌，还要对使用多少个品牌进行选择。对于不同的产品线或同一产品线下的不同产品，项目如何使用品牌有 4 种策略可供选择。

① 个别品牌策略

个别品牌策略是企业为其生产的不同产品分别使用不同的品牌。例如，上海牙膏厂使用美加净、中华、黑白、庆丰等品牌就是采用的这种策略。这一策略的优点是企业可以针对不同细分市场的需要有针对性地开展营销活动；企业在生产优质、高档产品的同时，也可以生产低档产品而不受影响，为企业综合利用资源创造了条件；采用此策略，各品牌之间联系松散，不会因个别产品出现问题而影响企业的其他产品。该策略的缺点在于品牌较多会影响广告效果，易被遗忘。这种策略需要较强的财力作后盾，因此，一般适用于实力雄厚的大企业。

② 统一品牌策略

统一品牌策略是企业生产经营的所有产品均使用同一个品牌。例如，美国通用电气公司的产品都使用"GE"这个品牌。采用此策略的优点是可减少品牌设计费，降低促销成本，同时如果品牌声誉高，还有助于新产品的推出。其不足之处是某一产品出现问题，会影响整个品牌的形象，甚至危及企业的信誉。

③ 分类品牌策略

分类品牌策略是企业依据一定的标准将其产品分类，并分别使用不同的品牌。这样同一类别的产品实行同一品牌策略，不同类别的产品实行个别品牌策略，它兼有统一品牌和个别品牌策略的益处。

④ 企业名称加个别品牌策略

企业名称加个别品牌策略是企业各种不同的产品分别使用不同的品牌，且每个品牌之前都冠以企业的名称。例如，美国通用汽车公司（GM）生产的各种轿车都有各自的个别品牌，像"凯迪拉克""雪佛兰"等，前面另加"GM"，以示系通用汽车公司的产品。这一策略可以使新产品系列化，借助企业信誉扩大品牌影响。

（4）品牌延伸策略。品牌延伸策略是企业利用其成功品牌的声誉来推出改进产品或新产品。品牌延伸策略通常有两种做法。①纵向延伸。这是指企业首先推出某一品牌，成功后又推出新的经过改进的该品牌产品，然后再推出更新的该品牌产品。例如，宝洁公司在中国市场先推出"飘柔"洗发香波，然后又推出新一代"飘柔"洗发香波。②横向延伸。这是指企业将成功的品牌用于新开发的不同产品。例如，巨人集团以"巨人"品牌先后推出计算机软件、生物制品和药品等一系列产品。

品牌延伸可以大幅度降低广告促销费用，使新产品迅速、顺利地进入市场。这一策略如运用得当，有利于企业的发展和壮大。然而，品牌延伸未必一定成功。另外，品牌延伸还可能淡化甚至损害原品牌的形象，使原品牌的独特性被逐步遗忘。所以，企业在品牌延伸决策上应审慎行事，要在调查研究的基础上分析、评价品牌延伸的影响，在品牌延伸过程中应采用各种措施，尽可能降低对原品牌的冲击。

（5）多品牌策略。多品牌策略是企业对同一种产品使用两个或两个以上的品牌。多品牌策略虽然会使原有品牌的销售量减少，但几个品牌加起来的总销售量可能比原来一个品牌时要多。

品牌并非越多越好。企业在推出多种品牌时，如果每种品牌都只有很小的市场占有率，而无一个特别获利的，那么采用多品牌策略对企业来说就是一种资源浪费。这时，企业必须废除较弱的品牌，将力量集中于少数有利的品牌。企业发展新的品牌应着眼于更有利于与企业竞争对手品牌相竞争，而不能造成企业内部的自相竞争。

（6）品牌重新定位策略。品牌重新定位策略是指由于某些市场情况发生变化，企业对产品品牌进行重新定位。企业在对品牌重新定位时应考虑两方面的因素。第一，产品品牌从一个细分市场转移到另一个细分市场的费用，重新定位与原有定位的差距越远，重新定位的费用就越高。第二，重新定位的品牌所获得的收益，收益多少取决于细分市场消费者的数量、平均购买率、竞争者的实力及数量等。企业应对品牌重新定位的各种方案进行分析，权衡利弊，从中选优。

2. 商标的扩展策略。商标的扩展策略主要有以下几个。

（1）联合策略。这是指申请人在同一种或类似产品上注册两个或两个以上近似的商标，其目的是防止自己的商标被他人仿冒。例如，龙虎牌万金油就可同时注册猫、熊、豹、牛等几十种动物商标。联合商标不一定都使用，而是为了防止别人侵权。

（2）防御商标。这是指申请人在其生产商品类似以外的商品上以相同的商标申请注册，以防止商品来源的混淆。如日本索尼公司在自行车、食品等许多与电器并不类似的产品上注册了"索尼"商标，以防他人使用而有损索尼形象。

（3）群体商标。这是指若干企业为了共同利益，自愿组成的具有法人资格的工商业团体，如集团公司、股份公司，申请注册共同使用的商标称为群体商标。这需要全体成员共同遵循章程，明确成员的权力与义务，并报请工商局备案。

（4）证明商标。这是指能够区别产品产地、原材料、制造方法、质量等特点，可以证明商品的认证标志。如国际羊毛局的纯羊毛标志和我国的绿色食品标志等。

【小资料】　品牌的由来

"品牌"的英文单词 Brand 源自古挪威文，意思是"烧灼"。人们用这种方式来标记家畜等需要与其他人相区别的私有财产。到了中世纪的欧洲，手工艺匠人用这种打烙印的方法在自己的手工艺品上烙下标记，以便顾客识别产品的产地和生产者。这就产生了最初的商标，并以此为消费者提供担保，同时向生产者提供法律保护。16 世纪早期，蒸馏威士忌酒的生产商将威士忌装入烙有生产者名字的木桶中，以防不法商人偷梁换柱。到了 1835 年，苏格兰的酿酒者使用了"Old Smuggler"这一品牌，以维护采用特殊蒸馏程序酿制的酒的质量声誉。

在《牛津大辞典》里，品牌被解释为"用来证明所有权，作为质量的标志或其他用途"，即用以区别和证明品质。随着时间的推移，商业竞争格局以及零售业形态不断变迁，品牌承载的含义也越来越丰富，甚至形成了专门的研究领域——品牌学。

6.6.2　包装及包装策略

1. 包装的概念。包装是指产品的容器和外部覆盖物或者指对产品进行包装的过程，包装是产品实体的一个重要组成部分，具有保护和美化，便于运输、消费和促进销售的功能。

产品包装一般包括 3 个层次。第一，内包装，它是产品的直接容器；第二，中层包装，其作用是保护产品和促进销售；第三，贮运包装，又称外包装，其作用是便于存储、运输和辨识产品。此外还有标签，即附在包装上的制造者、原产地、重量、产品说明以及配料的成分等文字和图案。

2. 包装的特点。包装是增加产品价值，实现产品价值和使用价值的重要手段。产品包装的优劣直接影响到产品的销路与价格，因此，包装已成为一种重要的竞争手段。现代营销学对包装提出了更高的要求。第一，提高安全性，即产品在存储、运输及使用过程中要避免发生破损、泄漏、挥发、变质和污染等。第二，提高效率性，即产品使用的简易、运输的迅速、陈列的方便等。第三，提高竞争性，包装是形成产品差异的重要手段，独特的包装使产品易于识别，在竞争中先声夺人。第四，提高观赏性，通过美观、新颖、充满情调的包装给消费者留下美好的第一印象，使他们"爱屋及乌"，激发购买欲望。第五，增强导向性，独特合理的包装往往成为品牌、质量的标志，引导消费者购买及使用。

3. 包装的策略。包装策略主要有以下几个。

（1）类似包装策略。企业所生产的各种产品在包装上采用相同的图案、色彩、文字或其他共有特征，使消费者注意到这是同一家企业的产品。例如，柯达公司的彩色胶卷、彩色相纸、套装药水等感光材料就是采用类似包装的方式。

（2）组合包装策略。按人们的消费习惯将几种有关产品组合在一起，以方便消费者携带和使用。例如，茶与茶具的组合，服装与个性化饰品的组合，这种包装策略使消费者在使用中产生连锁反应和立体效应。

（3）多用途包装策略。在设计包装时就考虑到产品用完后可以将其移作他用，如造型优美、可作花瓶的酒瓶可诱发消费者再次购买的欲望。

（4）附赠品包装策略。在商品包装物内附赠小玩具或小工具实物，吸引消费者购买和重复购买。如美国麦氏咖啡在其礼盒中附赠咖啡调勺或咖啡杯就有较好的促销效果。

6.6.3　服务及服务策略

1. 服务的概念。服务是指市场提供的、能满足顾客某种需要的活动或利益。在市场营销过程中，服务占有举足轻重的地位，有形产品必须和服务相结合，才能构成一件完整的产品，系统地满足顾客的需要。随着技术手段的不断改进，生产工艺的不断完善，管理水平的不断提高，物质生产日趋批量化和标准化，产品本身具有多功能、高技术等特点，有形产品之间的质量差异逐渐缩小，而服务方面的差异则日益突出。在现代市场营销活动中，服务已成为强有力的竞争手段，对提高市场占有率影响很大。如日本东芝公司向市场推出的 CT 扫描仪具有可靠性和高质量这些有形特点，然而东芝出售的"产品"远远超出了产品实体本身，它提供了一系列优越的服务，如运输、安装、调试、维护保证以及操作员培训、技术咨询、帮助用户拓宽应用领域，尽管价格昂贵，但用户也乐于接受，因为一系列卓有成效的服务已使整体产品具有更大的效益。

2. 服务策略。服务策略主要有以下几种。

（1）服务组合策略。为了确定服务组合，营销人员需考虑企业能够提供哪些服务，调查顾客对服务项目的需求，并按其重要程度排出顺序。如加拿大工业仪器制造商提出的服务项目为：交货可靠、联系方便、保修保换、经营范围广泛、提供设计与贷款等。在制定服务组合策略时，企业还应了解竞争对手提供的服务组合，然后扬长避短，走有自身特色的服务组合。

（2）服务水平策略。在一般情况下，较高的服务水平将使顾客得到较大的满足，重复购买频率也会越高，但也会存在其他情况，如某个服务项目与销售量无关或相关程度很小等。因此，制定服务水平策略时，应根据消费者的需求和各服务项目已达到的成绩加以分类与分析，才能明确应着重提高服务水平的项目。企业一般可以通过定期的问卷调查搜集消费者对服务项目重要性和服务成绩的评价，加强与消费者的沟通，进而制定切实可行的服务水平策略。

（3）服务形式策略。在服务形式上，企业首先要确定服务提供的形式，一般有 3 种形式。第一，企业可组织与培训各类服务人员队伍，并安排他们负责各自的细分市场。第二，由中间商（批发商和零售商）负责销售服务。第三，委托专门的服务公司负责。以上 3 种形式各有利弊，企业应根据社会环境、服务成本和服务需求选择适当的形式。其次，服务网点位置的选择，一般从是否便利、接近顾客，能否承担较多的服务项目来决定服务网点的位置。网点接近顾客是高水平服务的重要条件。

📍 模拟实训

【实训主题】

产品策略

【实训地点】

教室

【实训目的】

（1）理论联系实际，训练学生对产品内涵的正确认识，能够正确分析产品组合策略，培养学生解决实际问题的能力。

（2）加深对品牌策略、品牌形象的认识，使学生充了解近品牌文化，提升学生的综合分析水平。

【背景材料】

（1）某洗衣机厂经过 3 年研制，开发出一款新型洗衣机，这是目前唯一通过国家检测的既不用洗衣粉又符合洗净标准的洗衣机。这款洗衣机采用先进的技术，不受水质及衣物脏污程度等条件的限制。它使自来水进入洗衣机后，通过化学、物理反应，通过破坏水的原有表面张力，使水能够真正亲和衣物纤维，从而不仅彻底洗净衣物，还可以自动实现杀菌消毒，使衣物更加柔顺。

（2）美国派克公司的高档金笔被视为身份与气度的象征。为扩大市场，该公司在 1984 年推出一种每支仅 3 美元的低档笔，而低端市场的消费者根本不接受派克低档笔。结果它不但没有打入低端笔市场，反而丧失了部分高端笔市场，最终以失败告终。

【实训过程设计】

（1）指导教师为学生布置课前预习阅读案例。

（2）将全班同学平均分成小组，按每组 5～6 人进行讨论，各组选择一个案例进行讨论。

（3）指导教师对小组讨论过程和发言内容进行评价总结，并讲解本案例的分析结论（先评定小组成绩，在小组成绩中每一个人参与讨论占小组成绩的 40%，代表发言内容占小组成绩的60%）。

（4）根据阅读资料 1 中介绍的新型洗衣机设计商标策略。

（5）根据阅读资料 2 分析美国派克公司运用了什么产品组合调整策略。

（6）根据阅读资料 2 分析各种策略的优缺点，如果在实践中，你应该采取什么策略？

（7）从品牌策略的选择角度分析派克笔在低端笔市场失败的原因，由此你得到什么启示？

关键概念

产品整体概念　核心产品　形式产品　延伸产品　潜在产品　产品生命周期　市场改良策略　产品改良策略　新产品　全新产品　革新新产品　改良新产品　仿制新产品　国际市场产品标准化策略　国际市场产品差异化策略　强制性改进产品　非强制性改进产品　品牌　商标　个别品牌策略　统一品牌策略　品牌延伸策略　多品牌策略　品牌重新定位策略　包装　服务

综合练习

一、单项选择题

1. 产品整体概念中最基本、最主要的部分是（　　）。

A. 核心部分　　　　B. 形体部分　　　　C. 附加部分　　　　D. 品牌

2. 产品特色属于产品整体中的（　　）部分。

A. 核心　　　　B. 附加　　　　C. 形体　　　　D. 特设

3. 产品组合的长度是指企业所拥有的（　　）的数量。

A. 产品品种　　　　B. 产品项目　　　　C. 产品线　　　　D. 产品品牌

4. 把电熨斗加上蒸汽喷雾，电风扇改成遥控开关，这类新产品属于（　　）。

A. 改进产品　　　　B. 换代产品　　　　C. 全新产品　　　　D. 仿制产品

5. 当新产品的试用率高，再购率低时，应该采取的对策是（　　）。

A. 迅速投放市场　　B. 改进产品　　　　C. 加强促销　　　　D. 尽早放弃

6. 在产品生命周期的（　　），企业应积极主动地扩大分销渠道，为日后产品的销售奠定良好的网络基础。

    A. 投入期   B. 成熟期   C. 衰退期   D. 成长期

二、多项选择题

1. 以下属于延伸产品的有（　　）。

    A. 产品说明书   B. 维修   C. 提供信贷

    D. 彩色电视机可发展为多功能终端视频   E. 技术培训

2. 成长期产品的市场营销特点有（　　）。

    A. 产品已经定型   B. 同类产品的竞争者少

    C. 成本下降   D. 建立了比较理想的销售渠道

    E. 销售迅速增长

3. 采取慢速取脂策略的具备的条件有（　　）。

    A. 市场规模相对较小   B. 消费者对产品不了解

    C. 消费者对价格敏感   D. 新产品具有独特性

    E. 高价能为市场接受

4. 市场营销组合改良策略有（　　）。

    A. 特价   B. 延期付款

    C. 扩大分销渠道   D. 调整广告媒体组合

    E. 扩大附加利益

5. 包装策略主要有（　　）。

    A. 类似包装策略   B. 组合包装策略

    C. 多用途包装策略   D. 附赠品包装策略

    E. 无包装策略

三、问答题

1. 简述包装的作用及策略。

2. 简述产品生命周期各阶段特点及市场营销策略。

3. 简述新产品的开发程序。

4. 国际产品市场生命周期各阶段的特征有哪些？

5. 国际市场产品的品牌策略。

四、案例分析

苹果公司战略管理分析——以产品iphone为例

    进入智能时代之后，手机的内涵开始发生深刻变化。通信成为其几个核心需求之一（而不是唯一核心需求），音乐、拍照、PDA、游戏等非通信相关的核心功能也全面进入手机的核心需求。用户开始面临一个问题，我买手机仅仅是用来通话和发短信么？一旦用户回答"NO"之后，就意味着他对手机的需求已经从一个通话（短信）处理工具变成一个便携多媒体通信设备。

    IPhone的兴起就是这种变革最典型的例证。当你把iPhone拿到手后，你能强烈地感觉到这个东西与其说是带娱乐功能的手机，还不如说是带通信功能的娱乐机（娱乐机=iPod+便携照相机+掌上游戏机+PDA）。手机市场原"龙头老大"诺基亚正是在这一点上没有把握到位，导致在智能手机市场上完全落败于iPhone。

下面将具体分析 iPhone 战略特点:

(一) 苹果公司的差异化组合竞争

手机智能化是移动电话市场的发展趋势, 也是苹果公司的机会。2007 年 1 月, 苹果公司首次公布 iPhone, 正式涉足手机领域。苹果将 iPhone 定位于: 搭载了 iPod 功能及网络浏览器的移动电话。2008 年 6 苹果发布 iPhone 3G, 软件上的革命使其成为业界标杆。苹果 iPhone 的成功来源于多角度的差异化组合。

苹果公司在 mp3 市场上依靠 iPod+iTunes 组合大获成功后, 紧接着在手机市场上用 "iPhone&app&store" 组合, 通过在产品、性能、UI (操作系统)、渠道和服务等方面的差异化一举击溃其他竞争对手。

1. 产品差异化。以多点触摸屏取代传统手机键盘, 在外观差异化的同时, 便利软件开发者自由设定最符合软件需要的触摸按键位置。苹果通过这一创新, 不仅提供了一个软件平台, 还附带了一个可变化的硬件平台。

2. 性能差异化。iPhone 的配置远远高于竞争对手。128MB 的内存+ "专用图形芯片" (一般不会在智能手机上出现) + "4~8GB 储存空间", 使 iPhone 成为一台超小型电脑。除此之外, 内置不可更换电池 300 小时的待机时间 (智能手机平均待机时间在 200 小时左右), 6 小时的连续通话时间等都是 iPhone 在性能上的突破。

3. UI (操作系统) 差异化。iPhone 与对手们最大的差异性体现在操作系统上。智能手机操作系统有 WINDOWS MOBLIE、Symbian 和 PLAM, 设计时均考虑了手机较低的 cpu 与内存条件, 存在过于复杂速度较慢和不稳定等一些问题。苹果在 iPhone 上直接采用了经过界面优化的桌面电脑操作系统 mac os x, 使这一高配置的智能手机拥有了 mac os x 的所有优点: 运转迅速, 界面华丽, 操作简便。不同于其它智能手机系统精简后的办公功能, iPhone 有功能完整的 email 软件和 safari 网络浏览器。

4. 渠道差异化。苹果将 Ipod+ 在线商店的差异化组合模式复制在其 iPhone 上。苹果建设了在线软件销售渠道: App Store (以下简称 AS)。AS 是一个设计理念与 Itunes 类似的在线平台: 软件开发者可将由 SDK 制作通过苹果审核的软件在 AS 发布, 无需缴纳任何维护费用。软件售出所得收益由苹果及开发者三七分成。这就解决了在此之前 AS 市场上存在的诸多问题。

5. 服务差异化。2.0 版本系统对 microsoft exchange 功能的支持, 使其成为功能强大的商务机: 能无缝接入公司 microsoft exchange 网络, 即时更新日程表项目、邮件、联系人; 自动检索网络; 远程数据清除; 拥有 cisco 安全维护等等。iPhone 的娱乐功能也随着 SDK 与 AS 得到升级, 在得到 EA、Sega、Konami 等专业厂商的支持后, iPhone 颠覆了手机游戏功能的概念。工作娱乐功能兼备且都达到极致的 iPhone, 成为无所不能的智能信息终端。

(二) 营销手段和策略

1. iPhone 上市前的创新饥饿式营销策略

所谓饥饿营销是指商品提供者有意调低产量, 调控供求关系, 制造供不应求的假象, 维持商品较高的售价和利润率的目的。而 iPhone 的饥饿营销却并非如此, 而是已经完全超出这个基本的概念, 上升到一个新的高度。

iPhone 的饥饿营销和传统的策略不同, 在苹果公司实施营销策略的过程当中, 他并没有通过控制产品的产量来制造市场供不应求的假象, 而是把产品的相关信息转化成一种市场饥渴, 让消费者渴望了解 iPhone。

2. iPhone 上市后的品牌营销和体验营销相结合的策略

口碑营销是指企业努力使消费者通过亲朋之间的交流，将产品信息、品牌传播开来。体验营销是指企业通过采用让目标顾客观摩、聆听、尝试、试用等方式，使其亲身体验企业提供的产品或服务，让顾客实际感知其带来的品质和功能，从而促使顾客认知、喜好并购买的一种营销方式。

iPhone的口碑营销也有着自己的独特性和创新性。我们会注意到，绝大多数情况下，iPhone的口碑传播并不是苹果公司有计划的实施，而是那些消费者自发地、主动地去传播信息、评论产品。这样的口碑更具有客观性、真实性，更容易被其他人所接受。通过别出心裁的营销手段和紧凑的供应链，苹果公司对用户体验的打造有效地动员了其目标客户群。口碑营销让充满神秘感的苹果产品诱惑无限，引消费者先夺为快。

在现代市场新的竞争格局下，以消费者为本的技术往往会加速新技术的普及，苹果拥有抗衡竞争对手的核心优势。但是，苹果公司并没有注重宣传iPhone的先进技术，而是把iPhone的时尚、独特设计和方便易用的功能作为宣传的重点。

公司把iPhone体验营销的核心确定在情感经济，用"情感的经济"去取代"理性的经济"，围绕着产品，把"面对面"的交流与互动发挥到极致，让用户、产品与公司三者之间产生情感上的共鸣。

3. iPhone营销中产品生命周期理论与策略的创新应用

iPhone呈现出了区别于其他同类型产品的生命周期策略的创新应用。具体可以分为两个方面：

（1）尽可能压缩产品的上市期（包括介绍期和成长期）和退市期，给予产品更多的成熟期，为换代产品让出更大的市场。

（2）利用"苹果应用程序商店"（App Store）网络平台寻求iPhone新的商业模式和价值，为iPhone注入新的生命力量。

结合苹果在中国市场的实际，讨论问题：

1. 苹果iPhone运用了哪些产品组合策略使其成为目前行业内品牌价值最高的品牌？其特点如何？

2. 分析苹果iPhone未来所面临的竞争压力是什么？

3. 如果你是苹果iPhone的营销策划人员，你会怎样确立未来的产品组合策略？为什么？

第7章

国际市场价格策略

学习目标

【知识目标】

- 了解国际市场营销价格形成的影响因素
- 掌握国际市场产品价格制定的理论和方法
- 了解国际市场上定价应注意的特殊事项
- 理解国际市场的价格管理和控制的问题

【能力目标】

- 学会根据不同的国际市场特点选择定价的方法
- 灵活运用定价的策略激励消费者
- 学会应对不同市场上的价格变动，使用价格策略应对不同国家的竞争者

案例导入

雷鸟：美国经典

　　一国的关税结构可以给某些产品创造特别的机会，有时甚至可以左右口味。在马来西亚吉隆坡，一位叫莫苏的女士在参加一个聚会的途中，顺路走进一个一流的超市去选购她钟爱的加利福尼亚酒。她直接走到"雷鸟"和"快速夜车"跟前，这两种廉价的苹果葡萄酒在美国常与贫民区联系在一起，而她却说："我们喜欢它的味道，而且价格也低。"

　　"雷鸟"和"快速夜车"的产品形象在吉隆坡没有问题，"雷鸟"的促销口号是"美国经典"。

它们显著地陈列在吉隆坡的大型百货商店和高档超市中，饮料部经理说："它们很热销"。"快速夜车"如此热销，以至于在新年假日来临之际居然脱销。

这两种酒的畅销表明，关税可以左右口味。马来西亚当局数年以前作出决定，那些用葡萄以外的水果酿制的果酒的关税应低于葡萄酒的关税。结果，"雷鸟"的零售价不到 5 美元，而最近，低档的佐餐葡萄酒还比"雷鸟"贵一倍以上。"快速夜车"要贵一些。显然，吉隆坡的葡萄酒市场并不了解葡萄酒的细微差异，这样价格差异对销售起着关键性的作用。

启示：葡萄酒生产企业在从事国内的营销活动中，给产品定价首先要了解成本的结构，这里包括原材料、生产成本、管理成本以及期间费用等。如果葡萄酒出口到国外，其成本结构将会发生重大的变化，我们必须考虑到各地关税、汇率、通胀以及运输成本等问题，因此对产品进行定价将是国际营销活动中的一大难题。

7.1　国际市场定价依据和定价目标

影响产品定价的因素是多方面的，包括定价目标、成本、市场需求、竞争者的产品和价格等。一般来说，产品定价的上限通常取决于市场需求，下限取决于该产品的成本、费用等。在上限和下限之间如何确定价格水平，则取决于一个企业的定价目标、政府的政策、法规和竞争者同类产品的价格，其中竞争因素构成了对价格上限的最基本影响，而企业定价目标则提出了最低限价的问题。

7.1.1　国际市场定价依据

价格是市场营销组合的一个重要因素。产品价格的高低直接决定着企业的收益水平，也影响到产品在国际市场上的竞争力。国内定价原本就很复杂，当产品销往国际市场时，运费、关税、汇率波动、政治形势等因素更增加了国际定价的难度。所以，企业必须花大力气研究确定国际营销中的定价策略。影响定价的主要因素包括定价方法、定价策略、调价策略以及定价趋势等国际定价基本问题。

1. 成本因素。任何企业都不能随心所欲地定价。从长远看，任何产品的销售价格都必须高于成本费用，这样才能以销售收入抵偿生产成本和经营费用。因此，企业在制定价格时必须估算相关成本。对于已有的产品，相关成本是指同生产、分销有关的直接成本和分配的间接成本；对于新产品，相关成本是指在未来的整个生命周期里的直接成本和分配的间接成本。

成本核算在定价中十分重要。产品销往的地域不同，其成本组成也就不同。出口产品与内销产品即使都在国内生产，其成本也不会完全一样。如果出口产品为了适应国外的度量衡制度、电力系统等其他方面而作出了改动，产品成本就可能增加。反之，如果出口产品被简化或者去掉了某些功能，生产成本就可能会降低。

国际营销与国内营销某些即使相同的成本项目对于两者的重要性可能差异很大。例如，运费、保险费、包装费等在国际营销成本中占有较大比重，而另外一些成本项目则是国际营销所特有的，例如，关税、报关、文件处理等。下面将对国际营销具有特殊意义的成本项目分别进行说明。

（1）关税。关税是指当货物从一国进入另一国时所缴纳的费用，它是一种特殊形式的税收。关税是国际贸易最普遍的特点之一，它对进出口货物的价格有直接的影响。征收关税可以增加政府的财政收入，而且可以保护本国市场。关税额一般用关税率来表示，可以按从量、从价或混合方式征收。事实上，产品缴纳的进口签证费、配额管理费等其他管理费用也是一个很大的数额，成为实际上的另一种关税。此外，各国还可能征收交易税、增值税和零售税等，这些税收也会影响产品的最终售价。不过，这些税收一般并不仅仅是针对进口产品。

（2）中间商与运输成本。各个国家的市场分销体系与结构存在着很大的差别。在一些国家，企业可以利用比较直接的渠道把产品供应给目标市场，中间商负担的储运、促销等营销职能的成本也比较低；而在另外一些国家，由于缺乏有效的分销系统，中间商进行货物分销必须负担较高的成本。

出口产品价格还包括运输费用。据了解，全部运输成本约占出口产品价格的15%左右。可见，运输费用是构成出口价格的重要因素。

（3）风险成本。在国际营销实践中，风险成本主要包括融资、通货膨胀及汇率风险。由于货款收付等手续需要比较长的时间，因而增加了融资、通货膨胀以及汇率波动等方面的风险。此外，为了减少买卖双方的风险及交易障碍，经常需要有银行信用的介入，这也会增加费用负担。这些因素在国际营销定价中均应予以考虑。

（4）通货膨胀。在国际市场营销实践中需要把通货膨胀的影响计入对成本的估算中。在通货膨胀率或汇率波动大的国家，销售价格必须反映产品成本及重置成本。商品的销售价格往往低于重置成本和间接费用之和，有时甚至低于重置成本。在这种情况下，企业还不如干脆不卖产品。所以，当付款有可能推迟好几个月或签订长期合同时，必须把通货膨胀因素考虑到价格之中。亨氏公司在巴西推出一种新型水果饮料，它以寄售方式卖给零售商，即产品售出再付钱，但是新产品推仅仅出两年就撤离了该市场。主要因为面对高达300%的通货膨胀，即使是延期一周付款也会大大降低利润。

（5）汇率波动。过去有一个时期，国际贸易合同的制定很容易，付款可以采用一种相对稳定的货币。美元曾作为一种标准货币，对各种交易都可以计价。现在，所有主要货币相互间都是自由浮动的，没有人能准确预测某种货币简历的确切价值。企业在制定贸易合同时越来越强调以卖方国家的货币计价，远期避险变得更为普遍。特别是在长期合同中，从签约到发货的间隔时间较长，更需如此。汇率差额不可轻视，雀巢公司曾在6个月中损失了100万美元，一些公司因汇率变动引起的额外损失或所得数额甚至更大。

（6）币值变动。除了汇率波动，一国货币相对于另一国货币的币值变动也会引起风险。以2005年～2009年美国商人购买某个产品为例，相对于人民币，美元经历了2005年的坚挺（1美元约兑换8.0元人民币）到2009年的相对疲软（1美元约兑换6.8元人民币）的过程。人民币坚挺使价格上涨，因为需要更多的本国货币才能买到1元人民币。反之，当人民币疲软时，由于可以用较少的本国货币就可以买到1元人民币，所以对中国产品的需求增加。在货币坚挺的国家销售产品，中国企业可以选择降价以增大市场份额，也可以维持价格不变而获得更多的利润。

2. 市场需求。市场需求受价格和收入变动的影响。因价格或收入等因素引起需求相应的变动率是需求弹性。需求的价格弹性反映需求量对价格的敏感程度，以需求变动的百分比与价格变动的百分比的比值计算，即价格变动1%会使需求变动百分之几。产品在市场上没有替代品或竞争者；购买者对较高价格不在意；购买者改变购买习惯较慢，也不积极寻找较便宜的东西；购买者认为质量有所提高，或者认为存在通货膨胀等，都是产品缺乏需求弹性的情况，产品可以定一个较高的价格。

产品的最低价格取决于该产品的成本费用，而最高价格则取决于产品的市场需求状况。各国的文化背景、自然环境、经济条件等因素存在着差异性，决定了各国消费者的消费偏好不尽相同。对某一产品感兴趣的消费者的数量和他们的收入水平对确定产品的最终价格有重要意义。即使是低收入消费群体，他们对某产品的迫切需要也会导致这种产品能够卖出高价，但仅有需求是不够的，还需要有支付能力作后盾。所以，外国消费者的支付能力对企业出口产品定价有很大影响。要详细了解需求与支付能力，还需要深入研究该国消费者的习俗及收入分布情况。

3. 市场竞争结构。产品的最低价格和最高价格的上限和下限之间，企业能把这种产品价格定多高，则取决于竞争者提供的同种产品的价格水平。与国内市场不同，企业在不同的国外市场面对着竞争形势不同，竞争者的定价策略也千差万别，因此，企业就不得不针对不同的竞争状况制定相应的价格策略。竞争对企业定价自由造成了限制，企业不得不适应市场的价格。除非企业的产品独一无二并且受专利保护，否则没有可能实行高价策略。如果质量大体一致，价格一般也应大体相同或略低一些，否则可能卖不出去；如果本企业产品质量较高，价格也可定高一些；如果质量较低，价格就应低一些。

企业还应看到，竞争者可能针对本企业的价格策略调整其价格，也可能不调整价格，但通过调整市场营销组合的其他变量与本企业争夺顾客。对竞争者的价格变动要及时掌握有关信息，并作出合适的反应。

根据行业内企业数目、企业规模以及产品是否同质3个条件，国际市场竞争结构可以划分为下列3种情况。

① 完全竞争，价格主要取决于市场供求状况。

② 不完全竞争，企业可以根据不同产品的成本、质量、促销力量等因素来规定价格，同时，应特别注意替代品的价格竞争。

③ 寡头竞争，因为竞争者少，价格受主要竞争者行为的影响，如果存在价格协议，就会出现垄断价格，致使企业只能采用跟随价格。

4. 政府的价格调控政策。随着经济全球化的发展，一方面，各国市场进一步扩大开放度；另一方面，各国政府为了保护国内市场，对价格控制力度加强，控制的形式多样化。政府对企业定价的调控是多方面的，既可以是宏观的，也可以是微观的；既可以是法律形式，也可以是行政命令形式。

国际营销中的定价要同时受本国政府和外国政府的双重影响，国内政府多半采用价格补贴形式来降低企业出口产品价格，增强其竞争实力。如美国政府对农产品实行价格补贴，可以提高其农产品的国际市场竞争力。

东道国政府对价格的管制主要通过立法形式或行政手段规定产品价格的上限与下限；以反倾销法来反对倾销政策；政府通过直接定价来限制进口货的消费及保护国内市场。例如，日本政府曾一度对进入日本市场的美国小麦定价高于日本国产价格的2倍；政府在国内经济滞膨时期，往往在一定时期内冻结一切价格。此外，各国政府对国际市场上某些产品的定价起着日益重要的作用，诸如咖啡国际协定、可可国际协定、白糖国际协定以及部分小麦价格通过政府间的谈判来决定。

东道国政府还可以从很多方面影响企业的定价政策，比如关税、税收、汇率、利息、竞争政策以及行业发展规划等。一些国家为保护民族工业而制定的关税和其他限制政策使得进口商品成本增加很多。作为出口企业，不可避免地要遇到各国政府有关价格的限制，比如政府对进口商品实行的最低限价和最高限价都约束了企业的定价自由。面对政府价格管制的加强，企业既要遵循东道国的立法，又必须善于运用"大市场营销"策略，特别是要注重运用政治力量这一手段来赢得对企业有利的定价环境。

即使东道国政府的干预很小，企业仍面临着如何对付国际价格协定的问题。国际价格协定是同行业各企业之间为了避免恶性竞争，尤其是竞相削价而达成的价格协议。这种协议有时是在政府支持下，由同一行业中的企业共同达成的，有时则是由政府直接出面，通过国际会议达成的多国协议。企业必须注意目标市场的价格协议，同时关注各国的公平交易法（或反不正当竞争法）对价格协定的影响。

7.1.2　国际市场定价目标

面对不同的国外市场，企业的定价目标不可能完全一样。有些企业将国内市场作为主导市场，而将国外市场看做国内市场的延伸和补充，因此针对国外市场往往会采用比较保守的定价策略。另外，一些企业将国际市场看得和国内市场一样重要，甚至把国内市场当做国际市场的一部分，这类企业采取的定价策略往往是进取型的。企业针对各个国外市场设定的不同目标对定价策略也有很大影响。在迅速发展的国外市场上，企业可能更注重市场占有率的增长而暂时降低对利润的要求，采取低价渗透策略。而在低速发展的国外市场上，企业可能更多地考虑投资的回收，而采用高价撇脂策略。与当地厂商合资的企业，在定价上除了考虑自己本身的目标外，还必须考虑合作伙伴的要求。

企业的定价目标主要有以下几种。

1. 维持生存。如果企业产能、产量过剩或面临激烈竞争，则企业会把维持生存作为主要目标。在国际市场面临激烈竞争导致出口受阻时，为了确保工厂继续开工和使存货出手，企业必须制定较低的价格，以求扩大销量。企业必须制定较低价格，并希望市场是价格敏感型的。许多企业通过大规模的价格折扣来保持活力。只要其销售收入能弥补可变成本和部分固定成本，企业的生存便可得以维持。

2. 当期利润最大化。企业出于对目标市场国家政治经济形势等因素的考虑，希望以最快的速度收回初期开拓市场的投入并获取最大的利润，往往会在已知产品成本的基础上为产品确定一个最高价格，以求在最短时间内获取最大利润。采用这种定价策略会使企业面临两种风险。第一，当前利润最大化有可能会损害企业的长远利益。第二，对产品的需求弹性的测定和对产品生产、销售总成本的预计往往会有偏差，由此定出的价格可能不太准确，企业可能会因定价过高而达不到预期销售量，或者定价低于可达到的最高售价而蒙受损失。

3. 市场占有率最大化。有些企业通过定价取得控制市场的地位，即，使市场占有率最大化。因为这些企业确信，赢得最高市场占有率将享有最低成本和最高长期利润。所以，他们在单位产品价格不低于可变成本的条件下，制定尽可能低的价格，追求市场占有率的领先地位。企业也可能追求某一特定的市场占有率，例如，计划一年内将市场占有率从 5% 提高到 25%，为了这一目标，企业要制定相应的市场营销计划和价格策略。

采用这种策略需具备如下条件。

① 目标市场的需求弹性较大，偏低定价能刺激市场需求。

② 随着生产、销售规模的扩大，产品成本有明显的下降。

③ 低价能"吓退"现有的和潜在的竞争者。

4. 产品质量最优化。由于获得质量领先地位的产品往往比处于第二位的产品售价高出很多，以弥补质量领先所伴随的高额生产成本和研发费用。因此，采用这种策略，企业需要在生产和市场营销过程中始终贯彻产品质量最优化的指导思想，并辅以相应的优质服务。

此外，有些企业还考虑其产品或公司在国际市场上的形象，并以此作为定价目标。

扩展阅读：阅读《进口啤酒也打价格战》，收集你所在当地市场五种以上进口啤酒的价格信息，分析每种品牌的进口啤酒价格构成和定价目标。

7.2　国际市场定价方法

定价活动非常复杂，企业必须考虑各方面的因素，并采取一系列步骤和措施。一般来说，定价决策有 6 个步骤，即选择定价目标、估算成本、测定需求的价格弹性、分析竞争产品与价格、选择适当的定价方法和确定最后价格。

企业产品价格的高低受市场需求、成本费用和竞争等因素的影响和制约，企业在制定价格时应全面考虑这些因素。但是在实际工作中，企业往往只侧重某一方面。大体上，企业定价有 3 种导向，即成本导向、需求导向和竞争导向。

7.2.1　成本导向定价法

成本导向定价法是一种主要以成本为依据的定价方法，包括成本加成定价法、增量分析定价法和目标定价法 3 种具体方法，其特点是简单、易用。

1. 成本加成定价法。所谓成本加成定价，是指按照单位成本加上一定百分比的加成制定销售价格。加成的含义是一定比率的利润。所以，成本加成定价公式为：

$$P = C(1+R)$$

其中，P 为单位产品售价，C 为单位产品成本，R 为成本加成率。

与成本加成定价的方法类似，零售企业往往以售价为基础进行加成定价。其加成率的衡量方法有两种。

① 用零售价格来衡量，即加成（毛利）率＝毛利（加成）/售价。

② 用进货成本来衡量，即加成率＝毛利（加成）/进货成本。

将一个固定的、惯例化的加成加在成本上，这样定价从逻辑上是否行得通？回答是否定的。在制定价格的过程中，任何忽略现行价格弹性的定价方法都难以确保企业实现利润最大化，无论是长期利润还是短期利润。需求弹性总是处在不断变化中，因而最适加成也应随之调整。

最适加成与价格弹性成反比。如果某品牌的价格弹性高，最适加成就应相对低些；价格弹性低，最适加成就应相对高些；价格弹性保持不变时，加成也应保持相对稳定。

成本加成定价法之所以受到企业界欢迎，主要有下面几个原因。

（1）成本的不确定性一般比需求小。将价格盯住单位成本可以大大简化定价程序，而不必根据需求情况的变化进行调整。

（2）如果行业中所有企业都采取这种定价方法，则价格在成本与加成相似的情况下也大致相似，价格竞争也会因此减至最低限度。

（3）许多人感到成本加成法对买方和卖方都比较公平。当买方需求强烈时，卖方不利用这一有利条件谋取额外利益也能获得公平的投资报酬。

基于成本来定价的公司需要考虑是采用完全成本定价法还是变动成本定价法。采用变动成本定价的公司只考虑出口产品的边际成本。这些公司把海外销售额看作额外的收入，认为扣除变动成本后的收益都是对总利润的贡献。这些公司可能在国外市场推出最有竞争力的价格，可是由于它们以低于国内市场价格的净价在国外销售产品，很可能会受到倾销的指控。这样，它们就会被课以反倾销税，或被处于罚款，这些支出抵消了其原有的竞争优势。但不管怎样，变动成本或边际成本定价法有利于提高公司账面利润。

2. 增量分析定价法。增量分析定价法主要是分析企业接受新任务后是否有增量利润。增量利润等于接受新任务引起的增量收入减增量成本。成本加成定价法与此定价法的共同点都是以成本为基础，不同点是前者以全部成本为基础，后者则以增量成本（或变动成本）为定价的基础。只要增量收入大于增量成本（或价格高于变动成本），这个价格就是可以接受的。

在企业经营中，增量分析定价法大致适用于以下 3 种情况。

（1）企业是否要按较低的价格接受新任务。为了进一步挖掘富余的生产能力，需要决定是否要按较低的价格接受新任务。接受新任务不用追加固定成本，只要增加变动成本即可，所以新任务的定价就以变动成本为基础，条件是接受新任务不会影响原来任务的正常销售。

（2）为减少亏损，企业可以通过降价来争取更多任务。市场不景气，企业任务很少，这时企业的主要矛盾是求生存，即力求少亏一点。它可以通过削价争取多揽一些任务，这样可以少亏一些。在这种情况下进行定价决策就要使用增量分析定价法。

（3）企业生产互相替代或互补的几种产品。其中一种变动价格，会影响到其他有关产品的需求量，因而价格的决策不能孤立地考虑一种产品的效益，而应考虑几种产品的综合效益。这时也宜采用增量分析定价法。

3. 目标定价法。所谓目标定价法，是指根据估计的总销售收入（销售额）和估计的产量（销售量）来制定价格。这种定价法有一个主要缺陷，即企业以估计的销售量求出价格，而价格恰恰是影响销售量的重要因素。

7.2.2　需求导向定价法

需求导向定价法是一种以市场需求强度及消费者感受为主要依据的定价方法，包括认知价值定价法、反向定价法和需求差异定价法。其中，需求差异定价法（又叫做差异定价）既是一种定价方法，又涉及灵活多变的定价策略，这里不再详细介绍这种定价方法。

1. 认知价值定价法。所谓认知价值定价，就是根据购买者对产品的认知价值制定价格。认知价值定价与现代市场定位观念相一致。企业为目标市场开发新产品时，在质量、价格、服务等各方面都需要体现特定的市场定位。因此，企业首先要决定所提供的价值及价格；其次，要估计依此价格所能销售的数量，再根据销售量决定所需产能、投资及单位成本；最后，还要计算依此价格和成本能否获得满意的利润。若能获得满意的利润，则继续开发这一新产品，否则就放弃这一产品概念。

认知价值定价的关键在于准确计算产品提供的全部市场认知价值。企业如果过高估计认知价值，便会定出偏高的价格；过低地估计，则会定出偏低的价格。如果价格大大高于认知价值，消费者会感到难以接受；如果价格大大低于认知价值，也会影响产品在消费者心中的形象。

2. 反向定价法。反向定价是指企业依据消费者能够接受的最终价格，在计算自己经营的成本和利润后，逆向推算产品的批发价格和零售价。这种方法不是以实际成本为主要依据，而是以市场需求为定价出发点，力求使价格为消费者所接受。在分销渠道中，批发商和零售商多采取这种定价方法。

7.2.3　竞争导向定价法

竞争导向定价法通常包括两种方法，即随行就市定价法和投标定价法。

1. 随行就市定价法。随行就市定价法是指企业按照行业的平均现行价格水平定价。企业在产品成本难以估算，或者企业希望与同行和平共处，或者难以了解购买者和竞争者对企业价格的反应时，往往采取这种定价方法。

不论是在完全竞争市场还是寡头竞争市场，随行就市定价都是同质产品市场惯用的定价方法。

在完全竞争市场，销售同类产品的企业在定价时，实际上没有多少选择余地，只能按照行业现行价格定价。某企业如果价格定得高于时价，产品就卖不出去；如果价格定得低于时价，也会遭到降价竞销。

在寡头竞争的条件下，企业也倾向于和竞争对手要价相同。因为在这种条件下，市场上只有少数几家大公司，彼此十分了解，购买者对市场行情也熟悉，如果价格稍有差异，就会转向价格低的企业。所以按照现行价格水平，在寡头竞争的需求曲线上有一个转折点。某公司价格定得高于这个转折点，需求就会相应减少，因为其他公司不会随之提价（需求缺乏弹性）；如果某公司将价格定得低于转折点，需求也不会相应增加，因为其他公司也可能降价（需求有弹性）。总之，当需求有弹性时，一个寡头企业不能通过提价而获利；当需求缺乏弹性时，一个寡头企业也不能通过降价而获利。

在异质产品市场上，企业有较大的自由度决定其价格。产品差异化使购买者对价格差异不甚敏感。企业相对于竞争者总要确定自己的适当位置，或充当高价企业角色，或充当中价企业角色，或充当低价企业角色。企业要在定价方面有别于竞争者，其产品策略及市场营销方案也应尽量与之相适应，以应对竞争者可能的价格竞争。

2. 投标定价法。投标定价法是指采购机构刊登广告或发函说明拟购品种、规格、数量等具体要求，邀请供应商在规定的期限内投标。采购机构在规定日期开标，一般选择报价最低、最有利的供应商成交，签订采购合同。供货企业如果想做这笔业务，就要在规定期限内填写标单，填明可供商品名称、品种、规格、价格、数量、交货日期等，密封送达招标人。投标价格根据对竞争者报价的估计制定，而不是按供货企业自己的成本费用，目的在于赢得合同，所以一般低于对手报价。

然而，企业不能将报价定得过低。确切地讲，不能将报价定得低于边际成本，以免使经营状况恶化。但是，报价远远高出边际成本虽然潜在利润可能增加，但会减少取得合同的机会。

7.3　国际市场定价策略

定价依据、定价目标以及定价基本方法为国际企业制定价格指明了方向，但市场竞争是非常激烈的，企业在确定最终价格时，还需要考虑其他各种因素的影响，采取各种灵活多变的定价策略，使价格与市场营销组合中的其他因素更好地结合起来，促进和扩大销售，提高企业整体效益。企业的定价策略主要有以下几种类型。

7.3.1　新产品定价策略

企业向市场上推出新产品时，首先要考虑的便是新产品的定价问题，新产品的定价策略选择得正确与否，直接关系到新产品能否顺利地打开和占领市场，能否获得较大的经济效益。新产品的定价策略主要有 3 种：撇脂定价、渗透定价和满意定价策略。

1．撇脂定价。撇脂定价（Skim Pricing）又称取脂定价、撇油定价，该策略是一种高价格策略，是指在新产品上市初期，将其价格定得较高，以便在较短的时间内获取丰厚利润，尽快收回投资，减少投资风险。这种定价策略因类似于从牛奶中撇取奶油而得名，在需求缺乏弹性的商品上运用得较为普遍。

撇脂定价的优势非常明显，在顾客求新心理较强的市场上，高价有助于开拓市场；主动性大，产品进入成熟期后，价格可分阶段逐步下降，有利于吸引新的购买者；价格高，限制需求量过于迅速增加，使其与生产能力相适应。

当然，运用这种策略也存在一定的风险，高价虽然获利大，但不利于扩大市场、增加销量，也不利于占领和稳定市场；价格远远高于价值，在某种程度上损害了消费者利益，容易招致消费者的抵制，甚至会被当做暴利来加以取缔，损坏企业形象；容易招来竞争者，迫使企业下调价格，好景不长。

当企业的目的是进入一个对价格相对不敏感，愿意为获得产品而支付高价的细分市场时，可以采用撇脂定价法。如果供应有限，公司也可以采用撇脂定价法，以便使销售收入最大化，并使供求趋向一致。如公司是某一新产品的唯一供应者，在出现竞争并迫使降价之前，采用撇脂定价法可使企业的利润最大化。这种定价法经常用于只有两个收入阶层——富人和穷人的市场中，由于产品成本太高，不允许制定一个能吸引低收入者的价格，故经营者干脆制定高价，使产品面向收入高、价格弹性低的细分市场。在保洁公司出现之前，强生公司对巴西销售婴儿尿布就采用这种定价方法。随着中等收入市场的崛起，这种机会正在逐渐消失，市场容量大必然吸引竞争者，结果是商品供应量增加，价格竞争出现。

2．渗透定价。渗透定价策略（Penetration Pricing）与撇脂定价策略相对立，是一种低价策略，又称薄利多销策略，是指在新产品投入市场时，利用消费者求廉的消费心理有意将价格定得较低，以吸引顾客，迅速扩大销量，提高市场占有率。这种定价策略适用于新产品没有显著特色、产品存在着规模经济效益、市场竞争激烈、需求价格弹性较大、市场潜力大的产品。低价可以有效地刺激消费需求，阻止竞争者介入从而保持较高的市场占有率，扩大销售而降低生产成本与销售费用。如日本精工手表采用渗透定价策略，以低价在国际市场与瑞士手表角逐，最终夺取了瑞士手表的大部分市场份额。

对于企业来说，采取撇脂定价策略还是渗透定价策略，需要综合考虑市场需求、竞争、供给、市场潜力、价格弹性、产品特性、企业发展战略等因素，通过对目标市场进行大量调研和科学分析来制定价格。

渗透定价策略是故意以较低价格出售产品以刺激市场和提高市场占有率的一种定价方法。在把占有和维护市场份额作为竞争策略时，渗透定价法用得最多。可是，在经济持续快速发展，大量人口进入中等收入阶层的国家市场中，渗透定价可以用来以最少的竞争刺激市场增长。如果渗透定价能使销售收入最大化并且在市场占有率方面获得竞争优势，那么，渗透定价可能比撇脂定价获利更丰厚。

3．满意定价。满意定价策略（Neutral Pricing）也叫适价策略，是一种介于撇脂价和渗透价之间的价格策略。该策略是指企业将新产品的价格定得比较适中，以便照顾各方面的利益，使各方面都满意。由于撇脂策略定价过高，对消费者不利，可能遭到消费者拒绝，具有一定风险；渗透定价策略定价过低，虽然对消费者有利，但容易引起价格战，且由于价低利薄，资金的回收期也较长，实力不强的企业将难以承受；而满意价格策略采取适中价格，基本上能够做到供求双方都比较满意，因此不少企业采取满意定价策略。有时企业为了保持产品线定价策略的一致性，也会采用满意定价策略。

满意定价策略由于获得的是平均利润，因此既可吸引消费者，又可避免价格竞争，从而使企业在市场上站稳脚跟，获得长远发展。但是，确定一个企业与顾客双方都比较满意的价格是比较困难的。

【案例7.1】 结合当地情况制定适宜的价格策略

不管采用何种定价策略，必须清醒地认识到，"市场"可能为产品制定恰当的价格。换句话说，价格必须定在恰当的位置，使消费者能感受到产品的价值，而且价格必须是目标市场所能接受的。因此，在一些市场上，产品以很小的单位销售，以便使每单位的价格能为目标市场所接受。Warner-Lambert 在巴西销售 5 件一盒的泡泡口香糖，虽然泡泡口香糖占整个口香糖市场的 72%，但由于其价格超出了目标市场的承受能力，而没有获得成功。后来采用单件包装，由于价格适合目标市场，从而迅速取得了可观的市场份额。

Mattel 在世界的大部分地区向高收入者出售芭比娃娃一直很成功，可是其新的延伸产品（如"假日芭比"）虽然在美国很成功，但在国外市场却不尽如人意。简单地把美国产品出口海外市场导致了在一些市场的价格过高。Mattel 估计在低价细分市场中，芭比的销售潜力达20 亿美元。为了占领这一市场，Mattel 将引入价格较低的称做"全球朋友"的芭比娃娃。

案例分析：价格必须定在恰当的位置，使消费者能感受到产品的价值，而且必须是目标市场所能接受的。

7.3.2 心理定价策略

心理定价策略是企业针对消费者的不同消费心理制定相应的商品价格，以满足不同类型消费者的需求的策略。

常用的心理定价策略一般包括以下几个。

1. 尾数定价。尾数定价（Mantissa Pricing）又称"非整数定价"，是指企业利用消费者求廉、求实的心理，故意将商品的价格带有尾数，以促使顾客购买商品，这种定价方法多用于中低档商品。心理学家的研究表明，价格尾数的细微差别能够明显影响消费者的购买行为。如将洗衣粉的零售价定为 4.9 元而不是 5.1 元，虽然前后仅相差 2 角钱，但会让消费者产生一种前者便宜很多的错觉。有时价格为尾数让消费者觉得真实，如 68.98 元一瓶的葡萄酒让消费者觉得其价格是经过企业仔细算出来的，给人以货真价实的感觉。有时候尾数的选择完全出于满足消费者某种风俗和偏好，如西方国家的消费者对"13"忌讳；日本的消费者对"4"忌讳；美国、加拿大等国的消费者普遍认为单数比双数少，奇数比偶数显得便宜；我国的消费者则喜欢尾数为"6"和"8"。

2. 整数定价。整数定价（Integer Pricing）是指针对消费者的求名、求方便心理，将商品价格定为以"0"结尾的整数。在日常生活中，对于难以辨别好坏的商品，消费者往往喜欢以价论质，而将商品的价格定为整数，使商品显得高档，正好迎合了消费者的这种心理。如将一条钻石项链定价为 100 000 元，而不是 99 999 元，尽管实际价格是在 100 000 元的范围内，而不是 90 000元的范围内。因此，对于那些高档名牌商品或消费者不太了解的商品，采用整数定价可以提高商品形象。另外，将价格定为整数还省去了找零的麻烦，提高商品结算速度。

3. 声望定价。声望定价（Prestige Pricing）是指根据消费者的求名心理，企业有意将名牌产品的价格制定得比市场中同类商品的价格高。名牌商品不但可减轻购买者对商品质量的顾虑，还能满足某些消费者的特殊欲望，如地位、身份、财富、名望和自我形象等，因而消费者往往愿意花高价来购买。

声望定价往往采用整数定价方式，这更容易显示商品的高档。当然，声望定价策略切不可滥用，一般适用于名优商品，如果企业本身信誉不好，商品质量不过硬，采用这一策略反而容易失去市场。另外，为了使声望价格得以维持，有时需要适当控制市场拥有量。奢侈产品的经营法则之一是物以稀为贵，珠宝手表伯爵生产的手表通常是一款一个或者一款限量发售，甚至顾客需要等待一年半载才能拿到名师制造的手表，从而能够充分显示出顾客的尊贵身份与地位。

4. 招徕定价。招徕定价（Fetch-in Pricing）是有意将少数商品降价以吸引顾客的定价方式。企业在一定时期将某些商品的价格定得低于市价，一般都能引起消费者的注意，吸引他们前来购物，这是适合消费者求廉心理的。顾客在选购这些物价的商品时，往往还会光顾店内其他价格正常或偏高的商品，这实际上是以少数商品价格的损失带来其他商品销售的扩大，增加企业的总体利润。如日本"创意药房"在将一瓶 200 元的补药以 80 元超低价出售时，每天都有大批人潮涌进店中抢购补药，按说如此下去肯定赔本，但财务账目显示出盈余逐月骤增，其原因就在于没有人来店里只买一种药。人们看到补药便宜，就会联想到"其他药也一定便宜"，促成了盲目的购买行为。

采用这种策略要注意以下几点。商品的降价幅度要大，一般应接近成本或者低于成本，只有这样，才能引起消费者的注意和兴趣，才能激起消费者的购买动机；降价品的数量要适当，太多商店亏损太大，太少容易引起消费者的反感；用于招徕的降价品应该与低劣、过时商品明显地区别开来。招徕定价的降价品必须是品种新、质量优的适销产品，而不能是处理品。否则，不仅达不到招徕顾客的目的，反而可能使企业声誉受损。

7.3.3　差别定价策略

差别定价（Discrimination Pricing）是指企业对同一产品或劳务制定两种或多种价格以适应顾客、地点、时间等方面的差异，但这种差异并不反映成本比例差异。差别定价主要有以下几种形式。

1. 顾客细分定价。顾客细分定价即企业按照不同的价格把同一种产品或劳务卖给不同的顾客。比如，对老客户和新客户、长期客户和短期客户、女性和男性、儿童和老人、工业用户和居民用户等，分别采用不同的价格。

2. 产品式样定价。产品式样定价即企业对不同花色、品种、式样的产品制定不同的价格，但这个价格与产品各自的成本是不成比例的。如新潮服装与普通式样的服装虽然成本接近，但价格差异较大。

3. 地点定价。地点定价即对处于不同地点的同一商品采取不同的价格，即使在不同地点提供的商品成本是相同的。比较典型的例子是电影院、歌剧院和体育馆等，其座位不同，票价也不一样。这样做的目的是调节客户对不同地点的需求和偏好，平衡市场供求。

4. 时间、季节定价。时间、季节定价即企业对于不同季节、不同时期甚至不同钟点的产品或服务分别制定不同的价格。如在节假日，旅游景点收费较高。又如某超级市场规定，在晚上 8 点后购买大部分生鲜食品打 5 折；还有餐馆在晚上 9 点以后所有食品一律半价。还有一些百货商店在午休时间及晚上下班时间商品降价幅度较大，吸引了大量上班族消费者，从而在未延长商场营业时间的情况下，带来了销售额大幅度增加的好效果。

差别定价可以满足顾客的不同需要，为企业谋取更多的利润，因此在实践中得到广泛的运用。但是，实行差别定价必须具备一定的条件，否则不仅达不到差别定价的目的，还会产生负作用，这些条件有以下几个。

① 市场能够细分，且不同细分市场之间的需求存在差异，这样顾客就不会因为价格不同而对企业不满。

② 企业实行差别定价的额外收入要高于实行这一策略的额外成本，这样企业才会有利可图。

③ 低价市场的产品无法向高价市场转移。

④ 在高价市场上，竞争者无法与企业进行价格竞争。

⑤ 差别定价的形式合法。

7.3.4　折扣定价策略

折扣定价策略（Discount Pricing）是指销售者为回报或鼓励购买者的某些行为，如批量购买、提前付款、淡季购买等，将其产品基本价格调低，给购买者一定的价格优惠。具体办法有现金折扣、数量折扣、功能折扣、季节性折扣等。

1. 现金折扣。现金折扣是企业为了鼓励顾客尽早付款，加速资金周转，降低销售费用，降低企业风险，而给购买者的一种价格折扣。财务上常用的表示方式为"2/10，$n/30$"，其含义是双方约定的付款期为30天，若买方在10天内付款，将获得2%的价格折扣；超过10天，在30天内付款则没有折扣；超过30天要加付利息。现金折扣的前提是商品的销售方式为赊销或分期付款。因此，采用现金折扣一般要考虑3个因素：折扣比例、给予折扣的时间限制、付清全部货款的期限。

2. 数量折扣。数量折扣是因买方购买数量大而给予的折扣，目的是鼓励顾客购买更多的商品。购买数量越大，折扣越多。其实质是将销售费用节约额的一部分以价格折扣方式分配给买方。目的是鼓励和吸引顾客长期、大量或集中地向本企业购买商品。

3. 功能折扣。功能折扣又称交易折扣、贸易折扣，是指企业根据其中间商在产品销售中所承担的功能、责任和风险的不同而给予的不同价格折扣，以补偿中间商的有关成本和费用。对中间商的主要考虑因素有在分销渠道中的地位、对生产企业产品销售的重要性、购买批量、实现的促销功能、承担的风险、服务水平、履行的商业责任以及产品在分销中所经历的层次和在市场上的最终售价等。目的在于鼓励中间商大批量订货，扩大销售，争取顾客，与生产企业建立长期、稳定、良好的合作关系。一般而言，给批发商的折扣较大，给零售商的折扣较少。

4. 季节折扣。季节折扣是企业为在淡季购买商品的顾客提供的一种价格折扣。由于有些商品的生产是连续的，而其消费却具有明显的季节性，通过提供季节折扣可以鼓励顾客提早进货或淡季采购，从而有利于企业减少库存，加速商品流通，迅速收回资金，促进企业均衡生产，充分发挥生产和销售潜力，避免因季节需求变化所带来的市场风险。如商家在夏季对冬季服装进行的打折促销便是季节折扣。

7.3.5　产品组合定价策略

一个企业往往并非只提供一种产品，而是提供许多产品。产品组合定价策略的着眼点在于制定一组使整个产品组合利润最大化的价格。常用的产品组合定价有以下几种形式。

1. 产品线定价。产品线定价是指根据产品线内各项目之间在质量、性能、档次、款式、成本、顾客认知、需求强度等方面的不同，参考竞争对手的产品与价格，确定各个产品项目之间的价格差距，以使不同的产品项目形成不同的市场形象，吸引不同的顾客群，扩大产品销售，争取实现更多的利润。如某服装店对某型号女装制定 3 种价格：150 元、350 元、650 元，在消费者心目中形成低、中、高的档次，人们在购买时就会根据自己的消费水平选择不同档次的服装，从而消除了在选购商品时的犹豫心理。企业以保本甚至微亏的价格来制定低价产品的价格往往可以增加顾客流，使生产与销售迅速达到理想的规模，遏制对手的竞争。高价产品则可树立企业的品牌形象，以超额利润迅速收回投资，增强企业的发展后劲。中价产品通过发挥规模效益为企业带来合理的利润，维持企业的正常运行。企业采用这一策略要注意档次划分的程度，商品档次既不要分得过细也不宜过粗，价格档次的差距既不要过大也不要过小。

2. 选择特色定价。选择特色定价是指企业在对主要产品定价的同时，还针对可选择的产品或具有特色的产品另行定价。比较典型的例子是餐馆、酒吧等。餐馆的主要产品为饭菜，另外，顾客还可要烟、酒、饮料等。有的餐馆将食品的价格定得较低，而将烟酒类商品的价格定得较高，主要靠后者盈利；有的餐馆将食品的价格定得较高，将酒类商品的价格定得较低，以吸引众多的爱酒人士。

3. 附属产品定价。附属产品又称受制约产品，是指必须与主要产品一同使用的产品。例如，剃须刀的附属品是刀片，机械产品的附属品是配件，大多数企业采用这种策略时，将主要产品定价较低，而附属产品定价较高，从而以高价的附属品获取高利，补偿主要产品因低价造成的损失。例如，柯达公司给照相机定低价，胶卷定高价，增强了照相机在同行中的竞争力，又保证了原有的利润水平。然而，将附属品的价格定得太高也存在一定的风险，容易引起不法分子生产低廉的仿制品，反过来与正规商品竞争。

4. 两段定价。服务性企业常常采用两段定价策略，即为其服务收取固定费用，另加一笔可变的使用费。如电话用户每个月的话费为月租加上按通话时间计算的通话费；景点的旅游者除了支付门票费外，还要为其娱乐项目支付额外的费用。企业一般对固定费用定价较低，以便吸引顾客使用该服务项目，而对使用费定价较高，以保证企业充足的利润。

5. 副产品定价。在生产加工石油、钢铁等产品的过程中，常常会产生大量的副产品。有些副产品对顾客有价值，因此企业切不可将它们白白浪费掉，而应对它们合理定价，销往特定的市场。这可为企业带来大量收入，同时也有利于企业为其主要产品制定低价，提高主要产品的竞争力。如炼铁过程中产生的水渣是水泥工业的主要原料。

6. 产品捆绑定价。企业常常将一些产品捆绑在一起进行销售，捆绑价低于单件产品的价格总和。如化妆品公司将润肤露、洗发水、啫喱水、防晒霜等捆绑在一起进行销售，虽然有的消费者并不需要其中的某项，但看到捆绑产品比单件便宜很多，便买下了。因而捆绑定价在一定程度上可推动消费者购买。然而，在捆绑定价时要注意使用的灵活性，因为有些理智的消费者往往只是按需购买，他们只需要捆绑组合中的某一种或几种商品，这时企业要有能满足他们的要求的方式。

7.3.6 国际转移定价策略

国际转移定价策略是一种产品在跨国公司母公司与子公司之间转移时采用的价格，跨国公司制定转移价格从表面上看是为了评价子公司的经营业绩，而实质是为了避开对整个公司盈利不利的因素，追求集团总体盈利的最大化。因此，转移价格往往偏离正常的市场价格，通过高于或低于正常市价水平实现企业集团整体利益的最大化。

跨国企业转移定价的主要目的包括以下几个。

1. 减少风险。在浮动汇率制度下，由于汇率频繁波动，国际企业承受着极大的汇率风险，利用转移价格在一定程度上避免了这一风险。例如，当一国货币汇率下浮较大时，跨国公司要想减少在该国所设子公司的损失，应尽量使其多付少收，转移资金。其具体做法是母公司将一种产品价格定得高于正常市场价格，使其进入汇率下浮国子公司，或者以低价偿付该子公司的产品。

世界上大多数国家均实行不同程度的外汇管制，其手段多种多样。对于跨国企业，当一国政府对外资企业利润返还进行管制时，如规定返还方式、限定返还比例、征税等，对跨国公司的盈利就很不利。为此，跨国企业的母公司在向该国子公司转移产品时，可将转移价格定得高些，而在产品由该国向外转移时则将转移价格定得低些，从而减少该国子公司的利润所得，在一定程度上避开了外汇管制。

而且，不同国家的通货膨胀的程度不同，当一国发生或预期发生较高通货膨胀时，跨国公司应将在该国的子公司资金及时转移以避免损失。也就是在向该国子公司转移产品时将转移价格定高，在由该国向外转移时将价格定低。

2. 减少纳税。在非经济联盟之间进行贸易时，一国产品进入他国市场必须交纳关税，而跨国公司的子公司作为经济实体也需要在所在国交纳所得税。

在各种税率既定的情况下，改变产品价值总量就可以达到改变纳税水平的目的。对跨国公司而言，这一目的经常通过国际转移价格的灵活变动来实现。如当一国所得税税率较高时，某产品在由母公司向该国子公司转移时，可将转移价格定得高于市场正常价格，而当产品由该国转移至他国市场时，则将转移价格降低。如此高进低出，就使该国分公司的利润大大降低，从而减少所得税支出。再如在一国某类产品关税税率较高时，该产品在由母公司向该国子公司转移时，就可降低转移价格，从而减少关税付出。

3. 应对竞争。相当一部分跨国公司灵活调整其转移定价，旨在应付不同的市场竞争情况。跨国公司为了提高某种产品在某国市场的竞争力，最基本的方法是以低价格将这种产品售予在当地的子公司，使当地子公司在价格上处于竞争中的有利位置。如果跨国公司在某国的子公司处于激烈竞争的态势中，为增强该公司的竞争力，母公司可以低价向其供应原材料或产成品，以高价回收其产品，使该子公司能以低价优势赢得竞争。

同时，跨国公司通过灵活调整转移定价，较好地实现了公司整体利益最大的目标，但是由于跨国公司操纵价格的目的是提高整体利润，因此也必将损害了某些子公司所在国的利益，因为它通过转移价格逃避了在某些国家的纳税，减少了这些国家的税收。所以各国税务当局密切关注跨国公司运用转移价格的情况，甚至有部分国家规定，跨国公司在制定转移价格时应严格遵守公平交易原则，使转移价格符合市场价格。

扩展阅读： 阅读《营销工具 | 13 种定价方法！让你的产品成为你的利器》，想一想，还有哪些定价的技巧呢？

7.4　国际市场价格的管理和控制

7.4.1　外销产品的报价控制

国际销售合同上的价格条款可以包括一些影响价格的具体因素，如信用、售货条件和运输等。交易双方必须明确，报价应划分货物运输中各方的责任，指明由谁支付运费和从什么地方开始支付。报价还必须指明所使用的货币、信用条件以及所需单证的种类。由于不同国家使用不同的度量单位，因此数量的说明是很必要的。例如，在合同上提到"吨"，应明确是公吨还是英吨，是长吨还是短吨。如果对质量要求规定不具体，也会引起误解。此外，应就评价产品质量优劣的标准达成完全一致的意见。例如，美国顾客完全能理解"通行的畅销品质量"（Customary Merchantable Quality）的含义，但在其他国家可能会有完全不同的理解。国际贸易人员必须仔细审核合同的每一条款，如果审核不细致，就可能导致收益的损失，而这种损失是公司不情愿看到的。

7.4.2　价格扬升的控制

与国内销售产品相比，出口到国际市场上的产品由于地理位置距离上的增加和经济差异的加大，导致了国际市场营销需要更多的运输和保险服务，需要更多的中间商和更长的分销渠道，还需要支付出口所需的各种案头工作费用和进口税。以上各种费用都作为成本费用加在产品的最终售价上，从而导致了产品在国际市场上的最终价格要比国内销售价格高很多的现象。我们把这种外销成本的逐渐加成所形成的出口价格逐步上涨的现象称为价格扬升。

产品内销和外销价格存在巨大差异主要是由于国际销售比国内销售需要承担更多的营销职能，并不是企业将产品销往国外就能获得更多的利润。出口过程中各环节费用的逐渐增加是造成价格扬升的根本原因。价格扬升并没有给出口企业带来任何额外的利润。相反，由于价格扬升，使得企业目标市场的消费者需要花高价购买同样的商品，高的价格抑制了需求，减少了企业产品的销售量，从而对生产企业本身产生不利的影响。因此，价格扬升是国际企业必须注意的一个问题。

企业可以采取若干措施来减少价格升级所造成的消极影响。常用的方法有以下几种。

① 降低净售价，即通过降低净售价的方法来抵消关税和运费。但这种策略常常行不通，一是因为减价可能使企业遭受严重的损失，二是企业的这种行为可能被判定为倾销，从而被进口国政府征收反倾销税，使价格优势化为泡影，起不到扩大销量的作用。

② 改变产品形式。例如，将零部件运到进口国，在当地组装，这样可以按照比较低的税率缴纳关税，在一定程度上降低了关税负担，从而使价格降低。

③ 在国外建厂生产。这样可以在很大程度上减少运费、关税、中间商毛利等价格升级造成的影响，但也会面临国外政治经济形势变动的风险。

④ 缩短分销渠道。这样可以减少交易次数，从而减少一部分中间费用。但是，有时渠道虽然缩短了，成本却未必会降低，因为许多营销的职能无法取消，仍然会有成本支出。在按照交易次数征收交易税的国家可以采用这种办法来少缴税。

⑤ 降低产品质量，即取消产品的某些成本昂贵的功能特性，甚至全面降低产品质量。一些发达国家需要的功能在发展中国家可能会显得多余，取消这些功能可以达到降低成本、控制价格的目的。降低产品质量也可以降低产品的制造成本，不过这样做有一定的风险，决策时一定要慎重。

7.4.3　平行输入的控制

一个大企业如果不能有效地控制价格和分销，子公司或分支机构很可能发生竞争。由于不同国家市场上的产品价格不同，在本国销售的产品可能出口到另一个国家时按低于本国的产品销售价格出售。例如，一家美国化妆品生产企业以较低价格出口化妆品给一个发展中国家，后来发现这些化妆品出口到了第三国，在该国与同一公司以较高价格销售的相同产品产生了直接竞争。这是由于平行输入（也称平行进口或灰色市场）扰乱了价格，其根源在于缺乏对价格的控制和有效管理。

平行输入的主要原因包括不同国家间的币值差异、进口配额和高关税、国家间的显著价格差异以及专营公司赋予分销商高额的价差等。

为了避免出现平行市场，企业必须建立严格的控制系统，监控公司出口商品的数额是否与出口地的需求相适应。此外企业可以建立有效管制分销渠道的控制系统，还可以借助当地法律的帮助减轻平行输入带来的冲击。

7.4.4　租赁和相对贸易的价格控制

（一）租赁

租赁是解决产品价格昂贵和资金短缺的一个重要方式。设备租赁概念作为在海外市场出售设备的途径正变得越来越重要。工业出口企业租赁期通常为1~5年，按每月或每年支付租金，租金包括服务费、修理费和更换零件费。国内外的租赁不仅协议相似，动机也基本相同：通过租赁获得现金无力购买的设备，有利于销售新的、实验性的设备，使设备得到更好的维护和服务保证，租赁收入比直接的收入更为稳定。

同时国际租赁也会存在一定的风险。在一个受通货膨胀困扰的国家里，包含维护和提供零部件的租赁合同在合同执行后期可能遭受重大的损失。此外，对租赁最感兴趣的国家正是通货膨胀最有可能发生的国家。租赁所面临的货币贬值、没收或其他政治风险的作用时间比直接销售要长。尽管如此，国家租赁成为越来越多的国际企业采用的一种价格控制方式。

（二）相对贸易

在国际贸易往来中，企业想方设法降低经营的风险，提高利润，运用相对贸易是企业控制经营成本的有效手段之一。通常而言，相对贸易的方式主要有4种。

1. 易货贸易。易货贸易（Barter）是指交易双方直接互换货物。西方石油公司与前苏联达成的一项为期二年、金额达200亿美元的协议是迄今为止规模最大的易货贸易之一，根据该协议，西方石油公司用"过磷酸"向前苏联换取氨尿素和钾碱。在这笔交易中既没有现金转手，也不涉及任何第三方。显然，在易货交易中，卖方必须有能力转卖所换得的商品，转卖净价应等于在正常现金交易中预期的售价。此外，在易货交易的谈判阶段，卖方就必须对有关商品的市场和价格有所了解。在上述交易中，西方石油公司对氨尿素和钾碱的价格及市场是有数的，因为这两种商品可供该公司自己使用。但是，易货贸易所涉及的商品种类繁多，从火腿到铁粉、矿泉水、家具或橄榄油，应有尽有，当潜在顾客尚需寻找时，定价和营销都要困难得多。

由于商品种类繁多且质量等级各异，卖方只好依靠易货商行来了解行情，寻找换得的货物的买主。易货商行对小出口商尤其有用。例如，假设俄罗斯一家公司从西方国家的企业订购10台切肉机，用亚洲的名贵商品——鹿角支付。机器制造商可能借助于易货商行把鹿角卖给一家韩国公司，韩国用鹿角制造传统的亚洲药品。

2. 补偿贸易。补偿贸易（Compensation）是指一部分用实物支付、一部分用现金支付的贸易。比如，一家企业将飞机卖给巴西的买主，60%的贷款用可兑换货币支付，余下的 40%用可可豆等农产品支付。又如，麦道飞机公司与泰国做成了 8 架 F/A-18 飞机的补偿贸易，泰国同意支付 5.78 亿美元现金，其余 9 300 万美元则用泰国橡胶、谷物、家具、冻鸡、水果罐头支付。为了减少经常项目的赤字，泰国政府规定大宗合同价值的 20%～50%应以农业原料和农业加工品支付。

与易货贸易相比，补偿贸易的一个优点是有一部分贷款可以立即用现金清算，余下的部分现金在出售所得货物后取得。如果换得的货物在公司内能派上用场，那么补偿贸易就比较简单，但如果必须依靠第三方来寻找买主，那么，在补偿贸易谈判过程中就必须把请第三方协助的费用考虑在内，以便使卖方的净收入等同于正常现金交易中的净收入。

3. 反向购买。反向购买（Counter Purchase）也许是反向贸易中最常用的一种形式。卖方以某种确定的价格将某种产品出售给买方，买方以现金支付贷款。可是这种贸易涉及两份合同，第一份合同是以第二份合同为条件的。第二份合同规定，原卖方必须向买方购买价值相当于第一份合同总金额的全部或一定百分比的货物。这种做法与补偿贸易相比，卖方有较大的灵活性，因为一般来说，第二份合同的执行比第一份合同晚一段时期（一般是 6～12 个月，甚至更长一些）。原卖方在为第二份合同的货物寻找市场期间，已收到了第一份合同的全部货款。此外，与补偿贸易中用以支付的货物相比，反向购买的第二份合同所要求购买的货物往往种类更多。如果第二份合同不规定具体产品，企业的选择余地就更大。此时，仅要求每隔一段时间将买、卖账册清算一次，卖方有义务从买方购买足够数量的货物，以便使买、卖金额在账面上保持平衡。

反向购买在经济比较薄弱的国家中越来越流行。一些反向购买新形式的出现使其对卖方来说更具经济性。洛克希德公司在反向购买交易之前就建立反向购买信用。洛克希德公司主动寻找机会，把飞机卖给韩国接受某种形式的反向贸易，帮助销售 Hyundai 个人计算机，为韩国购买洛克希德的飞机创造机会。洛克希德从事反向贸易已有 20 多年，合同金额达到 13 亿美元，所购商品有西红柿、地毯、纺织品及汽车零件等。

4. 产品回购协议。产品回购协议（Product Buy-back Agreement）是第 4 种反向贸易形式。当卖方销售的产品或服务（如工厂、生产设备或技术）能生产出其他的商品或服务时，便可能采用这种方式。回购协议通常分为两种情况：卖方同意买方将部分货款以产品的一部分来支付；买方付清全部货款，但卖方同意以后购回一部分产品。例如，一家美国农业机械制造商将一个拖拉机工厂出售给波兰，一部分货款用硬通货支付，其余则用该厂制造的拖拉机抵偿。又如，通用汽车公司为巴西建造了一个汽车制造厂，收回了货款，但答应购买汽车制造厂的产品。

产品回购协议的一个主要缺点是，卖主有时候会发现回购的产品在与自己用类似方法生产的商品竞争。另一方面，也有些公司发现，产品回购协议为他们在那些有需求但无供求的地区提供了新的货源。

扩展阅读：点击"中航国际租赁"的门户网站，了解国际租赁方式的类别、业务模式和流程。

7.5　国际市场定价应注意的问题

7.5.1　统一定价与差别定价

国际企业在执行制定策略的过程中常常会遇到这样一个问题：究竟同一种产品的价格应该

在世界各国市场上保持一致，还是针对各国的不同情况分别采用不同的价格策略。从跨国企业的营销实践上看，大部分企业都采用差别定价决策。这主要是因为不同国家和地区在社会历史、文化习惯、经济发展水平、自然资源、法规政策等方面均有较大的差别，还有各国的生产成本、竞争价格、分销渠道及其成本、产品生命周期以及税收等方面存在较大的出入，企业需要全面衡量这些方面的差别，有针对性地制定不同的价格策略。但是，也有一小部分跨国企业认为，在国际市场上保持统一的价格有利于公司和产品在各国市场上形成一致的形象，而且统一的市场定价策略有利于节约营销成本，同时便于公司总部对整个营销活动的控制。

7.5.2　总部定价与子公司定价

许多规模较大的企业在国际营销的价格管理方面面临这样一个问题：由总公司统一制定商品在世界各地的价格，还是由在各国的子公司独立地定价。通常有3种做法。其一是由公司总部定价；其二是由子公司单独定价；其三是由公司总部与子公司共同定价。由于各国的生产、市场和竞争等条件都有所不同，因此，由总公司为各国的子公司统一定价的情况并不多见。比较常见的方法是由总公司和子公司联合定价，其具体做法是由总公司确定一个基价和浮动幅度，子公司可以根据所在国的具体情况，在总公司规定的浮动范围以内灵活地制定本地区的商品价格。这样既能使总公司对子公司的定价保持一定的控制，又能使子公司有一定的自主权，使价格适应当地市场的具体情况。

公司内部定价系统的总目标是尽量增加整个公司的利润，便于母公司实施控制，合理调节各级管理部门（包括生产部门和国际销售部门）的经营实绩。转账价格定得太低会引起生产部门的不满，因为他们的总经营业绩看上去比较差；转账价格定得太高，国际营销部门的业绩就显得较弱，影响国际营销经理的积极性。

公司内部定价系统应采用正当的会计方法，使有关国家的税务当局无懈可击。由于上述种种因素，不宜对公司的国际营销业务采用单一的价格，甚至也不宜采取统一的定价方法。

公司内部调拨产品有4种定价策略。

① 以当地制造成本加上标准加成出售。
② 以公司内效率最高的生产单位的制造成本加上标准加成出售。
③ 以协商价格出售。
④ 以市价出售。

在这4种方式中，以市价进行调拨最容易为税务当局接受，也最有可能为国外的分公司所接受，但公司内部调拨讲究以哪种定价方式为宜，取决于下属子公司的性质和市场情况。

无论在国内还是在东道国，都需要细致地考虑这些做法，以免外国公司逃避税或本国公司少报海外收入。

7.5.3　倾销与反倾销

（一）倾销

近年来，随着经济全球化趋势的逐渐加快和国际市场竞争的激化，倾销与反倾销已成为国际市场营销的一个焦点之一。所谓倾销是指某一组织机构以低于国内市场的价格，甚至低于商品生产成本的价格向国外大量抛售商品，以期达到打垮竞争对手、垄断整个市场的目的。一般说来，倾销可分为以下几种。

1. 偶然性倾销。这种倾销也称"短期性倾销"。往往是将过时的产品或在本国市场已经无销路的商品低于生产成本的价格向国外抛售。这类倾销对进口国的同类生产企业在短时间内会有不利影响，但对进口国消费来说，却带来了价廉物美的商品，所以进口国政府通常对此类倾销不予干预。

2. 间歇性倾销。这种倾销的主要做法是以低于国内价格甚至低于成本的价格手段向国外大量抛售商品，其目的就是打垮国外竞争对手，垄断市场，然后再提高商品的价格，以获得更丰厚的利润。企业实施亏本销售旨在进入某个外国市场，而且主要为了排斥国外竞争者。一旦企业在市场上的地位确立，便凭借其垄断地位而提价。这种倾销持续时间较长且危害极大，它打击了进口国的民族工业，阻碍了进口国同类企业的生存和发展，同时，也将最终损害进口国消费者的利益。因此，许多国家的政府对此类倾销均通过征收反倾销税等方法进行抵制。

3. 持续性倾销。这类倾销也称"长期性倾销"，是指长期以低于国内市场的价格向国外市场抛售商品。它最显著的特点是具有长期性。为避免长期亏损，其出口价格至少要高于边际成本，同时，倾销者还通过规模经济的做法扩大生产，以降低单位成本。企业在某一国际市场持续地以比在其他市场低的价格销售，是持续时间最长的一类倾销。其适用前提是各个市场的营销成本和需求特点各有不同。当然，在打垮竞争对手，完全占领市场以后，倾销者会再次提高价格，以赚取超额利润。

国外许多公司事实上都曾进行过倾销。它们为了逃避反倾销调查，除了用给进口商回扣、把出口产品伪装成进口国内生产的产品、开具假文件隐瞒出口产品真实价值等手段隐瞒倾销行为外，还经常通过如下措施"合法地"逃避反倾销控告。

① 设法使出口产品从表面上与在国内市场销售的产品有差别，即对实质上的同一产品通过促销宣传，使之差异化，那么在国内市场上也就没有相应的产品作价格比较的基础，从而使倾销行为被掩盖。

② 采取多种国际营销方式，变单纯的出口为在东道国生产，可以降低成本及低价销售。这是一种积极的对策。

③ 母公司从海外子公司输入廉价产品，以低于国内市场的价格销售海外产品而被指控在国内市场倾销，这种情况在国际营销实践中时有发生。

（二）反倾销

所谓反倾销是指进口国政府为了维护正常的国际贸易秩序，通过立法以及对倾销产品征收高额反倾销税等措施来遏制倾销的一种手段，以此保护本国工业的发展。世界贸易组织有关规则规定：如果因倾销而使进口国领土内已建立的某项工业造成实质性损害或产生实质性阻碍，这种倾销应该受到谴责，对倾销产品征收数量不超过这一产品的倾销差额；若不能断定倾销或补贴的后果会对国内某项已建的工业造成实质性损害或产生实质性威胁，或者实质性阻碍国内某一工业的新建，不得征收反倾销税或反补贴税。由此可见，要认定倾销必须符合 3 个条件：一是产品出口价格低于正常价值；二是产品对进口国确实造成了实质性的损害、威胁或阻碍；三是倾销与实质性损害、威胁或阻碍存在着无法分割的因果关系。其中，价格低于正常价值是 3 个条件中的关键。出口价格低于其正常价值的判别依据有 3 种、一是低于相同产品在出口国用于国内消费时，在正常情况下的可比价格；二是如果没有这种国内价格，低于相同产品在正常贸易情况下，向第三国出口的最高可比价格；或者产品在原产国的生产成本加合理的推销费用和利润，但对具体销售的条件差异、税赋差异以及影响价格可比的其他差异必须予以适当考虑。

155

扩展阅读：阅读《2016年7月国际对中国钢铁反倾销汇总》，谈谈你对相关问题的看法。

模拟实训

【实训主题】

了解企业和国内外市场营销实例接触，分析企业如何运用价格手段提高市场竞争能力。

【实训目的】

培养学生对国际市场的洞察能力，通过结合理论分析问题，提高解决实际问题的能力和学生的学习兴趣。

【实训地点】

本市

【实训过程设计】

（1）根据学生特点把全班同学分成若干小组，每个小组分别承担不同的职责。

（2）选定4家国外汽车生产企业，为每一小组分配一家企业，负责对企业的相关情况（主要是该企业产品在本国市场、中国市场以及第三国市场的定价策略）进行分析，写出调研报告。

（3）其中两个组分别调研我国汽车生产企业的定价策略。

（4）结合各小组的调研分析报告，共同探讨我国汽车生产企业进入东南亚（或第三国）市场应采取何种定价策略。

关键概念

成本导向定价法　成本加成定价法　增量分析定价法　目标定价法　需求导向定价法　认知价值定价法　反向定价法　差异定价法　竞争导向定价法　随行就市定价法　投标定价法　撇脂定价　渗透定价　满意定价　声望定价　招徕定价　顾客细分定价　产品式样定价　产品线定价　功能折扣　两段定价　价格上升　平行输入　易货贸易　补偿贸易　反向收购　产品回购协议　倾销　反倾销

综合练习

一、单项选择题

1. 国际营销企业市场定价的最低经济界限是（　　）。

A. 目标国的市场价格　　　　　　　　B. 成本

C. 市场接受的价格　　　　　　　　　D. 官方规定的价格

2. 某手表生产企业生产成本为60元，厂家拟按五成加价，那么该手表的市场售价应该是

（ ）元。

A. 65　　　　　　　　B. 70　　　　　　　　C. 90　　　　　　　　D. 120

3. 以下不属于平行输入产生原因的是（　　　）。

A. 不同国家间的币值无差异　　　　　　　　B. 国家间的显著价格差异

C. 专营公司赋予分销商高额的价差　　　　　D. 进口配额和高关税

二、多项选择题

1. 国际市场定价的影响因素包括（　　　）。

A. 目标　　　　　　　B. 成本　　　　　　　C. 市场需求

D. 竞争　　　　　　　E. 政府政策

2. 国际企业通过母公司与子公司、子公司与子公司之间转移产品时确定某种内部转移价格，以实现全球利益最大化的策略称为（　　　）。

A. 统一定价策略　　　　　　　　　　　　　B. 多元定价策略

C. 转移定价策略　　　　　　　　　　　　　D. 控制定价策略

3. 跨国企业转移定价的主要目的包括（　　　）。

A. 减少风险　　　　　　　　　　　　　　　B. 减少税收

C. 应对竞争　　　　　　　　　　　　　　　D. 提高市场份额

4. 倾销的主要类型有（　　　）。

A. 偶然性倾销　　　　　　　　　　　　　　B. 持续性倾销

C. 反复性倾销　　　　　　　　　　　　　　D. 间歇性倾销

三、判断题

1. 企业的定价目标主要是维持生存、避免竞争，并实现当期利润最大化。（　　　）

2. 在某些通货膨胀率高的国家销售产品，必须考虑通货膨胀对成本的影响，在存在通货膨胀的情况下，产品的生产成本和流通费用会随之减少。（　　　）

3. 成本导向定价法是主要以成本为依据，在考虑企业定价目标、市场需求、竞争格局等因素的基础上增加适当利润的一种方法。（　　　）

4. 差别定价是指企业对同一产品或劳务制定两种或多种价格以适应顾客、地点、时间等方面的差异，这种差异反映了成本比例差异。（　　　）

5. 总公司和子公司联合定价是指由总公司确定一个基价和浮动幅度，子公司可以根据所在国的具体情况，在总公司规定的浮动范围以内，灵活地制定本地区的商品价格。（　　　）

四、问答题

1. 影响国际市场定价与国内市场定价的因素有何不同？

2. 国际企业主要的价格策略有哪些？

3. 国际企业主要有哪些价格控制手段？

4. 统一价格与差别价格有何不同，分别在什么情况下使用？

5. 为什么近年来倾销已成为一个被关注的问题？

第 8 章

国际市场分销渠道策略

➤ 学习目标

【知识目标】

- 掌握国际市场营销渠道的相关概念
- 掌握影响国际市场营销渠道设计与选择的基本因素
- 了解各类中间商的特点
- 了解渠道长度与宽度策略

【能力目标】

- 能应用国际市场营销渠道的相关理论分析实践中遇到的问题
- 能进行国际市场分销渠道决策
- 能根据条件选择合适的中间商
- 能对国际市场分销渠道进行管理

➤ 案例导入

微博营销在品牌营销渠道的重要性

随着微博在全球持续火热，微博营销成为品牌营销一个无法回避的话题。目前新浪微博用户与腾讯微博用户均已突破 3 亿，拥有巨大的用户数量；同时，传播范围广、传播速度快也是微博的一个明显优势。面对微博的优势，企业纷纷开始建立自己的微博营销渠道。新浪微博发布的 2012 企业微博白皮书显示，截至 2012 年 2 月底，超过 13 万家企业开通新浪微博。其中，根据《财富》杂志发布的 2011 年 500 强企业榜单，共有 143 家世界 500 强企业开通新浪微博，占总数的 29%；就国内而言，有 207 家中国 500 强企业开通新浪微博，占 41%。新浪微博上的企业微博账号粉丝数超过 7 亿，平均每个企业微博拥有的粉丝超过 5 000 个。而根据益普索（Ipsos）近期开展的在线调查，《益普索微博品牌贡献率调查报告》显示，微博已成为消费者接触品牌的重要渠道，并发挥着积极的作用。以乳饮料、体育服装和鞋、银行与购物网站四个行业为例，针对主要品牌，消费者通过微博看到品牌信息的比例已达到四分之一左右，是用户接触品牌的一个重要渠道。

思考： 分销渠道的选择在国际市场营销中具有重要的作用。随着科学技术的发展，国际市场分销渠道还会不断创新。那么，什么是国际市场分销渠道？国际市场分销渠道有那些需要遵循的规律呢？本章将介绍这些内容。

国际市场分销渠道是指产品由一个国家的生产者流向国外最终消费者和用户所经历的路径，是企业国际市场营销整体策略的一个重要组成部分。在世界市场上，生产者和最终消费者很少能面对面地进行交易，产品流通的所有权的转移要经过中介人才能最后到达消费者手中。各种产品的不同销售渠道客观存在于市场上，出口企业不但要使自己的产品适销对路，还要选择适当的分销渠道，使产品能够顺利而及时地到达消费者手中。

8.1　国际市场分销策略概述

8.1.1　国际市场分销渠道基本结构

由于社会分工的存在，产品在由国内生产者向国外最终消费者或者用户转移的过程中要经过各种各样的中间环节。产品的特性、企业的指导思想等方面的差异决定了产品的国际分销渠道不同。综合起来，产品的国际市场分销渠道可分为两个部分，一部分是产品在出口国市场的分销渠道，另一部分是产品在进口国市场的分销渠道。产品在出口国市场的分销渠道主要有 2 种形式，而在进口国市场的分销渠道主要有 4 种形式，两两对应，这样产品在国际市场上的分销渠道形式共有 8 种，如图 8.1 所示。

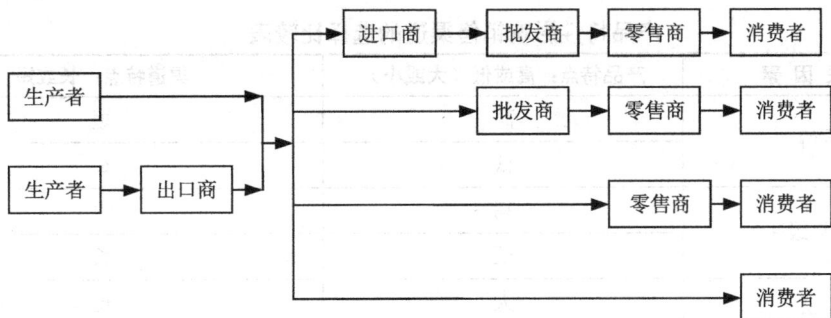

图 8.1　国际市场分销渠道的基本结构

8.1.2　国际市场分销渠道的发展趋势

分销渠道中的渠道成员和渠道的构成不是一成不变的，随着经济的发展、消费行为的改变、物质条件的改善、市场结构的变化，商业业态和渠道组织都在不断地变化。20 世纪 70 年代以来，由于全球经济一体化和企业竞争国际化的发展，大型跨国公司日益成为国际市场竞争的主体。跨国公司凭借其雄厚的资源，在国际市场经营过程中往往综合运用产品、价格、渠道、促销策略，要求对销售渠道拥有比较大的控制权，上述趋势导致了分销渠道的联合化趋势。

1. 纵向联合销售系统的发展。纵向联合销售系统又称为垂直营销系统（Vertical Marketing Systems），是指生产者、批发商、零售商等不同渠道成员采取一体化经营方式所形成的渠道系统。在垂直营销系统中，一个渠道成员对其他渠道成员拥有所有权，或者授予其他渠道成员特许权，或者拥有足够市场影响迫使其他渠道成员采取合作态度。

垂直营销系统具有经营规模大、服务功能强、交换能力高、有利于避免重复经营的特点，能够取得规模经济和范围经济。垂直营销系统的产生和发展是近几十年来西方发达国家由卖方市场进入买方市场、市场竞争加剧、集中和垄断进一步发展的产物。

2. 横向联合销售系统的发展。横向联合销售系统又称为水平营销系统（Horizontal Marketing Systems），是指在渠道系统中处于同一层次的若干制造商、批发商或零售商自愿结成临时或永久的合作关系或者组建一个独立的公司进行横向联合经营，共同开发新的市场营销机会。

8.1.3 影响国际市场分销渠道设计与选择的基本要素

国际市场分销渠道的设计是企业国际市场营销的一项重要活动，是站在生产者的角度规划企业跨越国境的营销网络，它的中心问题是确定到达国际目标市场的最佳网络途径。选择国际市场分销渠道要求企业对各种不同的环境因素进行综合分析，包括顾客因素、产品性质、中间商因素、竞争因素、企业因素、环境因素和渠道成员彼此的权利与义务等。

1. 产品特性。不同产品由于其各自的特点不同，对渠道有不同的要求。如鲜活易腐产品、生命周期短的产品和时兴产品显然应采取最直接的渠道；体积大、分量重、技术性强的专用产品适用于尽可能短的渠道；单价高、需较多附加服务的产品多由生产企业直接销售或只经过一道中间环节；反之，产品越标准化，越为顾客所熟悉，渠道越可以长而宽，如表8.1所示。新产品尚未被市场接受、需求不稳定时，通常也要由生产企业自己派人直接从事推销和市场开拓，随着市场接受程度的提高，渠道也可以随之改变。例如，一种运动果汁饮料刚开始只供应运动队、体育馆和健身俱乐部，随着接受者的普及，开始进入超级市场、便利店和快餐店。

表 8.1　　　　　　　　产品特性影响销售渠道的选择比较表

相 关 因 素	产品特点：高或低（大或小）	渠道特点：长或短
单价	高	短
	低	长
易腐易毁性	高	短
	低	长
重量	大	短
	小	长
技术复杂性	高	短
	低	长
时尚性	高	短
	低	长

2. 市场特点。市场潜量大，越需要利用中间商；如果市场潜量小，企业可以考虑直接利用推销员推销。个人消费者市场分散，购买频繁，数量少，要求就近方便地买到，如果采用"生产者—零售商—消费者"的短渠道，势必因订货频繁、运输存储工作量大而加大流通费用，所以生产厂家和零售企业，特别是中小企业，宁愿在批发企业的协助下组成长渠道或利用批零合一的连锁店。顾客购买商品的频率高，可以选用较多的中间商；顾客集中，大批购买可少用中间商而直接销售，如产业用户因其购买批量大而集中，更希望与供货厂家直接交易，以节约流通费用。出于同样的目的，大型零售商也力图绕过批发商，寻找最短的进货渠道。对于高新技术产品和特种制品，因用户需要复杂的、系列化的服务，不宜广泛使用中间商。

3. 中间商的特点。一般来说，不同的中间商在促销、谈判、存储、交际和信用诸方面所具有的能力是不同的。如专业进口商经验丰富，熟悉本国市场的渠道，了解各种进口规定，特别适用于不熟悉东道国的外国企业。直接经营进口商品的零售商有自己的进口部，掌握市场行情，批发商则可以大批量进货。因此，企业在建立渠道时必须考虑不同类型的中间商在执行各种任务时的优势和劣势。

4. 环境特性。在国际市场上，企业大多尽量避免使用与竞争对手相同的营销渠道，有些企业常常采用与竞争产品同样的渠道。如生产购买者卷入程度小、品牌差别却较大的产品如食品等的企业，希望将自己的产品与竞争对手的产品摆在一起卖，以供消费者选择。企业利用营销渠道不仅受到竞争者所使用的渠道的制约，同时还需要了解市场上各中间商的规模、承担各种职能任务的优势和弱点。如在某一市场上，大型零售商较多，进货批量大，足以和生产企业的产量相匹配，在这种情况下，企业就可以将产品直接卖给零售商，而不需要批发商转手，于是渠道较短；相反，如果中小零售商数目多，竞争激烈，则通过批发商的长渠道才能达到较好的营销效益。

5. 企业特性。对于那些不仅规模大，名气大，而且资金雄厚，产品优良，优势卓著的公司，在选择销售渠道和中间商时就有更大的主动权，甚至可建立自己的销售公司，这种销售渠道会短而宽。此外，企业的"产品组合"情况亦影响其营销渠道的选择，如产品组合广，与顾客直接打交道的能力强，渠道可短而宽；如产品组合深，则适于窄渠道。同时，企业的营销策略也会影响其渠道设计。如一家汽车制造商打算为顾客提供及时的维修服务，势必要建立众多的服务维修网点和广泛分布的备件存储点，或者是速度更快的运输工具。还有，企业本身控制渠道的愿望也有不同，有的制造商为了控制产品的销售渠道，明知成本较高，也愿意采取短渠道销售，因为这样可以增加推销力量，保持产品存货的新鲜以及控制零售价格等。如果生产企业希望完全控制其产品的市场定位、价格和形象，就要建立专卖店或专卖专柜；反之，则可以通过较多的中间商销售；而控制能力薄弱的企业只有依靠中间商提供销售过程的服务，营销渠道相对长些。

6. 渠道成员彼此的权利和义务。选择了国际销售渠道的模式和具体的中间商之后，还要明确渠道中各个成员彼此间的权利和义务，这样才能更好地处理利益关系，加强渠道成员的合作。渠道成员彼此间的权利和义务是围绕着利益这个核心确定的，具体包括价格政策、买卖条件、中间商的地区权利、各方面提供的特定服务内容等。

在价格政策上，制造商要制定一个价格目录，明确规定对不同类型的中间商或不同的购货数量所给予的不同折扣或价格优惠。

在买卖条件上，对于提早付款或按时付款的中间商，企业应该根据其付款的时间给予不同的折扣，这样既可刺激中间商的积极性，同时又利于生产商的货款回收，加快资金的周转速度。

在中间商的地区权利上，生产商对于中间商在地区划分、覆盖范围、权利和责任方面应该进行明确的规定。例如，特许经营权的发放范围、管辖区域及其责任和报酬都应该在特许经营权协议中明确地予以规定。这样做一方面可以减少不必要的争执和冲突，另一方面可以最大限度地调动中间商的积极性。

在双方应提供的特定服务上，生产商和中间商在广告宣传、资金投入、人员培训等方面可能存在利益上的争执，因而最好的形式就是用协议或合同的方式加以明确规定。例如，订立一个协议，规定如果中间商为产品提供广告宣传，生产商可以让利 5%，并在资源紧俏的时候优先供应广告服务的中间商，这样就起到鼓励中间商承担其职能的作用。

扩展阅读：阅读《家具企业如何建立自主销售渠道？》，讨论"家具企业产品出口应如何选择分销渠道"。

8.2 国际市场营销渠道成员

国际市场营销渠道成员是指参与商品在国际市场营销流通过程中的各类中间商。国际中间商可分为国内中间商和国外中间商两大类。由于国际中间商在企业的国际市场中起着关键的桥梁和连接作用，因而企业既要将中间商看成顾客，又要将其看成是战略协作伙伴。企业内部要形成一个共识，也就是中间商是服务于企业最终客户的执行者，可以帮助企业建立起客户对企业的信任和忠诚。

8.2.1 国际市场营销渠道成员（中间商）的基本类型

在企业的国际市场营销过程中，国际中间商承担了重要的中介和桥梁作用，因而需要进一步将中间商进行分类，以便掌握不同类型中间商的特点，充分发挥各类中间商在国际营销渠道中的作用。

1. 出口中间商。出口中间商是指设在生产企业本国的中间商，在生产企业不能直接与国外客户交易的情况下，可以利用国内进口商的国际市场营销知识和经验为生产企业服务。以出口中间商是否拥有商品所有权为标准，可以分为出口经销商和出口代理商两大类。出口经销商拥有商品的所有权，出口代理商只是接受委托，以委托人的名义买卖货物，收取佣金，不拥有商品的所有权。

（1）出口经销商。出口经销商包括出口公司、出口直运批发商、出口转卖商、外国进口商和国际贸易公司 5 种类型。

① 出口公司。在本国市场上买进商品后再转卖给外国客户，这么经营出口业务的企业称为出口公司。出口公司实质上是在国外市场开展业务的本国批发商，其基本职能与本国的一般批发商相同，区别是面对的是国外客户。出口公司从众多的生产企业手中购买商品，然后将商品运到国外，开展国际经营活动，并对其销售商品负全部责任。一些大出口公司往往还能给国外客户资金上的融通，并能在海外市场进行商品宣传。出口公司有专业化的发展趋势，一般来说，它们都趋向于专门在一个方面经营，并能向国内生产企业提供大量的、与本行业有关的国际市场信息。

② 出口直运批发商。出口直运批发商主要经营大宗商品和原材料，与出口商在业务方式上有所不同，他们一般只根据国外客户订单所指定的商品品种、规格和数量向国内生产企业采购。当采购数量达到订单数量时，就直接运给国外客户，自己并不保有存货。

③ 出口转卖商。出口转卖商是一种专门经营低价低档商品的中间商。他们努力寻找降价求

售的商品、生产过剩的商品、过时商品或其他廉价商品，然后转卖到需要这些产品的国外市场。

④ 外国进口商。外国进口商实际上是国外购买者设在出口国的常驻采购商。他们所采购的货物一般都是该进口国所需的。对于出口国的生产企业来说，只需要在本国与外国进口商联系、洽谈和成交，整个销售过程实际上是在出口国国内进行的。商品的运输和在国外市场上的销售由外国进口商全面负责。对于那些希望涉足国际市场但又缺乏在国外实际销售的经验与能力的生产企业来说，利用国外进口商也是一种可行的经销途径。

⑤ 国际贸易公司。国际贸易公司是国际贸易发展的重要中介。相对于专业的出口公司，国际贸易公司往往既从事国际贸易，又从事国内贸易，甚至还有一些生产、金融方面的业务。它对生产企业的服务是全方位的，既包括销售渠道服务，又承担提供信息，甚至为生产企业采购原材料等职能。

（2）出口代理商。出口代理商与出口商的区别是出口代理商一般不以自己的名义向本国卖主购买商品，而只是接受卖主的委托，以委托人的名义，在规定的条件下代表委托人开展出口业务。出口代理商本身并不拥有商品所有权，只是在交易成功后由委托人付给一定的佣金。在国际市场上，出口代理商主要有销售代理商、厂商出口代理商、出口国际经纪人和出口佣金商等。这些代理商既可以是一个组织机构，也可以是一个自然人。

① 销售代理商。销售代理商与生产企业是委托代理关系，它不拥有商品的所有权，所以无权决策，一切业务活动由生产企业决定。但他通常有可以控制出口商品的价格、销售渠道和促销方式，因此，可视为生产企业的销售经营部门，负责生产企业的全部销售业务。销售代理商比其他的出口商提供更多的服务，如负责在国际市场上的全部广告宣传，派员开展推销活动，设置商品陈列处，召开订货会、展销会和参加国际展销会，开展国际市场调研，提供咨询和产品售前、售后服务等。

② 厂商出口代理商。厂商出口代理商是指接受生产企业的委托，从事商品出口经营业务的代理商，相当于执行生产企业出口部的职能。在国际市场上，中小企业多使用厂商出口代理商。此外，大企业在开拓新市场、推销新产品或面对的市场潜力不大时，也通常使用厂商出口代理商。使用厂商出口代理商的缺点是市场活动范围有限，影响生产企业开发国际市场的速度。

③ 出口国际经纪人。出口国际经济人是指经营出口业务的经纪人。这种代理商只负责给买卖双方寻找客户，不持有存货，也不办理商品进出口的具体业务，他与进/出口双方一般没有长期的固定关系，其职能是联系买卖双方达成交易。国际经纪人可同时充当出口商的国外销售代理人和进口商的国外采购代理人。出口国际经纪人可以专营一种或几种商品，甚至专营几个国家的产品。

④ 出口佣金商。出口佣金商是指接受生产企业委托，代办出口业务，从中收取佣金的代理商。出口佣金商的业务主要是代国外买主采购佣金商所在国的商品出口，有时也代国内厂商向国外销售产品。出口佣金商代国外买主办理委托业务时，是根据买主的订单或委托购货书（代购订单）进行的，一旦达成协议，买主不能变更其委托，佣金商也必须按照购货书内规定的条件进行采购，运送到指定的地点，由买主付给佣金，并且一切风险和费用均由买主承担。

2. 进口中间商。进口中间商是指从事进口业务的中间商和销售进口商品的中间商，主要有进口经销商和国外进口代理商两种。

（1）进口经销商。凡直接向国外购买商品，向国内市场销售的贸易企业均可称为进口经销商。进口经销商拥有商品所有权，通过进口业务来赚取利润。当然，它要承担由商品进口到卖出的一切风险。进口经销商的职能与国内批发商相似，不同之处在于进口经销商的进货对象是国外企业。进口经销商的经营方式主要有两种，一种是根据国内市场要求先进口商品，然后再转售给国内批发商、零售商或工业用户；另一种是先根据样品与国内买主成交，然后再向国外进货，负责办理一切运输、保险及报关等事务。进口经销商经营的商品多种多样，但往往倾向于经营利润大、周转快的商品。不少进口商除了自己经营进口以外，也接受国外出口商的委托作为他们在当地市场上的代理。

① 进口公司。进口公司是一种既拥有商品所有权，又持有实际商品的独立中间商。他们同出口国制造商有着密切的合作关系，是出口国生产企业的固定客户。他们从国外购进商品，再转售给批发商、零售商等中间商，或直接出售给消费者与工业用户，自负盈亏，经营方式灵活。进口公司在主要的供货国家设立购买中心有利于提高效率，特别适合所采购的对象是一些较小的、不成熟的生产企业。例如，西尔斯公司是美国采用进口公司形式的代表，它在国外设有许多采购中心。

② 进口批发商。进口批发商是一种既拥有商品所有权，又持有实际商品的独立批发商。按照其经营的商品范围来划分，一般分为普通商品批发商、单一种类商品批发商和专业批发商。普通商品批发商经营普通产品，如食品、化妆品、药品、家具、电器等，品种繁多，范围广泛，其客户主要是普通商店、电器商店、药房等。单一种类商品批发商经营的商品仅限于某一类商品，且品种、规格、花色齐全。在消费品市场，单一种类商品批发商的客户主要是食品杂货、药品、小五金等行业的独立零售商。在工业品市场，这种批发商的客户主要包括大、中、小型工业用户。专业批发商的专业化程度较高，专门经营某一类商品中的某种商品，如食品行业中的专业批发商专门经营罐头食品，这种批发商的主要客户是专业商店。

③ 国外零售商。国外零售商是国际销售渠道的最后一个环节，直接面对用户或消费者。国外零售商形式多种多样，如专业商店、百货商店、超级市场、廉价商店、连锁商店、特许经营商店、方便商店、超级商店、邮购商店等。从国际销售渠道的角度来说，小型零售商较多地从进口商、批发商那里进货。现代大型零售商如百货公司、超级市场、邮购商店、连锁商店、购书中心等，则较多地从国外制造商那里直接进货。

（2）进口代理商。进口代理商一般接受本国以外卖主的委托代办进口，在规定的条件下负责在本国市场安排销售，提供服务，收取佣金，但不承担信用；汇兑和市场风险，不拥有对商品的所有权。其职能主要有 3 方面，一是代国内买主办理进口，二是代国外出口商销售寄售商品，三是以代表身份代理国外制造商或出口商销售商品。进口代理商的主要类型有国外进口代理商、进口佣金商、进口国际经纪人、融资经纪商等。

① 国外进口代理商。凡进口国的企业接受出口国制造商的委托，双方签订代理合同，为出口国制造商推销商品、收取佣金的称为国外进口代理。这种代理商因身居当地市场，熟悉当地市场情况，能利用各种机会针对不同对象进行销售，同时能向生产企业提供市场信息，提出改进产品、提高质量等方面的有益建议，使产品能不断适应进口国市场的需要。

② 进口佣金商。进口佣金商的主要任务是代理国内买主办理进口，收取佣金。进口佣金商可以同时接受多个委托人的委托，它还可以兼作互有竞争的委托人的代理，有时也可以代国外卖主销售商品，但主要代表国内买主办理进口，这是进口佣金商与国外进口代理商的区别所在。进口佣金商的业务有不少是由进口经销商兼营的。他们利用与国内客户的联系和熟悉国外市场的优势，也从事一部分代理业务。因此，进口经销商与进口佣金商之间也存在着矛盾与竞争。

③ 进口国际经纪人。进口国际经纪人是进口国的国际经纪人，其职能与出口国的国际经纪人基本相同。他们代办的主要是进口国的大宗商品，经营额很大。由于他们对国内、国外市场都比较熟悉，与客户能保持良好持久的关系，能以较低的成本使商品迅速地渗透到整个目标市场，因而出口国的制造商或出口商也利用进口国际经纪人来推销商品。对于出口国的制造商或出口商来说，要想利用进口国际经纪人来达到推销商品的目的，就必须选择一个能够全面覆盖出口企业目标市场的国际经纪人。

④ 融资经纪商。融资经纪商突出国际市场营销中信用的重要地位，这种代理商除具有一般经纪商的全部职能外，还为销售交易筹措资金，在产品制造、再加工或组装的各个阶段承担筹措资金的责任，可以使交易双方免遭信用风险，承担特殊融资保障功能。

从国际市场营销的角度来分析，国际销售渠道中的中间商不仅包括以上所述的出口中间商和进口中间商，还包括一些其他类型的中间商。此外，出口国制造商自设出口机构和在国外的销售机构，这也应属于国际销售渠道的一部分。

　　扩展阅读：阅读《"没有中间商赚差价"是最大的营销谎言》，谈谈你对"在国际市场营销中，是否选择中间商"的看法。

8.2.2　国际市场营销渠道成员（中间商）的选择

企业在决定国际营销渠道时，国际中间商的选择直接关系到营销渠道的运营效率和市场整体营销计划的实现。选择国际中间商要着眼于长远规划，应建立在对国外市场的详细考察和充分了解的基础上。国际中间商的选择标准一般包括以下几个方面。

1. 目标市场的状况。企业选择中间商的目的就是要把自己的产品打入国外目标市场，让那些需要企业产品的国外最终用户或消费者能够就近、方便地购买或消费。因此，企业在选择销售渠道时，应当注意所选择的中间商是否在目标市场拥有自己需要的销售通路，例如，是否有分店、子公司、会员单位或忠诚的二级营销商，是否在那里拥有销售场所，如店铺、营业机构等。

2. 地理位置。国际中间商要有地理区位优势，所处的地理位置应该与生产商的产品、服务和覆盖地区一致。具体地说，如果是批发商，其所处的地理位置要交通便利，便于产品的仓储和运输；如果是零售商，则应该具有客流量大，消费者比较集中，道路交通网络完备，交通工具快捷等特点。

3. 经营条件。国际中间商应具备良好的经营条件，包括营业场所、营业设备等。例如，零售商营业场所的灯光设施、柜台等设备应齐全，这样才能有效地支撑零售商的业务。

4. 经营能力与业务性质。中间商的经营能力指的是中间商的管理能力、推销能力和客户服务能力。国际中间商的经营能力是决定销售成功与否的关键因素。中间商的业务性质指的是中间商的经营范围以及对目标市场的覆盖层面和渗透程度。需要对中间商的业务性质进行全面考察。一般来说，专业性的连锁销售公司对于那些价值高、技术性强、品牌吸引力大、售后服务较多的商品具有较强的营销能力。各种中小百货商店和杂货商店在经营便利品、中低档次的选购品方面力量很强。在考察中间商的经营能力时，有以下几方面的具体指标。

（1）经营历史。国际中间商应有较长的经营历史，应在顾客中树立良好的形象。

（2）员工素质。国际中间商的员工应具备较高的素质，具有较强的运用各种促销方式和促销手段的能力，并愿意积极地直接促进产品的销售；要具备丰富的产品知识，对相关产品的销售有丰富的经验和技巧；要具备较高的服务水平，随时解答顾客的疑问，并为顾客提供诸如安装、维修等服务。

（3）经营业绩。国际中间商要有良好的经营业绩，在经营收入、回款速度、利润水平等方面都有完善的规章制度和良好的效果。

5. 中间商的资信条件。中间商的资信条件指的是中间商的财务状况、经营作风和商业信誉等，对那些资信状况不甚了解的新客户应慎重对待，避免上当受骗。国际中间商应该在客户中有较高的声望和良好的信誉，能够赢得顾客的信任，能与顾客建立长期稳定的业务关系。具有较高声望和信誉的中间商往往是目标消费者或二级营销商愿意光顾甚至愿意在那里出较高价格购买商品的中间商，这样的中间商不但在消费者的心目中具有较好的形象，还能够帮助生产商树立品牌形象。

6. 合作态度。生产企业在选择中间商时，要注意分析其营销合作的意愿以及与其他渠道成员的合作关系，以便选择良好的合作者。营销渠道作为一个整体，每个成员的利益来自于成员之间的彼此合作和共同的利益创造活动，从这个角度讲，营销渠道成员共同承担营销商品的任务，通过营销把彼此之间的利益"捆绑"在一起。只有所有成员具有共同目标和合作精神，才有可能真正建立一个有效运转的销售渠道。因此，生产商所选择的中间商应当在经营方向和专业能力方面符合所建立的销售渠道功能的要求，愿意与生产商合作，共同担负一些营销职能（如共同促销等）。生产商与中间商良好的合作关系不单是对生产厂家、消费者有利，对中间商也有利。

8.3 国际市场营销渠道决策

国际市场营销渠道决策是指企业根据自己的目标、能力条件、产品特点以及目标市场营销渠道的结构特点等因素，对于不同方案进行分析评判，选择本企业在目标市场的营销渠道模式的活动。国际市场营销渠道的决策主要涉及下列3方面内容：一是营销渠道的长度和宽度决策；二是营销渠道的标准化和差异化决策；三是新建渠道与利用现有渠道的决策。

8.3.1 营销渠道的长度和宽度决策

渠道长度是指产品从生产领域流转到消费领域所经过的买卖次数，即中间商层次的多少；产品分销渠道的宽度是指企业在某一市场上的某一个销售环节同时使用中间商的多少。一个有效的国际产品营销网络涉及渠道长度和宽度，长度由中间商的层次数目决定，宽度由渠道中每一层次所使用的中间商的数量来决定。

1. 营销渠道的长度决策。营销渠道的长度决策涉及是否使用中间商，是直接营销还是间接营销，间接营销过程中需要多少中间商层次等问题的确定。

当企业选择直接营销模式，则可以减少中间商的层次或者不使用中间商。其优点是直接营销可使企业对渠道拥有更大的控制权，可获得更好的信息反馈，能更好地满足顾客的需求，当市场销量大时可有更好的经济效益。但若目标市场规模不大而且顾客分布又很分散，直接营销则会大幅度地增加企业的营销成本费用。

当企业选择间接营销策略，利用中间商进行产品营销时，对于营销系统的组合通常可有3种选择：一是建立独家控制性营销系统；二是通过协议形式组建契约型营销系统；三是选择传统的松散型营销系统。

（1）独家控制型的营销系统是指由一家企业或商号单独拥有或者控制的营销系统。比如，西尔斯公司本身是零售商，但拥有批发和配送中心，并且生产厂商也拥有股权，形成对整个营销渠道系统的独家占有。这种系统使得厂商对整个营销渠道拥有控制权，这样既可为顾客提供更好的服务，也可获得规模经济效益。但是，这种系统要求厂商投入大量的资金或人员等企业资源，对于营销环境的变化难以作出自由选择。此外，有些国家的法律也禁止单一企业垄断或控制营销渠道的做法。

（2）契约型的营销系统是指营销渠道成员通过订立契约而组合形成的营销系统。契约型营销系统可由制造商牵头进行组合，也可由零售商或批发商组织其他渠道成员加盟，特许经营是该类系统最普遍的组织形式。20 世纪 80 年代，美国特许经营的销售额及参与特许经营活动的企业数量稳定地大幅度增长，1985 年美国特许经营方式的零售额高达 5 290 亿美元，占整个零售行业的 1/3。

（3）传统松散型的营销系统是指制造商雇佣独立的中间商来完成特定的营销功能，将产品通过渠道送达消费者（或用户）手中。独立的营销商担任产品营销工作，效率往往要比制造厂商自行营销高得多，制造厂商不仅无须投入大量的资金与人力资源，而且也易于对市场环境变化及时作出反应。但在这种营销系统下，中间商是独立的渠道成员，如何调动他们的营销积极性以及如何协调并保证渠道的顺利运转则是制造厂商所面临的特有问题。

2. 营销渠道的宽度决策。营销渠道宽度决策要解决营销渠道中有关层次所需中间商数量的问题，企业在进行渠道宽度决策时面临以下 3 种选择。

（1）广泛分销，也称密集分销，是指企业产品通过许多愿意经销的中间商营销。消费品中的便利品（如香烟、糖果、洗涤用品）和产业用品中的供应品（如企业办公用的文具）等通常都采用密集分销，从而使广大消费者和用户能随时随地买到这些便利品。

（2）选择营销，是指企业产品在一定的市场范围内只能由经过挑选的中间商进行营销。消费品中的选购品（如女性服装、衣料、鞋帽等）和特殊品（如电冰箱、照相机、手表等）最宜于采取选择分销。

（3）独家分销，是指企业产品在某个特定市场区域仅限一家中间商营销，通常双方协商签订独家经销合同，规定经销商不得经营竞争者的产品，以便控制经销商的业务经营，调动其经营积极性，占领市场。在西方国家，汽车等特殊品通常采取独家经销。

在国际营销活动中，企业对营销渠道宽度的选择与确定受到不同国家或地区营销环境的影响。例如，以小型零售商为主的国家或地区，具有一定规模和实力的中间商不多并且难寻，企业可能不得不选用广泛营销的策略。又如，有些国家贫富悬殊，对企业产品的需求主要来自于高收入的那部分消费者，此时宜采取选择营销策略。目标市场国家的法律法规也可能限制企业对营销渠道宽度的选择。比如，独家营销的做法在美国被认为有碍公平竞争而受到限制。

8.3.2 营销渠道的标准化和差异化决策

如果说营销渠道长度和宽度的决策构架了企业在某个特定市场的营销模式，那么营销渠道的标准化和差异化决策就是要解决企业在多个国家使用统一的营销模式，还是针对不同国家设计不同的营销模式的问题。企业在国外市场上是采用标准化营销模式还是差异化营销模式，要根据各国市场的营销特点、消费特点、市场竞争特点和企业自身及产品特点来决策。

1. 营销渠道的标准化。营销渠道的标准化是指企业在国外市场上直接采用统一的营销模式。企业采用标准化营销模式的主要理由是需求趋同，而且这种需求趋同的倾向随着全球经济一体化表现得越来越明显。尽管受到诸多条件的限制，但是不少工业品或某些消费品的营销模式在许多国家或地区已呈现统一化和标准化的趋势。

采用标准化营销模式，可以利用营销人员营销效率提高和营销经验累积的"经验曲线效应"，帮助企业实现规模经济效益，给企业带来益处。采用标准化营销模式对于跨国流动的消费者来说，最大吸引力在于能够使用固定的购买模式与营销渠道在不同国家或地区买到他们所熟悉的产品或服务。但是，由于各国的市场环境各不相同，采用同样的营销模式可能无法在东道国市场上开展有效的产品营销活动。因此，有些企业往往倾向于营销渠道的差异化。

2. 营销渠道的差异化。营销渠道的差异化也称多样化，是指企业根据不同国家的具体情况分别采用不同的营销模式。在国际营销实践中，大多数企业采用差异化营销模式，具体原因如下。

（1）不同国家或地区营销环境的差异。不同国家或地区批发商和零售商的数量、规模及其可能提供的服务不一样，商品存储和运输条件也相差甚多，势必造成企业营销模式的不同。比如，百事可乐公司的营销模式是在目标市场国家设厂瓶装，再用卡车运送各个零售点。但在人口稀少交通不便的偏远地区，使用卡车运货的成本太高，公司不得不改用其他的营销方法。

（2）各国的消费特点和消费者购买模式的差异。对于同类产品，不同国家的消费者往往有各自的消费习惯和购买模式，通过自己熟悉的特定渠道购买，企业对不同国家或地区营销模式的选择不得不考虑到消费者购买模式的差异。

（3）不同国家或地区企业进入方式的差异。企业的市场进入方式限制了企业对目标市场国际营销渠道的选择。例如，产品出口方式，不管是间接出口还是直接出口，企业对于进口国家国内营销渠道基本上没有控制权，只能接受中间商安排的营销渠道。又如，许可贸易或合资经营等方式，企业对营销渠道的选择则要受到受许方或合资方的影响和限制。退一步来说，即使企业以同样的方式进入不同的目标市场，由于当地市场销售潜力和竞争条件的不同，企业采取的营销策略往往不一样，选择的营销模式也就难以一致了。

8.3.3 新建渠道与利用现有渠道的决策

1. 新建渠道的利弊。所谓新建渠道就是企业在进入一国市场后，为产品营销建立专门的通路或网络。新建渠道与利用国外的现有渠道相比有以下优点。

（1）有利于建立市场知名度，扩大产品销售。因为通过在国外自设营销机构，企业可以专心于本企业产品的营销，对于产品打开市场、提高知名度都是十分有益的。而国外的一般营销商同时承销许多产品，并不会对某一产品特别关注，这对于产品，尤其是新进入一国市场的产品打开销路、扩大影响是不利的。

（2）有利于加强控制。首先，企业通过新建自己的营销渠道，可以建立较为完善合理的产品线，加强产品销售计划的实施与控制，丰富产品花色和价格层次。因为国外营销商往往出于自身的目的倾向推销热销高利产品，这对于企业全线产品的销售是不利的。而企业自己建立营销渠道就可以销售企业全部产品，市场涉及面也较广。其次，企业通过自己新建营销渠道还可以切实产品质量反馈工作，控制产品质量，保证产品质量在营销过程中不受影响。再则，企业自己新建营销渠道也有利于加强产品价格的控制。通过自设营销机构可减少中间环节，克服由于中间环节增多、难以控制产品最终售价的问题，有利于价格控制。

（3）有利于提供完善服务。企业通过在国外设立营销机构不仅可以加强特定产品的营销，也有利于提供完善的售后服务。因为国外中间商承销的产品繁多，可能无力专心拓展某一特定产品的市场，也无法对其所承销的产品提供完善的售后服务。

（4）有利于企业积累国际营销经验。对于刚刚进入国外市场的企业来说，通过自设营销机构还有利于企业更加接近目标市场，了解目标市场的情况，开展有针对性的营销活动。除此之外，还有利于企业熟悉国外市场开拓的整个过程，积累丰富的国际营销经验，为进一步拓展国际市场奠定良好的基础。

但是企业在国外市场自设营销机构，重建营销网络的投入大、成本高、风险也大。这种策略往往适合于规模大、实力强的企业。

2．利用现有渠道的利弊。利用现有的营销渠道是指企业在目标国家市场上委托该国原有的中间商营销产品。在国际市场上，由于资金限制或其他原因，大部分产品都是委托当地中间商营销的。因为它有以下优点。

（1）成本低。因为通过国外原有的中间商营销产品，企业就不需要投资建立相应的营销子公司，虽然企业需要增加代理费等支出，但相对于重建营销机构的成本来说，产品营销成本要低得多。

（2）进入市场快。因为国外原有的中间商了解当地市场，且已拥有一定的营销网络，企业产品通过他们可以迅速进入市场，而自设营销机构不仅需要投入大量的人力和物力，而且需要相当的时间才能运行，因而进入时间较长。

（3）风险小。风险小主要体现在两个方面：一是如果企业在国外自设营销机构，可能不了解当地市场的特点，难以打开市场；二是企业自设营销机构需要大量的投入，一旦市场有变，会造成运营难，风险暴露。

当然，利用国外现有的中间商也会面临企业对市场的控制弱、服务无法跟上等问题。但是企业存在下列情况时，还是可以考虑利用中间商营销产品。

① 厂商无足够资金、人力去从事海外直接销售工作。
② 自己虽有足够的内部资源，但机会成本过大。
③ 缺乏在当地营销和市场管理的经验。
④ 产品单一，无法获得足够的销售量和利润。
⑤ 顾客分散。
⑥ 订单规模大小不一。

3．新老渠道的选择。究竟是采用新渠道还是老渠道，需要根据以下因素来决定。

（1）市场营销条件。如果目标国家原有的市场体系完善，分销网络健全，分销商的条件较好，企业就没有必要自己重新建立相应的分销体系。反之，若目标国家市场上市场体系不完善，无法找到合适的分销商，企业就得自己建立分销网络，否则无法打开市场。

（2）政策或社会文化环境特点。在某些国家，由于政府的强行规定或由于文化习俗等因素，产品必须通过本国的中间商进行分销，企业在进入这些国家时，就不可能自己建立相应的分销渠道和网络。

（3）市场竞争特点。在目标国家市场上，由于竞争者较多，且大多占据了有利的分销商，企业为了与竞争者抗衡，可以考虑建立自己的分销渠道。如果市场竞争不激烈，企业可选择适合的当地分销商。

（4）企业的条件。因为重建渠道需要大量的投入，因此，资金实力充裕的企业才有可能考虑自设分销机构，否则，可利用当地现有的分销网络。

（5）产品特点。新建渠道对于那些产品线多、产品技术性较强的企业是有利的；若企业生产的产品品种较少，技术性不强，则没有必要自设分销机构。

（6）成本—利益比较。利用现有渠道和重建新渠道各有利弊，企业在进行抉择时，必须通过成本和利益的比较，认真权衡两者的利弊，慎重决策。

8.4 国际市场营销渠道管理

国际市场营销中的国际营销渠道复杂多变，对国际营销渠道的管理就成为一个重要课题。由于国际营销渠道主要由中间商构成，因而支持中间商的工作，对他们的业绩进行有效的评估，减少渠道成员之间的冲突，促进渠道成员的合作，从而提高渠道经营的效果，就成为渠道管理中的主要内容。

1. 支持国际中间商。企业往往在国际市场的营销目标、产品组合、促销活动、销售报酬以及服务顾客等方面与国际中间商存在意见和分歧，抱怨中间商不能很好地与生产企业保持一致，不能积极主动地配合生产企业的统一发展战略。为了建立通畅的国际销售渠道，生产企业要认真分析分歧产生的原因，并采取有效的措施激发国际中间商的积极性。

对中间商予以支持、调动中间商的积极性是国际营销渠道管理的一个重要方面。对国际中间商的主要支持措施有以下几个。

（1）促销服务支持。企业可通过合作广告、商品陈列、产品展览和操作表演、新产品信息发布会等形式协助中间商进行促销活动，调动中间商的积极性，促进国际销售渠道的顺利运转。在开展促销支持方面，苹果电脑公司做得非常成功。

（2）资金待遇支持。企业可以给予国际中间商在付款上的优惠措施，以弥补中间商的资金不足，如允许国际中间商分期付款、延期付款等。但是国际市场风云变幻，采用分期付款、延期付款的措施虽然可以调动中间商的积极性，达到激励的目的，但同时也加大了生产商的风险。因而生产商应该对国际中间商的信用情况有详细的了解，只有确信可以收回货款时，才可以采用资金支持的方式。

企业还可通过提高佣金、增加折扣或者利用特殊津贴等措施解决中间商经营成本过高的困难，或者增加中间商的经销利润，以调动中间商的经销积极性。

（3）管理支持。企业可以协助国际中间商进行经营管理，培训营销人员，提高营销的效果。管理支持对一些需要技术支持的机械设备产品、高科技产品以及一些需要规范和标准化的服务行业尤其重要。企业还可以通过精神鼓励和物质奖励的方法支持中间商，比如，定期召开经销商会议，表彰经销业绩突出的中间商，并给予一定的奖励或提供免费旅游的机会。

2. 评估国际中间商。企业定期对国际中间商进行考核与评价，了解他们的活动是否符合企业的分销目标，是否符合企业的利润计划，是保证企业的分销体系畅通、高效的前提。

（1）评估标准。在对国际中间商的评估中，明确评估的标准是十分重要的，具体而言，国际中间商的评估标准主要有以下几方面。

- 销售量或销售额。是否完成了规定的销售量或销售额，销售量或销售额的构成中新旧业务的比例。
- 市场目标。是否具有市场开拓能力，市场占有率的提高情况。
- 存货控制。存货水平及管理存货的能力。
- 货款收回。交回存款的及时程度，拖欠货款的时间和数量。

- 促销。对生产商促销活动的合作程度，主动开展促销活动的热情和能力。
- 服务。提供给客户的服务项目及服务水平。
- 其他。对特殊事件的处理能力，破损、遗失货物的处理能力等。

（2）评估方法。明确了评估标准之后，就需要采用一定的方法对国际中间商进行评估。对国际中间商进行评估的方法通常有横向比较法和纵向比较法两种。

① 横向比较法。以整体的绩效上升比率为标准，比较每个国际中间商是高于平均水平还是低于平均水平，对销售绩效高于平均水平的国际中间商要采取奖励措施，鼓励他们继续提高业绩；对低于平均水平的国际中间商要全面分析主、客观原因，提出改进和努力的方向；对个别不负责任的国际中间商要采取适当的惩罚手段。

② 纵向比较法。将每一个国际中间商的销售绩效与上一期的绩效相比较，看各个中间商完成的销售绩效的升降情况。对于绩效上升幅度居于领先地位的国际中间商要进行奖励，对于销售上升比率低甚至下降的中间商要分析原因，甚至进行惩罚。

3. 调整国际销售渠道。随着时间的推移，企业的国际市场分销渠道也在调整和发展。其原因或者是原有分销渠道的绩效一直不佳，未能达到企业的分销目标而不得不进行相应的调整或更换；或者是企业国际市场卷入程度加深，分销模式不得不加以调整以向更高的层次发展；或者是国内外营销环境的变化，企业不得不相应地调整渠道结构和分销模式以适应这种变化。

对分销渠道的调整可能仅限于渠道宽度的调整，只是增加或减少渠道某一层次的中间商数量；也可能是在渠道的长度上进行调整，增加或取消渠道的某一层次。国际中间商的调整涉及以下 3 方面。

（1）增加或减少渠道中的个别国际中间商。增加或减少个别国际中间商是指根据企业的整体战略规划和对国际中间商的评估指标，一方面，对于那些不能完成生产商的分销定额、不积极合作，影响生产企业市场形象的个别国际中间商，应尽快终止与他们的购销关系；另一方面，通过认真地评估，吸收积极性高、业绩良好、形象信誉卓著的国际中间商。有时，生产商在对分销渠道进行评估的基础上，要将那些低于一定控制线的国际中间商从渠道中剔除，从而提高销售渠道的业绩水平。

（2）提高渠道结构层次。随着企业国际市场卷入程度的加深，分销模式也要进行相应的调整以适应这种发展。例如，从间接出口到直接出口，从产品出口到海外投资，从许可贸易到独资经营，企业对国际市场卷入程度的加深要求企业调高渠道结构层次。

（3）改变渠道结构和分销模式。国内外营销环境的变化也要求企业分销渠道进行相应的调整。例如，零售行业大型化与国际化趋势导致许多制造商改变原来的间接分销模式，采取跨越批发商而向大型零售商直接分销的策略。又如，发达国家人员推销成本费用的大幅度攀升促使许多制造商改变直接派员推销模式而转向间接分销模式。如日产汽车公司原先的分销模式是由推销人员挨家挨户上门推销，但随着日本经济的发展，人员推销成本费用大幅度增加，加上国内合格推销员的短缺，不得不改用由经销商设置的陈列室推销模式。

分销渠道的调整可能涉及某些渠道成员的更换或者整个渠道模式的改变。例如，汽车制造商为了加强对渠道的控制，将原有的独立代理商制度变更为自己直接设立销售分支机构。这些调整或改变过程往往会遭到渠道成员的反对或抵制，因而可能是个困难和复杂的过程，要付出较高的经济代价。特别是许多国家对本国中间商的利益常常以各种法律法规的形式加以保护，制造商要终止与海外中间商的经销或代理关系，可能要经过复杂的法律程序，甚至可能还得给中间商这样或那样的补偿。因而，对于分销渠道的调整；不管是渠道结构的部分调整还是渠道整体的重新构建，应从经济效益、渠道控制和环境适应等方面进行利弊权衡，既着眼于当前又前瞻未来，既比较局部又考虑全局，从而作出慎重的决策。

4. 消除渠道冲突。国际销售渠道成员往往是由各种类型的中间商组成的，这些中间商作为独立的经营者，有着自己的经验目标、利益追求和营销策略，再加上因跨越国界，客观上存在社会文化、政治法律等方面的差异，渠道成员之间的矛盾和冲突在所难免。

（1）冲突的类型和原因。渠道成员之间的矛盾和冲突既可能发生在制造商与中间商之间，也可能发生在中间商与中间商之间；既可能发生在渠道的不同层次之间，亦可能发生在同一层次的不同中间商之间。

冲突产生的原因是多种多样的。例如，生产企业对国际中间商的不满主要有以下几个方面：中间商提供的服务不到位；中间商与制造商之间的信誉交流不畅通；中间商越权管理，形成混乱局面；中间商付款不及时，彼此之间产生回扣和付款争议；产品在运输过程中损失和损坏现象严重；广告费用存在争议；中间商的市场渗透不利于中间商；不执行生产企业的销售政策等。

国际中间商对制造商的不满主要有以下几方面：产品缺货；新产品开发存在时滞；为解决问题进行的交流无效；产品存在质量问题或产品有缺陷；错误的销售预测；包装问题造成的产品损坏；淡季财务负担等。

（2）销售渠道冲突的解决办法。只有保证销售渠道的和谐畅通，才能为所有渠道成员带来好处，因而企业要及时解决销售渠道存在的矛盾。

首先，从思想观念上充分认识合作对各方面的重要战略意义。生产企业和国际中间商都必须认识到渠道是一个体系，只有共同努力，保持渠道体系流畅，才能给每一个渠道成员带来利益。但同时也必须认识到，分销渠道成员之间一定程度的矛盾和冲突在某种意义上反而可能促使渠道竞争和创新。

其次，渠道成员还要分析冲突产生的原因，充分认清渠道成员的角色作用，避免角色冲突，及时并准确地传递有关信息，强化服务意识，改善供应或服务的方式与方法。

最后，通过协议的方式建立一套渠道运行制度，使各方面在今后的活动中有章可循。例如，通过经销协议或代理合同的形式明确约定中间商的责任和义务，以约束中间商完成渠道功能，达到分销目标。这些经销协议或代理合同确定了对经销商或代理商工作的评估标准或者必须达到的指标限额，比如，最低包销数量或金额、对目标市场渗透程度、用于广告促销的比例、对市场信息反馈的要求、顾客服务水平等。

模拟实训

【实训主题】

分销渠道策略

【实训地点】

教室

【实训目的】

（1）理论联系实际，培养学生解决实际问题的能力，提高学生的学习兴趣。

（2）培养学生的团队合作能力和团队精神。

【背景材料】

天猫服饰"2016新玩法"

2015 年上半年，各大电商平台抢滩服装鞋包等类目，天猫对商家推出了以前没有过的确定性资源，对核心商家进行资源倾斜。相应的，品牌方也在新品、商场同款和市场资源上提供了支持，优衣库、Adidas、New Balance、Zara、Vans、迪卡侬、李宁、马克华菲等众多品牌把新品放在天猫首发，The North Face 与天猫全程合作了 TNF100 的活动、Vans 每年最重要的市场活动都在天猫上进行同步并在线上进行创新演绎……

越来越多的品牌意识到，天猫是一个卖新货、做市场活动、与消费者进行互动的平台。10月 9 日，优衣库与爱马仕前创意总监克里斯托弗•勒梅尔个人品牌 Lemaire 联合推出的男女装系列 UNIQLO AND LEMAIRE 面向全球正式发布，当天早上 8 点半，该系列新品在优衣库天猫官方旗舰店率先上线。11 月 18 日，加拿大的瑜伽品牌 lululemon 天猫官方旗舰店正式开张，大约每两周就会上架一次新品，逐步与加拿大同款上新，为中国消费者提供更多选择。

2016 年，天猫服饰会继续扶持头部品牌和差异化品牌，扶持战略合作伙伴。提供更多确定性、个性化的资源，包括活动、频道、栏目、推荐位、潜客拉新、微淘等，配合品牌的上新、促销、市场活动和粉丝互动。

天猫服饰在双 11 期间与 20 多个品牌一起尝试了全渠道打通，包括线上订单门店发货、门店扫码预售、淘品牌门店开设 popup strore 等多种形式。双 11 期间，近百万的订单由门店发给消费者，消费者不仅买到了门店的新品，更获得了良好的到货体验。线上线下打通让品牌真切感受到了多重好处，包括门店效率、店员效率的提升以及电商备货、发货压力的减轻。经过这些尝试，品牌不再像之前那样认为"O2O"是个伪命题，而是和天猫一起摸索出了可以复制的方法。

事实上，天猫服饰从两年前的多仓打通开始摸索全渠道模式，阿里商家事业部提供的系统支持也日臻成熟和完善，已经可以快速对接品牌方。除了商品打通，八成以上的线下品牌愿意把线下与线上会员数据进行融合，线下能接触到的只是消费者对单一品牌有限次数的购物，淘宝和天猫则拥有全部的线上消费人群，利用大数据可以挖掘到每个用户的消费偏好、特点习惯和趋势。品牌的线上线下会员融合后，不仅可以帮助品牌产出用户画像，还可以对老客户进行二次触达和服务体验上的打通。全渠道打通必定对商家提高整体零售效率、运营线上线下会员、提升消费者的体验等方面提供质的推动和改变。

【实训过程设计】

（1）阅读上面的故事，结合教学内容，按每组 5～6 人进行讨论。

（2）阅读背景资料回答问题：

天猫商城在营销渠道上有哪些新玩法？天猫商城在营销渠道上有哪些值得肯定？你还有哪些新的建议？

关键概念

国际市场营销渠道　垂直营销系统　水平营销系统　出口中间商　进口中间商　广泛分销
独家分销　选择分销　营销渠道的标准化　营销渠道的差异化　新建渠道

综合练习

一、单项选择题

1. 生产者、批发商、零售商等不同渠道成员采取一体化经营方式所形成的渠道系统是（　　）。

A. 垂直营销系统　　　　　　　　　　　B. 水平营销系统

C. 横向联合销售系统　　　　　　　　　D. 动态营销系统

2. 企业（　　），产品销售适宜采用窄渠道。

A. 产品组合深　　　B. 资金雄厚　　　C. 规模大　　　D. 名气大

3. 妇女服装、衣帽等宜于采用（　　）。

A. 独家分销　　　B. 广泛分销　　　C. 密集分销　　　D. 选择分销

二、多项选择题

1. 以下产品销售适宜采用短渠道的是（　　）。

A. 体积大的　　　B. 鲜活易腐的　　　C. 技术性强的

D. 标准化的　　　E. 分量重的

2. 出口经销商包括（　　）。

A. 出口公司　　　B. 出口直运批发商　　　C. 出口专卖商

D. 外国进口商　　　E. 国际贸易公司

3. 以下属于新建渠道的优点是（　　）。

A. 有利于加强控制　　　B. 有利于建立市场知名度　　　C. 成本低

D. 进入市场快　　　E. 有利于提供完善的服务

三、问答题

1. 简述国际销售渠道的基本概念。
2. 国际市场销售渠道的基本结构有哪些？
3. 简述国际中间商的分类、基本特性和作用。
4. 如何激励国际中间商？
5. 销售渠道发生冲突时应如何解决？

四、案例分析

渠道费用推高奶制品价格 成本催生新营销模式

与欧美扁平化的分销模式不同，我国奶制品分销渠道层级较为复杂。以奶粉为例，"由于区域广阔，国内包括奶粉等终端消费品一般不采取厂家直供，必须经过层层分销才能最终传递到消费者手中，尤其是目前乳企正在抢占的二三线市场更是如此"，上海商业经济研究中心首席研究员齐晓斋表示，奶粉出厂后，会经过省级分销商、地市分销商和零售商等环节，而到达终端市场时，奶粉的售价自然高了很多。

业内人士介绍，从利润分布情况来看，零售商的毛利要求最高，销售返点一般 20%左右，经销商、分销商总共拿走 20%～30%。在终端零售环节，目前奶粉的销售渠道主要分为大超市、母婴商店和小零售店三种，其中，进入大型超市的门槛最高。

"首先是进场费，整个品牌进场费 500 万或者单个条形码起价 3 万，还没销售就要付出极大的成本"，某长期从事奶制品销售的经销商告诉记者，而这仅仅是进入大超市的基础，包括商品摆在什么位置，以何种方式陈列，都会计算在大超市拿走的销售返点内；再加上促销、广告、付给促销员等的工资以及进入大超市后货品的遗失、折损，都需要乳企或者直接的经销商来承担。"如果销量上不去，根本就是赔本赚吆喝。"

业内人士表示，进入大型超市除去高昂的进场费，还有另一个问题就是货款回收缓慢，一般是三个月以上，这也增加了经销商为垫付货款承担的银行利息等财务费用。

还有一个"隐形成本"是物流体系的支出。目前，知名大超市在国内门店较多，乳企在和大超市的中国区公司签订协议时，超市方会要求，超市门店开到哪里，产品就要保证能送到哪里。对于奶粉、常温液态奶等保存时间相对较长的产品还可以加入到超市自己的送货体系中，只是超市将销售返点提高一点；但对于鲜奶等保质期而且储藏条件要求高的商品则只能自建配送体系。

从终端环节往上追溯，分销、经销环节也值得推敲。"目前针对各地经销有两种模式，一种是自建分销体系，一个就是寻找当地的经销商代理销售"，上海奶业行业协会副秘书长曹明是分析了两种方式的利弊。自建分销体系能保证产品的销售和乳企的发展相匹配，但初期成本较高，进入市场时间缓慢；寻找当地的经销商则较为便捷，成本也较低，但经销商对企业的"忠诚度"不够，往往不能考虑到企业的长期利益，由于图利心理，他们会在乳企促销时囤货，乳企提价时出货，既不利于保存奶制品的口感，甚至会铤而走险篡改日期等，对品牌造成不利的影响。

讨论问题：

1. 我国目前奶制品分销渠道情况如何？
2. 分析我国奶制品渠道费用高的原因有哪些？
3. 面对成本压力，奶制品企业有哪些可供选择的新的营销模式？

第 9 章

国际市场促销策略

案例导入

可口可乐促销策略分析

可口可乐认为：营销不应该是什么高深莫测的理论，而是一种能够应用在具体工作中，去帮助解决实际问题的行为。刺激消费者需求的秘方就是要使产品能够吸引消费者的注意，满足他们的需要，而且还要使消费者乐意购买你的产品。营销就是通过使消费者知晓这个产品，而且建立了对品牌认知的基础上，从而促进产品的销售。所以，营销在刺激消费者需要的过程中，是一个至关重要的因素。可口可乐觉得营销并不神秘，总结可口可乐在中国获得的巨大成功，最主要得益于它的营销战略与战术相得益彰的完美结合。在可口可乐，对这些极具实效性和可操作性的营销战术组合，可以用"四种营销利器"来概括：即广告、赞助、促销活动以及合作店牌。

广告是可口可乐营销策略的重要组成部分。据调查：82.2%的消费者对可口可乐的品牌认知是通过广告获得的。可口可乐通过广告宣传提高了产品知名度和公众的购买欲望，在树立与加强产品及品牌良好形象方面，广告也起着非常重要的作用。

赞助是公共关系的一种形式，可口可乐通过赞助体育、教育以及文化等各类活动来强化品牌形象，提升品牌的美誉度，营造饮用氛围，从而促进其产品的销售。纵观可口可乐的赞助活动，主要表现在以下几个方面：赞助体育活动、赞助世界及中国足球、赞助社会公益活动。

可口可乐为了提高产品的市场占有率与行业渗透率，非常重视促销活动的运用。促销与广告不同，广告为消费者提供了购买理由，促销却提供了购买刺激。在可口可乐，促销可以分为三个层面：针对经销商的促销针对销售人员的促销、针对销售人员的促销和针对消费者的促销。

走在大街小巷，我们很容易就能看到一些超市、食杂店，以及餐厅、酒楼自身招牌的两侧或是单侧，往往带有"可口可乐"的中文或英文标志。这些带有"可口可乐"品牌名称的售点招牌就是"合作店牌"。合作店牌是由可口可乐公司出资制作，免费赠送给客户，用来挂在售点，或者作为商店自身装饰的一种行为。合作店牌是可口可乐独创的一种营销形式，乃至由于可口可乐的成功运用，引起了行业内一些企业的纷纷效仿。合作店牌的出现，可谓是"万千"优点，集于一身。

思考： 刺激消费者需求的秘方就是要使产品能够吸引消费者的注意，满足他们的需要，而且还要使消费者乐意购买你的产品。营销就是通过使消费者知晓这个产品，而且建立对品牌认知的基础上，从而促进产品的销售。那么，国际市场营销的促销组合理论包括哪些内容？当产品和企业进入陌生的市场时，促销尤为重要，由于各个国家不同的风俗习惯和较大的文化差异，进入国际市场的难度远比国内市场大得多。促销的主要目的是向现实和潜在的顾客传递商品与服务信息，刺激和激发顾客的购买兴趣，引起其购买欲望，从而使消费者作出购买决策。

9.1　国际市场促销的含义和促销组合策略

9.1.1　国际市场促销

企业采取适当的产品策略、定价策略、分销策略，最根本的目的是要将产品销售出去，这就涉及促销（Promotion）。促销是企业与消费者进行的沟通，是企业在现实消费者和潜在消费者中进行的，旨在影响消费者购买行为的所有活动。企业将产品或服务的有关信息进行传播，帮助消费者认识商品或服务所能带来的利益，诱发消费者的需求，激发他们的欲望，促使他们采取购买行动，最终实现销售的目的。

众所周知，国际市场上竞争十分激烈，这种竞争不仅表现在产品质量、价格、服务等方面，还突出地表现为信息传播上的竞争。当商品在性能、价格、服务等方面具有相似性时，信息沟通的成败，也就是促销的成败就决定了企业在国际市场上经营的成败。可以说，谁取得了信息沟通上的成功，谁就取得了销售上的决定性优势。

在国际营销中，促销可说是与文化联系最为紧密的一环。很难制定出一种真正国际化的促销方案，因为各个国家的市场环境存在着很大的差异，特别是文化背景和价值观念。因此，如何使企业促销战略适应世界各国市场的文化差异是国际市场营销人员所面临的一个十分复杂的课题。

9.1.2　国际市场促销组合策略

一个企业采用的信息沟通方式的总和称为该企业的促销组合（Promotion Mix）。国际市场上的促销方式可以分为两类，一是通过销售人员面对面地与目标顾客直接沟通，二是通过一定的载体与目标顾客进行间接但更为广泛的沟通。通过人员传送商品信息，引导顾客实现购买行为的营销活动称为人员促销（Personal Selling）；通过载体传送商品信息，引导顾客购买的活动称为非人员促销。非人员促销主要有 3 种形式，即广告（Advertising）、公共关系（Public Relations）和营业推广（Sales Promotion）。每种形式各有独特的功能，3 种形式之间存在着内在的联系，共同构成一个有机的整体。

9.2　国际市场人员促销策略

9.2.1　国际市场人员促销的特点与类型

国际市场营销中的人员推销是指由企业派出专职或兼职推销人员直接与国外消费者和用户接触、洽谈、宣传、介绍商品和劳务，以实现销售目的的活动过程。这种推销方式虽然比较古老，但在目前的国际市场营销中，尤其是在工业用品的出口中仍然是一种有效的促销手段。因为在现代市场营销中，大多数最终达成的交易都是由推销人员与用户面对面的接触实现的。

推销人员是企业与消费者或用户之间的独特桥梁，它是实现促销目标的关键，是人员推销活动中的主要角色。推销人员素质的优劣对于实现促销目标、扩大销售、开拓国际市场具有举足轻重的作用。在国际市场营销中，推销人员应具有果断的决策能力、调研能力、文化适应能力，以及娴熟的推销技能和良好的道德修养。

国际市场营销中人员推销的根本任务可以归结为 3 个方面。一是促成实际交易行为的发生和实现，达到市场营销的基本目标，实现市场营销的业绩。二是建立与顾客的良好关系，长期的顾客联系就是企业盈利的源泉，在突出关系营销的时代，企业国际市场营销中的这种关系尤为重要，这是企业形象的体现，是企业赖以生存的基础。三是国际推销工作本身还包含着收集国际市场信息，为企业进一步的市场营销规划提供科学依据。

（一）国际市场营销中人员推销的特点

人员推销同其他促销方式相比，有其特有的优势。

1. 人员推销形式直接且效果显著。人员推销可当场对产品进行示范性使用，增加购买者对产品规格、性能、用途、语言文字等方面的了解，消除由于社会文化、思想观念、审美观、风俗习惯的差异而产生的各种疑虑。人员推销对了解顾客的购买动机，诱导购买者的好奇心、消除陌生感和恐惧感等都具有直接而明显的效果。

2. 信息沟通的双向性和快速性。推销人员一方面可将企业、产品或服务的信息直接、准确地传递给购买者或潜在购买者；另一方面又可以当面听到购买者和潜在购买者的意见和要求以及其他有关信息，并将这些有价值的意见及时反馈给企业的决策者。决策者根据信息的反馈情况对企业的经营方案作出必要的补充和修改。

3. 较强的选择性和伸缩性。推销人员可以根据自己的知识、经验和对市场的调查研究；选择具有较大购买可能的对象进行推销，这样推销人员可以在很短的时间内促成购买，提高效率。推销人员通过人员促销的选择功能，在掌握了潜在顾客的购买意愿之后，还可以针对不同顾客的特点作出有针对性的说明，从而及时调整推销方式，促成交易。

4. 利于建立长期的业务关系。通过推销人员的长期登门服务和采取的各种灵活的推销技巧，推销员可以与购买者、潜在购买者之间建立良好的关系，从而有利于巩固和争取更多的购买者，建立起长期、稳定的业务关系。

此外，人员推销自身的特点决定了这种促销方式也有它的不足之处。首先，推销人员不可能遍布整个目标市场，往往只能有选择地进行试点性推销。其次，人员推销费用较高，增加了销售成本，使商品价格上升，不利于企业在市场上开展竞争。最后，在国际市场营销中，推销人员必须在不同国家的不同的文化背景下工作，因此对推销人员的综合素质和个人能力要求很高，企业很难找到合适的国际推销人员。

（二）国际市场营销中推销人员的构成

国际市场营销企业要建立起完善的人员推销网络，需要在国际推销人员的构成上进行科学的规划。国际市场营销中推销人员的构成主要分为 3 类，即母国推销人员、目标市场国的当地推销人员和第三国推销人员。就某个企业而言，也许 3 种类型的人都包括，也许只有其中的一两种类型，企业对推销人员的构成进行决策的主要依据是企业的要求、推销人员的可获性以及合格性等方面的条件。随着国际经济全球化步伐的加快和企业国际化程度的加深，推销人员的构成也在发生着变化，母国推销人员所占的比例在下降，而目标市场国的本地推销人员所占的比例在上升。

1. 母国的推销人员。当推销的产品属于高科技产品或销售产品需要丰富的相关信息时，选择母国的推销人员作为国际推销人员仍然是最佳的决策。母国人作为国际推销人员具有的主要优势是具有更好的技术训练，更了解公司以及产品生产线，更强的独立工作能力和更高的工作效率，有时在外国消费者心目中更具有权威性。当然，母国人作为国际推销人员也存在某些劣势，主要是存在文化和法律等方面的障碍，愿意到海外长期生活的人较少，尤其是能力强的人更是缺乏。

2. 目标市场国的推销人员。雇佣当地人作推销人员有许多优势，当地人跨越了文化和法律的障碍，对当地客户或消费者更加了解，更有利于企业与当地消费者建立起良好的关系。此外，从费用角度而言，节省了旅费、补贴及其他相关费用。企业雇佣当地人的趋势非常明显，一项研究表明，美国在海外子公司担任管理和技术职务的人员比例已经从高于 85% 降低到 45% 左右，更多的公司在依赖当地人才。

3. 第三国的推销人员。企业的国际化使第三国人员担当推销人员的情况也越来越多。通常第三国人员的国籍与为哪个国家的企业工作以及到哪个国家去工作的关系不大。例如，一名德国人在阿根廷为美国企业工作。过去本国人员和第三国人员到外国长期工作的情况是很少见的，但是现在出现了一批 "全球经理"。这种现象的出现不仅反映了企业国际化的趋势，同时表明了人才并不属于某一个国家。雇佣第三国人员的优势在于他们通晓多种语言，对某一行业或某一国家非常熟悉。越来越多的企业开始认为应该以才选人而不是以护照或国籍。

扩展阅读：阅读《怀念那个善良的小业务员》，你认为一个好的国际市场推销人员应具备哪些素质？

179

9.2.2 国际市场人员促销的组织模式

国际市场上的人员推销一般采用如下 4 种组织模式。

1. 地区型。地区型推销组织模式是公司根据地区选配推销人员。这种模式使推销人员的责任明确，便于详细地了解该地区的顾客和市场方面的状况，从而规划在这一地区的推销工作；也便于掌握推销重点，与顾客建立长期联系，而且旅行费用可以相对减少。这种模式适用于在同一地区产品大类较少的企业，如果在同一地区的产品大类繁多且技术复杂，则不利于推销人员熟悉各种产品的性能、结构、特点，有碍于开展有效的咨询、维修服务等。在国际市场上一般做法是公司把产品交给一个代理商，由代理商来负责这个国家的销售。因此，公司负责一类产品的国际营销专业人员可以负责几个国家的推销活动。

2. 产品型。产品型推销的组织模式是根据企业的外销产品选配推销人员，推销人员负责的是一类或少数几类，这种组织形式适用于产品类型较多而且技术性较强，产品间无关联情况下的产品推销。这种方式的缺点是由于地域跨度较大，导致旅行费用较大，另外，由于在同一市场上有多种产品的不同推销人员，不利于在同一市场内制定统一的促销策略。

3. 顾客型。顾客型推销组织模式将企业的顾客进行分类，每一个推销员面向某一类顾客进行其推销活动。划分顾客的标准可以是职业、产业特征、规模大小、职能状况等。这种组织模式的优点在于推销人员可以对其负责的顾客群的消费心理、消费习惯有十分深刻的了解，便于体察顾客的需求，以便有针对性地开展推销活动。但是这种组织模式会由于在对顾客进行分类时所使用的标准不够严格而造成推销对象的重叠或模糊，同时也造成了与产品型组织模式相类似的问题，而且当对象较为分散时，也会增加推销费用。

4. 混合型。混合型推销组织模式是综合采用上述 3 种结构模式来组织国际市场推销人员。当企业规模大，产品多且市场范围广，顾客分散时，仅凭上述 3 种方式中的任何一种都无法有效地提高推销效率。在这种情况下，企业可以采用上述 3 种组织形式中的 2 种甚至 3 种的混合型，在不同地区向很多不同类型的顾客出售多种产品。

9.2.3 国际市场人员促销的管理

（一）国际市场营销中推销人员的招募

经营的国际化使企业对海外推销人员的需求不断增加。与此同时，由于海外推销人员的素质和积极性直接影响到促销的效果和企业的声誉，因此国际推销人员的选拔和招聘是一个非常关键的环节。

1. 国际市场营销中推销人员的基本素质要求。一个合格的国际推销人员必须具备一些基本的素质条件，主要包括以下几个方面。

① 机敏干练，善于应对。推销人员一般是独立工作，所以要具有很强的应变能力，不仅能够筹划推销中的各种活动，善于应对环境的差异和变化，应付各种意外情况，而且能够和各种人打交道，有较强的沟通和说服能力，勇于积极地创造销售机会。

② 态度友善，仪表修养好。在业务交往中，推销人员的仪表和态度会对顾客产生极大的心理影响，并在很大程度上反映了企业的风貌。因此，国际推销人员必须态度友善，真诚待客，以消除顾客的偏见，推动成交。

③ 语言能力强。掌握一门或多门外语，特别是要掌握推销所在国的当地语言，要能够用当地

语言熟练地与推销对象交流和沟通。即使是目标市场国当地的推销人员，也要掌握外语，以便于与公司的其他外籍员工交流，这对国际推销的成功至关重要。

④ 有进取心，有坚韧不拔的毅力。推销人员必须具有一定要超过别人、不达目的誓不罢休的成功欲望；必须具有果断、坚毅、忍辱负重、不怕困难和挫折的良好心理素质；要有一种强烈的内在驱动力，去挑战和完成各项推销任务，这一点在国际市场营销中显得十分重要。

⑤ 对企业和工作忠心耿耿。国际市场营销中，推销人员的流动性很大，特别是来自母国的推销人员，要跨越国界，企业很难直接控制他们，而且许多企业的业务关系都是靠推销人员维系的，一旦他们"背叛"了企业，就会给企业带来很大的损失。因此，推销人员必须忠诚，积极负责，能主动地与整个企业的经营工作相配合，保持企业与顾客的牢固联系。

⑥ 善于收集和分析情报。一个优秀的国际推销人员应当对国际市场机会有敏锐的嗅觉，善于收集和分析各种情报，并及时提出建议。

⑦ 有较为广泛的对外关系。在其他条件相同的情况下，人际关系在业务往来中起着重要的作用。良好的人际关系能够沟通信息，融洽气氛，促进交易。因此，在选拔推销人员时，应当了解他们的对外关系，最好选拔那些对外联系较广的人员。

⑧ 遵纪守法。一个合格的推销人员首先必须是一个好公民和好职工，能维护国家、企业和顾客的利益，能遵守各项法律法规。国际市场营销中，各国的法律存在很大的差异，推销人员要熟悉当地的法律法规，以保证推销工作顺利进行。

⑨ 具备一定的业务知识和推销技巧。虽然一个熟练的推销人员必须经过培训和锻炼，但在选拔时，应当优先考虑那些已经具备一定业务知识和推销技巧的人员。

⑩ 要有广博的知识。善于和不同国家的顾客及其他人员交流，掌握当地的风俗习惯、宗教禁忌方面的知识。如果是当地人员作国际推销员，就必须对公司的历史、特色、产品等有充分的了解，能够准确地向推销对象介绍产品及其企业。

实践证明，虽然国际推销人员在性格、表达能力、仪表风度、教育程度等方面存在着很大的差异，但他们都可以通过不同方式取得成功，这说明推销的成功是多种因素综合作用的结果，并不存在一个固定的模式。各企业都应当根据自己的具体情况建立合适的选拔标准。

2. 国际市场营销中推销人员招聘的途径。国际市场营销中推销人员的招聘途径主要有以下几种。

① 教育机构。大中专院校等教育机构是招收应届毕业人才的主要途径。各类大中专院校能提供中高级专门人才，职业技工学校能提供初级技术人才。企业可以有选择地去学校物色人才，派人分别到各有关学校召开招聘洽谈会。为了让学生增进对企业的了解，鼓励学生毕业后到本企业来工作，征募主持人应当向学生详细介绍企业情况及工作性质与要求，最好印发介绍公司的小册子或制成录像带、VCD 光盘等。

② 人才交流会。企业可以花一定的费用在人才交流会上设置摊位，以便应征者前来咨询应聘。这种途径的特点是时间短、见效快。

③ 职业介绍机构。许多企业利用职业介绍所来获得所需的销售人员，但是招聘之前，企业应该编制详细的工作说明，让介绍所的专业顾问帮助筛选，使招募工作简单化，针对性强。

④ 各种媒体广告。普遍的招聘广告大都利用报纸媒体，因为这一渠道费用低，又有可保存性，且发行量较大，故可吸引众多的应征者，但合格者所占的比例一般较低。如果详细限定申请人的资格，则申请人数会大大减少，合格者的比例会提高，进而节省征募费用。另一种广告是刊

登在各类专门杂志上的，因其专业性强，指向性好，一般能取得较好的效果，能招聘到较高级的销售人员。此外，还有广播广告、店头广告、传单广告或口碑广告等，不少企业根据自己的实际情况对各种渠道进行组合，也可以取得较好的效果。

⑤ 企业内部员工。内部员工既可自行申请适当职位，又可推荐其他候选人。这样员工的情绪可以由此改善，同时也可降低招募成本。但是内部来源如处理不当，容易引起各种纠纷，所以招募时一定要有相对固定且严格的标准，以免招募主持人徇私舞弊。许多规模较大的公司可以定期让内部职员动员自己的亲属、朋友、同学介绍别人加入公司推销人员的行列。利用这种途径有许多优点，如由于被介绍者已对工作及公司的性质有相当的了解，工作时可以减少因生疏而带来的不安和恐惧，从而降低了流动的比率。特别是有时因录用者与大家比较熟悉，彼此有责任要把工作做好，相互容易沟通，提高了推销人员之间的凝聚力。但是这一途径招聘的推销人员关系复杂，如果利用不好，可能带来诸多矛盾。

⑥ 行业协会。行业组织对行业情况比较了解，可以通过行业协会取得信息，找到合适的人才。

⑦ 业务接触。公司在开展业务过程中会接触到顾客、供应商、非竞争同行及其他各类人员，这些都是销售人员的可能来源。

（二）国际市场营销中推销人员的培训

国际推销人员的培训内容根据培训对象的不同而有所不同。对于来自公司母国的推销人员，由于他们对目标市场国的文化背景和语言习惯等方面缺乏了解，因此就需要着重进行语言、目标市场国的文化背景和在海外工作可能遇到的问题等方面进行培训。对于来自目标市场国当地的推销人员，则应该将培训的重点放在对企业、产品的了解，以及推销技巧的传授和企业文化的认同上。在具体的培训方式上可以灵活机动，有效配合。

1. 国际营销中推销人员培训的内容。国际营销中推销人员培训的内容包括以下几个方面。

① 语言能力。这主要是针对来自国外的推销人员。为了适应推销人员直接与顾客接触的工作要求，国际推销人员不仅要能够流利地说当地语言，还要提高语言的表达技巧，增强沟通能力，为推销工作打下坚实的基础。

② 文化风俗差异。国际市场营销中，不同目标市场国的文化和风俗有很大的差异，只有了解和掌握这些差异，才能提高推销成功的概率。例如，一个美国公司的推销人员在日本推销产品时就会发现，向日本人推销产品和在美国本土推销产品的差异很大，日本人在沟通过程中一般很少直接表达自己的看法，更多的是沉默，这与美国人的直抒己见，喜欢用争论表达自己看法的方式截然不同。

【案例 9.1】 不同的民族，不同的文化

美国市场的全球化意味着更多的外籍管理人员来美国生活，他们和到他们国家生活的美国人一样，也存在文化调适问题。下面是一些待在美国的外国人的看法。

"美国没有小鸡蛋，只有特大的、超大的与中号的。"一个荷兰人这样说。在这个国度，谦恭不受欢迎。"如果你没有闯劲，别人就不会注意你"，"一个外国人要想在美国成功，必须比在本国更有闯劲，因为美国人崇尚个人奋斗。"

日本青年在和美籍上司讲话时显得不够自信。在美国，与人交往时的身体姿势和视线接触非常重要，但日本人说话时又恰恰做不到站直、挺胸、正视美国人的眼睛。

在美国，工作进度和截止日期都要认真对待，完成工作的速度与工作完成的好坏同样重要，而且日本人只善于与他人团结合作，在学习积极竞争、勇于开拓和培养领导技能方面有所欠缺，需要帮助。

一个拉丁美洲人在美国得放弃他在自己国家时经常参加的那些社交活动。在拉丁美洲，买卖双方在达成交易之前便已有了默契。"在美国不需要默契"他说，"你甚至可以跟你不喜欢的人做生意。"他对一见面便谈生意的做法仍然感觉不适应。但如果美国人认为自己在浪费时间，就会觉得非常沮丧。

美国人常说："什么时候过来玩"，但在有过一次令人尴尬的拜访之后，外国人知道这实际上不是邀请。

案例分析： 不同的地区人们在思想观念和行为模式上有很大的差异，从事国际市场营销活动的人员必须充分认识文化冲突，适应当地的人文环境。

③ 企业知识。要使推销人员了解企业的历史、公司使命或战略展望、企业文化、生产过程、技术能力、组织结构、产品方向、规章制度等，掌握企业的总体情况。

④ 产品和技术知识。这是一个熟练的推销人员所必须具备的重要条件，他们应当掌握产品的品种、用途、价格、包装、使用方法、操作维修、制造过程等各种知识。

⑤ 市场知识。推销人员应当对市场行情、竞争程度、需求分布、国家政策、地区特点等有较深入的了解，并能预见未来的变化趋势。

⑥ 顾客知识。了解顾客的购买动机、购买习惯、需求情况、采购系统、所属部门、管理机构等，使之能够抓住推销的关键。

【案例 9.2】 肥皂与轿车——在日本上门推销

可口可乐是美国在日本盈利水平最高的公司，那排名第二的又是哪家公司呢？不是 IBM，不是麦当劳，也不是 Microsoft，而是安利公司。这多少有些令人吃惊。安利公司每年通过直销方式在日本销售价值大约 20 亿美元的肥皂与其他产品。安利于 1971 年开始进军日本市场，通过提供商店购物的替代方式——邮购与安利直销员上门访问（这些直销员与美国本土的直销员一样，通常跟顾客是邻居）——绕过了日本效率低下而费用高昂的零售分销体系。

爱子并不想要也不需要一辆新车，事实上她从来就没有去过汽车特许经营商店，也未参加过驾驶考试。那她为什么最终还是买了辆车呢？很简单，是因为汽车推销员到她家上门推销的缘故。

如今，在她家的车道上有了一辆属于她自己的银色丰田小车。实际上，在日本大约有一半的轿车是通过直销员上门推销卖掉的。当通用、福特、克莱斯勒 3 家汽车公司试图找到在日本销售汽车的方式时，不妨借鉴安利的经验以解决这个棘手的问题。

案例分析： 不同国家和地区的人们具有迥然不同的消费习俗，因此在销售渠道的选择上也要因地而异。

⑦ 推销技巧。一个推销人员的熟练程度取决于推销技巧，这包括如何发现顾客并主动地接近他们；如何处理好人际关系，与顾客打交道；如何克服心理和技术障碍，顺利达成交易；如何与顾客保持联系，巩固产销关系等。

⑧ 业务程序和职责。要使推销人员掌握制订计划、安排时间、洽谈、订立合同、结算方法、开销范围、旅行等各方面的知识，以便节约费用、避免损失、增加销售。

2. 国际营销中推销人员的培训方式。合理的培训方式是提高培训效率的决定性因素。

① 短期集中培训。短期集中培训是指在专门的时间内对推销人员进行培训，培训中采取讲

授、模拟示范、现场操作等方式，系统介绍企业的历史、产品的构成及特点、业务操作的过程等内容。短期集中培训时间集中，针对性强，可以迅速提高推销人员的业务水平。

② 专项实习。专项实习是针对推销人员的工作特点进行特殊知识的专门培训，目的是提高推销人员在某一个方面的专门技能。这种培训方式特别适用于让推销人员了解产品的性能，如安排推销人员通过跟班操作了解产品的生产过程，进而深入地了解产品的性能。

③ 委托培训。委托培训是由委托企业提出培训的要求，将推销人员的培训工作交付给专门的机构完成。委托培训可以让推销人员得到系统的推销知识，提高推销人员的整体水平。

9.3 国际市场广告策略

9.3.1 国际广告的含义和特点

"商品不做广告，就好像一个少女在黑暗中向你暗送秋波"，西方流行的这句名言充分表现了广告在营销中的独特地位。

广告是以付费的方式，通过一定的媒体，有计划地向受众传递有关商品、劳务和其他信息，借以影响受众的态度，进而诱发或说服其采取购买行动的一种大众传播活动。广告不但可用于建立产品的长期形象，也可以用来快速刺激销售。广告通常可以经济而有效地接触散布于广大地区的购买者。简单地说，广告有如下特点。

1. 公开性。所谓广告，就是一种公开的声明，这种公开性表明了企业所提供的产品是合乎标准的、合法的。因为广告是公开发布的，多数人收到的是相同的信息，这使得购买者知道购买该产品能够得到众人的理解和认可，同时也可能对各种同类产品的信息进行收集与比较。

2. 渗透性。由于现代人更多地通过广告做出购买决定，因此企业可以通过多渠道、大规模的广告宣传使自己的产品深入人心，表现其规模、名气与成就。

3. 表现力。广告的载体多种多样，表现手法更是丰富多彩，通过对印刷、音响、色彩的巧妙运用，广告能够以戏剧性的手法来表现自己产品和服务的特色。

但同时广告也有一些缺点。

① 虽然广告能很快地接触消费者，但终究非人员促销，很难有面对面促销的说服力。

② 广告与消费者的沟通是单向的，至于消费者是否注意这则广告却很难控制。

③ 广告成本可能很高。

9.3.2 国际广告的限制性因素

1. 产品的特性。一般说来，各国的消费者需求相同的产品，如技术型产品，像计算机、复印机等，消费者需求特征与使用方式比较一致，就可用标准化策略。而像工艺品、食品、日用品等技术含量较低的产品，各国消费者的需求就存在较大的差别，往往需要用差异化策略。

2. 消费者特点。一般各国目标消费者如果类似，可以采用标准化广告策略。在不同国家，人们很可能由于极不相同的原因购买同类产品，广告活动就必须考虑以下原因。

首先，要考虑购买动机和使用习惯。如果不同市场对同一产品的购买动机十分相似，那么可以采用标准化策略；购买动机不相似，那就应采取差异化策略。例如，美国人在采购食品或日用品时，习惯于一次购买较多数量的同一商品，而西欧国家的消费者则喜欢分几次购买，这就要求相关企业在广告宣传上有所侧重。因此，在美国做广告时应强调产品有较长的保鲜性能，以满足消费者大量购买的需要；而在西欧做广告时则要宣传产品的方便性，引导消费者提高购买频率。

其次，要分析不同国家消费者对企业产品或服务的态度和购买的着眼点。例如，同样是购买食品，有的国家消费者考虑的是食品的营养成分，而其他国家消费者可能更注重食品的口味。美国市场上出售的西瓜标明含糖量，以满足人们限制食糖摄入量的需要，而我国消费者却偏爱糖分高的西瓜。所以，类似这样的产品在广告宣传中就需要注意采用差异化策略。

最后，还应分析不同消费者在文化背景方面的差异。对于文化背景相近的国家可采用标准化策略，譬如在亚洲地区可采用标准化广告策略。如果文化背景相差较远，则应使用差异化策略。

3. 广告对不同国家制定的广告法规的适应性。世界各国在广告管理上都有一些法规，对产品的种类、价格、说明书以及广告方式、广告媒介等均有不同的限制。如果制作的广告不违背各国的广告法规，可以采用标准化策略将广告推广到世界各国；如果制作的广告违背了某些国家的广告法规，则只能采取差异化的广告策略。为了节约广告费用，公司可以在充分研究各国广告法规的基础上制作出不违反各国广告法规的广告，然后采用标准化的策略将其推广到世界各地。

许多国家对广告都有相应的规章和法律限制，企业在进行跨国性广告活动时必须引起高度重视，并研究适应性对策。一般说来，对广告活动的政策和法律限制有广告费用、广告媒介、广告产品、广告价格、支付方式、广告所使用复制品、插图等材料以及广告节目的其他方面。例如，在德国，比较性的广告是违法的，广告主不能说自己的产品比其他新产品好，更不能说自己的产品是最好的。在科威特，每天只允许播出 32 分钟的电视广告，而且必须在晚上。在我国，法律限制在主要媒介中刊载、播出烟草广告，对烈性酒广告也有类似的规定。

各国广告法的主要差异在于以下几个方面。

① 对各类商品的限制不同。如有的国家禁止播放香烟、酒类、医药等的广告。

② 对广告内容的限制不同。如有些国家不允许播放恐怖、有失体统、粗俗的画面。

③ 对广告方式的限制不同。如加拿大要求实施对比性广告，广告人必须能够证明其产品的优越性，否则就视为欺骗，并要负法律责任。

④ 对广告播出时间的限制不同。如有的国家星期六、星期日和假日不允许播放广告，有的国家只允许在每晚 6～8 点播出广告等。

⑤ 对广告所征收的税金不同。如在意大利使用各类广告媒介都要交付税金，从 4%～15% 不等，而在奥地利广告税最高达 30%。

事实上，很多国家的公司都将标准化广告策略和差异化广告策略混合运用。公司用在某些国家和某个地区成功的广告创意或广告方案，和将要推出广告的国家或地区的其他广告相比较，判断广告在新的国家和地区是否适宜，能否成功。如果适宜，就标准化广告策略，如果不是很适宜，就进行适当的修改，以求更加完美，获得较好的效果。

此外，广告的选题与创意还应该坚持"5P"标准，即令人愉悦（Pleasure），指广告主题要使人精神愉快，心情舒畅；积极向上（Progress），即广告主题应体现积极的、追求进步的精神；解决问题（Problem），即广告应针对顾客的某一需要有针对性地确定主题；保证承诺（Promise），即广告应向顾客做出某一方面的承诺和相应的保证条件，它既可以直接表达，也可以间接表达；有潜在吸引力（Potential），即广告主题要有吸引潜在顾客的某种力量。

9.3.3　国际广告决策

（一）国际广告的标准化和差异化策略

国际广告促销决策中面临的一个重大问题是广告的标准化和地域化程度，国际广告的国际化程度高，说明在国际上的适应能力强；国际广告的地域化程度高，带有明显的地域特色，就会增加国际广告的针对性。对此问题有两种极端的观点，一是绝对的国际化，即标准化，便于范围内所作的广告均是一样的；二是绝对的地域化，针对不同的国家或地区采用不同的广告。尽管各有其道理，但是通常绝对地采取一种方法是不适用的。国际市场营销专家卡特内认为，最为有效的战略原则应该是计划的国际化加行动的地域化。人们对于一种产品的需求在于其能够提供某种满足人们需要的基本功能，无论对哪一个国家的人来讲，某种产品的这种基本功能是一致的。例如，照相机能够照相，手表可以计时，汽车是一种代步工具等。但是由于文化等差异，又会使不同国家的人对同一种产品具有不同的需求，比如对照相机的需求，美国人注重照相效果的同时还要求操作的简便性，因此在美国"傻瓜相机"的市场很大；在德国和日本，除了照相效果以外，人们还注重照相机外形的艺术性；在非洲，只有少数的家庭拥有照相机，因此照相的概念还有待普及。基于上述原因，计划的国际化加行动的区域化应该是最佳的选择，要在综合分析各种国际营销环境的基础上，将标准化和地域化进行有机的结合。

根据国际广告的标准化和地域化程度的差别，国际广告可以分为全球广告、区域广告和细分广告3种类型。

1. 全球广告。全球广告是指实行便于一致化的广告策略，在全球范围运用相同的品牌、相同的设计和相同的市场开拓手段。全球广告的最大优势是可以形成国际名牌，例如，可口可乐、百事可乐、麦当劳等。全球广告是一种标准化程度最高的广告促销方式。

2. 区域广告。区域广告是指某一区域推行相同的广告战略，运用同样的广告促销方式。例如，"泛欧广告"就是一种典型的区域广告。由于统一欧洲市场正在形成，许多企业将欧洲各国视为同一市场，推行同样的品牌和广告促销战略。IBM正在逐步推行其泛欧广告促销战略，并且从中获益。它的一则个人计算机泛欧广告与针对各个国家制作广告相比可节省约200万美元。根据预测，实现完全的、一致的泛欧广告将会使IBM对欧洲的广告预算减少15%～20%。区域广告实际上是在标准化的基础上考虑了不同区域的特点，将几个在特点上相类似的国家当做一个整体来看待。

> **【案例9.3】　国际广告的区域化**
>
> 卡夫公司为自己的奶酪产品在不同的国家设计了不同的广告，这完全基于该公司的发现：在波多黎各，有将近95%的家庭主妇把奶酪用在各种食品上；在加拿大，有65%的人把奶酪用在早餐的吐司上；在美国，有35%的人把奶酪用在零食上。
>
> 雷诺公司也在不同的国家设计了不同的广告。在法国，广告将雷诺描绘成带有一点"超级车"的形象，在高速公路和城市中驾驶很有趣；在德国，雷诺广告侧重于宣传安全、实在的工程技术与内部舒适；在意大利，雷诺广告强调公路驾驶性能良好和便于加速；而在芬兰，雷诺广告突出坚固完整的结构和可靠性。
>
> 资料来源：寇小萱、王永萍. 国际市场营销学. 北京：首都经济贸易大学出版社，2005.

案例分析：无论是国际食品生产企业还是国际汽车生产企业，都需要根据本区域人们的生活需求以及价值观来设计和制作广告。

3. 细分广告。细分广告是指在对全球市场进行有效细分的基础上，针对不同的细分市场制定不同的广告战略。细分市场可以以国别划分，也可以包括不同的国家，主要取决于同一细分市场内消费者的需求、欲望和消费行为方面的共性或相似性程度。例如，宝洁公司就是一个运用大量细分广告战略的企业，它对不同的细分市场设计了不同的品牌及广告概念。

（二）国际广告内容

广告内容的设计是一项较为复杂的工作，既要有科学性，又要有艺术性，而且必须与广告目标紧密相连，为实现广告目标服务。设计一则成功的广告要求广告设计者具有较高的创造力和想象力，广告设计者还必须将广告人的广告目标融于广告内容之中。广告目标是广告设计的指导思想，广告创意是广告目标的信息传递和体现形式。广告内容设计包括以下几项决策。

1. 以强调情感为主还是以强调理性为主。以强调情感为主的广告称为情感诉求式广告，以强调理性为主的广告称为理性诉求广告，两者的主要区别是诉求方式和重点不同。目前，大多数国际企业都采取情感和理性兼顾、以其中一种为主的策略。例如，宝洁公司在推销浪峰牙膏时，广告语是"浪峰牙膏是美国牙医学会推荐产品"。这一广告宣传既体现了理性宣传的特点，又强调了牙膏的防病功能，带有引导消费者感情的作用。再如，在竞争激烈的国际航空市场上，大多数航空公司都想树立起自己的独特形象，以吸引顾客。其中一个不变的主题，如以新加坡空中小姐的微笑来吸引顾客，这是以感情取胜的一个例子。

2. 以对比为主还是以陈述为主。所谓对比广告，就是将企业产品与其他同类产品进行对比分析，以期明示出本企业产品的独特之处。目前，对比广告较为流行。美国苏埃弗公司是一家生产洗发精的企业，采用对比法做广告时，直接将产品与两家最大企业（宝洁公司和强生公司）的洗发精进行对比，强调"他们的产品功能我们也具有，然而，我们产品的价格仅为他们产品价格的一半"这一广告主题，结果苏埃弗公司的洗发精在市场上占有主导地位。但是，由于比较广告是一种较为敏感的广告，很多国家都制定了比较广告的法律规定，如德国就颁布了禁止对比广告的规定。因此，在运用对比广告时，要特别注意各自目标市场国的法律规定，否则很可能会招致诉讼而引起损失。

3. 以正面叙述为主还是以全面叙述为主。正面叙述是指广告中只强调产品的优点，而全面叙述既讲产品优点也讲产品缺点。一般地讲，如果广告受众的文化水平高，则可采用全面叙述的方式，既告诉消费者产品的优点，又讲述其不足之处。而对于文化水平较低的受众，则应强调产品的优点。另外，从产品的角度讲，对于豪华、高级类产品应仅强调其长处，因为指出这类产品的不足有损其高贵和卓越的形象。而对那些对本企业有疑问的消费者，则最好采用全面叙述的方法，促使其逐渐改变对本企业的偏见。

4. 广告主题长期不变还是经常改变。从理论上讲，广告主题的重复播放能增强受众者的印象。诸如日本松下电器公司经常反复播放其电器广告，又如美国宝洁公司反复播放其化妆品广告，从而增加受众印象，引起其购买行为。但是，如果某产品重复播放广告，次数过多后会使受众产生厌烦，广告印象变浅，造成产品老化印象，甚至抵触看广告。因此，即使是一个十分成功的广告主，也必须根据情况的变化及时调整广告主题。

（三）国际广告媒体选择策略

根据广告所使用的媒介，大致可将广告分为这样几类：听觉的，如广播广告；视觉的，如报纸杂志上的广告；视听的，如电视广告。广告的形式多种多样，内容丰富，而且还在不断发展，近年来，网络广告得到了较大的发展，另外，还出现了太空广告等形式。

1. 媒体的类型及特点。广告媒体主要有报纸、杂志、广播、电视、网络、户外（标语牌、横幅、显示屏等）、交通工具、店铺和邮寄等，其中报纸、杂志、广播和电视是 4 大媒体。近些年又出现了互联网媒体。

报纸广告的覆盖面广，读者稳定，对信息的传递及时，能够长期保存，形成重复的传播效果，给顾客留下深刻的印象。它的主要缺陷是印刷的质量较低，报纸的读者不一定也对报纸的广告感兴趣。此外，报纸本身的发行范围和阅读对象有很大的差别，因此要依据产品的特点和企业的市场覆盖战略规划报纸广告。报纸在不同国家的拥有量有很大的差别，例如，在日本只有少数几家全国性报纸，其中最大的《朝日新闻》发行量几乎达到 700 万份。估计有 80% 的政治家和政府官员，81% 的商人，44% 的大学毕业生，40% 的中产阶级阅读该报。可是要在该报登广告并非易事，没有一定的关系很难买到该报的广告版面。而在仅有 150 万人口的黎巴嫩，却有 210 家日报与周报，而发行量超过 1 万份的只有 4 家，平均发行量为 3 500 份，报纸传递信息的范围就非常有限了。在印度，由于纸张严重不足，一个广告要登上报纸，必须提前半年预定版面，这就失去了广告的时效性。

杂志广告印刷精致，有明确的宣传对象，善于表达产品的质地，还可以长期保存，提高了重复阅读率。但杂志广告一般周期长，时效性差，制作的成本比较高。国际广告人使用外国消费杂志的比例比较低，主要是其发行量大或者能够提供可靠的发行数目的杂志寥寥无几。现在也有越来越多的美国出版公司正在出版海外版，例如，《读者文摘国际版》《花花公子》和《科学美国》等。

广播广告的信息传播及时、迅速，通过语言和音响效果表达了广告的效果，可以给顾客一个清晰的印象。广播广告的局限性主要表现为依靠声音传播的广告信息转瞬即逝，不易保存。此外，仅仅用声音说明和介绍产品往往缺乏直观性，容易造成曲解。

电视广告集声音、形象、音乐于一体，是当今广告媒体中比较重要的一种，它的覆盖面广、影响力深、感染力强且及时迅速。它的不足之处是传播的信息转瞬即逝，不易保留针对性差，费用投入高。由于有较大的娱乐价值，电视广告已在大多数国家成为主要的交流媒介。大多数人口稠密地区都有电视广播设施，如在我国电视广告拥有大量的观众。然而在一些电视机拥有量少、电视发射技术落后的国家，电视广告的传播效果就会大打折扣。

随着信息技术的发展，出现了新的以互联网为媒体的广告，有人称互联网是广告的第 5 大媒体。电子商务是指买卖双方利用现代开放的互联网络，按照一定的标准所进行的各类商业活动，主要包括电子商情广告、电子选购和交易以及电子交易凭证的交换、电子支付与结算、网上售后服务等，互联网广告是现代电子商务的一个重要的组成部分。通过互联网开展广告宣传的一般程序是企业先在互联网上建立自己的网站，再通过网站介绍自己的产品和服务，发布各种商业信息。客户可以借助网上的检索工具迅速地找到所需的信息。它可以向全球范围发布广告等宣传信息，与其他媒体的广告相比，互联网的广告成本低廉，而提供的信息却可以十分丰富。企业在国际市场营销中面对的是全球的消费者和用户，网络广告能够给企业带来更多的机会。

此外，还有其他一些广告媒体。户外广告可以以恢宏的气势表现出产品或企业的形象，其特点是展示时间长，表现手段灵活，费用相对较低。但是，户外广告受到地点的限制，而且除液晶显示广告外，一旦发布，修改的难度较大，时效性差。交通广告是指交通工具内外壁上的广告，它的制作简单，费用低廉。由于交通工具的流动性，决定了该广告媒体的宣传面较为广。但是这类广告一定要醒目，文字说明力求简洁，突出主题。店铺广告是商品销售网点的广告，它包括商品销售网点门前及四围的广告和商店内的广告两类。销售网点的广告可以引起顾客即时的消费欲望，烘托销售网点的气氛。但是如果一个销售网点的各类产品的广告太多，就会使消费者产生混乱的感觉，降低宣传的效果。邮寄广告是通过邮寄的方式发放产品的说明书、价目表等，它可以根据产品和目标市场的特点准确地选择广告对象，可以深入地介绍某种产品的特点，而且制作费用低廉，它的不足之处是市场的范围有限。表 9.1 展示的是不同国家和地区的企业在广告媒体选择上的差异。

表 9.1　　　　　　　不同广告媒体在不同国家和地区的使用情况

广告媒体类型	国家和地区
混合型广告	美国、日本、英国、加拿大、荷兰、芬兰、西班牙、巴西、委内瑞拉、阿根廷、利比里亚、印度、巴基斯坦、泰国等。 中国的台湾和香港地区
报纸型广告	瑞典、挪威、澳大利亚、新西兰、南非、马来西亚、新加坡、埃及、斯里兰卡、牙买加、加纳等
杂志型广告	德国和意大利
电视电台型广告	爱尔兰、希腊、哥伦比亚、墨西哥、巴拿马、哥斯达黎加、葡萄牙、菲律宾等
其他广告	法国、瑞士、奥地利、丹麦、秘鲁、黎巴嫩、叙利亚、印度尼西亚、尼日利亚等

注：其他型广告媒体是指电影、户外、交通和直接邮寄等。

2. 媒体的组合。将各种广告媒体进行系统的、有效的组合可以提高广告的效益，例如，报纸媒体的感染力要低于电视媒体，但是依据广告的具体内容将报纸与电视进行结合，就可以收到良好的效果。在产品刚刚投放市场的时候，先采用报纸媒体详细介绍产品的优点和用途，介绍性广告持续一段时间之后，再导入简短的电视广告，用以加深顾客的印象，树立产品的形象。

① 不同媒体之间的搭配。不同广告媒体的作用不同，为了充分发挥不同广告媒体的作用，节省企业的广告支出，要在不同的广告媒体之间进行科学的搭配。

② 不同媒体的时间搭配。依据广告的内容，将不同媒体的广告在时间上进行合理的搭配。如果要求产生轰动效果，希望广告的受众在很短的时间内迅速认识和接受广告，就需要不同的广告媒体安排在同一时间发布广告；如果要让受众在一个较长的时间内接受广告，并且降低费用，就需要将不同的广告媒体安排在不同的时间阶段内。如上所述，报纸和电视媒体的配合就需要安排在不同的时间阶段，这样既能使广告持续发挥作用，又能节约广告费用。

③ 广告媒体在地域上的搭配。广告媒体的作用地域不尽相同，在不同国家发挥作用的程度也不相同，需要在广告的搭配上考虑地域的因素。例如，在经济发达国家，上网的人数较多，通过互联网做广告会起到良好的效果，而在不发达国家，互联网的覆盖率很低，如果采用互联网广告，则难以达到预期的目的。

9.3.4　国际广告代理机构选择

1. 国际广告代理商类型。国际广告代理商主要有两大类型：本国的广告代理商和国外当地的广告代理商。他们各自具有不同的形式。

（1）本国广告代理商。本国广告代理商主要有以下几种。

一是兼营国际广告业务的本国广告代理商，主要有以下几种。

① 无国外分支机构的广告代理商。这种代理商必须具有强有力的国际广告策划能力、创作能力和发布能力，否则就无法胜任国际广告业务。

② 有国外分支机构的广告代理商。这种代理商必须拥有雄厚的资金、人力和设备，而且具有丰富的国际广告经验。

二是本国专业国际广告代理商，主要有以下几种。

① 部分国际广告业务代理商。这种广告代理商的人员、资金及设备有限，只能承担国际广告中的部分业务，如代购媒体，承担部分广告制作或部分国家和地区的广告业务。

② 全面国际广告业务代理商。这种广告业务代理商具有充分的国际广告实施条件、经验和能力，能为企业提供全面的服务。此外，这些代理商中多数有国外广告分支机构，并且和国外的广告代理商、经销商有着经常性的密切联系，因而有利于国际广告业务的实施。

（2）国外广告代理商，主要包括以下几种。

一是当地广告代理商。

① 部分广告业务的东道国广告代理商。这种广告代理商只能为企业提供部分广告业务服务，如代购媒体、广告设计与制作等。

② 全面广告业务的东道国广告代理商。这种广告代理商规模大、设备完善、人才多，能为企业提供全面的高水平的服务。

二是合作式的广告代理商。主要包括以下几种。

① 本国广告代理商与专业广告代理商合作。这种广告代理形式是以本国广告代理商为主体，而国际广告代理商作为本国广告代理商的国外部从事广告活动。这种合作形式既为企业提供国际广告的专门技术与知识，又可节约广告开支，充分利用两种代理商的优势。

② 本国广告代理商与进口国广告代理商合作。这是国际广告间互通有无的方式，两国代理商互相代办各自的广告业务，通过默契达成短期或长期的合作。

③ 本国专业广告代理商与进口国代理商合作。这种合作方式适用于专业广告代理商无国外分支机构或国外分支机构不够健全尚需进口国代理商配合的情况。但是，目前即使是具有强大的分支机构的国际广告代理商，也多与进口国代理商实行合作，以制作高水平的广告。

2. 选择国际广告代理商应考虑的因素。选择国际广告代理商需考虑以下因素。

（1）广告公司的作业能力是否具备。作业能力包括：设备、人力、创意、制作、实施和调查测定等。广告的作业能力是广告公司的支柱，广告主付出费用所要求的就是这种能力。要想了解广告代理商的作业能力，最简便的方法是通过目前的广告客户去了解，也可以通过广告媒体去了解。

（2）广告公司的经验和实绩如何。一个有口碑的广告公司总是有其成功的实绩。但是，对广告公司只从名气上了解是不够的，还必须了解广告商过去的客户有哪些，它对哪些行业比较熟悉，所经办的是哪些产品的广告，其广告经验与实绩是否有利于本公司的广告代理活动。

（3）广告规模的大小。如果广告的项目多，要求高，便需要相当规模的广告代理商方能胜任；如果广告的项目少，规模不大，那就不一定要找大型的代理商。小代理商的重要客户可能会胜于大代理商的一个附加小客户，小商品也不必做大广告。

（4）广告代理商是否具备一定的资金实力。如果代理商的规模很小，就难以向广告主提供良好的服务。因此，公司应当寻找那些有资金实力、善于经营的广告代理商做广告。

此外，还要了解代理商的收费标准和收费方式。比如，委托代理商作调查研究或代办某项服务时，各企业的收费标准与方式是不同的，必须事先进行调查和对比，择优选用。

9.4　国际市场营业推广策略

9.4.1　国际市场营业推广的含义

在营销组合的各种要素中，营业推广用得最为频繁，但在含义上却最为含糊。销售推广由一系列促销工具构成，都是世界各国企业长期致力于产品竞销的结果，同时又有不少工具正在企业的促销实践中得到创造。

1. 营业推广概念。营业推广是用来直接刺激消费者个或经销商快速或大量购买的各种短期手段或工具的总称。近年来，营业推广的使用范围和程度都有加速发展的趋势。营业推广的特点在于其非规律性和非周期性，灵活多样性和短期效益明显。

2. 营业推广的目的。营业推广的目的通常是：诱导消费者试用或直接购买新产品；引导消费者增加对现有产品的使用频率；在零售终端直接吸引消费者购买。进入 20 世纪 90 年代以来，许多国际企业都十分重视运用营业推广手段纷纷成立营业推广部，由营销经理直接领导，并制定营业推广费用预算。这是因为营业推广再加上广告宣传就具有速效的作用。可口可乐公司在发展中国家推销芬达饮料时，就是运用赠送圆珠笔、铅笔等营业推广手段，再加上广告宣传，吸引了大批消费者，促使中间商大量进货，从而打入并占领了这些国家的市场。

9.4.2　国际市场营业推广方式

国际市场营销中的营业推广对于企业迅速打入国际市场，促进产品的销售有着重要的意义。国际营销中的营业推广方式主要有国外产品目录、样品展示、机构或公司出版物、贸易会和博览会、销售点宣传品和消费者促销材料等。

1. 国外产品目录。国外产品目录是一种可以长期保存的、能够准确介绍和宣传企业与产品的国际促销途径。这种方式适用于国外消费者居住十分分散或不会经常光顾的情况，它给消费者提供了一个仔细研究和选择商品的机会。企业在制作国外产品目录时，应该着重突出以下几个方面的特点。第一，能够引起顾客的兴趣，激发其阅读的热情，要运用颜色的感染力和精美的印刷让消费者产生非读不可的欲望。第二，体现厂商的特性，要介绍厂商的历史、荣誉、相关的产品系列，给顾客以依赖感，当然，这种介绍也要突出吸引力，并进行精心的设计和安排。第三，要提供购买的信息，便于购买，要在目录中明确产品的规格、联系的方式等具体事项，保证顾客一旦产生购买的要求，就能够方便地实现购买。第四，要让顾客产生拥有的欲望，要突出产品的价值，安排应用的场合和使用的程序，让顾客产生拥有的欲望。第五，明确联络的方式，以便于与顾客的沟通，让顾客有提建议和意见的便利渠道。

此外，国外产品的目录在产品名称和制作上要考虑适合国外市场的文化和风俗习惯等问题，特别是一些专有名词、新词汇都要考虑当地顾客的接受能力、理解力和思维模式等。

2. 样品。样品宣传带给人们的是有关产品的真实感觉，这是任何其他方式所无法达到的。赠送样品已经成为一些国际知名公司开拓海外市场的重要方式。通过赠送样品、免费使用能有效地宣传新产品，加快新产品被国际市场接受的速度。

3. 机构或公司的出版物。这些出版物的散发范围很广，可以是消费者，也可以是分销或其他代理机构，公司的出版物可以宣传产品，更可以宣传企业，发布有关企业的最新信息。公司出版物可以在公司所在国出版，但对于大型的跨国公司而言，业务和市场范围涉及许多国家时，结合当地的具体环境，也可以在目标市场国出版和发行，这样能够提高出版物为目标顾客接受的程度。

4. 交易会和博览会。国际性的交易会和展览又称博览会，是国际营业推广的一种良好方式，它聚集了众多的出口商，提供了推销产品的机会。博览会的方式有很多，按产品划分有综合性展销会和专业性展销会；按参展者国别划分有一国展销会和国际展销会（或国际博览会）；按时间划分有临时性展销会和永久性展销会；按参观对象划分有对商界开放的展销会和对社会开放的展览会等。例如，德国的汉诺威贸易博览会是世界上最大的贸易博览会之一，它汇集了二十多个行业的产品，是著名的综合性博览会。巴黎的国际航空博览会是世界上最大的航空业的专业博览会。在德国，每年大约要举办100个重要的国际性博览会，大约有87 000多家企业参加，其中有40%的企业来自德国以外的150多个国家或地区。在我国，著名的广交会为我国企业向国外客户展示和推销产品提供了难得的机会，在国内外享有很高的声誉。

博览会为来自世界各地的企业提供了一个交流信息达成交易的机会。在贸易博览会上，企业之间可以买卖商品，洽谈合同，因此，在企业的国际市场营销中将它看成一个基本的市场营销战略。通过博览会的方式，企业可以广泛结识较理想的代理商、经销商，并通过他们打入其所在国的市场。若企业有好的产品在展览会上获奖，更是可以大大地提高企业和产品的信誉，扩大其在国际上的影响，促进产品的出口。此外，博览会还可以帮助企业了解本企业产品的国际市场行情，如产品质量、价格、包装及销售情况，了解竞争对手的产品情况，收集国际市场技术、经济等方面的信息，以便于及时调整或正确选择企业的国际市场营销策略。

5. 各种奖券和优惠券。奖券和优惠券是企业向顾客发放的一种减价证明，持有这一证明，消费者在购买商品时可以得到优惠。奖券和优惠券的发放途径很多，可以随上一次购物发放，鼓励连续购买，也可以随广告或采用其他方式赠送。国际市场营销中采用奖券和优惠券的方式开展营业推广时，要视不同国家的消费者对这一方式的接受程度而定，采用的方式也要有差别。例如，在美国奖券可以独立发放，而在加拿大则要夹在给零售商的广告中散发，在英国奖券最常见的发放方式是随报纸和杂志赠送，而在许多欧洲国家，较多地采用挨门挨户赠送的方式。

营业推广促销越来越引起一些国际性大公司的关注，他们投入巨额资金，希望产品尽快为顾客接受，一些著名的品牌，如宝洁和雀巢等公司都积极地实施其营业推广计划。通常的做法是将资金投入和使用权交给当地的分支机构，由他们根据当地的客观环境制定营业推广计划，这样可以充分地考虑和较好地适应当地消费者的品牌偏好、购买频率、使用数量、目标价位，以及市场的成熟度、对促销方式的接受程度、当地的法律法规等相关情况。有些国家的法律对营业推广手段有种种限制，比如禁止抽奖销售和赠送礼物，限制零售回扣金，有些国家营业推广要经批准才能进行，个别国家规定，竞争者不能用多于销售同一类产品的其他公司的费用进行营业推广。因此，在国际市场营销中采用营业推广手段进行促销时，一是要注意各国的法律限制，二是要了解各国行之有效的方式，三是加强与各国零售商的合作，这样国际营业推广才能起到良好的促销作用。

【案例9.4】 促销：好时，财源滚滚；不好时，赔尽老本

竞赛、抽奖和一切让顾客购物中奖的计策，当它们行得通时，都可能是有效的手段，此处的关键词是"行得通"3个字。最近的两次促销活动——在伦敦开展的Hoover电器促销活动和在菲律宾开展的百事可乐促销活动都不太"行得通"。家用电器及真空吸尘器制造商

Hoover 在英国和爱尔兰发起了促销战，旨在增加销售和提高品牌的知名度。只要购买 Hoover 电器达 150 美元，Hoover 免费提供两张到美国的飞机票（到纽约最便宜的机票是 750 美元）。Hoover 希望免费机票能吸引顾客，但是估计由于旅行时间和旅馆住宿的限制，不会有很多人这么做。可事实完全相反，普通人的想法是买最便宜的电器，免费到美国去。20 多万人这么做了。据估计 Hoover 为了兑现自己的诺言付出了 7 200 万美元。4 年之后，那些没有得到免费机票的人共同起诉了他们。

可口可乐和百事可乐在菲律宾为争夺市场份额而打得不可开交，百事可乐推出了。一个现金奖励促销方案——"数字热"。"数字热"看上去就像赢得机票一样。这种手段在 10 个拉美国家很成功，它把菲律宾人的赌博嗜好和发横财的诱惑结合起来。购买百事产品的人如果在瓶盖里找到一个 001～999 的 3 位数，就可能凭此获得 1 000 比索（当时约合 40 美元）～100 万比索（当时约合 4 万美元）不等的奖金，另外还有 7 位数的安全密码。百事每天公布获奖的 3 位数。尽管所有瓶盖里都有号码，但是购买者在中奖号码公布之前无法知道自己是否中奖。购买者收集的瓶盖越多，中奖的机会越大。3 个月里，百事公布了 60 个中奖号码，总现金奖达 2 500 万比索（100 万美元）。

"数字热"立即取得了成功。百事产品的销售市场份额同时上升，1 个月内，销售利润就超过了促销所使用的 400 万美元的奖金和广告成本预算。

6 个星期后，百事的市场份额上升了 24.9%，成功使得公司把"数字热"再延长 5 个星期。计算机选出 25 个新的中奖号码。公司的顾问确信在最初的促销阶段没中奖的号码在延长阶段不会以中奖号码的形式出现。他们错了，5 月 26 日，他们宣布 349 为中奖号码。

当 349 被宣布为中奖号码的那一夜，一名有一个孩子、失了业的已婚男子彻夜未眠，他有一些瓶盖可以获得 300 万比索。他梦想着自己将要买的房子和将要开办的公司，但是拥有 349 这个号码参与第一阶段竞争的人多达 80 万。如果所有获奖者都兑现，公司将要付出 16 亿美元。百事的第一反应是用一个新的号码代替 349。那些中奖号码持有者组织起来，游说、抵制，甚至炸送货的卡车。百事提出一个折中的办法，向持有 349 这个号码的人提供 500 比索。50 万人前来认领这 500 比索，共让百事支出了 1 000 万美元。349 的惨败使得员工士气低沉，并且损害了百事的形象，吓走了潜在的分销商，使公司失去了所获得的市场份额，并且有 9 个经理因为诈骗而被逮捕。百事向菲律宾最高法院上诉，经过 2 年多的法庭论辩，在司法部复审该案之前，法院撤销了下级法院的逮捕命令。

案例分析：成功的营业推广活动能够提高企业的知名度和市场份额，而不严谨的、不合适的促销活动可能带来极为严重的后果。企业必须正确地使用营业推广活动，并使其效果最大化。

9.4.3　国际市场营业推广策略的制定

销售推广虽然不像广告、公共关系等促销方式那样需要周密和长期的规划，但是要使促销推广活动取得预定成效，必须结合产品、市场等方面的情况，慎重确定销售推广的地区范围、鼓励规模、途径、期限、时机、目标和预算等。在销售推广实施过程中和实施结束以后，企业还有必要进行销售推广效果的评价。

1. 销售推广的鼓励规模。

销售推广面并非越宽越好，推广规模必须适当。通常情况下，选择单位推广费用效率最高时的规模。低于这个规模，销售推广不能充分发挥作用；高于这个规模，或许会促使营业额飞升，但其效率会递减。国外许多大公司在用销售推广方式推广老产品时，只要求销售推广收入能大于支出甚至收支基本平衡。有时，企业为了推销长期积压的产品，只求通过销售推广把产品卖出去，而不苛求收支状况。合理的鼓励规模一般通过推广方法、推广的费用和销售额的相互关系来确定。西方发达国家中一些较大的公司都设有销售推广部门，至少有专门负责国际市场销售推广的人员。

2. 销售推广的鼓励对象。

在国际市场上，销售推广鼓励对象可以是任何人，也可以是特定的人，通常是鼓励商品的购买者或消费者，但企业有时可以有意识地限制那些不可能成为长期顾客的人或购买量太少的人参加。比如，企业可以对国际市场的老客户或有长期往来的中间商提供优惠条件（购货折扣、开办联营专柜、合作广告等），短期客户则不享受这些优惠条件。限制条件不可过宽，也不可过严，否则会影响新顾客的增加，排斥潜在消费者的加入，达不到应有的效果。

3. 销售推广的途径。

以发行奖券为例，这种奖券可以放在出口商品的包装中，也可以附在国际市场广告中；既可以通过国外进口商、经销商或代理商在进货或购买商品时分发，也可以邮寄方式赠送给国际市场客户；在当地市场通过抽签或摇奖的方式解决也可以。销售推广的途径和方式不同，推广费用和效益也不一样。企业必须结合自身内部条件、市场状况、竞争动态、消费者需求动机和购买动机等进行综合分析，选择最有利的销售推广途径和方式。

4. 销售推广的时机和限期。

不同产品在不同的国际市场、不同的条件下，其销售推广的时机是不同的。企业销售推广措施必须在适当的时机推出，才能取得较好的效果。一般来说，销售推广策略多用于销售淡季或其他特殊条件下。在销售推广方面，企业应根据消费的季节性、产品的供求状况及其在国际市场的生命周期、商业习惯等来确定销售推广的期限。推广期限过短，许多潜在买主可能未买，达不到销售推广的预期效果和目的；期限太长，费用增加，甚至可能得不偿失。据有关资料分析，在北美地区，每季度进行3周左右的销售推广比较好；在西欧，销售推广期限有长有短，日用品以1个月为好；在非洲和亚洲许多地区，视城乡不同，推广期限应有一定的弹性，城镇推广应长于大城市推广，乡村地区推广应长于城镇推广。一般情况下，在国际市场开展销售推广的期限大都以消费者的平均购买周期为佳。

5. 销售推广的目标。

每一次的销售推广活动都有其目标，销售推广的目标通常是增加产品销售，但也有的是通过造声势增加企业知名度或应付竞争对手的挑战。销售推广的目标必须依据企业的国际市场营销战略和促销策略来制定。销售推广的目标不一样，其方式、限制等都不一样。比如，针对国内外中间商的销售推广，其目标与方式有以下几种：诱导、吸引国内出口商和国外进口商、中间商等购买新品种和大批量购买，可以采用推销奖金、联营专柜、赠送样品和资料等手段；鼓励国外老客户和新市场的新客户续购、多购，可以采用购货折扣、合作广告、推广津贴、特别服务、分期付款、发放奖券等手段；为了建立企业与出口商、国外进口商和代理商的良好关系，培养他们对企业的忠诚和偏爱，除了加强业务往来和物质刺激以外，还要重视非业务往来和精神激励。比如，举办联谊会、恳谈会；在主要的节日和喜庆之日，赠送礼品和贺信；在资金上给予融通；邀请中间商前来本国旅游、观光等。

6. 注意发挥销售推广与促销其他方式的互补作用。

销售推广介于广告和人员推销之间，用于广告和人员推销的补充。与经常性、有计划地进行国际市场广告和人员推销不同，销售推广主要是针对国际目标市场上一定时期、一项任务，为了某种目标而采取的短期的特殊的推销方法和措施。如为了打开产品出口的销路，刺激国际市场消费者购买，促销自新产品，处理滞销产品，击败竞争者等，往往使用这些促销方法来配合广告和人员推销，使二者相互呼应。广告大都以提高产品知名度，在顾客心中树立形象进而产生购买动机为目标，希望顾客在购买某类商品时，选购被宣传的品牌。人员推销则是亲自向目标顾客宣传商品、介绍商品、推销产品、搜集市场信息，寻找新的客户，进行产品维修，签订购销合同。销售推广直接引导、刺激顾客立即做出购买行动。但是，销售推广在国际市场不宜经常使用，否则会引起顾客的观望和怀疑，反而影响产品销售。

7. 影响国际市场销售推广的因素。

在国际市场采用销售推广这一促销手段时，应特别注意不同国家或地区对销售推广活动的限制、经销商的合作态度，以及当地市场的竞争程度等因素的影响。

（1）当地政府的限制。

很多国家对销售推广方式在当地市场上的应用加以限制。有的国家规定，企业在当地市场进行销售推广活动，要事先征得政府有关部门的同意。有的国家则限制企业销售推广活动的规模。如法国政府规定，禁止抽奖，免费赠送的物品不得超过消费者所购买商品价值的 5%。还有的国家对销售推广的形式进行限制，规定赠送的物品必须与推销的商品有关，例如杯子可作为咖啡购买者的赠品，而餐具就不能作为洗衣机的随赠礼品。国际广告协会于 20 世纪 70 年代末曾针对价格折让、礼品赠送与有奖销售在 38 个发展中国家进行调查，发现这些国家关于礼品赠送的限制最少，关于有奖销售的限制最多。销售推广的形式多种多样，由于各国政府的限制，销售推广方式各不相同。一项研究表明，在法国最有效的销售推广方式是降价、贸易折扣和免费样品；在匈牙利、荷兰和希腊，最有效的方式是贸易折扣。此外，企业还可根据当地具体情况采取一些灵活的销售推广方式，以避免触犯当地政府的法规。

（2）经销商的合作态度。

出口企业的销售推广活动多半是同中间商合作举办的，国际销售推广活动需要得到当地经销商或中间商的支持与协助。例如，由经销商代为分发赠品或优惠券，由零售商来负责现场示范或商店陈列等。对于那些零售商数量多、规模小的国家或地区，企业在当地市场的销售推广活动要想得到零售商的有效支持与合作就困难得多，因为零售商数量多、分布散、商场规模小，无法提供必要的营业面积或者示范表演地，加上销售推广经验缺乏，难以收到满意的促销效果。

（3）市场的竞争程度。

企业采用销售推广活动有的是为扩大市场份额的主动性行为，有的则是迫于竞争的压力、市场的竞争程度、竞争对手在促销方面的动向或措施，这些将会直接影响到企业的销售推广活动。比如，竞争对手推出新的促销举措来吸引顾客争夺市场，企业若不采取相应的对策，就有失去顾客而丧失市场的风险。同样的，企业在海外目标市场的销售推广活动也可能遭到当地竞争者的反对或阻挠，甚至通过当地商会或政府部门利用法律或法规的形式来加以禁止。例如，美国通用电气公司通过与当地企业合资的形式成功地打入日本的空调市场。通用电气公司在日本市场的两项行之有效的促销措施是对推销成绩突出的经销商提供海外免费旅游度假的机会，对购买数量达到一定额度的顾客赠送彩色电视机。

扩展阅读：阅读《俄政府出台新政策：允许葡萄酒上电视做广告》，在网上搜集欧洲或者美洲的国家，看看他们对酒业广告有哪些规定。

9.5 国际市场公共关系策略

9.5.1 国际市场公共关系的含义和对象

（一）国际市场公共关系的含义

公共关系是指企业为搞好企业与社会各方面的关系，树立和改善企业形象，增进社会公众对企业了解的一切活动的总称。与广告、人员推销、销售推广等促销方式相比，公共关系是一种间接的促销手段，它也许不会产生立竿见影的效果，但对树立企业良好的形象起着十分重要的作用。

国际市场公共关系是企业搞好与国外社会公众的关系，树立企业在国外良好形象的手段。复杂和激烈的国际市场竞争使国际市场营销者面临着比国内更加复杂的公共关系。企业必须针对东道国的社会文化、生活习俗、宗教信仰等特点开展公共关系活动，与东道国市场各方面建立融洽的关系，这有利于企业长远发展。

（二）国际市场公共关系的对象

国际市场公共关系的对象十分复杂。企业在开展国际市场公共关系活动前，首先必须确定企业的公关对象。企业在国际市场上公共关系的对象包括股东、顾客、供应商、国外进口商、国内出口商、经销商、代理商、竞争者、金融界、保险公司、信息公司、咨询公司、消费者组织、新闻界、当地政府、企业职工等。例如，美国 IBM 公司从创立初期就注重企业宣传，始终注意搞好企业与社会各界的关系，持之以恒地开展优质服务，竭力塑造其为社会贡献的形象。目前，IBM的产品畅销全球。该企业的成功秘密就是将宣传与实际行动相结合，使国际公共关系与国际市场营销策略密切配合，兼顾公众利益和企业利益、短期利益与长远利益。

（三）国际市场公共关系的意义

公共关系对于企业进行国际化经营具有十分重要的意义。由于企业试图跨越国界进行营销活动，当地政府和公众对企业的接纳程度在一定程度上决定了企业产品的出路，所以说在国际市场上的公共关系又经常比在国内市场上更为重要。企业要想顺利地打入国际市场，优质的产品固然重要，但更为重要的是要让国际社会了解、认可、接受企业自身及其产品。企业的公关活动就是企业树立良好形象，争取中间商和目标市场上广大公众的了解、信任和支持的有效手段。只有把有效的公共关系配合以其他促销方式，及时克服国际经营中的文化及其他障碍，才能最终实现占领国际市场的目的。公共关系是国际市场营销活动中必不可少的促销手段，也是企业在国际市场中竞争取胜的重要策略之一。

9.5.2 国际市场公共关系的任务

企业在国际市场营销中进行公共关系活动的最主要目的是树立企业良好的社会形象。为达到这一目的，公共关系部门应完成以下任务。

1. 加强与传播媒介的关系。大众传播媒介承担着传播信息、引导舆论等社会职能，传播媒介对企业的报道对公众具有极强的引导作用，因而也在很大程度上影响企业的公众形象。企业必须充分利用传播媒介来为其服务，与之建立良好的合作关系，主动提供信息，使媒介了解企业；同时积极创造具有新闻价值的事件，争取媒介的主动报道。

2. 改善和消费者的关系。和消费者的关系是国际企业的生命线，国际上任何一家有信誉的公司几乎都把改善与消费者的关系列为头等重要的问题来处理。运用公共关系同社会沟通，增进了解，使消费者对企业形象和产品产生良好感情，对企业的意义十分重大。

3. 调整与政府的关系。与国内经营企业不同，国际企业面临来自各个国家和政府的各种不同的要求或压力。企业一方面必须随时调整自己的行为以适应政府政策的变化，另一方面又要左右逢源，以协调可能发生的冲突和利益矛盾。这是企业公共关系的一项重要任务。公共关系部门必须加强与东道国政府官员的联系，了解他们的意图，了解所在国的法律，争取相互之间的谅解，以求得企业的生存和发展。为了达到这一目的，企业可以搞些公益活动，如为公共事业捐款，扶持残疾人事业，赞助文化、教育、卫生、环保事业等，树立为目标市场国的社会与经济发展积极做贡献的形象。

4. 在不同时期、不同阶段进行不同的公共关系活动。在进入东道国的初期阶段面临的问题多，公关任务繁重，工作的重点是争取被东道国的政府及国民接纳。进入中期阶段，就要关注东道国政府与政策动向，以及公司利润汇回母国的风险问题等，工作的重点是扩大企业在东道国社会上的影响，确立良好的声誉。最后，即使是在撤出阶段，也仍然要注意保持与东道国的良好关系，以维护其他方面的利益。

9.5.3　国际市场公共关系策划

（一）确定公关目标

公共关系活动的目标是指公共关系人员经过努力要达到的目的以及衡量这一目的是否达到的具体指标。

在确定公共关系目标时要注意，一是分目标必须服从总目标，也就是说公共关系策划所确定的目标必须符合组织运行的整体目标；二是目标必须有客观依据，必须针对组织面临的具体问题；三是目标必须具有明确性，目标含义确切单一，具体清晰而非模棱两可；四是目标必须具有可行性，确定的目标应该符合实际，经过努力能够实现；五是目标必须具有可控性，确定的目标应该留有余地，具有一定的伸缩性，在出现意想不到的情况变化时可以采取应变措施来实现目标。

组织的公共关系目标按其作用可以分为 4 类：传播信息、增进感情、转变态度、引起行为。

1. 传播信息。这是最基本的公共关系目标，即组织致力于就形象信息、服务信息、产品信息及其他信息与社会公众进行沟通。

2. 增进感情。增进与公众的感情，赢得公众的好感，是一个组织的公共关系活动的长期任务，也是可在短期内达到的目标。

3. 转变态度。在一定时期内，开展公共关系活动是为了转变公众对组织整体形象的某一方面的看法和态度。公众的什么态度需要改变应以调查所得的资料为依据。

4. 引起行为。公共关系活动的最终目的是在取得公众理解和支持的基础上，促使公众产生某种组织所期望的行为。

（二）确定公关对象

组织的公共关系活动目标的差异性决定了公共关系活动对象的区别性。在公共关系策划过程中，我们必须在组织的广大公众中根据实现目标的需要去认定哪些是该项公共关系活动必须关注、交流和影响的目标公众。

确定目标公众的方法如下。

1. 以活动目标来划分公众范围。这种划分主要强调的是目标公众与活动之间的关联性。

2. 以组织的重要性确定目标公众。在公共关系实践活动中，有时组织将有关公众按与组织关系的密切程度、影响的大小程度、相关事件的急缓程度等因素进行排列，选出最为重要的部分作为目标公众。这种划分主要强调的是重要性。

3. 以组织的需要决定目标公众。例如，当组织出现形象危机时，目标公众首先是指组织的知晓公众和行动公众，以防危机的扩散和加剧。这种划分主要强调的是影响度。

不同的组织每次的公关活动确定谁为目标公众很难有统一的标准，基本的原则是在考虑组织的目标、重要性和需要3个方面的因素的基础上灵活决定。

（三）确定公关主题

主题是指公共关系活动中连接所有项目、统率整个活动的思想纽带和思想核心。提炼公共关系活动的主题是公共关系策划过程中一个极其重要的环节，就好比确定一部大型交响乐的主旋律。

能否提炼出鲜明、突出的公共关系活动主题，主题能否吸引公众、抓住人心，可以说是公共关系策划成败的一个重要标志。因此反复揣摩、推敲、提炼，直至最后拟订，对于公共关系策划者来说，都是必要和值得的。

拟订主题需要有创意，但不能为此故弄玄虚，故作高深。提炼和拟订主题时应当注意以下几点。

1. 目标的一致性。拟订主题是为了更好地凸显公共关系的目标，主题必须与公共关系活动的目标保持一致，主题必须服务于目标。偏离目标的主题会给公众造成错觉，起到误导的作用，因此策划者一定要慎重。

2. 主题的实效性。好的主题不在于词藻的华丽、技巧的娴熟，而在于产生的实效。主题的实效一是要合乎公共关系活动的客观实际，不能话说得好听但实际做不到；二是要能真正打开公众的心扉，切中公众的心愿；三是要考虑社会效果，一味地哗众取宠、迎合低级趣味的主题是要不得的。

3. 主题的客观性。公共关系活动的主题要展示公共关系精神，体现时代气息，而不可商业气十足，也不宜宣传味太浓。总之，主观性不要太强，以免招来公众的反感。

4. 主题的新颖独特性。在传播技术长足发展，各种信息扑面而来的当今社会，没有个性的信息如同过眼烟云，不会给人留下深刻的印象。只有通过主题将策划对象的信息个性体现出来，使其新颖独特，才能产生强烈的感召力和巨大的影响力。

5. 主题的通俗简练性。心理学的研究表明，人们对语言的记忆章节在16个以下为最佳效果，超过16个章节便容易产生排斥心理，因此，主题的表述必须通俗易懂、简短凝练，以期为公众所理解和接受。

（四）确定公关形式

实施公共关系方案时，要根据不同类型的公众对象、不同类型的组织机构及其发展过程中的不同阶段分别采取适合的公共关系形式，才能实现预期的目的。通常认为行之有效的公共关系形式有以下几种。

1. 宣传式工作方式。即利用各种传播媒介向组织的内外公众传播组织的信息。向内部公众宣传的目的是让他们了解本组织发展的成就与面临的困难，以及正在采取的措施与行动，以取得内部全体公众的理解和支持。向外宣传的目的是让社会公众迅速获得对组织有利的信息，以对本组织形成良好的社会舆论。这种方式的特点是主导性强、时效性强，有助于提高组织的知名度，扩大组织影响。

2. 交际式工作方式。即不借助于其他媒介，只在人与人之间的交往中开展公共关系活动。通过各种招待会、座谈会、茶话会等人与人的直接接触，为本组织建立广泛的社会关系网络，以提高本组织的社会地位。这种方式的特点是富于人情味，具有直接性和灵活性，给人以亲切感。

3. 服务式工作方式。即通过完美的服务，用实际行动来密切组织与公众之间的关系。对于一个社会组织来说，自我宣传对于树立组织的良好形象固然十分重要，但起决定作用的还是提高组织的服务水平。只有不断增强服务意识，端正服务态度，丰富服务内容，掌握服务技巧，提供有效的服务，才能赢得公众的好评。这种方式的特点是具体、实在、效果显著。

4. 赞助式工作方式。即通过有组织的社会性、公益性、赞助性的活动扩大组织的社会影响力，提高组织的社会声誉，赢得公众的了解、赞赏和支持，为树立组织的良好社会形象创造条件。这种方式的特点是不拘眼前、着眼长远、影响较大，但花费较多，需量力而行。

5. 征询式工作方式。即通过采集信息、舆论调查、民间测验等手段了解民情民意，掌握整个社会的发展趋势，为组织的管理决策提供咨询，使组织目标与方案的实施尽量与公众的利益一致起来。这种方式的特点是了解公众，建立畅通的公众反馈渠道，以便调节组织的政策和行为。

由于公共关系活动是不断发展变化的，因此公共关系的工作方式不可能有固定不变的模式。公共关系工作最忌讳的是墨守成规，生搬硬套，因为任何成功的公共关系活动都是一次创造性的活动。因此，我们要根据不断变化的客观需要和可能条件选择和创造最佳的工作方式。

9.5.4　企业危机公关

（一）企业危机公关的概念与特征

危机的英文为 crisis，在汉语里危机的书面意思是紧急困难的关头。危机公关是指由于某些人为的或非人为的突发事件及重大问题的出现，打破了组织正常有序的运转状态，使组织声誉和利益受到损害，甚至遭遇生存危险，从而不得不面临和处理的一种紧张状态。

公共关系危机具有下列特征。

1. 突发性。一切突发事件都具有突然性。它们一般是在组织毫无准备的情况下转瞬之间发生的，往往给组织公关带来各种意想不到的困难。特别是那些由组织外部原因造成的危机，如自然灾害、国家政策变革等，往往是组织始料不及并难以抗拒的。

2. 严重危害性。危机事件的危害是很大的。它会破坏组织形象，影响组织经营，给组织带来严重的形象危机及巨大的经济损失，同时也会给社会造成危害。

3. 不规则性。对组织来讲，每次危机产生的原因、表现形式、事件范围、影响程度、损失程度都不尽相同，不具规则性，因此，解决的方式也没有一个固定模式。

4. 舆论的关注性。危机事件的爆发最能刺激人们的好奇心理，常常成为人们谈论的话题和新闻界关注的焦点、热点，成为媒介捕捉的最佳新闻素材和报道线索。有时会牵动社会各界公众的神经，乃至在世界上引起轰动。

199

（二）企业危机公关类型

1. 按危机的性质分类。

（1）突变危机，主要是指存在较大生命损失的危机。在这类危机中，一部分是指自然灾害，如地震、风暴、洪水、泥石流、雪崩、火灾、流行病等；另一部分是指人为的灾难，如抢劫、盗窃、破坏、爆炸等。

（2）商誉危机，即商业信誉危机，主要是指由于不履行合同、不按时交货、质量问题而形成的经营危机。商誉是组织存在和发展的根本，出现商誉危机会直接威胁组织的生存。

（3）经营危机，是由于管理不善而导致的危机，例如，投资失误、定价策略失误、产品质量低劣、管理混乱。另外，组织由于种种原因而经营不下去也属于此类危机。

（4）信贷危机，主要是指因组织丧失信誉而得不到上级拨款或银行贷款，同时又难以募集到股份，致使资金枯竭，组织难以维持而形成危机。

（5）素质危机，是指由于内部素质不高危及自身生存的危机，如由员工缺乏公关意识和质量意识、专业技能低下、组织技术水平不高导致的危机。另外，组织基本设施、建筑老化，设备重大故障而导致的危机也属此类危机。

（6）形象危机，是指组织由于自身形象不好，知名度、美誉度不高，或者总体设计不好、定位不当造成的危机。当然，以上突变、商誉、经营、信贷、素质危机、最终都会影响形象，导致危机。

2. 按危机发生的程度分类。

（1）一般性突发事件危机，也叫日常纠纷，如组织内部纠纷、同公众间的关系纠纷、组织之间的纠纷等。这种纠纷一般涉及的范围不大，影响面较小，但它是突发性的，如不及时处理，事态扩大后会严重影响组织形象和声誉。

（2）重大突发事件危机，是指重大工伤事故、重大生产经营决策失误、质量事故、天灾造成的严重损失等。

3. 按危机发生的外显度分类。

（1）显性危机，是指危机趋势非常明朗，爆发只是个时间问题，如经营决策失误造成的产品积压、市场缩小的危机。

（2）潜伏危机，是指危机的因素已经存在，但还没有被人们意识到的危机，如安全防火设施遭到破坏、缺乏防火意识，或设备本身质量不过关、缺乏质量意识等。潜伏危机比显性危机具有更大的危险性，犹如一座冰山，显性危机是浮在水面的部分，所占比重小，容易被人重视；而潜伏危机犹如藏于水下的冰山本体，不容易被发现且危险性更大。

（三）企业危机公关处理策略

公关危机处理亦称危机公关（Crisis Public Relations）或危机管理（Crisis Management），是指组织调动各种可利用的资源，采取各种可能或可行的方法和方式，预防、限制和消除危机以及因危机而产生的消极影响，从而使潜在的或现在的危机得以解决，使危机造成的损失最小化的方法和行为。危机公关是公共关系学和管理学相结合的产物，是运用公共关系学的基本原理和方法科学地处理组织潜在的或现在的危机，从而把大事化小、小事化了，甚至变坏事为好事的一种管理行为。

妥善处理危机事件，迅速控制事态的发展，就能使组织的损失降低到最低限度，这对于事后迅速恢复生产经营活动具有重要的意义。妥善处理危机可以维护组织的形象。组织形象是组织的重要资源，无论是纠纷事件还是突发事件，都可能会给组织形象这一资源带来影响。妥善处理危机可以增强内部团结。处理危机事件不仅是对组织凝聚力的检验，也是加强内部团结的好时机。妥善处理危机可以创造经营时机。在处理危机事件中，公关人员应树立"妥善处理危机就等于盈利"的观念。成功的组织与失败的组织之间的差别并不在于是否出现过与公众的纠纷和危机事件，而在于出现危机后所采取的截然不同的处理方法，即借助处理危机事件创造有利的经营因素和条件。

1. 公关危机处理的原则。任何组织都难免发生危机事件，危机发生后，由于情况紧急，大家都感到手忙脚乱。为了使危机处理有序进行，需要遵循危机处理的几个主要原则。

（1）快速反应的原则。危机具有突发性，而且会很快传播到社会上，引起新闻媒介和公众的关注。尽管发生危机时组织面临极大的压力，但仍需迅速研究对策，作出反应，使公众了解危机的真相，争取公众的同情和支持，减少危机带来的损失。高效率和日夜工作是做到快速反应不可缺少的条件。

（2）真诚坦率的原则。通常情况下，任何危机的发生都会使公众产生种种猜测和怀疑，有时新闻媒介也会有夸大事实的报道。因此，组织要想取得公众和新闻媒介的信任，必须采取真诚坦率的态度。麦克·里杰斯特尤其强调实言相告的原则，他指出，越是隐瞒真相，越会引起更大的怀疑。

（3）人道主义的原则。危机在不少情况下会给组织带来生命财产的损失。新闻媒介等舆论界对危及人的生命安全的事故或事件尤其重视，甚至加以渲染。因此，在危机处理时首先要考虑人道主义的原则。组织在处理危机中要把抢救和安置灾民放在第一位。

（4）维护信誉的原则。里杰斯特说，公共关系在危机管理中的作用是保护组织的声誉，这是危机管理的出发点和归宿。声誉对组织来说极其重要，是组织得到人们拥护和支持的基础。没有了声誉，组织的工作就难以进行，就没有效率可言，甚至危及组织的合法性。在危机管理的全过程中，组织的公关人员都要努力减少对组织信誉带来的损失，争取公众的谅解和信任。

2. 公关危机有效处理的步骤。对一个组织来说，危机事件的出现是难以预料的。那么，一旦发生危机事件，组织该采取哪些对策处理呢？下面来举例说明。

班特利海湾石油公司曾发生过一起油船大爆炸事件，有 50 人丧生，只有在控制塔上的一个人活了下来，但吓得神经错乱。不到 3 天，公司门口就聚集了 300 多名记者，新闻界向海湾石油公司挑战，要求尽快说明真相，要让活下来的那个人出来讲话，但他已无法出来作证，简直是一片混乱。里杰斯特先生处理这一危机事件的基本做法如下。

第 1 步，危机发生后的前 10 天，每天举行两次新闻发布会，与记者保持沟通，使反面消息降到最低程度。

第 2 步，邀请当地公司的管理人员出席新闻发布会，让他们介绍公司对事故的善后处理做法，告诉记者公司是如何与死者家属沟通的，是如何让警察来辨认尸体的，是如何清理海难现场的。

第 3 步，与当地政府联系。因为开始建石油中转站时，政府是同意的，把有关情况通报给政府，表示一定给予赔偿；在社区方面，由于平时注意搞好关系，因此事后也就给予了很大帮助。

第 4 步，积极进行海湾环境污染的处理。沙滩上有许多原油，每次涨潮后，都找人把海滩上的石油清除掉。一直努力去清除污染，说明公司是负责的。

第 5 步，在爱尔兰做广告，向人们表示深深的歉意，并表示将尽快查出油船爆炸的真正原因。

里杰斯特先生处理油船爆炸事件的一些做法对我们很有启发，一般来讲，公关危机事件处理的过程如下。

（1）成立处理危机事件的专门组织机构。处理危机事件最关键的是要镇定，不能使组织一下子陷入混乱状态，即使是灭顶之灾也应如此。这就需要有专人负责，统一指挥。因此，当危机事件出现后，组织应首先成立由最高层领导牵头的，公关部门主管具体负责的，有公关人、相关技术人员及其他相关人员参加的专门组织机构，全力投入危机事件的处理中。

（2）对危机事件进行调查判断。重大事件发生后，首先应该运用有效的调查手段迅速查明情况，判断事件的性质、现状、后果及影响，为制定对策及应急措施提供依据。

① 查明事件的性质与状况：事件的种类，事件发生的时间、地点、原因，发展态势等基本情况。

② 查明事件的后果和影响：伤亡人数及严重程度、设施的损坏状况及价值、其他受破坏的程度和范围，这些后果以及将会造成的社会影响。

③ 查明事件牵涉的公众对象：直接、间接受害的公众对象，与事件本身有直接、间接责任或利害关系的组织或个人，与事件处理有关的机构，以及新闻舆论界人士等。要特别注意与事件的见证人保持联系，并谨慎处理与新闻界的关系。

3. 制定处理危机的具体对策。在全面调查并了解危机事件的情况后，将所获取的信息进行分析整理，针对不同对象确定相应的对策。

（1）对组织内部的对策。

① 危机应变小组立即行使工作职权，对危机处理形成权威性的意见，统一进行指挥。

② 判明情况，制定对策，通告全体人员，以统一口径、协同行动。

③ 如属内部事件，立即通知伤亡者的家属，采取有力措施进行救护或善后工作，安抚有关各方人员。

④ 如属外部事件，立即组织队伍参与抢救、维持或应急服务工作。

⑤ 奖励处理事件的有功人员，处罚事件的责任者，并通告有关各方。

（2）对受害者的对策。

① 认真了解受害者的情况，实事求是地承担责任，并诚恳地道歉。

② 冷静地听取被害者的意见，了解和确认有关赔偿损失的要求。

③ 避免在事故现场与受害者发生争辩，即使受害者有一定责任，也不要在现场追究。

④ 给受害者以安慰和同情，并尽可能提供其所需的服务，尽最大努力做好善后处理工作。

⑤ 向受害者及其家属公布补偿方法及标准，并尽快实施。

⑥ 由专人负责与被害者接触，在事件处理过程中不随意更换负责处理工作的人员。

（3）对新闻界的对策。

① 应统一对新闻界的口径，注意措词，尽可能以最有利于组织机构的形式来公布。

② 成立临时记者接待机构，由专人负责发布消息，集中处理与事件有关的新闻采访，给记者提供权威的资料。

③ 主动向新闻界提供真实、准确的信息，公开表明组织机构的立场和态度，以减少新闻界的推测，帮助新闻界作出正确的报道。

④ 必须谨慎传播，在事实并未完全明了之前，不要对事件的原因、损失以及其他方面的任何可能性进行推测性的报道，不轻易地表示支持或反对的态度。

⑤ 对新闻界表示出合作、主动和自信的态度，不可采取隐瞒、搪塞、对抗的态度。对确实

不便发表的消息，亦不要简单地说"无可奉告"，而应说明理由，赢得记者的同情与理解。

⑥ 注意以公众的立场和观点来进行报道，不断地提供公众所关心的信息，如补偿办法和善后措施等。

⑦ 除新闻报道外，可在刊登有关事件消息的报刊上进行道歉，向公众说明事实真相，并向有关公众表示道歉并承担责任。

⑧ 当记者发表了不符合事实真相的报道时，可以尽快向该报刊提出更正要求，指明失实的地方，并提供全部与事实有关的资料，派遣重要发言人接受采访，表明立场，要求公正处理，但要注意避免产生敌意。

（4）对上级主管部门的对策。

① 及时汇报。事件发生后，及时向组织直属上级主管部门汇报，不能文过饰非，更不能歪曲真相，混淆视听。

② 定期并及时联系。在事件处理中应定期报告势态发展，及时与上级主管部门取得联系，求得上级主管部门的指导和支持。

③ 总结报告。事件处理后形成详细报告，包括处理经过、解决方法以及今后的预防措施。

（5）对业务往来单位的对策。

① 传递信息。尽快如实地传递事件发生的信息。

② 传递对策。以书面形式通报正在采取何种对策。

③ 当面解释。如有必要，先派组织职员到业务单位巡回解释。

④ 说明处理经过。在事件处理中定期向各界公众说明处理经过。

⑤ 书面表示歉意。事件处理后应用书面形式表达诚恳的歉意。

（6）对消费者及其团体的对策

① 疏通零售点渠道。通过零售点渠道向消费者发布说明事件梗概的书面材料。

② 疏通报纸广告渠道。如有必要，还应通过报刊登载广告来公布事件经过、处理办法和今后的预防措施。

③ 热情接待消费者团体及其代表。因为他们代表消费者利益，所以在新闻界很有发言权，当他们前来询问有关情况时要热情接待，并慎重答复。

（7）对组织所在社区居民的对策。

① 组织出面登门道歉。如火灾、爆炸等突发事件给所在社区居民带来损失，组织应登门向居民致歉。

② 职员出面分别道歉。根据事件的性质，也可以派遣本组织职员去每个家庭分别道歉。

③ 发表道歉广告。在全国性的报纸和地方性报纸上分别刊出道歉广告，面向所有公众，告诉他们急需了解的情况，明确表示本组织敢于承担责任的态度。

④ 赔偿损失。根据实际情况赔偿必要的经济损失。

公共关系危机的预防对组织具有很重要的意义。虽然有时危机是难以预料的，但有效的危机预防可以及时发现产生危机的"萌芽"。即使危机真的出现，也能相对从容地采取有效措施。

扩展阅读：阅读《沃尔玛等发生食品安全问题如何危机公关？》，你认为此类问题应如何公关？请与你周围的人进行讨论。

模拟实训

【实训主题】

我国陶瓷产品进入欧美市场应该如何开展宣传。

【实训目的】

加深学生对本章知识的理解，提高学生进行国外市场开发的实际操作技能。

【实训过程设计】

（1）根据学生特点，把全班同学分成若干小组，每组分别承担不同的职责。

（2）选定国内某家陶瓷生产商，其中一组同学对企业的相关情况进行调查，写出调查报告（主要针对中高端的欣赏类的产品情况）。

（3）其中一组同学调研中高端的欣赏类陶瓷产品的国内外市场行情，尤其是在欧美市场的行情，写出报告。

（4）结合企业的实际情况和欧美的市场行情选择适合的促销策略。

关键概念

国际市场促销　促销组合　人员推销　地区型推销组织模式　产品型推销组织模式　顾客型推销组织模式　混合型推销组织模式　国际广告　国际销售推广　国际公共关系　企业危机公关

综合练习

一、单项选择题

1. 国际广告的（　　）是企业要适应不同国家或地区的文化，广告制作要迎合当地的口味。

A. 标准化　　　　　　B. 本地化　　　　　　C. 形象化　　　　　　D. 产品化

2. （　　）是广告主与广告对象之间信息传递的载体，是沟通广告主及广告对象之间的信息桥梁。

A. 人员推销　　　　　B. 公共关系　　　　　C. 广告　　　　　　　D. 营业推广

3. （　　）是指进行国际营销的企业派出或委托推销人员向消费者或用户介绍产品，达到直接销售目的的促销手段。

A. 广告　　　　　　　B. 人员推销　　　　　C. 公共关系　　　　　D. 营业推广

4. 国际市场的（　　）是指企业将各种促销方式综合运用，各种促销方式相互配合的整体系统。

A. 销售促进　　　　　B. 促销组合　　　　　C. 人员推销　　　　　D. 营业推广

二、多项选择题

1. 国际市场促销组合策略包括（　　）。

A. 人员推销　　　　　B. 国际广告　　　　　C. 国际公共关系

D. 营业推广　　　　　　　　E. 价格策略

2. 以下关于人员推销表述正确的是（　　　）。

A. 人员推销形式直接切效果显著　　　B. 信息沟通的双向性

C. 信息沟通的快速性　　　　　　　　D. 较强的选择性和伸缩性

E. 有利于建立长期的业务关系

3. 以下对国际广告表述正确的是（　　　）。

A. 是付费的方式进行促销　　　　　　B. 具有公开性

C. 与消费者的沟通是单向的　　　　　D. 广告成本可能高

E. 没有人员推销那种面对面的说服力

4. 公共关系危机具有的特征有（　　　）。

A. 突发性　　　　　　　　　　　　　B. 严重危害性

C. 不规则性　　　　　　　　　　　　D. 舆论的关注性

E. 复杂性

三、简答题

1. 国际市场上的人员推销 4 种组织模式。

2. 国际广告的 3 种类型。

3. 国际营销中主要的营业推广方式。

四、案例分析

1. 1984 年，里根总统访问中国。这正是他第一任期满，第二任即将开始的时刻。他的前辈——尼克松、福特、卡特都曾访问过中国，而且自中美建交以来，历届美国总统都把访问中国看做一件大事。对这个占世界人口 1/4 的东方大国（又是社会主义大国）访问的成功与否将影响美国总统在美国乃至全世界的声誉。里根也深知这一点，因此，在他动身来中国之前，总统的公关顾问们为他这次中国之行作了周密的设计和精心的策划。

里根要在中国公众面前树立一个"平民总统"的形象。为了实现这个目标，里根要求在访问期间除了国事活动以外，还要有一定的民间接触。包括他和夫人要在北京街头自由散步 1 小时，和北京的市民随意交谈。在上海，要到复旦大学对师生作一次演讲。

来中国之前，根据里根的授意，公关人员为他找了一个中国"平民"留学生。她是一位上海姑娘，复旦大学毕业后去美国攻读硕士学位。女孩的父亲是商店营业员，母亲是一家集体企业的临时工，从家庭和个人出身来说，是真正的"平民"了。里根在白宫亲自会见了这位中国留学生，亲切地跟她聊了不少家常。最后，总统告诉她即将访问中国，并且计划到复旦大学去演讲，问她："你有什么口信要我带去吗？"对于这个突如其来的问题，这个中国姑娘一时不知怎样回答才好，略加思索后说："请您代我向谢希德校长问个好吧。"

几天之后，里根总统到了上海复旦大学，由复旦校长谢希德陪同步入小礼堂。面对着 100 多位师生代表，在开始正式讲演之前，里根说："我来中国之前，碰到一位你们复旦大学去美国的留学生，她要我代她向谢希德校长问好。"随即转向谢校长："现在这个口信带到了，请您打个电话告诉女同学，她的电话号码是×××××××。"

这个开场白博得了全场热烈的掌声。

多么出色的表演！一位美国总统竟如此认真负责地替一个极其普通的中国留学生万里迢迢带口信问候她的校长，居然还记住了她在美国宿舍的电话号码。

问题： 总统的公关顾问们为里根中国之行所进行的周密设计和精心策划的活动，其组织总目标是什么？里根总统访问中国时演讲的开场白与组织总目标的实现有何关系？请加以分析。

2. 南美洲的委内瑞拉有一位石油及航运业巨子杜德拉。他在不到20年的时间内，几乎是赤手空拳建立起资产额达10亿美元的事业。他多次向知己老友讲述他20年前怎么踏入石油界的故事。那是一次跨越3个洲、4个国家的成功的环球贸易。

20世纪60年代中期，杜德拉在委内瑞拉首都只拥有一家玻璃制造公司。他是学石油工程出身，因此渴望进入石油业。有一天，他从商场中的朋友那里得知阿根廷打算从国际市场上购买价值2 000万美元丁烷气的信息后，便立刻前往阿根廷，看看是否能争取到这笔买卖的合同。

到了阿根廷之后，杜德拉发现面对着两个几乎无法对抗的竞争对手——英国石油公司和美国的一家石油公司。杜德拉只是个玻璃制造商，从未接触过石油业，手头也根本没有丁烷气。

走动的杜德拉得到了另一个信息：阿根廷的牛肉过剩，急于外销。杜德拉立即向阿根廷政府表示：如果阿根廷愿意向他买2 000万美元的丁烷气，他就买下阿根廷2 000万美元的牛肉。这样，第一笔交易签约了。

可是杜德拉怎么去推销这2 000万美元的牛肉呢？

第三个信息帮助了他。杜德拉得知西班牙有一家大规模的造船厂正因缺乏订单而濒临倒闭。而西班牙政府对这家造船厂极为关心。杜德拉立即飞往西班牙，对西班牙政府说："如果你们能买我2 000万美元的牛肉，我便向你们的船厂订购一艘价值2 000万美元的超级油轮。"西班牙政府喜出望外，立刻通过西班牙驻阿根廷大使与阿根廷政府联系，要求阿根廷将杜德拉订购的2 000万美元的牛肉直接运往西班牙。

根据第4个信息，杜德拉又飞到了美国费城。杜德拉从太阳石油公司得到了该公司生产过剩的2 000万美元的丁烷气，而交换条件是杜德拉租给这家石油公司必不可少的超级油轮。

这位幸运的南美商人一下子做成了4笔大生意，从此他跻身于国际石油业，事业蒸蒸日上。他的惊人成功除了他的机敏、大胆、善于抓住时机之外，有效的信息是最重要的因素。他及时抓住了每一个对他有用的信息，又把这些孤立的、看起来毫不相干的信息——阿根廷要丁烷气；阿根廷急需推销牛肉；西班牙某大造船厂濒临倒闭，西班牙政府极为关注此厂，西班牙需要进口牛肉；美国费城太阳石油公司丁烷气生产过剩，该公司需要租用超级油轮——神奇地联系了起来，连接成了一条为他创造巨大利润的信息链。

问题： 从这个神话般的真实故事中，我们的国际公关人员能得到什么启迪呢？

第10章

国际市场营销管理

学习目标

【知识目标】

- 了解制定国际市场营销计划的步骤
- 了解全球营销的组织机构的类型及其特点
- 掌握国际市场营销常用的控制方法

【能力目标】

- 能根据企业实际与市场环境制定企业国际营销计划
- 能根据企业实际与市场环境构建国际营销企业的组织机构
- 能运用适当的方法对国际营销企业的营销活动进行控制

案例导入

转型不仅是企业需求

2016年的5月份，格兰仕对其内部的组织架构进行了调整，空调、冰箱、洗涤三大事业部组建了一个大的销售组织，甘建国担任着三大事业部中国市场的销售总经理，此次整合也意味着格兰仕精品转型升级的开始。不过，甘建国坦言，集团层面在实施此次转型之初，不仅仅是他自己，许多内部工作人员乃至国内市场的渠道商，存在不同想法。但是，从过去几年格兰仕大白电自身的发展状况和产业格局的演变态势来看，"转型升级是行业变化的趋势，符合现阶段商业变革的要求"。

思考：企业组织结构的科学设计既是企业有效管理的需要和保证，也是以人为本、开发人的潜能的需要，对企业营销同样具有重要意义。

10.1　国际市场营销计划

10.1.1　国际市场营销计划的含义

（一）什么是国际市场营销计划

计划是面向未来的一项系统性工作，是指把资源分配给某一目标市场以实现企业未来的营销目标。在国际市场上，市场营销计划指的是作业计划，即具体的营销策略和步骤。国际市场营销计划是国际企业或跨国公司对未来经营活动的设计与决策。企业通过国际市场营销计划确定预期的营销目标，并在收集、分析资料，预测成本费用的前提下，规定实现其目标的步骤、措施和具体要求。

（二）国际市场营销计划的类别

1. 从期限看，国际市场营销计划可分为短期计划和长期计划。短期计划又称为经营计划，执行期限一般为 1 年。长期计划又称为战略计划，执行期限一般为 3~5 年，甚至更长。经营计划与战略计划的区别在于，战略计划的目的是决定目标和基本战略，而经营计划的作用则在于将这些目标和战略付诸实施，经营计划从属于战略计划的具体计划。

2. 从制订和执行主体看，国际市场营销计划又可分为总（母）公司计划和分（子）公司计划。一般来说，母公司偏重于经营计划。如果公司在国际上推行的是标准化的战略，那就需要制定一套统一的营销策略和步骤，然后用以指导各个目标市场的营销活动。如果实行差异化的战略，则要针对某个具体国家的目标市场制定市场营销的计划和方案。

10.1.2　国际市场营销计划的制订

1. 确定任务。由企业决策者根据战略计划的要求和前期执行计划的情况，结合企业目前内部生产条件和外部环境要求，为企业提出下一年度或更长一段时期的市场营销任务。

2. 情况分析。情况分析是制定国际市场营销计划的主要依据，只有通过对企业环境的分析，才能找出企业在前期执行国际市场营销计划的不足，从而预测今后市场的机会和威胁，发挥本企业的优势，在市场竞争中立于不败之地。

3. 确定企业目标。国际企业的目标由产品和营销职能组成，子公司参与公司目标的建立可以使目标与市场之间紧密相关，确保子公司实现目标。

在国际市场营销计划中，目标市场应该包括以下几方面。

（1）每个产品的销售目标（以当地货币和美元为单位）。

（2）目标市场的占有率。

（3）新的分销渠道的数目。

（4）品牌熟悉度的百分比。

（5）新产品进入市场的分销渠道层次和时间。

（6）新产品在当地市场测试。

（7）出口目标。

（8）需要完成的市场调研活动。

（9）对消费者满意度的调研。

确定企业目标是企业国际市场营销策略的一个方面。第二方面是为了达到这些目标企业应该采取的措施。实现目标的策略是由特定的工具和方案组成的。例如，某公司的目标是提高产品在该国市场的市场占有率，但是它并不使用价格竞争的手段，而是重视品质、新产品的推广和有力的促销。企业所制定的运营计划必须列出实现目标所必需的工具和技术，包括预算。例如，计划必须指出年度产品的研发活动、广告方案和媒体的选择等。

短期计划是公司运营计划中最主要的部分，它包括营销人员与该公司合伙人（如分销商、广告代理商、营销调研队伍）职责的划分以及完成这些任务所需要的预算方案。为了方便管理，营销经理必须了解计划的综合效果。企业的运营效率可以通过组织中合适的人事安排和比较分析来加以提高。

4. 提出方案。在确定了市场营销目标后，企业决策者应为实现企业整体目标建立一套完整的策略方案。为防止视野及思路过于狭窄，应列出多个可行方案以供选择。如为了"增加销售收入"就可以通过提高企业产品销售价格、增加企业产品销售量或者提高盈利产品在销售中的比例 3 个子方案来实现。

5. 评价和选择方案。对方案进行评价和选择就是针对已经提出的方案进行分析比较，选择较为合理的方案。所谓合理是指方案所考虑的问题比较全面；计划目标数量化，具有择优的标准，可以预测出方案的结果；确定了目标，可以预测出方案的执行结果；确定的目标合理且先进。

6. 预算。通过目标的制定和方案的选择，决策人员就能列出合理方案的预算表，表的基本内容包括预估的销售量、价格、生产成本、营销费用等。

预算表一经确定就成为企业购买原材料、生产过程中劳动力的组织与分配以及销售活动的基础。

7. 计划的实施与控制。当计划制定之后，企业的各部门就可以按照计划的要求实施。在实施过程中，一般把年度计划细分为季度、月度计划，这样有利于企业决策者在较短时间内检查各部门实施计划的进展、效果和存在的问题，从而控制计划的实施。一般企业对计划的控制是领导人员把主要可能发生的事项列出来，并针对这些可能预先准备好应变措施，使管理人员在突发事件发生时能及时加以控制，以保证整体计划目标的实现。

10.1.3 国际市场营销计划的协调

1. 国际市场营销计划协调的必要性。计划方案的中央协调是必需的。例如，全球产品是否可以推广到不同的市场？

（1）一般性的计划必须加以调整以适应特定国家的市场细分定位、竞争活动和政府管制的信息需求，这样的资料分析可以借助总部和子公司管理者的力量。但是这种工作也会受到总部协调的范围、企业的本质和母公司管理形态的影响。

（2）公司的组织将影响计划的质量。如果各国子公司是分权制的，总部可以为它们提供形势分析所需的信息，国际市场营销人员凭借经验可以制定符合目标的有效的营销战略。国际市场营销人员对国际市场营销运营计划起 3 方面的作用。

- 对市场形势进行分析指导并提供信息。
- 协调总公司与子公司的目标。

- 制定转移定价策略和战术方法。

各国子公司必须做大部分的实际运营计划。在总部的帮助下，子公司可以成为有效的计划制定者。子公司的主要作用表现在以下几个方面。

- 实现制订计划。
- 拥有所需要的当地知识。母公司虽然有制订计划的经验，但是子公司却拥有制定营销计划所需要的当地知识。因此，制定计划时所需要的大部分资料要由当地公司提供。母公司和子公司之间的互补合作将会使计划更加完善。

2. 国际市场营销计划协调的方法

（1）综合计划。国际市场营销计划制订者最后的工作是将各国的计划统一综合为国际计划。综合工作不是在各国计划完成后才进行，而是必须在一开始就着手制定，否则各国的计划会和公司资源的配置要求发生冲突，企业需要花费时间去协调。在计划的制定过程中，各国的计划会得到一定程度的修正，良好的沟通可以确保这些改变体现在整体的国际市场营销计划中。

国际管理者的能力对子公司计划的贡献在于公司的国内经验和国际经验将有助于子公司制定计划。如果管理者分析过公司所有市场的运营情况，他们的洞察力就会提高。分析显示，与其他类似的子公司及其相应的市场相比，国际管理者会提高子公司的目标绩效。

（2）比较分析。国际间的比较通常不会受子公司管理者的欢迎，因为各国的情况不一样。因此，一项好的分析是只比较类似情况的子公司。对于特殊的市场，比较分析对于企业确定战略和战术是有效的。如果市场已经得到有效的调整，国际市场营销人员就可以帮助子公司制定一个正确的市场战略计划。

长期计划着眼于公司未来 5～10 年的发展，不确定性较高，预测的准确性也较差。长期计划主要关注的是公司未来的市场和竞争状况，如环境、竞争、顾客和未来的需求等。公司寻求未来是为了避免非预期的因素导致公司丧失竞争优势。

（3）竞争战略。计划的核心是反映竞争，它所包含的活动发生在一个市场以上，并且它是以全球的观点来整合不同的市场活动。企业可能会采用防御性或进攻性的竞争战略，如等待竞争者采取行动、先发制人、警告竞争者、降价、引入竞争性产品、扩展经销网络等。虽然公司不知道竞争者会如何反应，但是可以在计划里对竞争者的行为进行合理的预测。

（4）建立战略联盟。企业有时候需要和竞争者合作建立战略联盟，当公司了解了全球战略的重要性之后，此项活动就变得逐渐流行。许多公司都发现一个共同的问题，那就是他们的全球设想超出了他们的资源要求，如果全球化发展的速度太慢，他们可能会被强者和已经建立起来的全球竞争者吞并掉，但战略联盟有时可以帮助解决这个问题。当然，并不一定都需要形成战略联盟。

企业组成战略联盟的原因是参与联盟的公司在一定范围内可以一起降低风险、获得经济规模、获取互补的资产，其中也包括无形资产，例如，建立品牌和获得政府采购订单等。此外，取得技术和顶住政府的压力也是形成战略联盟的原因。传统上企业会在 3 个领域里形成联盟，即技术、制造和营销。其他的原因还有发展中国家的消费者变得很相似，大家获得同样的信息，可支配收入也大致相同，结果"口味"也变得一样，如每个人都感觉自己像是在美国的加州居住和购物一样。但是没有任何一家公司能够控制所有的技术和制造所有的产品以供应正在拓展的全球市场，因此，可能的解决方法便是交换产品。

形成联盟的另外一个原因是固定成本占总成本的比例太大。即使是低价格，全球销售也可以弥补企业较高的固定成本。短的生命周期意味着企业必须快速行动以便利于自己领先的技术优势，否则此项技术会随着时间的推移而成为销售的资产。战略联盟允许公司同时进入不同的主要市场。然而，联盟中的每个关系人需要有条件地进行交换。技术分享、共同营销和供应安排是这类联盟的中心任务。在企业选择联盟伙伴时，应该遵循以下几条原则。

（1）联盟伙伴具有竞争优势（即经济规模、技术市场的获得），这些优势在价值链中是最重要的。

（2）每位联盟伙伴的贡献应该是互补的或者均衡的。

（3）联盟伙伴必须同意其所遵循的全球战略。

（4）联盟伙伴变成未来竞争对手的风险应该很低。

（5）联盟伙伴合伙人不能有敌对的情况发生。

（6）两家公司的高级主管应该可以和谐相处。

扩展阅读：阅读《古代策划专家：流传千古的经典案例之一》，谈谈你有哪些启发。

10.2　全球营销的组织结构

除非公司能够有组织地去执行任务，否则所有的计划都是无用的。组织机构的责任主要是作出企业决策、设立奖金来激发员工以及决定整合的程度，这些对全球营销战略来说尤为重要。全球营销战略的执行必须依靠不同国家的子公司。

10.2.1　影响组织结构的主要因素

全球企业要依据区域和产品职能来确定组织机构，其目的是要避免重复浪费和实现资源的整合。组织形式是否适合国际企业要受到许多因素的制约，具体因素如下。

1. 企业规模的大小——国内市场容量和国外市场容量的总和及比例。如果公司的海外业务量很小，在公司业务中所占比例不大，公司可以采用国际业务部的国际市场营销组织机构；如果公司的大部分业务来自海外，公司可采取产品或区域式的结构。一般来说，公司规模越大，其市场营销组织结构就越复杂。

2. 运营的市场数目和所处的环境。海外市场数量的多少决定了企业海外营销的组织结构。海外市场越多，经营的地域范围越广，各地区在文化、经济、政治、地理的差异可能就越大，那么在海外市场的管理模式及设立子公司的数目就会不一样。通常对于差异很大的海外市场，企业不宜对各地区的营销活动进行集中管理。例如，一个公司在欧洲、东南亚都有海外贸易活动，可能就需要两个子公司来进行管理。

值得注意的是，随着全球经济一体化进程的推进和区域性经济同盟的发展，一些国际企业纷纷将自己的地区总部由原来的按国家设置改为按地区设置。美国的纽约、比利时的布鲁塞尔等城市成了许多国际企业设置地区总部的首选城市。

3. 产品的特性和多样性。如果企业经营的产品是同质的，产品系列少或产品的相关程度高，企业的国际市场营销组织机构的复杂性就比较低，企业可以采取相对集中的管理，而在其他方面（如地区）进行相对分散的管理。例如，可口可乐公司的市场需求具有趋同性，因此一般按地理区域组织自己的营销活动。而当企业为了满足多个差异性很明显的目标市场的需求时，或者企业经营多种完全不同的产品时，其业务就复杂多样，于是就需要各部门之间相互协调和配合。这就不难理解，一些在多个地区经营多种产品的跨国公司常采用矩阵结构。

此外，国外市场层次的多少、国际企业目标、企业国际化经验等也都会影响企业的组织结构。

10.2.2　国际企业组织形式

全球性公司所面临的基本问题是应该采用集权化还是分权化，全球性公司必须具备强有力的协调职能以便能够提供和监督全球营销策略的执行。如果当地子公司的管理层持有不同的观点并且远离战略目标，那么就意味着企业全球战略的分离。因此，组织机构的主要工作是调解集权制和分权化的分歧。

1．独立的组织形式

企业开始进入国际市场时必须采用一些不同于其他企业的"特殊做法"。当国际企业壮大后，这种特殊的做法由出口管理变为设立出口部门和国际部门。其中，出口部门是一个主要的销售部门，国际部门集合了海外企业的所有职能，如生产、财务和人事安排等。

采取独立的组织形式的公司是非常普遍的，特别是一些小公司，但是许多大公司都有自己独立的国际部门。

（1）独立组织形式的优点。独立组织形式可以集所有的专业技能和国际经验于一身，另外一个好处是独立的国际企业较少受到国内大型企业的挤压。对大部分中国企业来说，目前国内市场比其他市场显得更为重要。如果国际企业没有独立性，那么许多国际市场机会就会被忽略。独立组织形式的另一个优点是独立的国际企业对公司管理有潜在的作用。国际部门能够站在国际市场的高度，而不是以个别生产部门的狭隘的眼光来看待国际市场。

（2）独立组织形式的缺点。当国际企业的规模较小时，采用独立的企业组织形式有许多好处，但是当国际企业壮大后，许多新问题就开始产生了，国际部门可能会各自为政。一旦组织形式不一样，国际部门可能不会受到高层管理者的重视。生产部门通常是最后处理国际事务的部门，国际部门可以通过价格转移策略来弥补其缺点。独立组织形式的缺点还有资源的浪费，即把国际部门独立会分化公司的资源，阻碍公司全球利益的最大化，特别是中国的公司，其国内市场虽然庞大，但是国内市场运营的经验未必能够完全适用于国际部门，成功概率较小。另外一个问题是有关公司的政策问题。当国际部门较小的时候，它通常没有能力去影响公司的决策；当它壮大之后，通常想要控制整个国际企业。在这种情况下，国际部门就从微不足道的地位发展到了可以和其他部门抗衡的地位。

2．全球性公司

全球性公司是一种在处理国内业务与国外业务的方式上没有差异的组织形态。在这种结构中，全球范围的经营决策权都集中在总部，而不分国内国外，不仅注重投资决策，而且注重资源、人力资源管理、市场调研以及其他的业务活动。除此之外，经营者和管理层必须具备全球性的意识和管理国内与国际性业务的能力。

这种经营形式的目标在于充分发挥国际化经营的优势，既重视国内市场，又重视国际市场，哪里机会更好，就向哪里投放更多的资源。但这种组织形式潜在的缺陷是企业各部门的人员不一定都具备从事国际市场营销业务的经验和技能，全球性公司难以摆脱母公司所在国政治、社会、文化和法律制度等方面的烙印，从而难免造成经营中的失误，使企业难以发挥预期的国际化经营的优势，实现企业资源的全球性最佳配置的目标。

无论厂商采取独立的国际事业部门的组织形式还是全球性的企业组织形式，都必须决定其组织结构是要采取区域型、产品型还是职能型。在一般情况下，国际业务决策常常需要决策者具备3方面的专门知识。例如，在决策是否要出口一种新产品到欧洲的时候，企业除了应该具有地区性的资料之外，有关产品的知识和市场状况的知识也不可缺少。

10.2.3 国际企业组织结构形式

1. 区域型组织结构

当企业的组织结构依据区域划分时，其划分的基础是以世界上的主要区域为主的。例如，一家出口公司由独立的国际事业部重组为全球性公司的组织形式时，总共设立了 5 个业务上地区子公司，一个针对欧洲市场，一个针对南美洲市场，一个针对东南亚市场，另外两个负责处理北美洲的业务。虽然这是区域型组织的基本形式，但是北美地区依据产品又划分成消费性产品和工业产品两个部门。许多公司也采取类似的组织结构，国内业务采取产品型组织结构，国外业务则采取区域型的组织结构。区域型的组织形态通常用于高度市场导向的并且技术性能稳定的行业，如制药、非耐用消费品、汽车业及农用工具行业。

某些因素使得许多企业喜欢采用区域型的组织结构，区域型集团的壮大就是其中一个因素。当一个区域内的国家按照经济利益整合起来的时候，将此区域看做一个独立的个体是较为合理的。对国家进行整合时，可以将区域内的产品与技术加以整合。如果一家公司的产品线很窄或者需要相同的科技与操作技术时，这家公司通常也会偏好采用区域型的组织结构，因为公司的产品越相似，就越需要区域性的信息。

尽管区域型的组织结构非常普遍，但是仍然存有缺陷。它虽然可以利用区域性的知识，但是却未能充分发挥产品及职能上的专业知识。如果每一地区都需要设置专属于该地区的产品及职能的专业知识人员，而且所使用的专家并非是最佳的，那么可能会导致无效率，这种情形特别容易发生在地区主管远离总公司的时候。图 10.1 所示为一个区域型的组织结构。

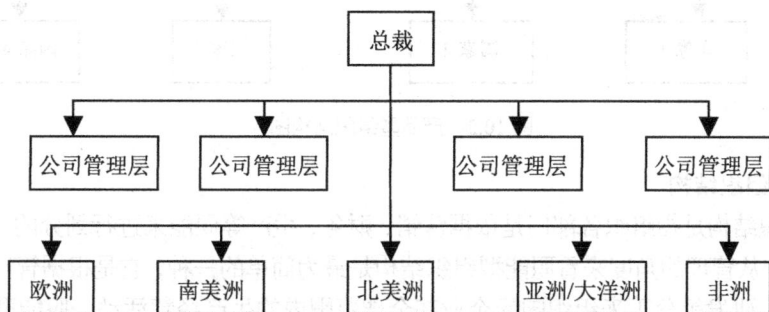

图 10.1 区域型组织结构图

2. 产品型组织结构

以产品为基础进行组织划分意味着生产单位也要对营销负起全球性的责任，因此这种组织形态由许多产品部门所组成，即使是独立的国际事业部门，也可以依据产品再加以划分，而且依据其特殊的性质，地区型的专业人员也可以包括在内。通常如果公司拥有数条没有关联的产品线，那么这时适合采用产品型的组织结构，因为每一产品线所需要的营销工作完全不同。图 10.2 所示为一个简单产品型组织结构。

采用产品型组织结构的公司比较有弹性，因为当公司想发展另一条与现有业务无关的产品线时，可以额外增加一个新的产品部门，这种结构也有助于企业对各个产品系列给予足够的重视，防止企业忽略开发新产品和那些销售量虽小但有发展潜力的产品。此方法的显著特征是分权化，部门领导有很大的主动权，从而有较高的积极性；对国外市场环境的变化反应敏感，增加新产品和减少老产品对企业整体活动不会产生太大的影响。

然而，产品型组织也有其局限性。例如，当国内市场的需求比国外市场的需求增长快时，许多国际性的交易机会可能会被忽略掉，特别是当产品部门缺乏开发国际市场所需要的知识时尤为如此。产品型组织结构存在的另一个问题是无法使公司各部门在国际市场上的步伐保持一致。如果每个产品部门都采用自己的方式来运营，那么公司将会遭遇很多冲突和不便，因此组织必须协调各个独立部门的国际市场营销计划，避免各部门之间发生冲突。例如，未必每个产品部门都拥有自己的广告代理商、服务组织和顾问团，所以当国外工厂将产品分到几个部门来制造时，协调这些部门对产品型组织来说是一大挑战。

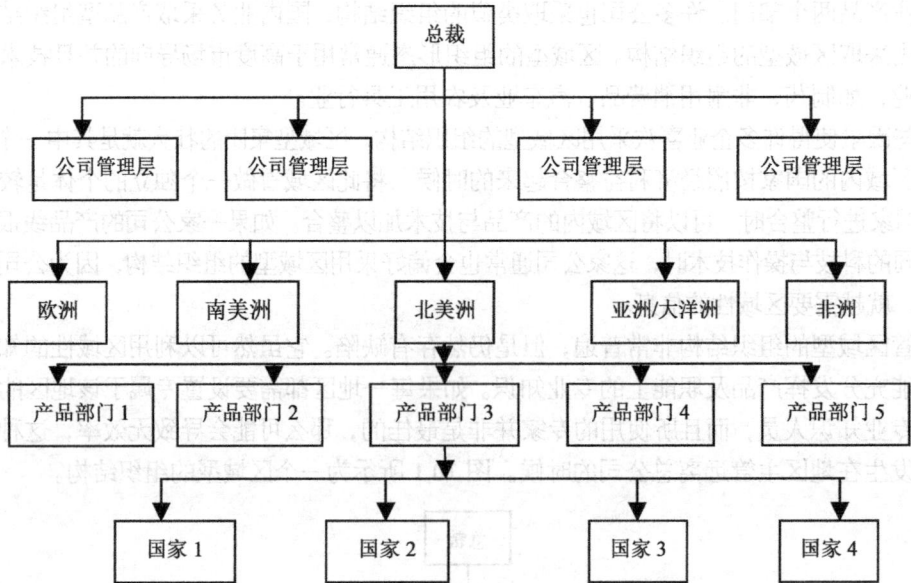

图 10.2　产品型组织结构图

3. 职能型组织结构

职能型组织结构是指组织各部门是依据营销、财务、生产等职能来进行划分的。在所有的组织结构类型中，从管理的角度来看职能型组织结构是最为简单的一种，它是根据管理的基本职能即生产、销售、研发等分工来组织国际企业在全球范围内的生产经营活动。职能型组织结构如图 10.3 所示。

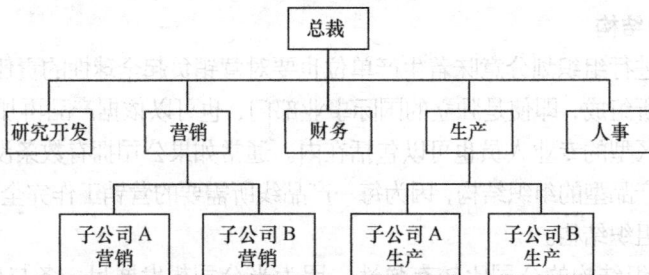

图 10.3　职能型组织结构

当公司的产品和客户相对较少而实质上又相对近时，这种结构设置最为有效。其主要优点是集权程度高，可以通过企业的最高管理层对各个职能部门进行协调，使得每个职能部门都能发挥专业性强的优势，获得某一方面的规模效应，能够减少管理层次，能够加强统一的成本核算和利润考核。

4. 矩阵型组织结构

近年来人们普遍感兴趣的组织结构是矩阵型组织结构。前面提到的独立型组织结构由于产品、地区和职能都不是很完善，因此人们发展出一种比较复杂的组织结构，这种二维的组织结构较能兼顾组织结构和公司决策。但是，矩阵型组织结构有两个指挥来源，也就是说很多经理人有两位上司，相当于有两种决策来源，这样就可能造成管理上的冲突。在国际性公司的矩阵型组织中，产品和市场是同等重要的。矩阵型组织结构如图 10.4 所示。

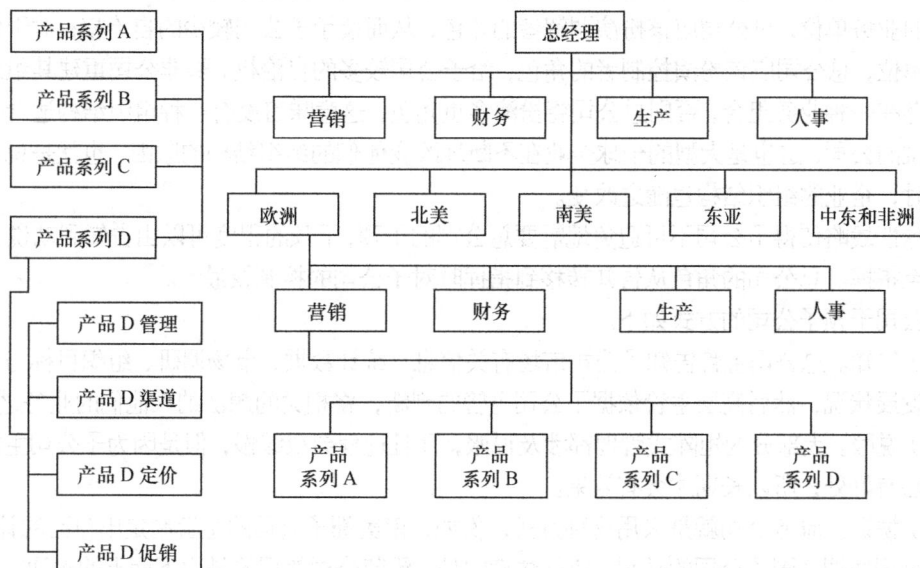

图 10.4　矩阵型组织结构

矩阵型组织结构在 20 世纪 70 年代才被国际性公司普遍采用。它解决了一些简单的产品或区域组织结构问题，有利于企业有效地应对一些复杂的经营环境，综合分析和处理各种环境因素。但是由于它的内部冲突与复杂性，因此也产生了组织结构，因为多元的组织结构存在的问题太多。

为了创造适合全球性战略与营销的组织结构，一个常见的问题再度浮现出来，即母国总公司应该扮演什么样的角色。

一般情况下，总公司在面对子公司时扮演着 3 种角色：控制者、指导者和调解者。控制者给予子公司相当的自主权，而且使用衡量工具（如业务单位的利润）来决定什么时候要干预子公司的运营，这是一种典型的预期管理。指导者这一角色也可以分散职权，另外，他还为子公司提供支持与建议，这意味着指导者会适时地干预子公司的运营，并且企图在地方分权与中央集权控制之间找出一个最佳的平衡点。调解者则介于控制者和指导致之间，属于中央集权控制以及对制造、研究、开发与财务等活动的责任调解人，而且给予公司主管的自治权较小。这种结构对全球整合性较高以及需要大量投资的行业（如石油、钢铁、煤矿与金融服务行业）来说较为适合。除此之外，总公司还会扮演两个临时性的角色：外科医生和建筑师。当公司受到其他行业较强的威胁时，必须重新夺回市场，雇用被解雇的员工。另一种重建的方式是购买其他公司，而这种结构非常需要"建筑师"中央集权式的指挥，以全球观点来改造企业。

企业角色必须与业务的特性保持一致。企业内不同业务的综合绩效程度、所面临的风险程度以及竞争的剧烈程度决定了总部的角色，如表 10.1 所示。

表 10.1 总部的角色与业务特性

	控 制 者	指 导 者	调 解 者
综合绩效	很少，几乎没有	中	高
风险	低	中	高
竞争	稳定	公开	激烈

如果公司的各项业务单位存在着高风险，那么总公司的任务就会变得模糊不清了。因为对于高风险的业务单位，总公司应该扮演调解者的角色，从而授予子公司较少的自治权；对于低风险的业务单位，总公司应该扮演控制者的角色，给子公司较多的自治权。除非公司重建其组织使公司内只存在一种业务组合，否则总公司将扮演多重角色，这意味着没有一种组织结构适合于多个业务单位的公司，这也是大型的全球企业在不断地改变他们的组织结构的原因，也就是说业务组合改变时，企业的组织结构也随之改变。

全球性战略使得子公司不可避免地需要总公司的干预，干预的程度可以由告知到劝说、协调、赞成甚至指挥。总公司的角色从告知转移到指挥时对子公司的控制权最大。

总公司干预子公司的方式如下。

（1）告知。总公司主管告知子公司市场有关信息、统计数据、市场调研、组织目标与目的以及竞争发展状况，然后高层主管依据子公司主管的判断，将相关的想法纳入他们的业务之中。

（2）说服。大部分的矩阵式管理都涉及说服，而且过程会很缓慢，但是因为子公司主管深信这种做法有好处，所以长期才会有效果。

（3）协调。雅芳公司就是采用这种方式，例如，南美洲子公司的主管制定出自己的计划后，再由总公司协调各国子公司的计划。值得注意的是，雅芳公司使用的是由下而上的沟通方式，公司的计划是地区性主管事先制定出来的，这使得表现较好的主管在子公司中有发展的机会，而且可以增加他们继续维持高效率的机会。

（4）赞成。总公司必须赞成子公司所制定的计划，而且可以针对某些特定子公司的需求优先制定全球性战略计划。

（5）指挥。子公司的主管完全按照总公司的意图来运作，这种方法在某些情况下可能是必要的，例如，子公司缺乏成熟的主管或者面临必须以全球为基础的标准化问题。但是这种方式对主管的激励效果也不一定明显，因为对于那些胜任的主管来说，他们可能会不耐烦受到压抑而辞职，而且高层主管的决策不见得总是对的。这种方式的缺点是区域经理缺乏对区域市场洞察的敏感性。

一个全球化企业需要能力强的区域主管，但是主管必须具备一定的经验。表 10.1 就已经清楚地表达了这一点，总部可以放心地将某些产品的营销活动交给子公司的主管。实际上，总部应该创造一些可以帮助子公司自主的领域。

跨国企业必须考虑子公司总部与国外人事部门的分权问题。通常当公司在某个地区（如北美洲）的业务快速增长的时候，就应该对这个地区的市场加以关注。跨国企业可以在公司总部与外国市场之间建立一个新组织，也就是说由区域性组织来统筹该地区的营销活动。区域的范围可能很大，区域性组织未必会位于此区域内。但是不管区域性组织位于哪里，区域主管都必须关注本区域内的事情。

几乎所有的美国大型电脑公司都发觉在重要的亚太地区设立亚洲总部是必要的，因此纷纷行动起来。

扩展阅读：阅读《中国民企老板"空降兵"之道的南北差异分析》，谈谈这篇文章对国际市场营销管理有何启示。

10.3 国际市场营销控制

为了保证营销组织机构的正常运转，为了营销计划的有效实施和营销目标的最终实现，企业有必要对国际市场营销活动进行控制。因而，国际市场营销控制是指针对营销计划执行过程进行监督和评价，纠正执行过程中出现的偏差，以保证既定营销目标实现的措施。控制是国际营销的重要环节，实现国际营销的各项目标的关键在于有效的控制。

10.3.1 国际市场营销控制的程序

基本的控制程序分为 3 个步骤：建立标准、绩效评估、纠正偏差。

1. 建立标准

建立标准就是要向所有执行计划的人确定对其工作进行衡量和评价的标准。标准的建立决定着整个控制程序的形态，而标准的使用方式也会影响到人际关系与整体控制的效果。为了使控制具有效率，标准必须界定清楚，并且要使控制者了解与接受。

国际企业的管理者所关心的是公司的营销绩效。如果公司的整体目标是增长和利润最大化，那么标准必须与这些目标的实现有关。然而单纯以增长和利润作为运营标准实在是太宽泛了，因此必须要建立中间标准以利于企业进一步实现整体目标。

控制标准必须涵盖营销中所有可能被控制的范围，如果子公司的管理者可以影响结构，那么标准可以依据当地的营销职能来设定。例如，营销调研的标准可以依据调研的次数与种类来设定。标准也可以是产品的季度销售量、月销售量或市场占有率。在产品方面，质量标准可以是地区生产的管理，目标可以是产品的开发，而服务标准可以是顾客的需求。渠道方面的标准可以是市场占有率、分销商的支持和渠道绩效。定价标准可以是产品的价格水平、边际效益、价格弹性或者稳定性（包括正常的通货膨胀率）。在促销方面，标准可以是广告的数量与性质、广告媒体、广告效果、售后服务等。

管理层不仅要关心目标的达成，还要关心效率问题。在考虑效率问题时，企业可以采用一些衡量效率的指标，如营销成本比率、销售报酬率或者投资报酬率。国际企业在计算利润时会遇到一个特殊问题，即这些利润是以当地的货币计算还是以本国的货币计算。这牵涉到国外市场的整体营销控制问题。因此，标准的设定不仅要适应整体需要，同时也要配合各个市场的状况。总公司不能武断地设定标准，必须要根据各地区的情况来设定各地区的标准。由于区域主管比较了解当地状况，因此他会更加努力地协助公司完成标准的制定。

虽然区域主管在决定地区标准问题上具有重要的影响作用，但是公司总部的主管仍然需要协助区域主管建立各区域的营销标准。总公司必须仔细审查区域标准是否是子公司所能获取的最佳绩效，最后这些标准在子公司与总公司达成协议之后可列入运营计划中。

制定标准的方法很多，而标准的建立通常包含在年度计划中。当企业制定运营计划时，在年度预算方面会有许多标准，虽然子公司与总公司在沟通上并非采取个人形式，但是个人的接触仍然是非常必要的。国际高级主管可以通过全体会议的方式，以及与各区域主管以商务旅行的方式进行个人接触，私下的交流可以减少因非人为沟通而引起的误解，从而减少或子公司对整体控制的不满。

217

2. 绩效评估

绩效评估就是根据已明确的控制标准对计划执行人员的工作进行检查和评估。在国际营销中，公司总部对子公司的检查是通过建立报告制度来进行的，其总部要求子公司定期提交经营结果报告或在制定重大决策时向总部报告。报告的形式可以是电话、电报、电子邮件、传真，也可以是正式的书面报告或会议报告。除报告制度外，公司总部的控制人员还可以定期对子公司的营销工作进行巡回检查，通过实地考察来了解各子公司的经营状况。

在通过各种方式对子公司的营销状况进行了了解后，公司总部需要对各子公司的营销绩效进行评估，即分析和判断哪些子公司在哪些方面完成了预定目标，哪些子公司在哪方面背离了预定目标或出现了偏差。

3. 纠正偏差

纠正偏差就是对那些背离了预定目标的子公司提出纠正意见，要求子公司迅速采取措施，保证计划的完成。当然也可能出现这种情况，子公司没有完成目标并不是因为子公司营销措施不当，而是当初的计划标准制定得不当。在这种情况下，应该纠正的不是子公司的营销措施，而是总公司的计划。

10.3.2　国际市场营销控制的方法

1. 汇报

子公司的汇报性质与次数是反馈系统中的关键要素。这些汇报需要涵盖总公司所有希望控制的因素，汇报必须是经常性的，以便管理者可以随时控制与修正业务。某些问题或偏差可能需要子公司立即报告，有些问题可以一星期、一个月甚至一个季度报告一次。

从总公司的立场出发，在国际报告系统中最常见的问题是与决策无关的信息同时出现的太多从而影响到决策。很多公司为了使信息系统更有效率，只专注于一些与决策相关的因素，从而节省了时间和信息传送与存储的费用。国际报告系统中的另一个问题是信息获得得太晚，使得管理者无法作出快速反应。因此，一个有效率的报告系统有助于主管整合国际业务。

子公司也会有报告系统方面的问题。子公司主管通常会觉得总公司需要的报告太多，这意味着总公司过度地干涉、不当的权力分配以及缺乏对区域情况的了解。这些报告通常会使总公司与子公司之间发生冲突，但同时也表明了另一个问题，即有效率的报告体系是很重要的。

2. 会议

与写报告相反的控制方法是开会。子公司与总公司主管通过召开会议来获取信息，而且这种聚会为两者提供了更多的密切接触的机会。这种会议最大的局限性是要花费很多的时间，但是如果有地区主管参与，就比较节省时间。这种方法的另一个好处是可以减少误解。企业必须经常召开会议，以便使管理者能够及时控制与管理当前的业务。

3. 特殊的评估技术

除了定期的报告之外，还有许多不同的专业技术可以用来进行营销绩效的评估。最常用的两种方式是分销成本分析和营销审核。

分销成本分析是指通过分析各种不同营销方案的获利性来研究产品线、分销渠道、顾客或者市场。通过渠道成本的研究，国际市场营销人员可以找出营销方案的缺陷，并且为解决这些问题找出补救的办法。

营销审核是指对所有的营销业务进行有条理的测试，这通常由外面的专家负责。这种审核由国际市场营销人员每隔数年对每个市场进行一次核查，可以增加管理人员对公司国外营销业务的了解，并且加以改进。当厂商改变在某个国家的运营方式时，营销审核可能会更有用。从较高的层次来看，审核是厂商国际市场营销的主要活动之一。

4. 评估

衡量子公司绩效的目的在于当子公司绩效偏离标准时能够及时加以修正。因此，绩效不仅要能够被衡量，同时也要能被评估。管理人员必须知道哪些偏离不能被接受而必须加以修正。总公司评估子公司绩效的方法有两种，一种是根据各单位的标准和目标来审核，另一种是在各分支机构之间进行相互比较，实际上这两种方法在是互补的。比较方法又可以划分为两种，一种是将各分支机构所提供的资料简化来进行比较，另一种是只比较运营特性的相似性。

为了达到整体的目标，管理者必须随时修正绩效偏差，也就是说管理者必须控制业务方式，而控制过程实际上就是要作必要调整的过程。距离与沟通上的障碍通常会增加国际企业的控制与调整的实施难度，但是如果企业想要将区域性的业务整合为国际性的业务，那么控制与沟通就显得非常重要。

5. 计划

人们通常认为计划不是控制的一部分，然而事实上正相反。企业在计划的过程中建立目标，但更重要的是子公司需要在计划中详细地制定出标准。使用统一的国际计划就是通过系统转换来进行整合。计划的价值在于每个人都必须了解并使用年度计划，因为它是企业经营的指南，是企业活动的基础，能够使企业的员工直接面对竞争。

6. 组织

组织的目的是要配合控制的实施，而组织结构则显示了权力来源与控制的层次，除了组织结构之外，"组织关系"也是一种维持战略性控制的方法。凭借组织关系，总部可以使用管理工具来帮助企业在不断变化的环境中维持控制。表 10.2 所示为一些管理工具。

表 10.2　　　　　　　　战略性控制的管理工具

信息管理工具	管理经理人工具	冲突解决工具
1. 信息系统	1. 重要经理人的选择	1. 决策责任与使命
2. 衡量系统	2. 经理	2. 整合
3. 资源分配系统	3. 奖惩系统	3. 业务小组
4. 战略规划	4. 管理潜能	4. 调节委员会
5. 预算过程	5. 态度	5. 人物编组
		6. 解决问题的途径

表 10.2 表明如果想取得最佳的国际性营销成果，企业总部必须维持战略性的控制，因为组织关系的确定会比结构上的改变更具有效率。例如，从主管的角度出发，可能必须，考虑经理人的偏好，以便决定是采取总公司导向还是子公司导向的组织结构。

7. 预算

预算是跨国企业通常使用的基本控制技巧。通过预算来进行控制是一种很消极的方式，它虽然可以避免超额的支出，但却不能保证目标的实现。此外，如果国外子公司的财务独立于总公司，那么总公司将更加难以控制。

8. 子公司为利润中心

另一个减轻总公司控制负担的办法是将每个子公司都作为利润中心。利润中心可以担负起各种不同的责任。当总公司的授权程度较高时，子公司就要负责大部分的控制工作，而总公司只有在不满意子公司的表现时才会提出异议。大部分的海外子公司都扮演着利润中心的角色，只是在分权程度上有所不同。

使用利润中心的方式来控制子公司有几个方面的优点。它充分利用了区域知识和最佳当地化决策，减少了管理上的冲突，更可以激励员工士气，因为各地区主管都喜欢经营"自己"的公司。

就不利因素来说，地区主管评估短期利润后所进行的活动可能会影响公司的长期利润，而且具有较大自主权的子公司较难与总公司的国际业务进行整合。因此，只有当子公司在采购和销售方面都能够自给自足，而且在其他投入方面对总公司的依赖程度都不高时，高度分权才可行。

9. 相互依赖与共同利益

控制可以分为威胁和引诱两种手段，但这通常会产生积极与消极两方面的影响。消极的影响包括被解雇的压力，这会导致绩效的降低。如果想获得良好的绩效，企业最好采用正面激励。某些子公司的绩效激励来自于它与总部之间的依存关系。子公司可以从总部获得的好处如下。

（1）从原料到制成品的产品输入。

（2）产品出口到营销网络。

（3）财务资源。

（4）工程和产品的技术援助。

（5）营销诀窍。

（6）改善管理的方案。

10. 控制信息系统

制定计划、依据计划评估绩效以及监测竞争环境与顾客环境的变化都需要信息，公司的计划与组织结构决定了所要收集的信息类型以及获取信息的途径。表10.3所示为一些有用的信息种类。

表10.3   **全球营销信息系统类型**

市场信息	市场潜力、消费者的行为与态度、分销渠道、媒体沟通、市场信息来源及新产品的推广
竞争信息	竞争者的目标、技术、制造以及营销目标战略，竞争者的详细运营状况，物流以及人力资源管理
环境信息	外汇、东道国的法令、税收政策以及对国外公司的态度
公司资源	可以获得的人力、财务资源、技术、原料、战略性伙伴
一般信息	总体经济趋势、社会结构、政治气候与风险、先进的科学技术及管理趋势

企业通过电子邮件进行相互交谈可以进一步协调国际市场营销，使地方自治与中央集权的机制协调一致。控制信息系统有助于更进一步地获取与交换全球的竞争信息，这对于企业决定竞争反击战略来说极具价值。

10.3.3 国际市场营销控制的内容

一般来说，国际市场营销控制涉及国际市场营销的各个方面。国际市场营销人员可以从销售、产品、促销、销售渠道、人事以及利润等方面来评价控制活动。

1. 数量控制

这是国际市场营销中最便利的控制方式，即通过将产品的销售报表与预定的目标进行比较，简单了解市场的销售情况。通过将各市场的销售数量、每单位产品的获利率及市场占有率进行比较，深入了解各个市场的销售情况或销售潜能，从而对数量实施控制以达到预定的目标的管理方法。

2. 价格控制

价格控制是指企业通过建立各项价格报表，按周或控月详细报告零售价格、批发价格以及各项折扣的办法，以控制海外中间商、合伙人以及当地的分支机构，防止他们为了达到销售目标乱用价格手段，从而破坏公司整体市场地位和价格策略情况发生的一种管理方法。

3. 产品控制

产品控制是指企业通过确定适合目标市场销售的产品，加强产品的质量控制，建立产品形象等手段，达到产品控制目标的一种管理方法。产品控制意在保证企业的产品在国际市场上适销对路。

4. 促销控制

促销控制是指通过对人员推销、广告、销售促进等促销活动的评价分析，明确影响上述活动的因素，并采取措施以提高促销活动的效率的一种管理方法。

5. 渠道控制

渠道控制是指对中间商的控制和管理。它是通过对销售额、顾客意见调查、售后服务能力及购买频率等方面的评价分析，采取措施纠正偏差的一种管理方法。特别是在同一市场有多家经销商时尤为重要，目的是防止经销商之间的削价竞争及最终客户的冲突。

6. 营销人员控制

营销人员控制是指公司的管理层不仅要关心营销人员的业绩和报酬，更要关心其素质的提高。经常积累经营报告及各国子公司管理人员的档案，定期进行比较，经常与分机构的管理人员见面、聊天，将有助于总公司及时发现营销管理中的问题。

7. 文化控制

文化控制是指通过一个广泛的社会化过程形成一种符合管理者所要求的公司和文化，以达到团结员工，促进国际市场营销目标的一种管理方法。通过公司统一的标识、管理理念和信条、广告词来促进企业，特别是国际性企业在全球的统一形象。

模拟实训

【实训主题】

国际市场营销计划

【实训地点】

教室

【实训目的】

（1）培养学生动手编制国际市场营销计划的能力。

（2）培养学生使用理论分析问题，解决实际问题的能力，提高学生的学习兴趣。

【实训背景材料】

小雨是位年轻漂亮的女孩子，她一直很喜欢从事和动物在一起的工作，她曾有给动物梳理毛发、给动物喂食以及在家看护宠物的经历，小雨想利用她的技术开设一家对宠物进行全面服务的公司。与传统的宠物公司和宠物医院相比，小雨认为她的市场定位应该是特别的，因为现在那些公司的顾客都是自己把他们的宠物送到公司，然后再将它们接走。而且现在的公司的工作时间大多数是在周一至周五的 9:00～18:00。

小雨打算把她的宠物公司开在她所在的城市，小雨所居住的城市是个距离大型机场很近的中等城市，很多高科技企业都位于城市中心，因此那里有很多人从事管理和科技工作，而且他们要经常出差。经过全面考虑，小雨认为尽管当前存在竞争，但还是需要有一个提供全面服务的公司。

假如你是小雨，你应该怎么定位你的宠物公司，请你写出一份营销计划。

【实训过程设计】

结合所学知识，以小组为单位，编写一份市场营销计划。

关键概念

国际市场营销计划　区域型组织结构　产品型组织结构　职能型组织结构　矩阵型组织结构　国际市场营销控制方法　国际市场营销控制

综合练习

一、单项选择题

1. 市场营销计划是一种（　　　）。
A. 作业计划　　　B. 制度　　　C. 远景规划　　　D. 营销报告

2. 依据营销、财务、生产等职能来进行划分的组织结构是（　　　）。
A. 矩阵型　　　B. 产品型　　　C. 职能型　　　D. 事业部型

3. 以下营销控制方式属于消极方式的是（　　　）。
A. 会议　　　B. 预算　　　C. 报告　　　D. 评估

二、多项选择题

1. 国际市场营销计划的协调方法有（　　　）。
A. 综合计划　　　B. 比较分析　　　C. 竞争战略
D. 人事安排　　　E. 建立战略同盟

2. 影响组织结构的因素有（　　　）。
A. 企业规模大小　　　B. 产品特性　　　C. 产品的多样性
D. 运营的市场数目　　　E. 运营的市场环境

3. 对产品型组织结构表述正确的是（　　　）。
A. 采用产品型的公司比较有弹性　　　B. 无法使公司各部门在思想上保持一致
C. 会造成各部门的冲突和不便　　　D. 各部门积极性高
E. 增加新产品对老产品不会有太大的影响

4. 总公司干预子公司的方式有（　　　）。
A. 告知　　　B. 说服　　　C. 协调
D. 赞成　　　E. 指挥

5. 建立战略联盟的可能原因是（　　　）。
A. 增加销售量　　　B. 获得技术　　　C. 降低风险
D. 获得经济规模　　　E. 获取互补的资产

三、问答题

1. 企业国际市场营销计划的制订包括哪些步骤？
2. 如何区分长期计划与短期计划，短期计划应该包括哪些活动？
3. 企业国际市场运营计划的协调有哪些方法？
4. 形成战略联盟的一般性原则有哪些？
5. 企业国际市场营销有哪些可供选择的方法？
6. 职能型、产品型和区域型的组织结构有哪些优点？

四、案例分析

奥佰里糖果公司的营销审计实施

奥佰里糖果公司是一家位于中西部的中型糖果公司。最近两年，该公司的销售和利润勉强得以维持。高层管理人员认为毛病出在推销人员身上，他们工作不卖力或者不够灵活。为了解决这个问题，管理人员计划引进一种新的刺激报酬制度，聘用推销业务的训练者对其推销人员进行有关现代经商和推销技术方面的培训。但是，在此之前，他们决定聘请一位营销审计师先进行一次营销审计。这位审计人员分别会晤了管理人员、顾客、销售代表和经销商，检查了各种资料。下面是这位审计人员的检查结果。

（1）这家公司的产品主要有 18 种，大多数是棒头糖。其中两个领先品牌的产品都已进入生命周期的成熟阶段，约占总销量的 76%，该公司已经留意到了快速成长的巧克力糖市场，但是还没有采取行动。

（2）该公司最近调查研究其顾客的大致情况，其产品特别受收入较低和年龄较大的人的青睐。被邀联系竞争者产品来评价奥佰里公司巧克力产品的人，认为该公司产品质量一般，少许有点老风味。

（3）奥佰里公司向糖果批发商和大型连锁商店出售其产品。它的推销人员要访问许多糖果批发商接触的零售商，为其安排商品陈列和提供各种创意，推销人员还要访问批发商不接触的许多小零售商。奥佰里公司成功地渗透到许多小零售商领域，尽管不是全部的细分市场，例如，迅速成长的餐厅领域。它对中间商采用的主要方法是"吸进"战略；折扣、独家经营合同和赊货。但是奥佰里公司却没有很好地渗透到连锁店领域。它的竞争者则是着重依靠大量的消费者广告和店铺推销，同时和大型连锁店的交往也很成功。

（4）奥佰里公司的营销预算为其总销售额的 15%，相比之下，其竞争者的预算则接近 20%。大部分营销预算用于推销人员的开支上，余下的则用于广告，而用于消费者促进方面的预算就十分有限了。广告预算主要用于该公司两个领先品牌的提醒广告。新产品不常开发，而一旦开发了新产品，公司则采用"推"的策略向零售商推荐其新产品。

（5）营销组织由一位销售副总经理领导。由销售经理、营销调研经理和广告经理向销售副总经理汇报，由于销售副总经理通常是从销售人员逐步晋升上来的，他一般比较偏重销售人员活动，而较少注意到其他营销功能。销售人员被分配到各个地区，由地区经理负责。

营销审计人员认为，奥佰里公司的问题不是提高一下推销人员的素质便可以解决的，推销人员的问题只不过是公司处境非常不妙的一种症状。审计人员准备了一份报告，包括他的检查结果和建议，并将此报告呈送给管理人员。

问题：

（1）本公司的主要问题是什么？

（2）你有哪些中长期建议？

223

第 11 章

第 11 章
国际市场营销新发展

学习目标

【知识目标】

- 理解国际整合营销传播的含义
- 掌握国际整合营销传播的流程与相关策略
- 掌握文化营销的概念
- 掌握绿色营销的概念及内容
- 理解网络营销的含义与相关策略

【能力目标】

- 能运用整合营销传播策略开展国际市场营销活动
- 能在国际市场营销活动中灵活运用文化营销
- 能在国际市场营销活动中体现绿色营销的理念
- 能应用网络营销的策略和技巧开展国际市场营销活动

案例导入

2015 年，天猫"双 11"交易额 912.17 亿元，双 11 淘宝销售额 2015 年 11 月 12 日，经过剁手党 24 小时疯狂扫货，2015 年天猫双 11 交易额达 912.17 亿元，其中无线交易额为 626 亿元，无线占比 68.67%，物流订单量 4.67 亿，覆盖 232 个国家和地区，再次刷新双 11 销售纪录。

思考：利用互联网络这一现代信息工具开展营销活动，天猫商城取得了很大的成功。看来，随着社会经济的发展和科学技术的进步，市场营销活动也要与时俱进了。

11.1 整合营销传播理论

稍微梳理一下过去数十年营销理论的发展历程，我们可以发现营销观念经历了消费品营销（20 世纪 50 年代）—生产营销（20 世纪 60 年代）—非营利及社会营销（20 世纪 70 年代）—服务及关系营销（20 世纪 80 年代）—整合营销（20 世纪 90 年代）的演变过程。随着社会的进步和科技的发展，尤其是信息技术的发展，企业的经营环境发生了很大变化。企业单纯追求利润的最大化已经不受欢迎了，要想持续发展，必须建立并长期维持与各利害关系者之间的良好关系。因而，以提高利害关系者对企业的认识度和信任感为目的的企业传播活动成为企业必需的经营活动。如今企业面对内外部开展的所有形态的传播的整体化—整合营销传播越来越多地得到企业的青睐。

11.1.1 整合营销传播理论概述

（一）整合营销传播概念

整合营销传播（Integrated Marketing Communications，IMC）理论由美国西北大学教授唐·舒尔茨（Don E.Schultz）等人提出，被认为是市场营销理论在 20 世纪 90 年代的重大发展。整合营销传播是指企业在经营活动过程中，以由外而内战略观点为基础，为了与关系者进行有效的沟通，以营销传播管理者为主体所展开的传播战略，即为了让消费者、员工、投资者、竞争对手等直接利害关系者和社区、大众媒体、政府、各种社会团体等间接利害关系者进行密切、有机的传播活动，营销传播管理者应该了解他们的需求，并反映到企业经营战略中，持续、一贯地提出合适的对策。为此，应首先决定符合企业实情的各种传播手段和方法的优先次序，通过计划、调整、控制等管理过程，有效地、阶段性地整合诸多企业传播活动。

为推动整合营销观念的发展，美国广告代理商会也对整合营销传播做出了定义。

"整合营销传播是一个营销传播计划概念，要求充分认识用来指定综合计划时所使用的各种附加值的传播手段，如普通广告、直接反映广告、销售促进和公共关系，并将其结合，提供具有良好清晰度并且有连贯性强信息，以使得传播效果最大化。"

综合上述定义可以看出，整合营销传播的内涵在于以消费者为核心重组企业的市场行为，综合协调地使用多种传播形式，以统一的目标和统一的传播形象传播一致品牌信息，实现与消费者的双向沟通，从而建立起品牌与消费者的长期关系。

（二）企业实施整合营销传播的目的

1. 以消费者为中心，研究和实施如何抓住消费者，打动消费者，与消费者建立"一对一"的互动式的营销关系，不断了解客户和顾客，不断改进产品和服务，满足他们的需要。

2. 通过各种营销手段建立消费者对品牌的忠诚。

3. 整合各种传播载体，达到最有效的传播效力。

11.1.2 国际整合营销传播的特点

（1）以消费者为中心，重在与传播对象的沟通。

4Cs 理论要求现代企业制定战略策略，必须以满足消费者的需要为目的，一切活动都围绕消费者展开。整合营销传播就是建立在这样的观念之上，强调以消费者为中心，以适应消费者的需求为出发点。为了达到与消费者交流、沟通的目的，整合营销传播强调建立消费者资料库，奠定与消费者交流的基础。资料库应是动态的，要不断更新消费者的信息资料，使传播者能够及时地分析消费的走向及消费者的关注点。整合营销传播的目的是影响特定受众的行为，建立起与目标消费者之间的稳固和双向的联系。企业可能获得对品牌忠诚度较高的消费群体，目标消费者也可能在消费过程中获取更多的便利。

（2）注重各种传播方式的整合，使受众获得更多的信息接触机会。

整合营销传播强调各种传播手段和方法的一体化运用。广告、公关、促销、CI、包装、新媒体等都是传播信息的工具。但要注意进行最佳的组合，发挥整体效应，使消费者在不同的场合以不同的方式接触到同一主题内容的信息。

（3）突出信息传播以"一个声音"为主（Speak With One Voice）。

整合营销传播的最大优势在于"以一种声音说话"。由于消费者"听得见的是一种声音"，他们能更有效地接受企业所传播的信息，准确辨认企业及其产品和服务。对于企业来说，这也有助于实现传播资源的合理配置，使其相对低成本的投入产出高效益。

（4）强调传播活动的系统性。

整合营销传播是更为复杂的系统工程，要加强营销信息传播的系统化，更强调传播过程中各要素协同行动，发挥联合作用和统一作用。

11.1.3　整合营销传播的5步流程

在完全整合传播计划的过程中包含了5个不同但相关的活动或步骤，并涵盖了营销与传播的多个传统职能领域。这个过程已经被更有效、效率更高的新方法结合起来，所以整体效果远远超过部分的总和，并且它是一个封闭循环的过程。

（一）识别客户及潜在客户→（二）评估客户与潜在客户的价值→（三）规划信息与激励→（四）评估客户投资回报率→（五）项目执行后的分析与未来规划

第①步：识别客户及潜在客户

这一步的工作重点是整合收集到的信息，包括人口统计、地理、心理统计等，从而了解传播计划要针对什么人或什么公司来拟定，与传统细分市场相反，IMC要求集中，把个人群体的市场行为归类，把各部门的信息综合，并根据这些信息，拟订各个群体的相关传播计划。

第②步：评估客户与潜在客户的价值

IMC指导原则把客户视为企业的资产，那么传播就将是一种投资行为。在整合营销传播中强调的是5R，即相关性（Relevance）、接受度（Receptisity）、响应力（Response）、识别度（Recognition）和关系（Relationship）。

第③步：规划信息与激励

在这一环节里，营销人员通过了解客户或潜在客户信息，提出相应的战略并确定采用什么样的营销工具，它是营销传播活动的核心重点。

第④步：评估客户投资回报率

IMC和只注重传播效果的传统模式不同，它的目标是要明确地判断营销传播计划已经或可能从客户和潜在客户身上得到的投资回报。在这一环节中，首先要对营销传播投资已经或可以达到的短期回报进行评估。

第⑤步：项目执行后的分析与未来规划

这一步的核心活动是评估结果，然后把结果变成未来营销传播计划的基础。

11.1.4　国际整合营销传播策略

（一）资料库营销策略

资料库是国际整合营销传播的基础，它是进行研究及发展营销传播计划的最基本的要件。市场调研、产品开发、市场预测、定位、策略分析、制定、执行以及监控、评估等营销传播活动都离不开资料库。

资料库的创建通常从以下 3 个方面入手。

（1）确定你想要的资料库。国际市场营销的内容不同，想要的资料库也应有所不同。因此，了解资料库的类型非常必要。表 11.1 所示为各种资料库类型。对国际营销企业来说，可以根据实际需要同时确定一个或几个资料库。

表 11.1　　　　　　　　　各种资料库类型

划 分 依 据	资料库类型
组织结构	次序型资料库、关系型资料库
使用者	企业内部使用的资料库、供顾客查询的资料库
功能	决策支持系统、财务数据库、营销数据库

（2）确定资料来源。创建资料库首先要考虑资料来源，资料的主要来源有以下几种途径。①从交易记录中获取相关资料。需要注意的是，在获取相关资料时，企业应该考虑营销道德问题。②从保修卡、服务卡、会员卡中获取资料。这一途径获取的资料较为详细。③从互动反应中获取资料。好的国际整合营销传播都会设计良好的顾客反应机制和信息收集系统。④向市场调研公司购买资料或者聘请市场调研公司为公司收集资料。这类收集资料的方法比较省事，但竞争对手同样可以买得到。⑤从报刊、互联网收集。这是一条公共途径，但同时也是一座金矿。

（3）其他还要考虑的问题。

需要存储哪些资料？储存多少？能负担多少收集资料的费用？所见的信息系统能处理多少资料，并且速度有多快？资料库的资料能做什么？它有哪些分析方法？有哪些决定会以资料为主？能否直接使用资料库来准备报告书？资料库是否能方便地检索？有什么麻烦？资料库由谁来管理？谁有权查阅资料库？系统操作难易程度如何？资料库的安全性有多高？资料库的正确性如何？使用者多只可以使用一次资料库？这些使用者需要随时使用，还是每天、每周、每个月使用一次资料库？资料库的更新周期是多长？

只有在回答了上述问题后，对创建资料库的规模、功能等问题才会有一个比较清晰的轮廓。

以资料库为主的营销是一种比直销更周密的策略，它通过资料的收集以及资料的运用来发展关系策略，打通双向的沟通渠道并涉及个人化的信息，国际整合营销传播正是借助于此来开展更为有效的国际营销传播活动。

（二）整体广告策略

一般来说，对一个一致的品牌信息必须在多长和接触多次才能构成记忆留存，只有在没有干扰信息的情况下不间断地接触这一信息，才能构成品牌忠诚。这里面包括 3 层含义：广告传播信息"声音"的一致性；广告投放的不间断性；广告投放地址的多元化。以上 3 层含义经过整合就构成了整体广告策略的内容。

通常来说，在国际市场上推行整体广告应把握好以下几个步骤。

第一，仔细研究产品特性。即要了解自己的产品能满足消费者哪些方面的需要，有没有独特的卖点，对于不同国际市场上的消费者会产生哪些不同的反应。

第二，锁定目标消费者。即确定在国际市场上哪些消费者属于自己的营销对象。

第三，比较竞争品牌。即研究东道国有哪些竞争品牌，他们的竞争优势是什么，市场形象会如何，它们对产品是如何定位的。

第四，树立自己的品牌个性。这就是寻找卖点，即研究树立什么样的品牌才会受到东道国以及全球消费者的青睐。

第五，明确消费者的购买诱因。不同国际市场上的消费者甚至同一市场上的消费者购买本品牌产品的诱因和动机不同，作为国际市场营销者，首先必须弄清楚他们的诱因是什么，购买动机是什么，他们为什么要进行本品牌的尝试等。

第六，强化广告说服力。这需要通过广告内容和形式的完美结合来说服消费者购买自己的产品。

第七，广告口号旗帜鲜明。这是在众多信息中吸引消费者注意的捷径。

第八，对各种形式的广告进行整合，以达到消费者最大限度的认知。

第九，研究消费者的接触点以确定投放方式。

第十，对广告效果进行量化评估，为下次广告投放提供依据。

（三）品牌接触点管理策略

接触是国际整合营销传播的核心概念，是指一切将品牌、产品类别以及任何与市场有关的活动等信息传递给顾客或潜在顾客的过程和情境。一般通过这些过程和情境，消费者可以获取信息。消费者有很多品牌接触的方法，也可以通过品牌接触点接触品牌。品牌接触点这一概念最先由北欧航空公司前总裁简·卡尔松提出。卡尔松认为主要的品牌接触点是决定品牌好坏的关键，但是他没有对品牌接触点的定义作深入探讨。我们认为，品牌接触点是指消费者有机会面对一个品牌信息的情境，这些接触点是品牌信息的主要来源。

品牌接触点要么是人为的，要么是自发的。人为的品牌接触点多指经过设计的信息，如广告、促销和对外发布信息。研究表明，经过人为设计的信息往往被受众视为不可靠信息。众所周知，广告信息的夸大、夸张甚至虚假已是司空见惯的事了。自发的品牌接触点则是那些因购买产品表现及服务等过程自动生成的情境，如卖场的服务、售后服务以及口碑等。自发的品牌接触点非常重要，其重要性远胜于人为的品牌接触点。卡尔松把自发的品牌接触点称为"关键时刻"，他告诫人们，应该竭尽全力在最能取悦顾客的品牌接触点令顾客满意。自发的品牌接触点之所以重要，主要基于以下 3 点：①自发的品牌接触点所接触的主要对象是现有顾客而不是潜在顾客，一般留住现有顾客比争取新顾客成本要低得多；②对自发的品牌接触点加以利用，可以为产品和品牌带来显著的正向影响；③自发的品牌接触点所形成的负面信息得不到及时处理，很容易对品牌产生巨大的摧毁力。

因此应该加强对品牌接触点的管理。一般来说，对于人为的品牌接触点，国际市场营销者能够通过精心的设计来保持信息的一致，然而对于自发的品牌接触点就必须小心处理，以确保一致的信息，要避免过分地商业化，因为这些沟通机会容易被误用。当国际市场营销者只利用品牌接触点分析出来的结果来找出更多向顾客和潜在顾客传达信息的机会时，如果这些接触点让他们产生反感，则它们对建立正面的品牌形象没有任何帮助。进行品牌接触点管理首先需要用心倾听来自顾客的声音，充分利用自发的品牌接触点，以建立积极有意义的互动关系，其次是要进行策略性的分析，以确定优先顺序。为此，需要把握以下管理品牌接触点的沟通之道。

① 确认品牌接触点。

② 根据各品牌接触点的潜在影响力决定其优先顺序。

③ 判断哪些品牌接触点最能得到顾客的回应。

④ 计算信息控制的成本以及每一个品牌接触点收集顾客资料的成本。

⑤ 决定哪些品牌接触点可以传达额外的品牌信息或加强有意义的对话。

品牌接触点之所以重要，是因为由各个不同接触点发出的各异信息往往是产生不一致的根源，因此，加强对品牌接触点的管理和控制可使他们在国际整合营销传播的过程中发出"一致的声音"。

11.2　绿色营销

11.2.1　绿色营销的兴起

绿色营销是一种能辨识、预期及符合消费的社会需求，并且可带来利润及永续经营的管理过程。绿色营销观念认为，企业在营销活动中，要顺应时代可持续发展战略的要求，注重地球生态环境保护，促进经济与生态环境协调发展，以实现企业利益、消费者利益、社会利益及生态环境利益的协调统一。

绿色营销的推动力来自多种因素，主要有以下几种。

（1）消费者与最终使用者的需求造成对市场的压力。一是由于社会经济的发展，在为社会及广大消费者谋福利的同时造成恶劣的自然环境及社会环境，这直接威胁着广大消费者的身体健康，因此，广大居民迫切要求治理环境污染，要求企业停止生产危害环境及人们身体健康的产品。二是由于社会经济的发展，广大居民个人收入迅速提高，他们有可能要求高质量的生活及高质量的产品，即要求绿色消费。

（2）欧美经济发达国家先后制定了严格规范企业营销行为的立法。如规范土地使用计划，废气、废水、废物排放，水污染及对稀有生物的滥杀等法令，从而迫使企业日益重视环保问题。

（3）绿色压力团体的影响力。全球压力团体的影响力在 20 世纪 80 年代迅速发展。如在英国，其会员增长率高达 20%～30%，到 20 世纪 80 年代末，13 个最大的绿色团体的会员总人数达 500 多万人，他们通过参与各种活动来扩大其影响。

（4）宣传媒体对环境污染事件的高度重视。诸如报道臭氧层被破坏，全球增温及非绿色产品对人们身体的损害等，从而使广大消费者注意企业行为对人们及环境的影响。

11.2.2　绿色营销策略

（一）绿色消费与绿色营销

绿色营销是在绿色消费的驱动下出现的。所谓绿色消费，是指消费者意识到环境恶化已经影响其生活质量及生活方式，要求企业生产及销售对环境冲击最小的产品，以减少对环境的损害的消费。绿色营销是指企业以保护环境观念作为其经营哲学思想，以绿色文化为其价值观念，以消费者的绿色消费为中心和出发点，通过制定及实施绿色营销策略满足消费者的消费需要，实现企业的经营目标。

绿色营销是传统营销的延伸及扩展，它同传统营销存在着差异性。传统营销的研究焦点是由企业、顾客与竞争者构成的"三角"，通过协调 3 者之间的关系来获取利润。作为企业外在的自然环境，只有当它影响到"三角"从而影响企业盈利时方被考虑。绿色营销的研究焦点是将企业营销活动同自然环境紧密结合，即研究自然环境对营销活动的影响以及企业营销活动对自然环境产生何种冲击。

绿色营销不仅同传统营销的研究焦点有差异，同传统的社会营销也有区别。传统社会营销虽然重视将企业利益同消费者及社会长远利益结合起来研究，但它并未重视社会可持续发展及绿色营销。绿色营销则重视企业经营活动同自然环境的关系，并突破了国家和地区的界限，关注对全球环境的影响，因而，绿色营销比传统社会营销具有更优越的长期性及开放式远景。

（二）绿色营销的策略因素

1. 绿色产品。它具有同传统产品不同的特点。所谓绿色产品，是指对社会或环境的改善有贡献的产品，或减少其对社会和环境所造成的损害，或对环境及社会生活品质的改善优于竞争者所提供的产品。绿色产品除具有同传统产品相同的特点外，更重要的是加上绿色内涵，即从产品能否维持环境的可持续发展及从企业应负的社会责任来评价。

绿色产品必须体现4种绿色理念：企业在选择生产何种产品及应用何种技术时，必须考虑尽量减少对环境的影响；产品在生产过程中要考虑安全性，产品在消费过程中要考虑降低对环境的负面影响；企业设计产品及包装时，要降低原材料消耗，并减少包装对环境的不利影响；从产品整体概念考虑产品设计、产品形体及售后服务，要节约费用及保护环境。

2. 绿色分销。现在，绿色分销日益成为企业关注的问题。例如，提出及使用绿色通道，应用无铝燃料及控制污染装置的交通工具和使用节省燃料的交通工具；减少分销过程中的浪费，对产品处理及存储方面的技术进行革新，以降低对资源的耗费。又如在分销环节上简化供应环节，以节省资源的消耗。

3. 绿色促销。绿色促销是指通过绿色媒体传递绿色产品及绿色企业的信息，引起消费者对绿色产品的需求及购买行为。绿色促销包括绿色广告、绿色公关、绿色人员推销、绿色销售推广等。绿色广告通过设计绿色广告活动的目标形成绿色广告的任务，解决绿色广告经费的分配问题，通过一定的媒体、颜色、设计、语调、音乐及行为来传递绿色产品及企业信息；慎重选择目标顾客涵盖率高且成本又较低的媒体；对绿色广告的效果进行事前事后的测量等。绿色公共关系是树立企业及产品绿色形象的重要传播通路。绿色公关能帮助企业更直接、更广泛地将绿色信息传到广告无法到达的目标市场，给企业带来竞争优势。绿色人员推销是工业企业主要的促销管道，要有效地实施绿色营销策略，推销人员必须了解消费者对绿色消费的兴趣，回答消费者所关心的环保问题，掌握企业产品的绿色表现及企业在经营过程中的绿色表现。绿色销售推广是企业用来传递绿色信息的补充形式，通过免费试用样品、竞赛、赠送样品、产品保证等形式来鼓励消费者试用新的绿色产品，提高企业的知名度。

4. 绿色价格。绿色价格反映了环境成本，即绿色产品通常会吸收保护环境和改善环境所支出的成本，并将这些成本计入绿色价格中。因此，一个企业级产品的绿化程度将影响其成本。引起绿色价格上升的因素很多，一般来说主要有由于引进对环保有利的原材料成本上升，或由于使用有利于环境的设备替换那些造成环境污染的设备而增加的费用；或由于支持环境保护法的实施引起企业支出费用增加，或用于防范自然灾害支付的保险费及清理垃圾所支付的费用增加，或由于推行绿色营销改变公司组织结构及行政管理方式而增加费用支出等。这些因素都有可能造成绿色价格的上升，同时绿色价格亦可能因其他因素的作用而下降。如由于产品及包装原材料的节约而降低产品成本，由于交通工具使用资源的节约及企业固定成本的节约而降低价格。随着绿色营销的发展，消费者对绿色产品的需求迅速提高，使企业对绿色产品的生产规模扩大，规模经济也会带来成本及价格的下降。

【案例 11.1】　　蒙牛集团铝塑包装盒的回收

环保人士坦言废弃包装的回收系统是最让人头疼的。建有聚乙烯铝塑复合包装材料回收利用技术公司的大中城市回收率不到 20%，普遍困扰这些企业的问题，就是利乐包回收数量的不足；没有建有回收公司的中小城市回收率更低；城乡、农村三四级市场白送给收废品的都不要，马路边、水渠旁随处可见，又不易降解，问题连连。

离奥运只有一年多了，蒙牛虽然没有拿到奥运合作权，但也可以在不"侵权"的情况下充分利用奥运商机给企业带来的营销机会。错过了这次，就没有这么好的载体和建立这么大的号召力的机会了。

各个卖点"一件捆一盒奶、一件送一盒纸巾"的促销本身给人有点"费力不讨好"的感觉（在人们印象中只有低端产品才做赠品促销），以环保的名义用包装盒来换奶更能体现出企业的社会责任感，更能体现出蒙牛产品的价值（"蒙牛是不轻易送的"）。

案例分析： "得人心者得天下"，蒙牛为中小学生免费送奶计划也是为企业品牌形象，"包装盒换奶回收计划"适宜时代环保需求，更能笼络现代人对都市环保的心，从而赢得企业品牌形象，巩固消费者对企业的价值认定。

11.3　文化营销

进入 21 世纪以来，竞争越来越激烈，要在这样一个时代潮流中站稳脚跟，达成目标，势必要有一个先进的营销理念来导航。人是在文化中生活的，不可否认，消费者也是在企业建立的文化中消费的，只有当消费者在消费文化时产生共鸣，企业才能真正建立起消费者的品牌忠诚度。因此，利用这种文化力进行营销必然能给企业带来勃勃生机。

11.3.1　文化营销的概念

文化营销是一组合概念，简单地说，就是利用文化力进行营销，是指企业营销人员及相关人员在企业核心价值观的影响下形成的营销理念以及塑造出的营销形象在具体的市场动作过程中所形成的一种营销模式。

11.3.2　企业文化营销的意义

从小的方面看，企业文化是企业全体员工衷心认同的和共有的核心价值观念，它规定了人们的基本思维模式和行为方式，这种优秀文化可以吸引外部优秀的营销人员来为本企业效力，还可以使本企业内部员工紧密团结在一起，为一个共同的目标而努力，从而达到人力资源的优化配置，确保企业经营业绩的不断提高。

就大的方面而言，在知识经济时代，人们在消费物质形态产品的同时，更加注重消费文化形态的产品。从这个角度看，企业最大的效益是由文化创造的，企业利用文化力营销，从而优化资源配置，推动经济发展。由此看来，文化营销是实实在在的生产力。

1. 文化分析是文化营销实施的重要基础。

文化分析指的是对企业和消费者所处的不同文化的分析，是发现其冲突、差异及相互作用程度的方法，通过分析能够有效营造影响和提高文化渗透力，保证组织的社会价值目标的实现。文化分析是建立在对文化的正确认识基础上的，文化的内容包括信仰、态度、生活目标，社会中大多数人的价值观、行为方式、规则、禁忌、习俗及习惯。不同文化圈中的人们的目标和实现这些目标的各种方式存在着巨大的差异，并产生了不同的人格特征。如在日本，向集体屈服并不表示自己的软弱，相反会被人看做是一种容忍、自制和成熟的表现，所有这些对于日本人来说都是优秀的品质；与之相反，美国人喜欢突出个人形象，不顾一切地表现自我，而日本人会认为这样的做法太孩子气，是任性的表现。

2. 文化营销可以对环境因素产生影响。

文化内部多元化形成了社会中具有共同情感、认知、反应、行为和环境特征的有特色的不同群体。

由于社会阶层的差异，产生了消费者感知差异。收入的差异改变着人们的好恶、习惯、地理上的差异，产生了消费者的需求差异等，环境的变化改变着人们的行为。通过对环境的影响会间接影响消费者的行为，但这种影响必须是在没有绝对的文化冲突的基础上。

同物质的发展规律相同，文化差异的变化并非是一成不变的，因此影响文化营销的文化与影响消费者行为的文化相互作用并发生着变化，变化的动力来自于文化间的相互渗透。

3. 文化渗透是文化营销的最根本目标。

文化营销作为企业实施最有效的差异化发展的营销观念，其所营造的"影响文化"会像所有文化间的渗透发展过程一样，会通过消费者行为不同程度地表现在相互作用过程中的不同阶段，但最终结果是文化营销的影响文化被接受并被高度评价。表现出来的就是企业社会价值的实现和持续保持的企业核心竞争力。

海尔的营销战略的成功可谓具有文化营销的特点，其星级服务是在对影响消费者行为的文化分析基础上，在冲突与相互作用过程中形成的企业影响文化，其独特的文化内容完全是在文化渗透和相互作用过程中产生的。其文化营销成功所带来的是企业社会价值的实现，而且保持持续发展战略必将与社会文化紧密地结合起来，短期的追求经济利益的目标将随着文化营销所带来的差异化经营而转变，取而代之的是企业将以体现社会文化核心价值为组织目标。

11.3.3 现代企业文化营销管理中存在的问题

在现实经济生活中，多数企业还没有认识到文化可以带来经济利益这一点，或者说它们还没有找到成功地导入文化营销这一模式的途径。

从企业内部看，营销人员的营销理念不明确。在产品高度同质化的今天，要把一个什么样的，有别于其他企业、其他产品的信息传递给目标顾客群是赢得市场的关键。是成本最低，让消费者买到最便宜的商品；还是别具一格，确保他们买到的产品永远是最先进的呢？或者是最佳服务，对顾客提供始终如一的高水平的服务和帮助？营销人员是企业产品信息的传递者，他们的理念不明确是信息传递失真的重要原因，这可能直接造成企业产品销路不畅，大量积压。经济效益难以实现，更别谈社会效益了。

从企业外部看，企业着力追求与塑造的营销形象不清晰。主要表现在以下几个方面。（1）企业辛辛苦苦打造的质量观念没有宣传出去，没有得到社会的认可，也就难以起到提升本企业产品形象的作用。（2）企业广告形象没有很好地与产品形象结合起来，造成重复投资，资源浪费。（3）服务在我们这个时代已成为商品的一个重要组成部分，然而企业在服务形象塑造方面的投入几乎是空白。这些使得企业整体营销形象没有形成，形象所应有的感召力和影响力也就无从发挥。

11.3.4　企业怎样开展有效的文化营销

1. 从国际市场上看，影响国际市场营销的一个关键因素是文化差异。

（1）文化差异有时决定着企业对国际目标市场的选择。在其他条件相近的情况下，海外投资者总是先钟情于与本国文化相近的国家和地区。

（2）文化差异有时决定着企业国际营销的效率和效益。例如，服装的国际营销基本上就是一种文化的营销，它的效益同文化传播和沟通的程度有直接的关系。法国、意大利的服装之所以在国际市场上经久不衰，一个重要的秘诀就在于他们舍得花钱让服装设计师大量参与世界各地的文化交流。例如，1990 年亚运会刚开始，皮尔·卡丹时装公司就来举办时装表演"助兴"。相比之下，上海的服装设计师在国际文化的参与方面和在服装文化知名度上距离相差太大。中国企业要想开发服装类产品的国际市场，首先要从内涵和外延上开发产品文化，参与国际文化交流，不断提高文化知名度。不仅国际产品营销是文化营销，国际广告、展览和公关等活动更是一种文化营销。美国菲利浦·莫里斯公司为了消除文化障碍，在给中国拍摄的"万宝路"广告中选择了故宫的场景。

法国轩尼诗公司为了加强文化沟通，在中国举办的 XO 酒公关营销活动中策划了"轩尼诗创意的成就奖"，并把该奖授予中国著名的导演。反观中国，素以源远流长及产品消费量最大的酒文化而著称于世。我们也曾在国际博览会上多次获得大奖，然而我们的茅台只是宫廷国宴品，与普通大众无缘，何谈走出国门，成为家宴的"人头马"？酒本身在某种意义上是家庭文化的一部分，舍此又何谈酒文化？正如有位学者指出的那样，名牌不等于孤芳自赏，也不等于稀世珍宝。

（3）文化差异有时还是国际营销管理的一个难题。日本的跨国公司到美国以后，马上就遇到了管理文化或企业文化的种种冲突，日本人在本国行之有效的"团队精神""亲善管理"等在美国似乎让雇员难以接受。因此，对一家外资企业而言，它一方面要坚持按国际惯例在东道国进行管理和营销，另一方面也要重视文化环境的适应性，因为国际营销从某种意义上讲就是文化营销。一个不能"入乡随俗"的国际企业恐怕难以获得长久的成功，不重视国际文化环境的适应性就难以在激烈的市场竞争中取胜。针对这一点，我们必须寻找文化的沟通与协调，通过文化适应来磨合文化差异，找到国际市场的文化共同点，造就有利于自己的国际市场格局。

2. 在微观环境中，企业可以根据其客观条件来运用这一模式取得优势，赢得生机。

要取得文化营销的成功，必须有强势的企业文化，而企业文化的定位直接关系到营销理念和营销形象的形成与作用的发挥，从而决定文化营销的成效。

（1）必须培育和强化文化营销观念。一个强大的企业不一定有深厚的文化积淀，文化是企业的灵魂，只有企业文化渗透到员工的内心，形成企业内部的伦理和一种企业内部大多数成员所共识的理念，员工真正明白企业追求的价值标准，才能自觉维护企业的根本利益。当这种文化渗透到营销及营销相关人员的意识中，与其营销专业知识相结合，定会产生意想不到的效果，从而为企业带来源源不断的经济收益。

谈到这一点，恒源祥的成功值得借鉴。早在 1996 年恒源祥就成功举办了"恒源祥"杯中阿足球对抗赛，并创造了中国企业家为马拉多纳颁发奖杯的先河，而后又在天安门广场史无前例地举办了"恒源祥"杯儿童体操表演赛。之后的几年里，恒源祥又相继筹备"恒源祥"绒线博物馆，成立绒线编织与老年痴呆症防治课题组。所有这些为恒源祥这一百年老店增添了不少现代化色彩，使恒源祥的独特文化在企业内部根深蒂固，在企业外部广为传播。通过这一系列

233

的文化营销活动，恒源祥这一品牌的知名度和美誉度大大提高，相应地，消费者的品牌忠诚度也就更加巩固。换言之，正是文化营销这一观念成就了恒源祥十几年来稳坐国内绒线纺织品第一把交椅的殊荣。

（2）要根据企业的实际情况进行文化定位，因为文化定位对营销理念的形成起着决定性的作用。每个企业的基本条件不同，所形成的文化也就各具特色。在这里我们仅取3种最具代表性的文化定位作一分析，看看它们是如何影响营销理念的形成的。

第一种文化定位：憎恶浪费，崇尚高效，创造一种规范化、低成本的企业文化。这种企业文化的熏陶，必然使营销人员在保证价格与可靠服务的前提下尽量追求最低成本，最终形成成本领先的营销理念。

戴尔的成功证明了这一点。20世纪80年代中期，当康柏集中研制比IBM更快、更廉价的个人电脑时，戴尔却认为，只要在分销渠道中彻底砍掉中间商，就能远远胜过其他电脑商。于是，这样一种直销方式诞生了：直接向顾客销售，根据订单生产，以取消库存，把后勤服务与供应商结合起来，尽可能优化并精简提供产品和基本服务的业务流程，使之规范化、简洁化并进行严格的控制和集中规划。这种规范化、低成本的企业文化的形成使得成本领先这一市场营销理念取得成功，戴尔在提供高品质的产品和服务的同时，依靠低廉的价格打败了康柏和其他个人电脑制造商。

第二种文化定位：鼓励个人想象力和成就感，创造一种渴望创造未来这一思维方式的企业文化。这种文化在企业内广泛传播，营销人员必须把产品的性能以及产品的独特性作为他们赢得市场的"独门暗器"；相应地，别具一格的产品营销观念必然落地开花，结出硕果。

索尼公司一边在市场上展开声势浩大的营销活动，推销可望成为公司热销产品的微型摄像机，一边又让4个研究小组相互竞赛，抓紧研制性能更加优异的机型，以淘汰目前正热销的型号。集中注意力发明创造、产品开发及市场拓展已成为公司的核心流程，而正是这种让顾客怡然自得，使他们相信所买的产品永远是最先进的市场营销理念使索尼年平均收入远远超过其竞争对手。

第三种文化定位：具体而专业的服务，创造一种提供个性化的服务和建议，努力发展深切、持久的顾客关系的企业文化。这种文化在企业内生根发芽，必然使营销人员把为顾客提供始终如一的高水平的服务和帮助作为开拓市场的敲门砖。相应地，为顾客提供最佳服务的市场营销理念也就根深蒂固，甚至成为企业的核心竞争力。

【案例11.2】

天津喜来登大酒店住进了一位来自澳大利亚的客人，他外出时将一件掉了扣子的衣服放在房间里，当天晚上回房休息时发现纽扣已被钉上，衣服整整齐齐地摆放在那里。原来是值班服务员整理房间时，发现客人衣服上少了一枚纽扣，便在没有任何监督和要求的情况下主动取来针线，选取了一个相同的纽扣钉上了。这位客人非常感动，他说："我的这颗纽扣丢失已久，没想到住进贵店的第一天，服务员就主动给钉上了，她们的服务真是无微不至呀！"

分析：于细微处见功夫，正是这种"超越顾客期望"的提供最佳服务的营销理念使喜来登大酒店在激烈的市场竞争中站稳脚跟，保持天津同行业最高的入住率。

当然，文化定位的类型及其相应的市场营销理念只是一种理论上的抽象和概括。在现实经济生活中，可能并不存在单一的与上述任何一种类型完全相同的范式，更多的可能是相互交叉、相互渗透。这就要求企业在进行文化定位时，要根据其实际情况进行具体分析，因为文化营销的实质是文化适应，而不是文化照搬。

（3）营销形象的塑造是文化营销取得成功的另一个关键要素。现代市场经济条件下，由于产品质量和技术的普遍提高以及商品种类日益繁多，只靠质量和技术很难占有市场优势。在众多企业和商品形成汪洋大海之时，只有那些营销形象好的企业才有长久的生命力，才会受到消费者和社会公众的青睐。

海尔在市场上屡屡能攻城略地，在一定程度上是与其独特的营销形象分不开的，它体现了给消费者以无微不至的关怀。下面从较能体现营销现象的产品形象、广告形象和服务形象这 3 方面来看看海尔是怎样做的。

产品形象。不管怎么说，能够在 1995 年挥锤砸烂 76 台不合格冰箱的商家也只有海尔。另外，海尔的高质量内涵还可以用 6σ 来量化。所谓"6σ"，就是指 100 万次操作中只允许少于 3.4 次的失误出现。而且，海尔的质量观念"有缺陷的产品就是废品"也深入消费者心中。质量是产品形象的基础，更是文化营销成功的关键。

广告形象。众所周知，海尔以其电视广告著称，一开始就以其巧妙的构思抓住了观众的心。海尔无氟冰箱一问世，就打出了"世界多一个海尔，地球多一份安全"的口号。海尔还创造出了一系列的全新概念，如抗菌冰箱、变温冰箱、变频冰箱和整体带画冰箱等，再后来海尔"真诚到永远"的广告传遍中国大地。从中可以看出海尔广告的成长历程实际上是一个由实到虚、由功能诉求到形象诉求的过程。

海尔的广告形象的塑造无疑是成功的，通过广告这种传播媒介不断给观众以视觉刺激和意识的渗透，进而升华为对产品、对企业的好感，甚至形成对这一品牌的依赖。

服务形象。服务质量的好坏已成为海尔拥有顾客多少的重要因素，因此海尔把"用户的烦恼减少到零"作为服务目标，为此，海尔制定星级服务标准，其中包括售前服务：介绍产品特性和功能，为顾客答疑解惑；售中服务：在有条件的地方实行"无搬动服务"，一次性安装到位；售后服务：通过各种手段与用户保持联系，出现问题及时解决。

难能可贵的是，海尔把星级服务落到实处。服务形象的深入人心是良好的营销形象塑造的保证，更是文化营销取得成功的精神基础。

扩展阅读： 阅读《白酒的文化营销》，谈谈你的体会。

11.4　网络营销

进入 21 世纪，人类迅速进入数字化时代，电子商务改变着工业化社会传统的、物化的营销模式。互联网对于传播的市场营销最具有革命性的影响就在于缩短了生产与消费之间的距离，减少了商品的流通中经历的诸多环节，消费者可以直接操纵鼠标在网上完成购买行为。网络与经济的紧密结合推动市场营销走入了崭新的阶段——网络营销阶段。

人们早已熟知，市场营销的研究对象是市场，但随着网络经济时代的到来，这一研究对象发生了巨大的变化，网络虚拟市场有别于传统市场，其竞争游戏规则和竞争手段发生了根本性的改变。我们已经不能简单地将传统的市场营销战略搬入网络营销，传统市场营销中的一些具有优势的资源在网络市场营销中可能丢失了优势。因此，企业必须重新审视网络虚拟市场，调整思路，树立新的观念，开创新的思维，研究新的方法。

11.4.1　网络营销的概念

网络营销是网络经济环境下企业整体营销战略的组成部分，是以 Internet 等各种现代通信系统为载体，运用信息技术手段，面向网络市场和现实市场，以满足客户需求为核心，营造企业经营环境的过程。

11.4.2　网络营销的基本职能

网络营销的基本职能包括信息传播与管理、网络品牌建设与推广、销售促进及网上交易的实现、客户服务与客户关系管理、网上市场调研等方面，这些也是网络营销的主要内容。

1. 信息传播与管理。

互联网为企业信息发布创造了优越的条件，企业不仅可以将信息发布在企业网站上，还可以利用各种网络营销工具和网络服务的信息发布渠道向更大的范围传播信息。信息发布包括网站的内容策略及内容管理、外部信息发布渠道管理、信息发布的效果管理等。信息发布是网络营销的基本内容。

2. 网络营销品牌建设与推广。

网站的风格结构、内容的表现、周到的服务等都能承载品牌的内涵，展现品牌形象。网站推广的直接效果表现为网站访问量的增加、用户数量的增长等，标志着网络营销品牌知名度的提高和品牌形象的提升。网络营销品牌管理是指通过合理利用各种途径创建和提升品牌价值，主要内容是网络品牌策略的制定、网络品牌计划的实施、网络品牌的评价等。网站推广是网络营销管理的基础内容，也是最基本的网络营销管理活动。

3. 销售促进。

市场营销的基本目的是为最终增加销售提供支持，各种营销方法大都直接或间接具有促进销售的效果，同时还有许多针对性的网上促销策略和手段，然而这些促销方法并不限于对网上销售的支持。事实上，网络营销对于促进网下销售同样很有价值，所以一些没有开展网上销售业务的企业一样有必要开展网络营销。网络营销针对不同的产品和服务制定不同阶段的促销目标和策略，并对在线销售的效果进行跟踪控制。网络广告、商品展示、选购代理、接受团购等都是很好的促销手段。

4. 网上交易。

网上交易是企业销售渠道在网上的延伸，一个具备网上交易功能的企业网站本身就是一个网上交易场所。网上交易不是网上销售，还包括网上销售渠道管理、网上供应链管理、网上采购管理等内容。网上交易也并不局限于企业网站本身，还包括建立在第三方电子商务平台上的网上商店以及与其他电子商务网站不同形式的合作。

5. 客户服务和客户关系管理。

网络营销的良好的客户服务手段和准确的服务信息为建立良好的客户关系、提高客户满意度和忠诚度奠定了基础。有效整合利用在线服务手段研究并制定满足客户要求、适应网络特点的客户服务策略，构成了在线客户服务管理的基本内容。通过信息系统管理客户信息和沟通方式并分析客户潜在需求和采购特点，为改进营销策略提供依据，从而挖掘潜在客户，留住老客户，提供企业的市场竞争力就是客户关系管理。

6. 网上市场调研。

网上市场调研具有周期短、成本低的特点，它不仅为制定网络营销策略提供支持，还是整个市场营销活动的辅助手段之一。合理利用网上市场调研手段对于市场营销策略制定具有重要价值。网上市场调研与网络营销的其他职能具有同等地位，既可以依靠其他职能的支持开展，也可以相对独立地进行，网上市场调研的结果反过来又可以为其他职能更好地发挥提供支持。

11.4.3　网上调研

市场调查是针对特定营销环境进行简单调查、收集资料和初步分析的活动。利用互联网进行市场调查即为网上市场调查。市场调查是市场营销整个领域中的一个重要元素，同样，网上市场调查是企业开展网络营销活动的基本职能之一。网络应用的普及发展使许多传统的企业市场调研、用户需求信息收集等工作也实现了网络化。与传统的市场调研方法相比，利用互联网进行市场调研有很多优点，主要表现在缩短调研周期、节约费用、不受地理区域限制等方面。网上市场调查对企业策略制定、产品宣传、营销活动推广、市场宣传拓展、网上品牌传播、网站推广等方面均起到积极的推动作用。

网上调查的范围很广泛，如销售活动评估、产品与包装分析、价格分析、市场进入策略、创新和产品开发研究、流通渠道、消费行为、市场竞争分析、客户意识、员工状况分析等，均属于网上市场调查的内容。

1．从事网上市场调查的公司或机构。

目前，从事网上市场调查的公司或机构主要有以下几类。

（1）互联网研究与管理机构。中国互联网络信息中心是中国科学院下属的互联网规范管理机构，每年都会进行"中国互联网络发展状况统计""中国互联网络信息资源数量调查"等网上市场调查活动。CNNIC 的网上市场调查属于公益性质，具有较高的权威性和普遍性，其调查数据包括网络行业在内的各行各业，是企业、个人和有关机构从事互联网活动的重要决策参考。

（2）专业咨询与调查公司。对于专业咨询与调查公司而言，网上市场调查是它们开展市场调查业务的重要途径之一。调查公司往往根据业务需要，将适合在网上开展调查的部分通过网上市场调查获取信息，同时配以入户调查、电话调查、固定样本跟踪调查、座谈会调查等调研方法得出综合结论。

（3）各类大中型 ICP 服务商。许多网站出于自身的需要经常开展网上调查活动，用来了解用户心理和消费习惯等内容，以便于改进工作策略与方法。此外，配合网络广告的发布，广告主也会要求广告商通过专项网上调查的形式，配合产品宣传，以有奖调查的形式开展网上促销活动。

（4）专业网络营销服务商。网上市场调查虽然是网络营销的基本职能，但真正提供该项服务的专业网络营销服务商却并不多见。其中的原因主要在于国内网络营销的水平还不够高，大多数网络营销服务商的网络营销服务还集中在网站推广这一领域，有待扩展和深入。虽是如此，也有部分网络营销服务商致力于为企业客户提供网络营销整体解决方案，其中包括了网上市场调查服务。专业网络营销服务商的介入将快速拓展网上市场调查的市场，使得网上市场调查更为普及。

例如，全国首家陶瓷商城——金瓷商城在开张半个月后，就着手开展了网上市场调查。调查内容主要包括顾客对金瓷商城的了解途径、购物体验、产品认可程度、支付和配送选择、促销的接受程度、售后服务和其他意见及建议等。整个调查时间持续一个月，通过网页在线调查，在各类网站发布调查广告，以"参与调查赠送礼品"的形式吸引网民参与。这次调查获得了大量的第一手资料，对网站今后的工作改进和业务开展取得了重要参考，使商城能够更贴近网民的需要，有力地促进了网站销售工作。

2．网上市场调查方式。

网上市场调查的方式主要有在线调查表、电子邮件调查、海量数据库搜索调查、网站数据库分析调查等形式，与其他市场调查的区别主要在于充分利用互联网的特性展开市场调查，技术含

237

量高，调查目标定位更为准确，调查数据更加科学精准。预计未来网上市场调查的发展将会有如下一些趋势。

（1）网上市场调查将成为更为重要的网络营销手段之一。当前，网络营销虽然是热门话题，但是网络营销产品还仅仅局限于网站推广方面。企业开展网络营销还没有站在整体营销战略的高度来进行，而是为了网站而进行网络营销。将来这种认识上的误区将会消除，同时网上市场调查等一批网络营销的其他重要职能将逐步走上舞台。

（2）专业网上市场调查服务商将会出现。目前还没有专业的网上市场调查服务商从事网上市场调查服务。传统的咨询与调查服务商虽然也在开展网上市场调查服务，但在技术水平、网络营销认知程度、网上调查方法研究与探索上还做得不够到位。相反的是，专业网络营销服务商在对客户心理研究、市场调查理论与实践的把握上也还有很多工作要做。随着网上市场调查的市场需求扩大，集两者之所长从事专业网上市场调查服务机构的出现将成为顺理成章的事情。

（3）为私人服务的网上调查将出现。网络将自然人的个性展示发挥到极致，各种各样的个性化需求也层出不穷。为私人服务的网上调查也将成为市场需求的一部分。

11.4.4　企业网上经营的方式和内容

按照企业网上经营的发展过程，可将企业网上经营活动划分为 4 个阶段，即了解互联网、网络营销、电子商务、电子商业。企业的网上经营活动进入电子商务和电子商业阶段，必须建立在企业信息化比较完善的基础之上，而且建立了比较完善的网上支付体系和信用经济基础以及相应的法律环境等，营销的内容和方式与初期的网络营销活动有根本区别，在这里将不作讨论。下面介绍前两个阶段企业开展网络营销的基本内容和方式。

按照是否拥有自己的网站来划分，企业的网络营销可以分为两类：无站点网络营销和基于企业网站的网络营销。

（一）无站点网络营销：游击战

顾名思义，无站点网络营销就是企业没有建立自己的网站，而是利用互联网上的资源开展初步的网络营销活动，属于初级的网络营销。无站点网络营销是绝大多数企业要经过的初级阶段，但由于每个企业的情况不同，这一阶段的持续时间可能会有很大差别。

企业开展网络营销首先，从了解互联网开始。一个对互联网一无所知的企业经营管理人员不可能在一夜之间作出开展电子商务的决定。然而，各种媒体对互联网、电子商务等概念的大宣传，即使不置身其中也无法不受到冲击，一些企业之所以能冷静面对这一网络浪潮，是因为经营者更清楚自己的需要，他们不愿把有限资源投入到无限的收益预期当中。通过对互联网的逐步了解，企业才可能逐步走向网上经营之路。对于大多数传统行业来说，这个阶段显得更为普遍。

1. 企业上网初期的特征。

企业上网初期的特征主要表现在有上网的意识，但缺乏对网上经营的了解，没有专业人才，没有或者拥有较少的财务预算，对上网时机的把握没有明确的信号，对如何上网、上网的基本条件和投资等信息缺乏足够的了解，企业上网与否，偶然因素往往起决定作用。

大多数企业上网的初期阶段非常相似，尚未建立内部信息系统，一般通过当地 ISP 申请上网账号，通过拨号的方式上网，公司经营管理人员会迫不及待地把 E-mail 地址印在名片上，向客户传达公司已经上网的信息，公司内只有极少数人利用网上信息和资源，上网可能仅仅是一种时髦或炫耀。

如何找到网上资源，如何利用网上的信息资源，诸如此类的问题可能都还没有完全解决，其他问题如上网后能为企业带来什么效益、如何利用互联网进行网上经营活动等都不可能制定明确的计划。一段时间之后，企业最大的发展可能是网上有大量的免费资源。于是，企业大量利用免费资源，如免费域名、免费网页空间、免费电子邮件、免费信息发布、免费软件下载……总之，"免费的午餐"在互联网上是再平常不过的事情了。

2. 无站点网络营销的内容和方法。

从严格意义上来说，在这一阶段真正的网络营销还没有开始。由于没有建立自己的网站，也没有专业网络营销人员，对于大部分企业来说，很难取得良好的效果，通过互联网取得的顾客的反馈信息很少能转化为最终订单，收集的大量信息有效利用率也不高。但是尽管如此，只要能具备上网的基本条件，也可以展开一些基本的网络营销活动，主要有下列几种方式。

（1）免费发布供求信息。在互联网上有许多网站为企业发布供求信息提供平台，一般可以免费发布信息，有时这种简单的方式也会取得意想不到的效果。例如，可以在阿里巴巴全球贸易网免费发布信息。除了阿里巴巴之外，可以发布产品供求信息的中文网站还有很多，不过各网站的信息反馈效果可能大不一样。

（2）直接向潜在客户发送信息。互联网是一个信息的海洋，人们可以根据自己的需要查询所需要的内容。互联网是营销的一种工具，企业可以利用互联网上的信息寻找潜在客户，然后有针对性地向潜在客户发送信息，达到宣传的目的。寻找潜在客户的方式通常是到网上信息平台寻找买方信息。比如经常到一些贸易信息网和电子公告版去看看，说不定会发现潜在的客户。可以根据需求信息中的联系方法主动向潜在客户介绍你的产品或服务，也可以选用搜索引擎查询你的潜在客户。这种方式比较适用于生产资料、半成品、集团购买的产品等情形，对于一般消费品来说效果可能不理想。例如，生产发光二极管的目标市场是光电行业的生产厂家，可以利用搜索引擎或分类目录查询生产发光显示类产品公司，根据各公司网站的简述将搜查结果进行简单筛选，然后逐个访问潜在客户的网站，利用网站上的信息了解潜在客户的企业规模、地理区域、产品结构、联系信息等相关资料，然后根据具体情况采取相应的方法与潜在客户取得联系。

（3）网上拍卖。网上拍卖是电子商务领域比较成功的一种商业模式，在国内已经有多家网站经营网上拍卖，如雅宝、易趣等。这种方式比较简单，只要在网站进行注册，然后按照提示，很容易就可以发布产品买卖信息，不过网上拍卖的成交率和价格水平评价指标现在还没有统计数字，而且经历的过程较长，最后的结果又具有较大的不可预测性。无论如何，作为一种全新的电子商务模式，仍值得做一些尝试，即使成交量不高，至少也可以达到一定的宣传效果。

（4）加入专业经贸信息网。这种方式在某些方面类似于"免费发布供求信息"，不同之处在于一些专业网站可以提供更多的服务，如可以提供固定的网址并制作简单的网页。经过专业分类的信息网为客户查询供应商信息提供了方便，加入这类信息网有助于网站访问者发现你的信息，不过这种服务有时是需要支付一定费用的。

（5）加入行业信息网。行业信息网是一个行业的门户网站，由于汇集了整个行业的资源，为供应商和客户了解行业信息提供了极大方便，形成了一个网上虚拟的专业市场。如果你所在的行业已经建立了这样的专业信息网，加入行业信息网是网络营销的必要手段，即使已经建立了自己的网站，仍有必要加入行业信息网。

（二）基于企业网站：阵地战

经过对网上营销的初步认识，随着对网络营销知识的不断积累，利用免费资源的弊端和不足逐渐表现出来，企业已不仅仅满足于发布一些信息的"游击战"，于是开始建立自己的企业网站，开展"阵地战"的要求日益迫切。这样就进入了真正意义上的网络营销阶段——基于企业网站的网络营销。

网络营销阶段的主要内容包括域名申请、网站规划、网页制作、网站发布、网站推广以及网站的管理和维护等内容。网络推广是网络营销的核心内容，网站推广的主要方法有搜索引擎登记与排名、网络广告、电子邮件营销、交换链接、交换广告、新闻组与论坛、信息网和分类广告、整合营销等。

1. 搜索引擎登记与排名。

搜索引擎实质上是一个用于查询网站的数据库。搜索引擎有两类，一类是搜索方式，当人们在搜索引擎中键入关键字时，搜索引擎根据自己的排名机制扫描数据库中数以百万计的网页，然后根据其与关键词的相关程度来决定网页的排名，并显示在反馈结果中。另一类搜索引擎是分类目录，习惯上也叫搜索引擎，但不是真正意义上的搜索引擎。它与搜索引擎的工作原理完全不同，分类目录是靠人工来进行的。当人们向分类目录提交网站时，分类目录的编辑人员将访问你的网站，并评审你的网站是否满足要求，如果满足，会把你的网站加入索引数据库中。由于分类目录靠人工进行，因此不是所有的网络都能加入其数据库中，虽然数据库的容量有限，但质量较高。搜索引擎是由程序控制的，其数据库容量很大。如果在分类目录中未找到想要的网站，可利用搜索引擎继续查找。

搜索引擎是人们发现新网站的主要手段，所以当一个网站建成并正式发布之后，首要的推广任务是向各大搜索引擎登记。如果网站的潜在客户不仅限于国内，那么除了向国内主要的搜索引擎登记之外。还要向国外的搜索引擎登记。虽然有一些软件可以自动向多个搜索引擎登记，但对于几个主要的搜索引擎，一定要采取人工注册的方式，以提高注册的质量。

注册搜索引擎的数量固然重要，但搜索引擎结果的排名对增加网站访问量的影响更为直接。如果结果在第3页或几百名之后，别人很难发现你，因此在设计网站时就应考虑到登记搜索引擎的需要，对网站设计进行优化。

2. 网络广告。

网络广告是一种常用的网站推广手段，是利用超文本链接功能而实现的一种宣传方式，常见的网络广告有标志广告（Banner）、文本广告、电子邮件广告、分类广告等多种形式。其中标志广告又是最通用的，因此有时也将网络广告等同于标志广告。

标志广告通常以 GIF、JPG 等格式创建图像文件，然后插入到网页里来表现广告内容，同时还可以运用 Java 等语言使其产生交互性，用户点击标志广告后通过超链接到达广告所要宣传的内容页面。据统计，标志广告的平均点击率在 1%左右。

与传统媒体相比，网络广告有着独特之处，如成本低廉、不受地理区域限制、交互性、广告效果容易统计、实时性、用户主动性等。

3. 电子邮件营销。

电子邮件营销被证明是一种效果很好的网上营销工具，据统计其反馈率在 5%～15%，远远高于标志广告的回应率，根据某咨询公司最近的研究结果，在 2004 年，每年有 2 000 亿次商业活动是通过 E-mail 进行的，E-mail 营销将形成一个 48 亿美元的行业。电子邮件营销已经受到广泛重视，甚至许多 B2B 电子商务企业也在利用电子邮件营销手段。

电子邮件营销不是随意向潜在客户发送产品信息，而是以事先征得用户许可的"软营销"方式来进行，所以也常称为许可 E-mail 营销。其基本思路是通过为顾客提供某些有价值的信息，如时事新闻、最新产品信息、免费报告以及其他为顾客定制的个性化服务内容，吸引顾客参与，从而收集顾客的电子邮件地址，在发送定制信息的同时对自己的网站、产品或服务进行宣传。在本公司没有条件实施邮件列表的情况下，也可以通过向第三方购买电子邮件地址、与第三方合作等方式开展电子邮件营销或者委托专业的电子邮件营销服务公司。

从营销的手段、提供服务的内容和顾客的关系等方面综合分析，许可 E-mail 营销有下列 8 种主要模式：顾客关系 E-mail、企业新闻邮件、提醒服务/定制提醒计划、许可邮件列表、赞助新闻邮件、赞助讨论列表、鼓动性营销、伙伴联合营销。

4. 交换链接。

交换链接（也称互惠链接）是一种增加网站曝光机会从而提高访问量的一种有效方式，而且交换链接数量的多少也是搜索引擎决定你的网站排名的一项参数，因此，交换链接被认为是网络营销的一项重要手段，也是评价网络营销效果的一项标准。

实现交换链接的方法是寻找与自己的网站具有互补性、相关性或者潜在客户站点，并向它们提出与你的站点进行交互链接的要求。在自己的网站上为合作伙伴的站点设立链接通常有图片链接及文本链接两种形式，由于文本链接占用字节少且不影响网页的整体效果而被广泛采用。

互惠链接还可以提高你的网站"质量"。因为一个网站不可能大而全，但为了给用户提供"完整"的方案，一个解决办法就是建立互惠链接，这也是被业界证明的。你的网站应该有你自己的特色，有自己的核心业务，外延部分应该外包出去，"交给"互惠链接。

在选择链接对象时应该有一定的标准，因为建立友情链接不仅仅是为了增加访问量，还应对你的网站内容起补充的作用，以便更好服务于你的用户。如果你链接了大量低水平的网站，会降低访问者对你的网站的信任，甚至失去潜在顾客。

5. 交换广告。

交换广告是网络广告的一种，一般是免费的。交换广告与交换链接有许多相似之处，它们都是出于平等互惠的目的，为了增加访问量而采取的一种推广手段了其主要区别在于交换的是标志广告，而不是各自网站的 LOGO 或名称，而且通常是加入专业的广告交换网，从而与其他成员建立交换广告，而不是自行寻找相关的网站直接交换双方的标志广告。广告投放和显示次数也是由广告交换网决定的，在网站显示广告网络成员的广告，同时显示在交换广告网其他成员的网站上。互惠链接可以放置在你网站的子目录或其他任何位置，当用户浏览网站之后再跳转到其他网站；而免费广告交换则不是如此，一般的，免费广告交换网要求在网站首页放置 Banner 广告，而不是网站内部。

在为数众多的广告交换组织中，网盟是较具规模与专业性的中文标志广告交换服务网，全球有上万家中文网站加入网盟。网盟的免费广告交换服务可以使你轻易地与成千上万个中文网页交换广告显示，在你的网页上显示其他会员的广告次数越多，你的广告显示在其他网站的次数也越多（"网盟"采取 2:1 的交换比例，即你的网站显示 2 次广告，可以获得 1 次广告显示机会）。加入网盟的方法很简单，只要你的网站有一定的质量，直接到网盟网站在线申请会员资格即可，经网盟确认后，只需在你的网页加入网盟指定的 HTML 代码，网盟各会员的网页广告就会出现在你的网页中，你的广告也会出现在会员的网页上。

6. 新闻组与网上社区。

新闻组（Usenet）是互联网的基本服务之一。互联网使得具有相同专业兴趣的人们组成成千上万的具有很强针对性的通信区和新闻组，参加某一新闻组的人们有着共同兴趣或关心特定主题。利用新闻组可有效地推广你的网站。但是由于国内互联网发展较晚，新闻组的功能并没有得到充分的利用，人们往往直接利用其他更为方便和容易参与的形式，如 BBS、网络社区等。

241

网络社区是网上特有的一种虚拟社会，社区主要通过把具有共同兴趣的访问者组织到一个虚拟空间，达到成员相互沟通的目的。其中论坛和聊天室是最主要的两种表现形式，在网络营销中有独到的应用，可以增进和访问者或客户之间的关系，还有可能直接促进网上销售。论坛是一个非常好的场所，通过它你可以了解别人的观点，同时可以帮助他人或者向他人求助。论坛一般都有特定的讨论主题，定期参加论坛的人有电子杂志的编辑、企业家、管理人员以及对某些话题感兴趣的任何人。

网络社区营销是网络营销区别于传统营销的重要表现。除了利用别人的网站论坛和聊天室之外，也可以建立自己的网上社区，为网络营销提供直接渠道和手段。综合起来，建立自己的论坛和聊天室对于得到访问者的信任、增加网站访问量以及进行在线调查等有着独到的作用。

【案例 11.3】 新年的第一瓶"可口可乐"，你想与谁分享

2009 年春节，"可口可乐"实施了消费者情感关怀，抓准了受众微妙的心态，倡导可口可乐积极乐观的品牌理念，推出"新年第一瓶可口可乐，你想与谁分享?"这个新年期间的整合营销概念，鼓励人们跨越过去，冀望未来，以感恩与分享的情愫，营造了 2009 年新年伊始的温情。

活动充分整合了目前国内年轻人热衷的社交型网站、视频网站以及每日都不能离开的手机，让数以万计的消费者了解了"新年第一瓶可口可乐"的特殊含义，并积极参加了分享活动，分享了自己的故事、自己想说的话。

除了使用在年节时最广为应用的短信拜年，向 iCoke 会员发出"新年第一瓶可口可乐"新年祝福短信，同时也在 iCoke 平台上提供国内首次应用的全新手机交互体验，让拥有智能手机的使用者，体验手机增强现实技术的新科技。用户收到电子贺卡时，只要将手机的摄像头对准荧幕上的贺卡，就能看见一瓶三维立体的可口可乐与环绕的"新年第一瓶可口可乐，我想与你分享"的动态画面浮现在手机屏幕上，并伴随着活动主题音乐。新技术的大胆运用给年轻消费者与众不同的超前品牌体验。

自活动开始，参与人数随着时间呈几何数增长。超过 500 万的用户上传了自己的分享故事及照片，超过 300 万的 SNS 用户安装了定制的 API 参与分享活动，近 200 万的用户，向自己心目中想分享的朋友发送了新年分享贺卡。同时，论坛、视频网站和博客上，一时间充满"新年第一瓶可口可乐"的分享故事。除了惊人的数字外，消费者故事的感人程度与照片视频制作的精致程度，均显示了该活动所创造的影响力及口碑，也证明了可口可乐在消费者情感诉求与网络趋势掌握方面的精准度。

案例分析：借助网络社区开展营销活动，"可口可乐"公司是成功的。它完全可以作为一次经典的社区营销教材，它所释放的影响力，可以说让企业见证了网民强大的舆论力量，也给企业一个新的营销平台和窗口。在第七届"中国营销盛典"活动中，该案例被评为 2009 网络营销十大经典案例。

7. 信息网和分类广告。

有资料表明，网上读者对互联网上的重大新闻与分类广告的兴趣不相上下，因此，充分利用信息网和分类广告的功能有助于网站推广并增加成交机会。

用专业的信息网发布信息和分类广告类似于无站点网上营销的方法，但比无站点营销更具有优势，因为分类广告中往往只能提供有限信息，如果拥有自己的网站，只需在发布信息中写明网址，有兴趣的访问者会根据网址来访问你的网站，从网站上可以获得更加详细的信息。

另外，如果你的站点属于某些特定行业或组织，而这些行业或组织假如建有会员站点，不要忘记加入这类会员网站，至少也应该在会员网站申请一个链接。

8. 整合营销。

虽然网络营销比传统营销具有很多方面的优越性，但并不意味着网络营销可以脱离或者完全替代传统营销。事实上，由于互联网只是人们生活中的一部分，而且大部分人并没有上网，即使对于经常上网的人来说，也并没有达到只接受互联网信息而忽略其他传统媒体信息的地步，因此，网络营销只是企业营销中的一部分，网络营销只有与传统营销相结合，才能发挥更大的优势。

整合营销至少包含两方面的含义，一是网络营销与传统营销的整合，二是网络营销各种手段的整合。

网络营销与传统营销的整合，即利用传统营销的推广手段来推广网上的服务，如在报纸、杂志、电视等媒体上做广告，常见的还有路牌广告、车厢广告、宣传册、信函广告、组织研讨会等多种形式。向传统媒体和网络媒体发布新闻也是一种效果较好的推广方式。另外，不要忘记在所有公司文化用品和展示场所的适当位置印刷或标示出公司的网址，如在信封、传真纸、公文纸、名片以及各类广告中。在参加各种展览会或其他活动时，也不要忘记在醒目位置显示出公司的 UPL 地址。

网络营销各种手段的整合告诉我们，各种网络营销手段之间不是孤立的，更不是排他的。为加强网络营销的效果，可以采取多种手段齐头并进的方式，所有的工作都与网络营销效果有关，从网站策划、网页制作、服务方式等基本环节做起，总目标都是取得最好的宣传和推广效果。

除了上述常用的网络营销手段之外，还有许多方式，如利用免费上网服务和在线竞猜增加访问量。企业可以根据自己的实际情况选择其中的若干方法实现最佳网络营销效果。

11.4.5　网络营销绩效的提高

1. 使用短的、有吸引力的标题。不要有过于深奥或过多的创造性，应确保你的卖点的集中。
2. 包含强烈的号召力。如果你提供 10%的折扣，为了吸引注意力，用高亮度黑体字显示出来。
3. 根据你试图影响的浏览者提出创意。
4. 突出你的信息和创意重点。如果你卖的是旅游用品，不要把焦点放在你站点的功能上，而应集中到你要卖的东西上。
5. 在网页上使用不同的促销方法增加整体信息。在你自己的网站上，在网页的顶部、中部和底部都进行促销。在你的营销网站上，看一看在你的创意支配的网页上，能否能够在一天里的任何时候进行购买。
6. "祈求点"清晰明显。不要隐藏"祈求点"。如果你要别人点击，你就告诉他们。
7. 带客户到他们需要去的地方。如果你能够在最初的促销信息中实现交易，你在这桩交易机会中就占有了优势。
8. 保持简单。一旦你得到潜在客户的注意，不要让他们再一段一段地阅读，马上指出要点。如果他们需要，再提供给他们其他的信息。
9. 展示产品。如果你的产品物有所值，就值得展示它。
10. 要达成交易，就要建立诚信。

模拟实训

【实训主题】

国际市场营销中新的营销理念的运用

【实训地点】

教室

【实训目的】

（1）培养学生理解和运用国际市场营销理念的能力。

（2）培养学生运用相关策略和技巧分析问题，解决实际问题的能力。

（3）通过实际案例的剖析，激发学生的学习兴趣。

【实训背景材料】

脑白金——吆喝起中国礼品市场

在中国，如果谁提到"今年过节不收礼"，随便一个人都能跟你说"收礼只收脑白金"。脑白金已经成为中国礼品市场的第一代表。

睡眠问题一直是困扰中老年人的难题，因失眠而睡眠不足的人比比皆是。有资料统计，国内至少有 70%的妇女存在睡眠不足现象，90%的老年人经常睡不好觉。"睡眠"市场如此之大，然而，在红桃 K 携"补血"三株口服液利用"调理肠胃"概念创造中国保健品市场高峰之后，在保健品行业信誉跌入谷底之时，脑白金单靠一个"睡眠"概念不可能迅速崛起。

作为单一品种的保健品，脑白金以极短的时间迅速启动市场，并登上中国保健品行业"盟主"的宝座，引领我国保健品行业长达 5 年之久，其成功的最主要因素在于找到了"送礼"的轴心概念。

中国，礼仪之邦。有年节送礼、看望亲友或病人送礼、结婚送礼、年轻人对长辈送礼等种种送礼行为，礼品市场何其浩大。脑白金的成功，关键在于定位于庞大的礼品市场，而且先入为主地得益于"定位第一"法则，第一个把自己明确定位为"礼品"——以礼品定位引领消费潮流。

【实训过程设计】

（1）根据背景资料，分析脑白金营销运用了哪些营销理念？

（2）根据背景资料，分析脑白金成功的原因，你从中受到了哪些启示？

（3）以小组为单位进行研讨，并在提交研讨报告后，每组派一位代表进行全班交流。

关键概念

国际整合营销传播　文化营销　绿色营销　网络营销 网上调研 网上广告

综合练习

一、单项选择题

1. 用一个声音说话，是（　　）的最大优势。

A. 网络营销　　　　B. 整合营销传播　　　C. 资料库营销　　　D. 文化营销

2. （　　）是一种增加网站曝光机会从而提高访问量的一种有效方式。

A. 电子邮件营销　　B. 搜索引擎　　　　　C. 交换链接　　　　D. 交换广告

3. (　　　) 是通过自身掌握的知识和技能或者积累的经验, 可以对一些问题进行解答或提供建议。

A. A 型威客　　　　　　B. B 型威客　　　　　　C. C 型威客　　　　　　D. M 型威客

二、多项选择题

1. 整合营销传播强调的 5R 指的是 (　　　)。

A. 相关性　　　　　　B. 接受度与识别度　　　　C. 向应力

D. 关系　　　　　　　E. 美誉度

2. 以下属于自发的品牌接触点的有 (　　　)。

A. 卖场的服务　　　　B. 售后服务　　　　　　C. 口碑

D. 广告　　　　　　　E. 人员推销

3. 微博营销具有 (　　　) 特点。

A. 立体化　　　　　　B. 高速度　　　　　　C. 便捷性

D. 广泛性　　　　　　E. 国际化

三、问答题

1. 什么是国际整合营销传播? 你是如何理解的?

2. 试述国际整合营销传播策略。

3. 什么是文化营销, 现代企业如何开展文化营销?

4. 讨论网络营销与电子商务的异同。

5. 国际企业网上经营的方式和内容有哪些?

四、案例分析

安踏签约奥委会

在经济危机时期, 安踏保持惊人的高调, 联姻中国奥委会, 其所涉权益覆盖范围之广、年限之长、赞助金额之高, 在中国奥林匹克运动史上是空前的。对于此次营销事件的传播, 安踏并没有局限于常规的营销手段: 新闻发布会加上相关新闻报道的方式来进行推广告知, 而是更多地选择了网络整合营销的方式来告知全社会。这是为什么呢?

这次联姻奥委会的成功营销战役中, 安踏运用网络营销方式也脱离了 "一招鲜吃遍天" 的初级阶段方法, 打出一系列的网络整合营销 "组合拳": 从买断门户网站的首屏广告, 到门户网站从未做过的超大尺寸疯狂动画广告、网站、网络视频、博客、口碑、社会化媒体等方式, 应有尽有。如此一来, 使用的营销手段显得丰富多彩。《网络整合营销兵器谱》一书中提出, 单一的网络营销已死, 网络营销正在向高度整合的方式过渡。安踏的这次战役成功地运用了整合营销, 实现了 360° 的网络覆盖。

根据以上资料, 回答问题。

安踏成功的原因是什么? 请运用所学的相关理论对此进行分析。

参 考 文 献

［1］特普斯特拉.国际营销（第8版）.北京：中国人民大学出版社，2006.

［2］陈秀梅，吴含，冯克江. 国际市场营销（双语版）. 北京：人民邮电出版社，2016.

［3］ [美] 菲利普 R.凯特奥拉（Philip R.Cateor）. 国际市场营销学（原书第15版）. 北京：机械工业出版社，2012.

［4］常城，李慧. 中国石油企业跨国经营的政治风险及规避策略［J］. 东营：中国石油大学学报（社会科学版），2008（02）.

［5］ [美] 菲利普·凯特奥拉（Philip R.Cateora），[美] 玛丽·吉利（Mary C.Gilly），[美] 约翰·格雷厄姆（John L.Graham）. 国际营销（英文版·第16版）（全新版）. 北京：中国人民大学出版社，2013.

［6］庞鸿藻. 国际市场营销. 北京：对外经济贸易大学出版社，2006.

［7］朱金生，张梅霞. 国际市场营销学. 武汉：华中科技大学出版社，2008.

［8］沃伦.J.基根（Warren J. Keegan），马克.C.格林（Mark C. Green）. 全球营销（第6版）. 傅慧芬，戚永翎，史锐 译. 北京：中国人民大学出版社，2015.

［9］陈文汉. 商务谈判实务（第三版）. 北京：电子工业出版社，2013.